LE CHOIX DU SUCCES®

Collection dirigée par Franck ATTELAN

LA BIBLE DU CONCOURS SESAME

Concours 2023

SKEMA Business School - Excelia Business School
NEOMA Business School - ESSEC Business School - emlyon business school
KEDGE Business School - South Champagne Business School - EBS Paris
EDC Paris - EMLV - EM Normandie - ESCE International Business School
IPAG Business School - PSB Paris School of Business

Franck ATTELAN, Nicholas CHICHEPORTICHE
& Vincent GIULIANI

LA BIBLE
CONCOURS ACCÈS 2023
7e ÉDITION
MISE À JOUR & AUGMENTÉE
ESDES
ESSCA
IESEG
N°1 DES VENTES CUMULÉES*
Sous la direction de Franck Attelan
COLLECTION LE CHOIX DU SUCCÈS
Studyrama

5000 QCM
CULTURE GÉNÉRALE 2023
10e ÉDITION
MISE À JOUR & AUGMENTÉE
N°1 DES VENTES*
Aurélie Ohayon
Henri de La Guéronnière
COLLECTION LE CHOIX DU SUCCÈS
Studyrama

Annales non officielles du concours SÉSAME
Franck Attelan et Vincent Giuliani
Ce premier ouvrage d'annales non officielles a été élaboré par deux grands spécialistes du concours Sésame. Il constitue une base d'entraînement solide pour qui souhaite espérer obtenir les meilleurs scores le jour J.
20 sujets d'entraînement
Des corrigés détaillés
Studyrama

UNE COLLECTION DIRIGÉE PAR FRANCK ATTELAN
L'ANGLAIS en 50 fiches
Fiches synthétiques pour des révisions rapides et efficaces
Tous concours et examens
MÉTHODES
SAVOIR-FAIRE
ASTUCES
NICHOLAS CHICHEPORTICHE
Studyrama
FICHES À CONCOURS

SOMMAIRE

INTRODUCTION

PREMIERE PARTIE

Les epreuves ecrites du concours SESAME

DEUXIEME PARTIE

LES EPREUVES ORALES DU CONCOURS SESAME

INTRODUCTION

I. PRESENTATION DU CONCOURS SESAME

Le Concours SESAME est un concours d'entrée commun à 17 programmes postbac de 14 grandes écoles de commerce et de management international délivrant toutes un diplôme visé par le Ministère de l'Enseignement supérieur et de la Recherche, de niveau bac +4 ou niveau bac +5.

Qu'est-ce que le Concours SESAME ?

Le Concours SESAME en quelques chiffres clés :

- 14 grandes écoles de commerce et de management international
- 17 programmes visés : 8 programmes bac +4 et 9 programmes bac +5
- Près de 900 écoles et universités partenaires à l'international
- Plus de 5 500 places accessibles dans les écoles par le Concours SESAME
- Près de 180 000 candidats depuis l'existence du concours

Une seule journée d'épreuves communes à 17 programmes visés

Banque d'épreuves communes à 14 grandes écoles de commerce et de management international, le Concours SESAME conçoit et organise, en France et à l'étranger, une journée d'épreuves écrites communes à 17 programmes visés.

Les épreuves sont identiques pour toutes les écoles et programmes de SESAME. Seuls les coefficients attribués aux épreuves écrites et orales par ces derniers changent.

L'inscription sur Parcoursup

Pour passer le concours qui se déroule une fois par an (pas de session de rattrapage), l'élève de terminale (quelle que soit la série) ou le néo-bachelier, doit obligatoirement s'inscrire sur la plateforme Parcoursup à partir de mi-janvier jusqu'à mi-mars.

Lorsque le candidat sélectionne de 1 à 17 formations (programmes/écoles) de SESAME sur Parcoursup, il formule ainsi 1 vœu parmi les 10 qui lui sont proposés sur la plateforme.

L'inscription au Concours SESAME, quel que soit le nombre de formations choisies (de 1 à 17) s'élève au montant forfaitaire de 295 euros. Ce montant comprend l'inscription à la plateforme officielle d'entraînement www.prepa-sesame.net. Droits d'inscription au concours 2023 : 295 euros. Le règlement s'effectue par carte bancaire sur Parcoursup. Important : les candidats au concours doivent régler leurs droits d'inscription pour être inscrits et être convoqués aux épreuves. La confirmation de l'inscription sur Parcoursup entre mi-mars et début avril est également obligatoire pour valider l'inscription au concours et accéder à la convocation sur mySESAME.

Les principes du concours

Le concours se déroule en 2 étapes :

- les épreuves écrites - mercredi 12 avril 2023
- les épreuves orales - du 27 avril à mi-mai 2023

Tous les candidats au Concours SESAME passent les épreuves écrites pour intégrer l'une des formations sélectionnées sur Parcoursup.

Sont admissibles aux épreuves orales, les candidats qui ont obtenu les résultats exigés par chacun des programmes (ou écoles) aux épreuves écrites et à la note de dossier Parcoursup. Les épreuves orales se déroulent de fin avril à mi-mai dans les écoles (selon le contexte sanitaire en vigueur).

Les résultats au concours

Une fois les épreuves écrites et orales passées, les candidats consultent début juin leurs résultats sur le site de Parcoursup puis sur mySESAME pour obtenir leurs notes aux épreuves du concours.

Parmi les propositions d'intégration faites par les formations sélectionnées par les candidats lors de leur inscription au concours, ceux-ci devront choisir la formation qu'ils intégreront à la rentrée de septembre.

A savoir !

Sur Parcoursup, Concours SESAME et ses 14 grandes écoles (17 programmes) ne forment au total qu'un vœu. Les candidats peuvent choisir autant de formations (sous-voeux) parmi celles proposées par SESAME qu'ils souhaitent, et en ajouter ou en supprimer jusqu'à la clôture des inscriptions (mi-mars).

LES 14 ECOLES DU CONCOURS SESAME ET LEURS 17 PROGRAMMES

Les programmes bac +4

- BBA in Global Management – SKEMA Business School
- BBA International – La Rochelle Business School Excelia Group
- CESEM – NEOMA Business School
- ESSEC Global BBA – ESSEC Business School
- Global BBA – emlyon Business School
- Global BBA – NEOMA Business School
- International BBA – KEDGE Business School
- International BBA SCBS – South Champagne Business School

Les programmes bac +5

- EBP International – KEDGE Business School
- Programme Grande Ecole – EBS Paris European Business School
- Programme Grande Ecole – EDC Paris Business School
- Programme Grande Ecole – EMLV Pôle Léonard de Vinci
- Programme Grande Ecole – EM Normandie
- Programme Grande Ecole – ESCE International Business School
- Programme Grande Ecole – IPAG Business School
- Programme Grande Ecole – PSB Paris School of Business
- TEMA – NEOMA Business School

LES ÉPREUVES DU CONCOURS SÉSAME

Les épreuves écrites du Concours SESAME

Pour la session 2023 du concours, les épreuves se déroulent simultanément en France et hors métropole pour tous les candidats inscrits préalablement sur Parcoursup, le mercredi 12 avril 2023, à distance.

Les épreuves écrites sont communes à tous les programmes et écoles membres du Concours SESAME. Seuls les coefficients attribués par les programmes des écoles changent.

Le Concours SESAME comporte plusieurs épreuves écrites :

1. Langues étrangères – 35 QCM x 2 - Durée totale : 1h (30 min max. par langue).

En plus de l'anglais obligatoire, vous devez choisir 1 langue étrangère parmi les 10 proposées : Allemand, Arabe, Chinois, Espagnol, Hébreu, Italien, Japonais, Néerlandais, Portugais, Russe.

Lors de votre inscription sur Parcoursup, vous devez choisir votre LVB (l'anglais est enregistré en LVA par défaut).

Si vous souhaitez passer l'anglais LVA en LVB et choisir une autre langue étrangère en LVA, vous devez procéder à ces modifications sur votre espace réservé mySESAME après votre inscription sur Parcoursup.

Pour choisir les langues, vous avez deux possibilités :

- vous choisissez de passer au concours les langues que vous étudiez au lycée (dont l'anglais) ;
- vous choisissez de passer votre langue maternelle (hormis le français et l'anglais) que vous n'étudiez pas au lycée mais dans laquelle vous êtes à l'aise, en plus de l'anglais.

Les questions du QCM portent sur la grammaire, la conjugaison, le vocabulaire, la compréhension et la culture de la langue.

Barème de points : seules les bonnes réponses sont prises en compte (pas de points négatifs en cas de réponse fausse).

2. Enjeux contemporains (40 QCM - 30 min max.) / Raisonnement & Compétences (15 QCM x 3 - 1h) - Durée totale : 1h30

Le QCM d'Enjeux contemporains comprend 40 questions portant sur vos connaissances de l'actualité des 10 derniers mois précédant le concours, dans tous les domaines (culturel, sportif, économique, sociétal, etc.). La durée de cette partie d'épreuve est de 30 min maximum.

Si vous avez terminé avant ce délai, vous pouvez passer directement à la seconde partie de l'épreuve (Raisonnement & compétences).

Le QCM de Raisonnement & compétences compte 45 questions, réparties de la façon suivante (3 × 15) :

- Logique générale : 15 exercices de raisonnement
- Aptitudes numériques : 15 exercices/problèmes mathématiques
- Aptitudes verbales : 15 questions de français (grammaire, orthographe, conjugaison et compréhension)

Cette épreuve a pour objectif de tester en plus de vos acquis de niveau lycée (aptitudes numériques et verbales), votre capacité à réfléchir, à raisonner sur des problèmes.

A noter : sur le sujet de l'épreuve le jour j, vous trouverez en alternance, 5 QCM de logique générale, 5 d'aptitudes numériques et 5 d'aptitudes verbales.

Pour cette partie d'épreuve, vous pouvez utiliser une feuille de brouillon papier (feuille A4 recto verso blanche).

Barème : seules les bonnes réponses sont prises en compte (pas de points négatifs en cas de réponse fausse ou d'absence de réponse).

3. Analyse documentaire - 20 questions – 2 heures

L'épreuve dure 2 heures et vous devez répondre au total à 20 questions, réparties de la façon suivante :

- Questions de repérage : vous devez trouver la réponse à la question posée dans l'un des textes de la base documentaire et cocher la réponse correspondante.
- Questions d'analyse : à une question, plusieurs propositions sont correctes à retrouver dans plusieurs textes.
- Questions de synthèse : parmi les propositions, vous devez cocher les cases qui permettent de reconstituer une synthèse en sélectionnant les éléments répondant à la problématique posée. Pour reconstituer la synthèse, vous devez cocher les bonnes réponses correspondant à la phrase d'introduction, les parties 1 et 2 et leurs sous-parties, la phrase de conclusion et la phrase d'ouverture.

A noter : pour cette épreuve, vous pouvez utiliser le brouillon numérique mis à votre disposition sur l'outil de composition des épreuves écrites (le brouillon papier n'est pas autorisé).

Barème :

- Questions de repérage et de synthèse : seules les bonnes réponses sont prises en compte (pas de points négatifs en cas de réponse fausse).
- Questions d'analyse : si vous avez sélectionné l'intégralité des réponses attendues vous obtenez le maximum de points, au moins la moitié des réponses attendues vous obtenez la moitié des points, au moins une mauvaise réponse (ou absence de réponse) vous n'obtenez aucun point.

3. Tableau des épreuves et des coefficients

Ecoles	Epreuves écrites					Epreuves orales		
	LVA	LVB	Analyse documentaire & Enjeux contemporains	Raisonnement & Compétences	Note de dossier	LVA	LVB	Entretien individuel
BBA in Global Management SKEMA Business School	4	2	4 4	4 2 2	2	4*	-	18
BBA International La Rochelle Business School Excelia Group	5	2	6 3	2 2 2	1	5	-	12
CESEM – NEOMA Business School	10	3	2 4	2 2 2	8*	6	-	9
ESSEC Global BBA ESSEC Business School	2	2	4 2	3 5 3	10	2	-	7
Global BBA emlyon Business School	3	2	3 3	3 3 3	10*	5	-	5
Global BBA NEOMA Business School	8	2	4 2	2 2 2	5*	7	-	11
International BBA KEDGE Business School	4	4	4 4	3 3 2	6*	5	-	5
International BBA SCBS South Champagne Business School	4	2	4 2	2 2 2	5*	4	-	18
EBP International KEDGE Business School	4	4	4 4	3 3 2	6*	8	-	8
Programme Grande Ecole EBS Paris European Business School	5	2*	3 3	3 3 3	3*	-	-	20

Programme Grande Ecole EDC Paris Business School	4	1*	2 2	4 5 4	3	2	-	14
Programme Grande Ecole EMLV Pôle Léonard de Vinci	5	2	4 2	3 2 2	5*	5	-	15
Programme Grande Ecole EM Normandie	5	2	5 2	2 2 2	3*	5	-	15
Programme Grande Ecole ESCE International Business School	9	4	4 4	1 1 2	4*	-	-	15
Programme Grande Ecole IPAG Business School	8	4	4 3	5 1 1	5*	6	-	8
Programme Grande Ecole PSB Paris School of Business	4	2	4 4	2 2 2	10*	-	-	20
TEMA NEOMA Business School	5	1	4 4	3 2 1	4*	16	-	14

* Note bonus : points >10/20

II. NOS CONSEILS POUR BIEN CHOISIR VOTRE ECOLE

Le concours SESAME regroupe un nombre d'écoles important et, si cela se passe bien pour vous, il y a de fortes chances que vous soyez déclaré admis dans plusieurs d'entre elles.

Nous vous proposons donc ici quelques bons conseils pour bien choisir votre école. Il en va de 4 à 5 ans de scolarité, alors autant ne pas se tromper !

1. LES SITES INTERNET OFFICIELS DES ECOLES

Le premier réflexe pour drainer de l'information au sujet des Ecoles de commerce post-bac reste évidemment Internet. Cette technologie permet d'accéder facilement à un ensemble de ressources qui vont des sites Internet officiels des Ecoles de commerce aux forums Internet étudiants en passant également par Facebook et d'autres réseaux sociaux.

Notre expérience à la prépa AURLOM nous a montré que beaucoup d'étudiants n'utilisaient pas à bon escient les ressources du net pour choisir leur Ecole de commerce. Voici donc quelques conseils pour exploiter au mieux les sites officiels des Ecoles de commerce post-bac.

D'abord, sachez que **la visite d'un site Internet ne peut raisonnablement s'effectuer en quelques minutes, la veille des inscriptions aux concours.** Cela n'a aucun intérêt. Un tel travail doit s'effectuer très en amont dans votre préparation. Autrement dit, dès le premier trimestre de votre année de Terminale, moment où vous commencez théoriquement à vous poser des questions sur votre orientation, vous êtes invités à surfer abondamment.

Internet constitue généralement votre premier contact avec l'Ecole. **La visite des différents sites officiels va déjà vous permettre d'éliminer certaines Ecoles qui ne correspondent pas à vos exigences.** Il vous restera alors les salons et les journées portes ouvertes (sur lesquels nous reviendrons par la suite) pour vous faire une opinion plus solide sur celles qui restent encore dans votre liste.

Mais surtout, **une visite fouillée du site Internet d'une Ecole de commerce vous permet de préparer votre futur entretien de motivation,** en collectant et en organisant des informations sur les programmes et les spécificités de l'Ecole que vous convoitez. Gardez toujours à l'esprit que l'entretien a pour objectif de tester votre degré de motivation et les raisons qui vous incitent à postuler à telle ou telle Ecole de commerce post-bac.

2. LES RESEAUX SOCIAUX

Nous faisons partie de ceux qui pensent qu'Internet offre des opportunités exceptionnelles pour se préparer aux concours dans les meilleures conditions. Facebook a de quoi éclairer vos choix et apporter des réponses à vos questions les plus exigeantes.

Contrairement aux idées reçues, Facebook peut constituer un outil précieux de votre réussite, lorsqu'il est utilisé à bon escient.

1. Les pages fan

La plupart des Ecoles ont adopté le format « page fan », plutôt que celui du groupe.

La page fan vous offre certes la possibilité de cliquer sur « j'aime », mais aucun engagement, de quelque nature que ce soit (demande d'autorisation ou de mise en contact), ne vous est demandé afin de consulter toutes les informations qui y sont disponibles.

Ce que vous gagnez à aller consulter la page fan d'une Ecole :

- Vous êtes au courant de l'actualité de l'Ecole, voire de ses associations étudiantes ou de ses associations d'anciens ;
- Vous découvrez les événements que l'Ecole organise ou soutient ;
- Vous bénéficiez d'une vision moins formelle de l'établissement et obtenez certains détails non disponibles sur le site officiel ;
- Vous consultez les forums de discussions et vous y participez ;
- Vous posez toutes vos questions aux administrateurs.

2. Posez toutes vos questions

Vous avez des questions, mais vous n'osez pas appeler l'Ecole concernée ? Parce que vous n'êtes pas certain de la pertinence de vos interrogations, par timidité, ou tout simplement parce que certaines questions ne peuvent pas être posées directement à l'Ecole.

Voici le genre de questions concernées :

- Pourquoi aller à l'IPAG plutôt que de suivre le programme *Bachelor* de l'ESSEC ?
- Les cours de management animés par tel professeur sont-ils vraiment intéressants ?
- Si je désire effectuer un stage dans un prestigieux cabinet de conseil en stratégies, ai-je une chance en tant qu'étudiant de l'EM Normandie, ou vaut-il mieux viser une autre Ecole ?
- Les cours de finance sont-ils bons ?
- Le campus est excentré, cela n'est-il pas un inconvénient ?
- Un ancien élève m'a informé des difficultés administratives liées aux conventions de stage dans cette Ecole, pouvez-vous confirmer ?

Les Ecoles ne peuvent pas tout vous dire. Mettez-vous à leur place. Elles sont dans une logique de marketing, elles ne peuvent en conséquence se présenter par leurs difficultés, leurs défauts. Leur but est d'attirer les meilleurs éléments, pas de les repousser, et encore moins de faire l'éloge des autres Ecoles à leur dépens.

Qui peut alors vous répondre ? Les étudiants, anciens ou actuels.

Or, sur Facebook, il n'est pas si simple de les trouver. Les membres des pages ne sont pas affichés publiquement et les informations des profils ne sont pas toujours accessibles.

Le meilleur moyen est celui de communiquer *via* la messagerie Facebook. Pour cela, il faut des noms. Deux possibilités s'offrent alors selon les profils : soit la personne concernée n'a pas bloqué sa messagerie et laisse à toute personne (ami(e) ou pas) la possibilité de lui écrire ; soit elle a bloqué sa messagerie et ne la rend accessible que si vous l'ajoutez en contact, et qu'elle accepte votre demande.

Afin de trouver ces étudiants, vous avez plusieurs possibilités :

- <u>Par vos relations</u>. Si un ami à vous, ou ami d'ami, a été (ou est) étudiant dans cette Ecole, n'hésitez pas à l'ajouter à vos contacts ;

- *Via* les salons. Les salons sont en effet un très bon moyen d'entrer en contact avec des étudiants, n'hésitez pas à prendre leur nom et leur adresse email afin de les ajouter en ami sur Facebook, ou à leur écrire directement sans ajout de contact, si cela est possible. Vous pourrez ainsi échanger *via* la messagerie.
- Une prépa est aussi un haut lieu de mise en relation. Hormis vos camarades de prépa qui connaissent, pour certains d'entre eux, des étudiants qui ont déjà intégrés, les professeurs voient passer de nombreux étudiants, dont beaucoup ont intégré. Ils pourront être d'une aide précieuse dans votre recherche. La prépa Aurlom est ainsi un centre de mise en relation privilégié.
- *Via* les pages fan. L'onglet discussion peut aussi être un moyen de trouver des étudiants à contacter.

3. Facebook : un bon argument pour vos oraux

Vous êtes un futur entrepreneur. Créer, innover, s'adapter : tous ces mots sont vos compagnons de route. S'intéresser au web communautaire est indispensable.

Lors des oraux d'admission, faire une remarque sur l'influence qu'a eue sur vous la page Facebook de l'Ecole est un plus, un moyen de prouver votre intérêt concret pour l'établissement. Vous êtes membre de la « génération C », la génération Internet. Prouvez que vous en faites partie et que vous savez utiliser ces outils !

Souligner l'importance de Facebook dans un oral d'admission peut se faire de plusieurs manières :

- Vous avez été séduit par l'effort technologique de l'Ecole et son approche des nouvelles technologies ;
- Les informations et les réponses aux questions que vous vous posiez, disponibles *via* la page fan ou par des contacts, vous ont permis de faire votre choix définitif, en l'occurrence celui de cette Ecole et pas d'une autre ;
- Cette approche *via* Facebook vous a permis de goûter au réseau qu'offre l'Ecole et auquel vous êtes impatient d'appartenir.

N'oubliez pas qu'une question qui vous sera sûrement posée, directement ou pas, est : **« Pourquoi nous plutôt qu'une autre Ecole ? »**.

3. LES FORUMS EN LIGNE

Un autre moyen de glaner de l'information sur les Ecoles de commerce post-bac et leur concours reste les forums Internet. Il en existe plusieurs qui connaissent une forte fréquentation et abordent des sujets variés sur les Ecoles et les concours.

Un forum a pour principal atout de vous offrir une source d'information alternative facilement accessible. Ils sont généralement fréquentés à la fois par des candidats aux Ecoles, mais aussi par des étudiants en Ecole de commerce post-bac, voire par des membres de l'équipe pédagogique. Ils permettent d'avoir accès à un large spectre d'avis et de témoignages de la part de ces divers intervenants. Il est souvent intéressant de pouvoir confronter diverses opinions pour essayer d'avoir une vision plus juste de telle ou telle Ecole.

Cependant, il faut rester prudent et garder une certaine distance par rapport à ces forums. Les discussions qui s'y développent virent souvent à l'affrontement sur le niveau de chaque Ecole. En outre, le débat sous pseudo libère d'avantage les esprits et les jugements à l'emporte-pièce. Préférez alors la solution de la discussion en privée avec un étudiant issu de l'Ecole que vous souhaiteriez intégrer. Il sera généralement très heureux de pouvoir faire la promotion de son Ecole auprès d'un candidat potentiel, tandis que vous serez en mesure de ne pas prendre tout ce qu'il vous dit pour argent comptant.

4. LES SALONS ETUDIANTS

Le salon étudiant reste un moment incontournable dans la découverte des Ecoles de commerce post-bac. **Logiquement, vous devez effectuer ce genre de visites après avoir découvert, grâce à Internet, les différentes Ecoles de commerce post-bac qui s'offrent à vous.** Comme nous l'avons vu, vous avez déjà été en mesure de faire un premier tri entre les Ecoles qui pourraient potentiellement répondre à vos attentes et celles qui n'y répondent pas du tout !

Un salon étudiant représente l'opportunité unique de pouvoir « visiter » toutes les Ecoles de commerce post-bac de France en une seule journée. Un tel événement se déroule généralement sur deux ou trois jours durant un week-end. La plupart des Ecoles de commerce post-bac font le déplacement et disposent d'un stand pour accueillir de potentiels candidats à leurs concours.

Autour de ce stand, vous avez déjà accès à toute la documentation en format papier. Vous rétorquerez probablement que vous n'en voyez pas l'utilité puisque tout est sur le site. Détrompez-vous ! Pouvoir consulter tranquillement une documentation complète sur votre Ecole de commerce post-bac peut se révéler très appréciable quand on passe déjà plusieurs heures par jour le nez rivé sur un écran informatique.

Un stand Ecole, c'est aussi l'opportunité de retrouver à la fois des représentants de l'équipe pédagogique – notamment des membres du Service des admissions de l'Ecole – mais surtout des étudiants issus des différentes années. Vous avez alors la possibilité de poser toutes vos questions sur le concours, la sélectivité, les parcours, les atouts de l'Ecole, les opportunités pédagogiques, les échanges internationaux, l'ambiance, la vie de campus, etc.

Surtout, **une telle rencontre vaut 1 000 visites sur le site Internet tant les échanges humains ont plus de valeur et de fiabilité pour se faire une vraie idée d'une Ecole de commerce.**

Une rencontre « en réel » permet de faire part de vos désirs et de vos projets aux interlocuteurs qui vous accueillent et qui peuvent ainsi vous indiquer si leur Ecole sera apte ou non à y répondre. Un site Internet n'est pas calibré pour un tel exercice. Il vous apporte un contenu brut, souvent de qualité, mais ne peut répondre à vos interrogations.

1. Grâce aux salons, marquez des points lors de votre entretien oral d'admission

Participer à un salon étudiant, c'est aussi un formidable argument marketing lors de votre probable futur entretien de motivation pour intégrer l'Ecole.

Le conseil de Franck Attelan, directeur de la Prépa Aurlom, membre de jurys de concours.

Imaginez la scène. Une salle. Un jury de deux personnes face à vous. Le stress de l'entretien vous envahit. Votre envie démesurée de réussir pour intégrer cette Ecole de commerce à laquelle vous avez tant rêvé. Et la fameuse question : « Pourquoi notre Ecole de commerce et pas une autre ? »

Il n'y a alors pas de plus belle réponse à cette question que : « Au-delà des atouts pédagogiques indéniables que possède votre Ecole – dont nous avons déjà parlé – j'ai eu l'occasion de rencontrer la Directrice des admissions de votre Ecole ainsi que plusieurs étudiants en première et deuxième année lors du salon Studyrama des Ecoles de commerce post-bac. J'ai fortement apprécié leur dynamisme et leur joie à me parler de votre Ecole. Je les ai trouvés particulièrement ouverts et épanouis. Ils m'ont convaincu que votre Ecole de commerce était faite pour moi et répondait à mes ambitions. »

Le jury sera alors définitivement convaincu que vous êtes réellement motivé pour rejoindre leur Ecole ! Surtout, vous aurez réussi à vous démarquer des centaines de candidats qui se réfugieront uniquement dans les programmes, les échanges ou autres discours trop stéréotypés.

2. Dynamisez votre préparation !

Profiter des différents salons étudiants représente aussi une occasion pour chaque candidat de donner un nouveau souffle à sa préparation.

Nous ne le répéterons jamais assez, mais les concours aux Ecoles de commerce post-bac sont hautement sélectifs. Ils demandent une vraie préparation pour toutes les épreuves écrites et orales. Il est donc primordial de démarrer vos révisions au plus tôt. D'autant plus qu'en classe de Terminale, plus l'année défile, plus le baccalauréat se rapproche, ce qui est de nature à vous détacher de plus en plus de vos concours pour les Ecoles de commerce post-bac.

Or, il n'est facile pour personne de se motiver pour un concours plusieurs mois avant la date des épreuves. **Un salon peut ainsi jouer un formidable rôle de déclic.** Rencontrer des étudiants qui ont intégré l'Ecole que vous convoitez, donner corps à votre projet et palper en direct la rudesse de la compétition sont autant de réalités qui doivent normalement vous inciter à vous atteler à vos révisions sitôt rentré chez vous, ou presque ! Nous avons tous besoin de leviers pour renforcer notre motivation dans nos divers projets. La préparation d'un concours n'échappe pas à la règle et la participation à un salon étudiant constitue justement ce levier indispensable.

Cet ouvrage se veut le compagnon de votre préparation de A à Z pour vos concours aux Ecoles de commerce post-bac. Nous estimons dès lors qu'il est de notre devoir de vous donner des outils très opérationnels pour réussir cette préparation. Concernant votre visite des salons étudiants, nous souhaitons simplement vous donner la liste des cinq choses à faire absolument durant un tel événement !

La TO DO LIST pour les salons étudiants

1) Avant le début du salon, lister par ordre de priorité quelles Ecoles de commerce vous souhaitez rencontrer.

2) Prendre toute la documentation disponible sur les stands visités : plaquette de présentation de l'Ecole, plaquette du concours, enquête emplois, etc.

3) Aborder sans complexe le sujet du concours : préparation, épreuves, statistiques, vécu des anciens candidats, etc.

4) Discuter du programme et des opportunités de l'Ecole, à la fois avec des responsables pédagogiques et des étudiants. Prendre soin de noter les noms de chaque personne avec qui vous vous entretenez. Ceci constituera la preuve durant votre entretien que vous avez bien établi un contact avec l'Ecole pendant un salon étudiant.

5) Prévoir une liste de questions pour n'en oublier aucune.

A ne rater sous aucun prétexte !

Le salon Studyrama Grandes Ecoles de Commerce en novembre.

Pour plus d'information, rendez-vous sur **studyramagrandesecoles.com**

5. LES JOURNEES PORTES OUVERTES : A VOUS DE LES POUSSER A FOND !

Avec les sites Internet des Ecoles de commerce post-bac, Facebook, les forums ou encore les salons étudiants, vous disposez de beaucoup d'informations sur les Ecoles et les concours que vous convoitez. Toutefois, ce n'est pas encore suffisant ! Nous estimons que notre mission est de vous donner toutes les cartes pour maximiser vos chances de succès. Ainsi, la dernière étape dans votre procession vers les concours aux Ecoles de commerce post-bac reste la participation à une ou plusieurs journées portes ouvertes d'Ecoles (JPO).

La plupart des Ecoles de commerce post-bac en organisent une ou deux par an. Les premières JPO ont lieu en novembre, tandis que les dernières se déroulent généralement en mars. Elles ont lieu directement sur le campus de l'Ecole.

Comparées aux salons étudiants, elles offrent la même opportunité de rencontre avec des étudiants et des membres de l'équipe pédagogique de l'Ecole. **Leur grand avantage reste cependant de vous accueillir directement sur le campus de l'Ecole.** Vous avez ainsi la possibilité de juger par vous-même de l'emplacement géographique, de l'ambiance de l'Ecole et de la qualité de ses installations.

Généralement, lors d'une JPO, vous êtes invité à une rencontre avec le Service des admissions qui vous présente de manière détaillée les modalités du concours d'entrée et les perspectives académiques que propose l'Ecole.

Ensuite les étudiants vous proposent de visiter l'Ecole : locaux des cours, salles informatiques, locaux associatifs, lieux de vie (cafétéria par exemple), bibliothèque, salles de sport, etc. C'est une véritable opportunité pour se faire une idée du campus sur lequel vous pourriez être amené à passer quatre à cinq ans.

Dans le même temps vous pouvez poser toutes les questions que vous souhaitez aux étudiants et aux membres des équipes pédagogiques. Profitez-en pour lever tous les doutes que vous avez, même sur des questions bien précises.

Si vous avez un projet académique et professionnel défini et que vous souhaitez savoir si l'Ecole pourra y répondre, utilisez les JPO et les interlocuteurs présents pour obtenir vos réponses. Le jour du concours ou de l'oral, il sera trop tard.

Vous ne pouvez pas nier qu'évaluer l'établissement dans lequel vous allez passer quatre ou cinq années de votre vie – intellectuellement, humainement et financièrement – n'est pas un luxe !

Participer à une journée porte ouverte est enfin un moyen inégalé pour prouver votre motivation à rejoindre une Ecole de commerce lors de votre entretien. Il vous faudra ainsi impérativement évoquer au jury votre déplacement sur le campus et votre plaisir d'avoir rencontré des étudiants de l'Ecole.

[Conclusion]

A cette étape de notre ouvrage, vous avez déjà eu le loisir de découvrir les différentes Ecoles de commerce post-bac qui s'offrent à vous, de mesurer la sélectivité des concours pour y accéder (et donc l'investissement à fournir pour réussir) et de bénéficier de conseils avisés pour mieux faire connaissance avec ces différentes Ecoles.

Nous souhaitons maintenant synthétiser l'ensemble avec la présentation d'un plan d'action qui vous permettra de choisir au mieux votre *Bachelor* ou votre Ecole de commerce de niveau bac +4 ou bac +5.

PREMIERE PARTIE

LES EPREUVES ECRITES DU CONCOURS SESAME

I. L'EPREUVE D'ANALYSE DOCUMENTAIRE

I. METHODOLOGIE DE L'EPREUVE

Comme de nombreux concours, le format de la synthèse Sésame a évolué. Deux différences importantes :

- La synthèse ne comporte plus de rédaction, remplacées par des QCM (20 questions), même si l'architecture précédente est conservée : on retrouve des questions de repérage, d'analyse et de synthèse.

- Des QCM de culture générale (40 questions) et d'actualité.

Analysons ensemble les différents changements et tentons aussi d'y voir plus clair. Quelles sont les consignes officielles ?

L'épreuve dure 3 heures et vous devez répondre au total à 60 questions, réparties de la façon suivante :

1. Analyse documentaire *(2 h) – 1 QCM de 20 questions : évaluer votre capacité de recherche, de hiérarchisation et de traitement de l'information.*

3 sous-parties :

*A- **Questions de repérage :** vous devez trouver la réponse à la question posée dans l'un des textes de la base documentaire et cocher la réponse correspondante.*

*B- **Questions d'analyse :** plusieurs réponses peuvent être attendues pour une question, regardez bien les consignes et le type de case à cocher.*

*C- **Questions de synthèse :** vous devez répondre à la question qui permettra de construire les grandes lignes de la dissertation permettant de traiter le sujet.*

2. Questions de Connaissance des Enjeux Contemporains *(1 h) – 1 QCM de 40 questions : tester votre culture générale liée à l'information et votre environnement quotidien.*

1. ANALYSE DES DOCUMENTS ET PRISE DE NOTES : 1 H

1. Survol : 15 minutes

Comment procéder ?

[1. Lire les questions au préalable]

Afin de bien organiser son temps et d'être le plus efficace possible, il convient de lire au préalable les questions posées dans la partie « Analyse documentaire ». Ainsi, cette lecture en amont permet de cibler les recherches et de donner une direction à sa prise de notes. En effet, on pourra noter les différents angles d'analyse du sujet, à travers les questions de repérage, d'analyse et bien sûr la question de synthèse. Cette dernière contient implicitement le plan et la problématique, ce que nous verrons plus loin. Cette lecture va agir comme un filtre, afin de diriger sa lecture.

[2. Lire le sommaire]

Après avoir lu les questions, il est essentiel de procéder à un survol des documents. Cela commence par la lecture du sommaire contenant les titres des documents. Ceux-ci sont très importants pour tout de suite saisir le thème proposé, et les angles d'analyse. Dans un souci d'objectivité et de vérité, un sujet n'est jamais manichéen. En d'autres termes, le dossier documentaire proposera toujours une vision équilibrée et nuancée d'un sujet, ce qu'il faudra comprendre très rapidement afin de gagner en efficacité pour la prise de notes.

[3. Lire uniquement le premier et le dernier paragraphe]

Suite à la lecture du sommaire, il convient de lire très succinctement les documents en se concentrant sur les titres, les intertitres, ainsi que le premier et le dernier paragraphes. Pourquoi ? Car ceux-ci concentrent la majorité des informations clés, et permettent de comprendre quels documents sont les plus importants, sur lesquels on passera donc plus de temps.

Dès lors, les documents généraux, qui proposent une analyse et donc des arguments, seront traités avec plus d'attention que les documents plus spécifiques, plus anecdotiques, qui eux tiendront lieu d'exemples pour illustrer le thème général.

Voyons ci-après à quoi correspondent les passages à lire durant le survol :

TEXTE 4 – « ALPHAGO » PASSE A AUTRE CHOSE

C'est en des termes élégants que l'entreprise Deepmind qui a mis au point le logiciel AlphaGo, a annoncé que son ultime match victorieux, samedi 27 mai 2017 contre le champion Ke Jie, serait le dernier que la machine disputerait contre un humain.

AlphaGo avait déjà fait sensation l'an dernier en battant le grand du jeu de go maître sud-coréen Lee Se-Dol par quatre parties à une. C'était la première fois qu'un logiciel écrasait un joueur chevronné lors d'un match entier. La victoire d'AlphaGo avait été saluée comme une percée technologique pour les ordinateurs, désormais capables non seulement de conduire des voitures mais aussi d'aider l'humanité à résoudre quelques-uns des problèmes scientifiques, techniques ou médicaux les plus ardus.

Déjà en 1997, le champion du monde d'échecs Garry Kasparov avait été vaincu par l'ordinateur Deep Blue d'IBM. Mais le défi pour la machine est incroyablement bien plus relevé au jeu de go, dans lequel deux adversaires tentent d'occuper le plus d'espace sur un plateau quadrillé en plaçant alternativement des pierres noires et blanches. La taille du tablier (19 lignes sur 19) offre un nombre incalculable de configurations possibles – davantage qu'il y a d'atomes dans l'univers – et le déroulement du jeu obéit à des concepts stratégiques qui vont au-delà du simple calcul mathématique, aussi puissant soit-il. Ce qui signifie que l'intuition et la créativité sont essentielles pour gagner à très haut niveau. Deux domaines dans lesquels l'humain, croyait-on, était nécessairement supérieur à la machine.

Puisqu'il n'est plus possible d'aller plus loin après cette série de matches victorieux (et donc que les maîtres humains de cette discipline ne sont plus au niveau), les informaticiens à l'origine du logiciel vont désormais s'attaquer « à relever de nouveaux défis et développer des algorithmes qui pourront un jour aider les chercheurs à résoudre certains des problèmes les plus complexes auxquels nous faisons face » dans le domaine médical notamment, a expliqué Demis Hassabis, le fondateur de DeepMind. Et l'entreprise de lister quelques défis qui attendent l'intelligence artificielle : la recherche médicale contre certaines maladies, la réduction drastique de la consommation d'énergie ou encore la mise au point de nouveaux matériaux.

Néanmoins, l'entreprise n'entend pas abandonner totalement l'univers du Go. Elle promet « dans l'année » un article scientifique sur les améliorations apportées à l'algorithme, ainsi qu'un outil d'apprentissage du Go pour permettre à tout le monde « d'analyser les positions sur le plateau, de montrer comment "pense" l'algorithme, et de donner aux joueurs la possibilité de voir la partie à travers le prisme d'AlphaGo ».

[4. Associer les éléments de réponse avec les questions posées]

Au crayon gris, et ce pour gagner du temps et de l'efficacité, il convient de noter à côté de chaque question les documents qui s'y réfèrent, ce qui permet de gagner un temps précieux par la suite. Il faudra bien penser par la suite à gommer ces indications.

2. Lecture approfondie : 1 h

Il est vivement conseillé de lire de façon approfondie afin de ne perdre aucun élément nécessaire à la réponse aux questions. Les questions de repérage nécessitent des éléments de réponse précis et factuels, alors que les questions d'analyse et de synthèse nécessitent une approche globale du thème en question. **D'où la nécessité de lire au préalable le sommaire et la bibliographie, puis les documents dans l'ordre.**

Que faire des « illustrations » ? Elles sont importantes, et ne figurent pas dans le dossier documentaire sans raison. Dès lors, elles sont à la fois des éléments pour comprendre par l'exemple le thème proposé, mais aussi des éléments de réponse aux différentes questions.

Il convient d'être concis, synthétique et d'aller vite : pas plus de 2 à 3 minutes par page de document. Cette lecture est facilitée par l'étape de survol.

Faut-il lire en diagonales ? Il est souvent difficile de comprendre cette technique particulière, suscitant aussi la peur de passer à côté d'informations essentielles. Le survol, comme nous l'avons vu, est déjà une étape importante permettant de gagner beaucoup de temps.

2. REPONSES AUX QUESTIONS : 1 H

1. Les questions de repérage

La consigne est très claire :

> Pour chacune des questions, UNE SEULE proposition est correcte. Seules les bonnes réponses sont prises en compte.

Les questions de repérage sont relativement faciles et factuelles, elles nécessitent d'être malin et vigilant. En effet, en ayant lu les questions en amont, et ayant procédé au survol préalable des documents, il est très facile de répondre à ces questions dont le barème n'est pas très élevé.

> Quel auteur est à l'origine de la théorie de la « ruse de la raison » ?
>
> A. Georg Wilhelm Friedrich Hegel
> B. Karl Marx
> C. René Descartes
> D. Mary Shelley
>
> Réponse : A
>
> Explications : La « ruse de la raison » est une théorie mise au point par Hegel et qui traite de l'invention et l'utilisation de machines par l'homme (TEXTE 17). Cette dernière consiste à accomplir ses propres fins par l'intermédiaire d'objets agissant les uns sur les autres conformément à leur propre nature.

Il ne faut jamais consacrer trop de temps aux questions de repérage. En effet, le barème (0,25 point à 1 point selon les questions) ne nécessite pas qu'on y passe un temps infini. Trop d'étudiants perdent du temps en passant plus de 15 minutes à fouiller dans le dossier documentaire. Pour anticiper ces recherches de dernière minute, il faut être efficace et appliquer la méthode de lecture et de prise de notes énoncée plus haut.

2. Les questions d'analyse

Il convient de bien comprendre les consignes officielles :

> PLUSIEURS propositions permettent de construire la bonne réponse à chaque question posée. Sélectionnez uniquement LES propositions appropriées.
>
> Notation :
> 1. Le candidat qui sélectionne toutes les propositions attendues obtiendra la totalité des points.
> 2. Le candidat qui identifie au moins la moitié des propositions attendues obtiendra la moitié des points à condition que sa réponse ne contienne aucune erreur.
> 3. Le candidat qui sélectionne moins de la moitié des propositions attendues n'obtiendra aucun point.
> 4. Le candidat qui sélectionne trop de propositions (même si ces dernières comportent les propositions attendues) n'obtiendra aucun point.

Cette question d'analyse nécessite précision et méthode pour y répondre correctement, et donc obtenir le maximum de points.

De toute évidence, une mauvaise lecture et une prise de notes inefficace auront de lourdes conséquences sur la bonne réponse aux questions d'analyse posées. Il faut impérativement lire les questions avant de lire les documents, nous ne le répèterons jamais assez.

Comment répondre correctement ?

Il faut tout d'abord exclure les questions qui ne correspondent pas à l'esprit des documents. Dans l'exemple ci-dessous, il est utile de s'aider de l'énoncé de la question. Ainsi, le « miracle de saint Denis » est le titre du texte 6 et de l'illustration 5. Si la lecture a été bien effectuée, et la prise de notes efficace, les réponses semblent assez évidentes. Il convient cependant de survoler de nouveau ces deux documents. Une relecture permet donc à la fois d'exclure les réponses farfelues et donc fausses, pour ensuite valider les réponses restantes qui sont donc avérées.

Quel message véhicule le « miracle de saint Denis » quant à la situation de l'homme face aux progrès rapides des machines ?

A. Les ordinateurs renferment désormais toutes les capacités cognitives de l'homme.
B. L'homme est condamné car c'est la fin de toute pensée humaine.
C. L'homme est coupé du monde qui l'entoure.
D. Seule la capacité d'invention reste entre les mains de l'homme.

Réponses : A et B

Explications : L'homme a déposé toutes ses capacités cognitives dans les ordinateurs qui sont comme des têtes coupées de leurs propriétaires. Cependant, même si l'ordinateur a démultiplié ses capacités, cette révolution ne signifie pas forcément la fin de toute pensée humaine. Elle condamne simplement l'homme à devenir intelligent et à se concentrer sur ses capacités d'invention ou encore de création. (TEXTE 6 et ILLUSTRATION 5).

3. La question de synthèse

Cette question a subi des changements, sans pour autant que son esprit en soit dénaturé. En effet, on retrouve toujours les étapes de la synthèse : titre / problématique / introduction / développement / conclusion.

Pour autant, il s'agit toujours de QCM. Voyons ensemble comment réussir cette partie du devoir.

> Pour chacune des questions, UNE SEULE proposition est correcte. Seules les bonnes réponses sont prises en compte.

Tout d'abord, il convient d'analyser la question de synthèse qui est proposée. En effet, elle comporte beaucoup d'informations, au premier chef le plan, qui est sous-jacent.

> En 1997, après la première grande défaite de l'homme contre la machine aux échecs, un quotidien avait pu interroger en une : « L'homme est-il foutu ? ». Mais l'homme a-t-il raison d'avoir peur des machines ? Vous construirez une réponse structurée, à l'aide d'arguments extraits du dossier.

Comment comprendre cette question ? D'une part, elle pose un cadre thématique : la relation entre l'homme et la machine. D'autre part, elle sous-entend le plan :

1. « L'homme est foutu ? » : Les enjeux de la place des machines dans la société.

2. « L'homme a-t-il raison d'avoir peur des machines ? » : Les perspectives de la place des machines dans la société.

Dès lors, le plan indiqué est clair, et permet à la fois une bonne prise de notes (on va avant tout chercher les arguments pour envisager ces deux parties, et donc alimenter la réflexion), et des réponses efficaces aux questions posées.

[1. Problématique]

Sélectionnez la problématique appropriée pour traiter le sujet.

A. Quelle place pour l'homme face à l'intelligence artificielle ?
B. Comment peut-on expliquer la domination de l'homme par l'intelligence artificielle ?
C. Dans quelle mesure l'intelligence artificielle est-elle une menace pour l'homme ?
D. En quoi l'intelligence artificielle représente-t-elle un danger pour l'humanité ?

Cette question de la problématique peut être facilement traitée car il faut trouver la question qui recoupera le thème proposé, ses enjeux et ses perspectives. Bien évidemment, une fois de plus, une lecture efficace et structurée est indispensable pour mener à bien cette étape.

Réponse : C

Explications : Compte tenu des éléments du dossier documentaire, il convient ici de se demander si l'intelligence artificielle représente une réelle menace pour l'homme ou si, au contraire, ces craintes sont à relativiser.

La réponse C apparaît ainsi comme la problématique la plus équilibrée. En effet, elle autorise une réflexion ouverte sur la place des machines dans la société, un rôle préoccupant et grandissant qu'il convient néanmoins de nuancer autant que faire se peut.

[2. Titre]

Le titre est une étape indispensable pour la question de synthèse. Il faut précisément le distinguer de la problématique. Il s'agit alors de trouver une phrase, au mode nominal de préférence (sans verbe conjugué) afin de recouper le thème général proposé, dans toutes ses facettes.

Sélectionnez le titre approprié pour la première partie du raisonnement.

A. L'homme contre la machine, un duel à l'issue incertaine.
B. L'intelligence artificielle représente une menace potentielle pour l'homme.
C. Malgré la menace, l'homme est et restera supérieur à la machine.
D. Progrès exponentiels de l'intelligence artificielle et bouleversements technologiques à venir.

Ainsi, les réponses A, C et D ne peuvent être sélectionnées car elles sont de toute évidence trop connotées, insuffisamment neutres et objectives, et surtout elles affirment de façon péremptoire un seul angle du sujet. Or, comme nous l'avons évoqué dans l'étape de problématique, un plan marche sur deux jambes. En d'autres termes, un sujet ne peut être envisagé que sous le faisceau d'un seul angle d'analyse.

Réponse : B

Explications : Le sujet et la problématique appellent une réponse nuancée et donc un plan dialectique. Il convient donc dans une première partie, de présenter les arguments démontrant que l'intelligence artificielle peut constituer une menace pour l'homme.

[3. Résumé]

Comment réussir cette étape ? Les maîtres mots sont les suivants : **objectivité** et **précision**. En effet, il convient de trouver les termes les plus appropriés, décrivant une réalité neutre de tout jugement. La nuance est donc de mise.

Construisez le résumé de la deuxième partie en complétant le texte ci-dessous.

L'intelligence artificielle est porteuse [w] dans de nombreux domaines et pourrait aider l'homme à résoudre des problématiques mal ou non résolues car trop complexes. Plus que des machines, la menace provient [x] qui utilise [y] comme un instrument de maximisation des profits faisant ainsi courir le risque de l'aliénation de l'homme par [z].

[w]
A. d'avancées
B. de fausses promesses
C. d'effets pervers
D. de bouleversements

[x]
A. du big data
B. de l'Etat
C. de l'économie capitaliste
D. de l'intelligence artificielle

[y]
A. l'homme
B. l'économie capitaliste
C. les GAFAM
D. l'intelligence artificielle

[z]
A. l'Etat
B. l'homme
C. l'intelligence artificielle
D. le big data

Prenons l'exemple des propositions pour [w] : les réponses B, C et D sont trop connotées, elles sont subjectives et portent donc un jugement. Le terme « avancées » est donc le plus approprié pour décrire la réalité du thème tel qu'il transparaît dans les documents.

Analysons également les propositions pour [x] : les réponses A, B et D sont tout simplement incorrectes. Seule la réponse C convient dans ce cas de figure. Il faut donc être très vigilant à l'architecture de la phrase, sa cohérence et donc son sens. Ce dernier devra être fidèle au thème du dossier documentaire.

Réponses : [w] A ; [x] C ; [y] D ; [z] B

Explications : L'intelligence artificielle est porteuse d'avancées dans de nombreux domaines (TEXTE 4) et pourrait aider l'homme à résoudre des problématiques mal ou non résolues car trop complexes. Plus que des machines, la menace provient de l'économie capitaliste qui utilise l'intelligence artificielle comme un instrument de maximisation des profits faisant ainsi courir le risque de l'aliénation de l'homme par l'homme (TEXTES 15, 16, 17 et 18 + ILLUSTRATION 7).

Là aussi, une prise de notes dans un tableau numéroté bien organisé permet de répondre correctement à l'exercice. L'étape de survol et la lecture préalable des questions sont essentielles pour bien comprendre et saisir le thème général du dossier documentaire.

[4. Conclusion]

Comment réussir l'étape de conclusion ? Il s'agit surtout de trouver les termes les plus appropriés, une fois de plus, dans un souci de cohérence et de vérité.

Construisez l'ouverture de cette conclusion en complétant la phrase ci-dessous. Il paraît intéressant de se demander quel doit être le rôle [x] pour [y] les géants du numérique et permettre à la société de bénéficier pleinement des progrès technologiques récents et à venir.

[x]

A. des GAFAM
B. des pouvoirs publics
C. des supercalculateurs
D. des citoyens

[y]

A. interdire
B. dynamiser
C. libéraliser
D. encadrer

Ainsi, les propositions de réponse semblent évidentes, au regard de la méthodologie proposée. On évoque bien sûr le rôle de l'Etat en matière d'encadrement des nouvelles technologies.

Réponses : [x] B ; [y] D

Explications : Il paraît intéressant de se demander quel doit être le rôle des pouvoirs publics pour encadrer les géants du numérique et permettre à la société de bénéficier pleinement des progrès technologiques récents et à venir (TEXTE 14).

II. ENTRAINEMENT

1. Documents du dossier

PARTIE 1 : LA MACHINE CONTRE L'HOMME

Texte 1

1997 : LA MACHINE BAT L'HOMME AU JEU D'ECHECS

Dès 1968, dans *2001, Odyssée de l'espace*, Stanley Kubrick met en scène une partie dans laquelle Hal, l'ordinateur, bat un humain, mais c'est Deep Blue qui a vraiment relancé, à la fin des années 1990, le débat sur la notion d'intelligence artificielle. Il a surtout reposé de manière spectaculaire une question philosophique des plus brûlantes, en un siècle contraint par l'avancée sans relâche du progrès technologique, de penser plus rigoureusement les rapports entre l'homme et la machine : quand peut-on affirmer sans le moindre risque de se tromper que l'on est en présence d'un être *pensant* ? Faut-il, pour pouvoir dire que l'on pense, avoir *conscience* de penser ? Le problème n'est pas vraiment nouveau : un informaticien surdoué nommé Alan Turing, élève de Ludwig Wittgenstein à Cambridge, l'avait déjà clairement formulé alors même qu'il donnait naissance à l'un des premiers supercalculateurs, le programme Colossus, seul capable de décrypter le code Enigma employé par l'armée allemande durant la Seconde Guerre mondiale et dont le rôle fut considérable dans la victoire alliée.

On ne prend la mesure de ce débat qu'en se donnant la peine d'étudier d'un peu près la manière dont opère – ou opérait, puisqu'il fait désormais partie de l'Histoire – Deep Blue. Il s'agissait d'un mastodonte d'un poids global de 1,4 tonne regroupant 512 microprocesseurs travaillant de concert au sein d'une architecture qualifiée de « massivement parallèle ». Chacun de ces microprocesseurs avait une tâche précise : suivre l'une des trente-deux pièces, surveiller l'une des soixante-quatre cases, effectuer à très grande vitesse des calculs permettant de prévoir l'évolution de la position avec, en moyenne, sept ou huit coups de profondeur, et de rechercher dans sa gigantesque base de données une ou plusieurs parties comparables à l'affrontement en cours. Grâce à cette recherche fondée sur la reconnaissance fine de certaines formes, la machine abandonnait les lignes d'analyse jugées inférieures pour se concentrer sur d'autres qui faisaient ainsi l'objet d'une exploration plus poussée. Deux cents millions de positions étaient examinées à la seconde… Si Deep Blue frappait l'observateur par son gigantisme, son mode de fonctionnement ne différait cependant en rien de celui de tout programme un peu sophistiqué. Le principe de base est fort simple : […] la machine va énumérer de manière systématique toutes les manœuvres autorisées par les règles dans la position envisagée avant de procéder à une évaluation. Chaque possibilité va se voir attribuer une note en fonction des priorités élaborées par les programmeurs et c'est le coup le mieux coté qui sera finalement joué.

Expliquer la manière dont il « pense », c'est mettre en évidence le paradoxe de Deep Blue. Il repose sur une contradiction facile à articuler. D'un côté, il est indéniable qu'un chemin phénoménal a été parcouru depuis les premiers prototypes. Certes, Deep Blue s'appuie de manière privilégiée sur sa puissance brute de calcul, mais il faudrait avoir la vue bien courte pour ne pas comprendre que cette dernière sert une avancée significative : il parvient à donner l'illusion qu'il possède une certaine *intuition*, une qualité que l'on tend à considérer comme l'apanage de l'homme, et d'ailleurs surtout de la femme… Le match de 1997 contre Kasparov en est la plus belle illustration, une rencontre qui restera, pour le meilleur ou pour le pire, l'un des tournants de l'histoire du jeu puisque pour la première fois, et à grand renfort de publicité, le champion du monde perdit contre une machine non pas une partie, mais la confrontation dans son ensemble.

Que retenir de ce combat orchestré comme un show ? Les souvenirs se bousculent. Les images très furtives de ces boîtes géantes, mi-placards, mi-cercueils à vampire, soigneusement conservées à l'abri des regards dans une pièce réfrigérée ? L'énorme pendule, fabriquée spécialement pour l'occasion par une grande firme d'horlogerie suisse, qui trônait sur la table de jeu ? La terrible sixième partie où Kasparov, avec les Noirs, permit à son adversaire d'exécuter un sacrifice d'école et s'effondra en dix-neuf coups et moins d'une heure ? Ou encore le titre barrant la une d'un quotidien au lendemain de cette fatidique dernière manche : « L'homme est-il foutu ? »

J'en garderai pour ma part ce qui m'apparaît comme le moment le plus magique et le plus inquiétant. Nous sommes au cœur de la deuxième partie et tout va bien pour Kasparov, qui a remporté la première. Mais soudain ses certitudes vacillent. Il a pourtant joué habilement l'ouverture pour obtenir le type de position que les ordinateurs ont tant de peine à dominer – fermée et propice aux manœuvres lentes –, et, bien que Deep Blue soit parvenu à doubler ses Tours sur une colonne, ce qui lui donnera un avantage d'espace lorsqu'elle s'ouvrira, on ne saurait dire que le champion du monde est « sous pression ». C'est alors que la machine produit deux coups – les trente-sixième et trente-septième – qui vont non seulement lui faire perdre cette partie, mais vont hanter Kasparov jusqu'à la fin du match tant leur profondeur est « humaine ». Deep Blue commence par refuser le gain immédiat d'un pion, prouvant qu'il est d'une autre trempe que ses prédécesseurs dont le défaut majeur était de ne pouvoir résister à l'appât du matériel. On disait d'eux qu'ils aimaient à « mourir le ventre plein ». Puis il couronne une approche stratégique parfaite en plaçant son Fou au centre de l'échiquier pour étouffer la seule chance d'attaque de Kasparov qui abandonne dix coups plus tard dans une position difficile, mais où un peu plus de concentration et d'énergie lui auraient permis de trouver une combinaison forçant la nullité. Le moral n'y est déjà plus. Il lâche le lendemain devant les journalistes des mots dont on saisira après la dernière partie ce qu'ils trahissent de détresse : « Hier, il s'est passé quelque chose de différent, quelque chose d'incroyable. » Oublions les accusations plus ou moins voilées de tricherie qui entourèrent la suite des débats ou portons-les au compte de la détresse du champion vaincu ou se sachant sur le point de l'être. Il m'intéresse davantage de méditer sur cette journée de mai 1997 où un programme joua véritablement comme un être humain, réalisant l'espace d'un après-midi la prophétie d'Alan Turing : l'avènement d'une machine pensante.

Illustration 1

FACE-A-FACE HISTORIQUE KASPAROV / DEEP BLUE

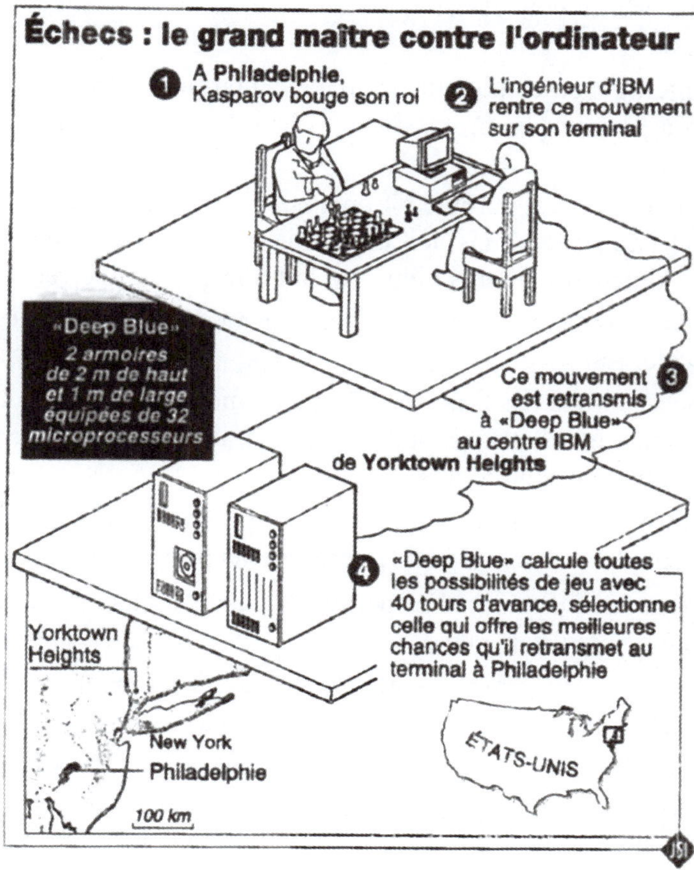

Texte 2

2016 : LA MACHINE BAT L'HOMME AU JEU DE GO

Battu par la machine AlphaGo il y a cinq mois, Fan Hui, champion d'Europe de go, estime « avoir progressé » grâce à sa défaite : il est mercredi l'un des arbitres du tournoi qui démarre à Séoul entre le programme et le champion du monde, le Sud-Coréen Lee Se-dol.

« Cet événement est peut-être le plus important pour le jeu du go depuis son invention », il y a environ 3 000 ans, déclare Fan Hui dans un entretien en français à l'AFP. « Je suis arbitre pour les cinq matchs. » « Je suis content d'être au cœur de cette rencontre. »

En octobre, l'Intelligence artificielle avait déjà marqué un point très significatif, en battant par 5 à 0 ce joueur professionnel d'origine chinoise installé à Bordeaux (France).

Au début du match, qui s'est déroulé à Londres, « je n'imaginais pas que je pourrais perdre », raconte Fan Hui, 35 ans. « J'ai joué la première partie de façon simple et tranquille. Mais AlphaGo joue très bien. J'ai fait une grossière erreur et il a gagné. »

« J'ai alors changé totalement de stratégie. J'ai mené des combats sans arrêt. Et même, comme cela, j'ai perdu. »

« Parfois, cela ne se passait pas trop mal. Mais à un moment donné, je faisais toujours une erreur. L'ordinateur, lui, est très stable. Il joue tranquille. Il ne fait pas de grosses erreurs. Il ne s'inquiète pas du tout. »

Qui plus est, le programme informatique de Google « joue comme un vrai humain. Il ne fait pas de coups bizarres comme les précédents programmes », relève Fan Hui.

Alors « j'ai commencé à stresser. J'ai perdu confiance. J'étais désespéré car j'avais compris que je ne pouvais pas gagner ».

« Je suis le premier joueur professionnel de go à avoir été battu par un programme informatique. C'était dur », reconnaît-il. « Mais à présent, cela fait cinq mois. Je me sens déjà beaucoup mieux. »

Il confie que cela a été une « vraie torture » de tenir sa langue jusqu'à l'annonce fin janvier dans la revue *Nature* de la victoire du programme de Google.

Fan Hui précise être tenu à la confidentialité pour ce qui est de la technique de jeu d'AlphaGo et de son pronostic sur le match de Séoul. Il note seulement que Lee Se-Dol affrontera « une machine plus forte » que celle qui a joué contre lui car elle a « progressé » dans l'intervalle.

Pour l'intelligence artificielle, le go représente « un plafond » en raison de la multitude de combinaisons possibles, souligne-t-il.

Si la machine gagne, « le plafond sera crevé ». L'intelligence artificielle aura vaincu tous les jeux de stratégie qui ne sont pas des jeux d'ordinateurs.

Pour autant, « il ne faut pas avoir peur » d'elle. « Elle pourra nous aider à sauver des gens, à améliorer l'environnement ».

« AlphaGo va aussi changer beaucoup de choses pour le jeu de go mais de façon plutôt positive », estime Fan Hui.

Depuis son duel contre cette machine, le joueur a eu « l'impression d'avoir progressé grâce à elle ».

« AlphaGo a vraiment cassé mes automatismes. Il m'a obligé à tout repenser car plus rien n'était sûr. J'ai dû recommencer à réfléchir aux fondamentaux du go alors que dans ce jeu il y a un gros travail de mémorisation. »

« Le programme m'aide à avancer progressivement. C'est réciproque », déclare Fan Hui, qui « aide » Google à « améliorer » AlphaGo.

Illustration 2

UN ORDINATEUR INFLIGE UN REVERS AU CHAMPION DU MONDE DE GO

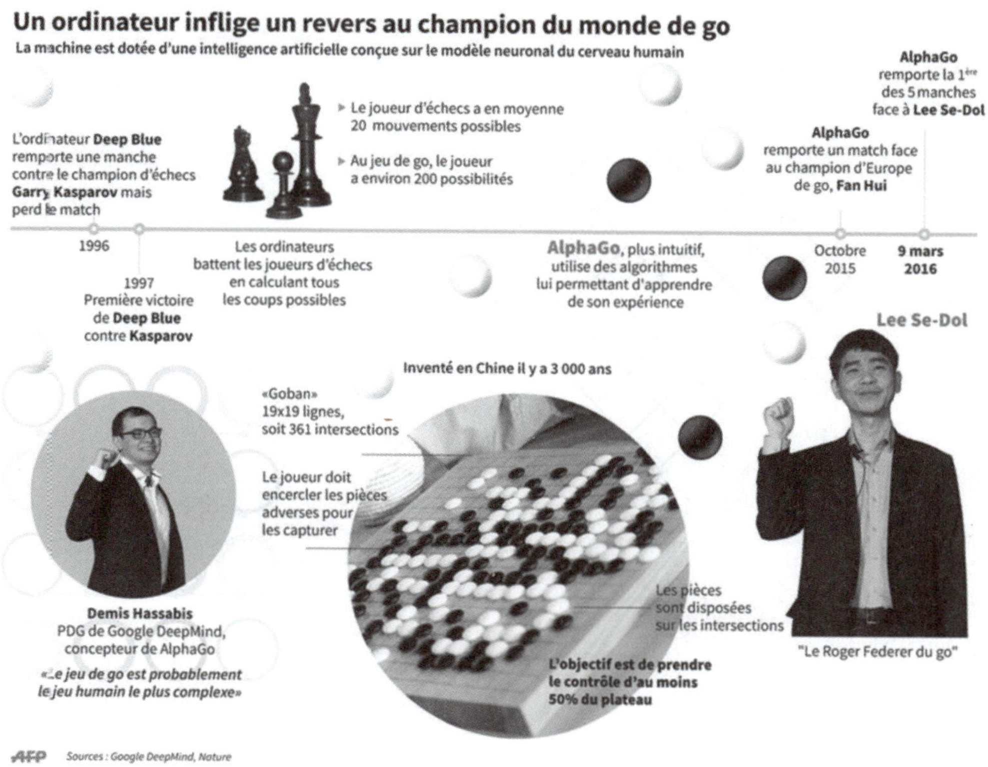

Texte 3

COMPLEXITE COMPAREE DU GO ET DES ECHECS

Dans les jeux de société comme le tic-tac-toe, les dames, les échecs, ou le Go, les règles définissent la grille de jeu, la variété des pions et les règles de leur déplacement. Le jeu de Go a des règles plus simples parce qu'il n'existe que deux types de pions, les blancs et les noirs, et une règle d'encerclement des pions adverses, mais la combinatoire est plus élevée qu'aux échecs, simplement parce que l'aire de jeu est plus grande, et les règles de positionnement des pions plus libres.

Yann Le Cun[1] l'explique bien dans *Facebook's head of AI[2] wants us to stop using the Terminator to talk about AI* (octobre 2017) : « So, AlphaGo is using reinforcement learning. And reinforcement learning works for games; it works for situations where you have a small number of discrete actions, and it works because it requires many, many, many trials to run anything complex. AlphaGo Zero has played millions of games over the course of a few days or few weeks, which is possibly more than humanity has played at a master level since Go was invented thousands of years ago. This is possible because Go is a very simple environment and you can simulate it at thousands of frames per second on multiple computers. [...] But this doesn't work in the real world because you cannot run the real world faster than real time. »

Illustration 3

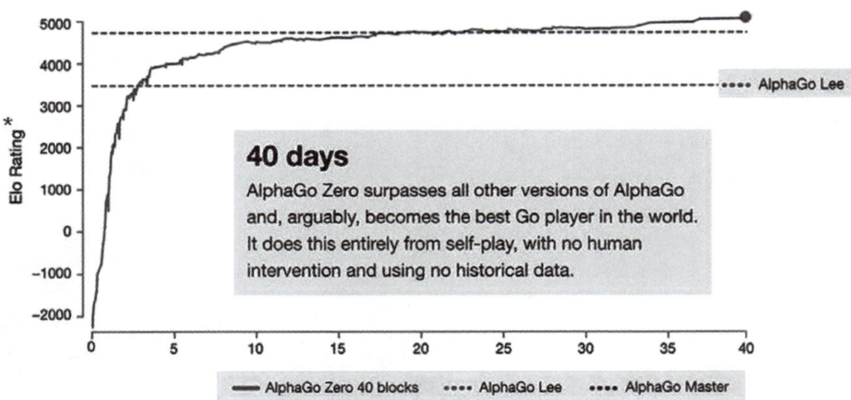

AlphaGo Zéro : la dernière version d'AlphaGo
AlphaGo Lee : la version d'AlphaGo qui avait battu le champion coréen, Lee Se-Dol
AlphaGo Master : une version encore améliorée d'AlphaGo Lee

* *Elo Rating* : le "classement Elo" est un système d'évaluation du niveau de jeu des joueurs d'échecs, de go, ou d'autres jeux à un contre un.

1. Le français Yann Le Cun dirige le laboratoire de recherches en intelligence artificielle de Facebook.
2. « AI », *Artificial Intelligence* : l'intelligence artificielle.

Texte 4

« ALPHAGO » PASSE A AUTRE CHOSE

C'est en des termes élégants que l'entreprise Deepmind qui a mis au point le logiciel AlphaGo, a annoncé que son ultime match victorieux, samedi 27 mai 2017 contre le champion Ke Jie, serait le dernier que la machine disputerait contre un humain.

AlphaGo avait déjà fait sensation l'an dernier en battant le grand du jeu de go maître sud-coréen Lee Se-Dol par quatre parties à une. C'était la première fois qu'un logiciel écrasait un joueur chevronné lors d'un match entier. La victoire d'AlphaGo avait été saluée comme une percée technologique pour les ordinateurs, désormais capables non seulement de conduire des voitures mais aussi d'aider l'humanité à résoudre quelques-uns des problèmes scientifiques, techniques ou médicaux les plus ardus. Déjà en 1997, le champion du monde d'échecs Garry Kasparov avait été vaincu par l'ordinateur Deep Blue d'IBM. Mais le défi pour la machine est incroyablement bien plus relevé au jeu de go, dans lequel deux adversaires tentent d'occuper le plus d'espace sur un plateau quadrillé en plaçant alternativement des pierres noires et blanches. La taille du tablier (19 lignes sur 19) offre un nombre incalculable de configurations possibles – davantage qu'il y a d'atomes dans l'univers – et le déroulement du jeu obéit à des concepts stratégiques qui vont au-delà du simple calcul mathématique, aussi puissant soit-il. Ce qui signifie que l'intuition et la créativité sont essentielles pour gagner à très haut niveau. Deux domaines dans lesquels l'humain, croyait-on, était nécessairement supérieur à la machine.

Puisqu'il n'est plus possible d'aller plus loin après cette série de matches victorieux (et donc que les maîtres humains de cette discipline ne sont plus au niveau), les informaticiens à l'origine du logiciel vont désormais s'attaquer « à relever de nouveaux défis et développer des algorithmes qui pourront un jour aider les chercheurs à résoudre certains des problèmes les plus complexes auxquels nous faisons face » dans le domaine médical notamment, a expliqué Demis Hassabis, le fondateur de DeepMind. Et l'entreprise de lister quelques défis qui attendent l'intelligence artificielle : la recherche médicale contre certaines maladies, la réduction drastique de la consommation d'énergie ou encore la mise au point de nouveaux matériaux.

Néanmoins, l'entreprise n'entend pas abandonner totalement l'univers du Go. Elle promet « dans l'année » un article scientifique sur les améliorations apportées à l'algorithme, ainsi qu'un outil d'apprentissage du Go pour permettre à tout le monde « d'analyser les positions sur le plateau, de montrer comment "pense" l'algorithme, et de donner aux joueurs la possibilité de voir la partie à travers le prisme d'AlphaGo ».

PARTIE 2 : LES MACHINES PEUVENT-ELLES PENSER ?

Illustration 4

LES MACHINES PEUVENT-ELLES PENSER ?

Texte 5

DEEP BLUE A-T-IL ETE CAPABLE DE PENSER ?

Il y a quelques mois, l'ordinateur Deep Blue écrase le champion du monde d'échecs Kasparov. Il paraît que figure dans les notes de Kasparov sur cette partie un moment tout à fait extraordinaire : la machine attend deux minutes, autant dire cent mille ans à l'échelle d'un cerveau électronique ! Et elle joue un coup qu'on n'avait jamais vu, jamais compris, qui lui a assuré la victoire. Et Kasparov note : « J'ai compris qu'elle ne calculait pas ; elle pensait. » C'est terrifiant ! Je raconte cela à un de mes collègues à Cambridge, qui me réplique : « Qui te dit que la pensée n'est pas un calcul ? » Et s'il avait raison ? Encore plus terrifiant !

Texte 6

LE « MIRACLE DE SAINT DENIS »

Je voudrais raconter une histoire.

Autrefois, lorsque Paris s'appelait Lutèce, des chrétiens avaient élu un évêque – à cette époque-là, les évêques étaient élus. Un soir, ils étaient réunis dans une salle bien fermée – nous sommes à l'époque des persécutions romaines –, en train d'écouter leur évêque, lorsque les portes et les fenêtres sont enfoncées par les légions. Un centurion romain, passant par l'allée centrale, va décapiter l'évêque, dont la tête roule par terre. O surprise, ô miracle, l'évêque se baisse, ramasse sa tête et la montre à ses persécuteurs. Quand ma grand-mère me racontait cette histoire, je lui demandais évidemment comment l'évêque avait vu sa tête… Par ce miracle, l'évêque fut délivré. Cet homme s'appelait saint Denis.

Vous seriez bien inspiré de donner ce nom à votre ordinateur. Pourquoi ? Parce qu'il contient à la fois votre mémoire, et même plus.

Il contient vos facultés opératoires, et bien plus, ainsi que des millions d'images – plus que ne peut en concevoir votre imagination. Or, autrefois, qu'était-ce que penser ? Qu'était-ce que connaître ? C'était faire fonctionner en soi ce qu'on appelait les « facultés de l'âme » : la faculté d'opérer, de raisonner, la faculté de la mémoire et celle de l'imagination. Or, ces trois facultés viennent soudainement de tomber, comme la tête de saint Denis, dans cet objet devant vous, qui est l'ordinateur. C'est en effet notre manière, notre outil pour penser.

Quant au jugement, c'est celui d'Esope : « La langue est la meilleure et la pire des choses. » Le journal est la meilleure et la pire des choses. N'importe quel objet est le meilleur et le pire de tous les objets. Il suffit de s'en servir de telle ou de telle manière. Ce qui est intéressant c'est de dire qu'il s'agit d'une révolution fondamentale de l'Histoire, au même titre que l'écriture ou l'imprimerie. Outre ce nouvel espace dont je parlais tantôt nous n'avons plus nous-mêmes, ni mémoire nous n'en avons plus tellement besoin –, ni raison – nous en avons finalement moins besoin –, ni imagination – cette boîte devant nous, cette tête objectivée regorge d'images.

La nouveauté qu'impliquent les nouvelles technologies, c'est le fait qu'il ne nous reste plus que cette espèce de gloire, que le peintre pompier a représenté, au Panthéon, de l'histoire de saint Denis : cette aura qu'il a mise à la place de la tête, c'est, finalement, notre faculté humaine d'inventer. Tout ce qui touche la mémoire, tout ce qui touche les opérations de la raison, tout ce qui touche l'imagination est désormais objectivé dans cette boîte-là. Voilà une révolution extraordinaire dont nous n'avons peut-être pas encore mesuré les résultats. Nous reste l'invention. Je vous annonce une très bonne, ou une très mauvaise, nouvelle : nous sommes désormais condamnés à devenir intelligents.

Illustration 5

LE « MIRACLE DE SAINT DENIS »

Texte 7

ET DEMAIN ?

« L'espoir est que plus on augmente le nombre de couches, plus les réseaux de neurones apprennent des choses compliquées, abstraites, qui correspondent plus à la manière dont un humain raisonne », anticipe Yann Ollivier. Pour lui, le *deep learning* va, dans une échéance de 5 à 10 ans, se généraliser « dans toute l'électronique de décision », comme dans les voitures ou les avions. Il pense aussi à l'aide au diagnostic en médecine, citant certains réseaux de neurones qui « se trompent moins qu'un médecin pour certains diagnostics », même si, souligne-t-il, « ce n'est pas encore rôdé ». Les robots seront eux aussi, selon lui, bientôt dotés de cette intelligence artificielle.

« Un robot pourrait apprendre à faire le ménage tout seul, et ce serait bien mieux que les robots aspirateurs, qui ne sont pas fantastiques ! », sourit-il. « Ce sont des choses qui commencent à devenir envisageables. »

Chez Facebook, Yann Le Cun veut utiliser le *deep learning « de façon plus systématique pour la représentation des pièces d'information »*, en clair, développer une IA[3] capable de comprendre le contenu des textes, photos et vidéos publiés par les internautes. « Mais pour l'instant, on n'y est pas ». Il rêve également de pouvoir créer un assistant numérique personnel avec qui il serait possible de dialoguer par la voix. Plus proche de l'IA du film *Her* (où un humain tombe amoureux du logiciel de son smartphone) que de l'actuel système Siri des iPhones, précise-t-il.

« Pour Siri et Cortana, les réponses sont écrites à la main. Ces systèmes ne sont intelligents que parce que des ingénieurs ont pensé à toutes les possibilités ». Lui aimerait créer un système plus autonome, « à qui on pourrait poser des questions comme à un ami, sans avoir besoin d'utiliser le bon mot-clé ». Mais, temporise le chercheur, « on ne sait pas faire, on est très loin de *Her*. Cela nécessite un bien meilleur niveau de compréhension que les systèmes qu'on a actuellement. Et cela nécessite aussi de comprendre la psychologie des gens ».

Plus inattendu, les réseaux de neurones pourraient aussi avoir une influence sur les neurosciences, explique Yann Le Cun. « *Des chercheurs les utilisent comme un modèle du cortex visuel, car il y a des parallèles* ». « *Le cerveau humain fonctionne aussi par couches : il capte des formes simples, puis complexes* », explique Christian Wolf, spécialiste de la vision par ordinateur à l'INSA de Lyon. « *En ce sens, il existe une analogie entre les réseaux de neurones et le cerveau humain. Mais, à part cela, on ne peut pas dire que le deep learning est à l'image du cerveau.* »

L'avenir semble donc sourire au *deep learning*, mais Yann Le Cun reste méfiant :

« On est dans une phase très enthousiaste, c'est très excitant. Mais il y a aussi beaucoup de bêtises racontées, il y a des exagérations. On entend dire qu'on va créer des machines intelligentes dans cinq ans, que Terminator va éliminer la race humaine dans dix ans… Il y a aussi de gros espoirs que certains placent dans ces méthodes, qui ne seront peut-être pas concrétisés. Des gens promettent la Lune, et c'est dangereux pour le domaine. »

Ces derniers mois, plusieurs personnalités, parmi lesquelles le fondateur de Microsoft, Bill Gates, l'astrophysicien britannique Stephen Hawking et le PDG de Tesla, Elon Musk, avaient exprimé leurs préoccupations par rapport aux progrès de l'intelligence artificielle, qu'ils jugent potentiellement dangereuse.

Yann Le Cun, lui, se veut pragmatique, et rappelle que le domaine de l'IA a souvent souffert des attentes disproportionnées à son égard. Il espère que, cette fois, la discipline ne sera pas victime de cette « *inflation des promesses* ».

---

3. « AI », *Artificial Intelligence* : l'intelligence artificielle (IA).

Texte 8

QUAND L'ORDINATEUR CALCULE QUE 1 = 0

– Les ordinateurs calculent-ils toujours juste ?

– Il faut distinguer plusieurs cas.

Les opérations courantes sur les nombres décimaux – le solde de votre compte en banque, par exemple – ne posent pas de problème, à moins qu'il y ait eu une erreur humaine, lors de la saisie.

Pour l'addition ou la multiplication de nombres entiers, l'ordinateur ne fait jamais d'erreur, à condition de ne pas dépasser les capacités de la machine.

Le problème se pose surtout pour les chercheurs qui font du calcul scientifique, avec des nombres « flottants », c'est-à-dire avec des chiffres après la virgule, multipliés par une puissance de dix. Si on ajoute un très grand nombre et un très petit nombre, ce dernier peut être ignoré par l'ordinateur. Si on effectue un grand nombre de calculs, l'erreur, aussi petite soit-elle, peut se propager et fausser sérieusement le résultat final. Par exemple, on peut faire dire à l'ordinateur que $1 = 0$: on additionne un nombre N (très grand) et un nombre très petit en comparaison, par exemple $n = 10^{-9}$ (un milliardième). L'ordinateur considère que le résultat est toujours N. Si on ajoute un milliard de fois n à N, cela revient à faire $N + (10^9 \times 10^{-9}) = N$, ou encore $N + 1 = N$, ce qui équivaut à $1 = 0$. Il faut donc prendre des précautions de calcul, choisir la meilleure précision possible, et faire des opérations entre des nombres de même ordre de grandeur. Les chercheurs doivent aussi faire preuve d'esprit critique face aux résultats fournis par la machine, et confirmer leurs simulations par des expériences.

Texte 9

LE BUG DE DEEP BLUE

Il y a plus de 15 ans, le 11 mai 1997, le grand champion d'échec Garry Kasparov s'était incliné face à *Deep Blue*, un superordinateur conçu par IBM. Une situation déroutante pour le Russe qui prétendait ne jamais pouvoir perdre face à une machine.

Lors de la rencontre, c'est vers la fin de la première partie, au 44e déplacement, que le supercalculateur avait réalisé un coup osé et surprenant en sacrifiant un de ses pions. Alors qu'auparavant, il se limitait à répondre au coup par coup, il a donné au champion, avec cette manœuvre imprévisible, l'impression qu'il mettait en place un jeu stratégique de longue haleine. Face à ce jeu contrintuitif, cherchant le piège, le champion a pensé que *Deep Blue* possédait une intelligence supérieure, ce qui a eu pour effet de le déstabiliser jusqu'au bout de la rencontre, qu'il a perdue (1 victoire, 3 nulles, 2 défaites).

Ainsi, il y a 15 ans, la machine était devenue plus intelligente que l'Homme. Mais la commémoration de cet événement est troublée par la sortie d'un ouvrage intitulé *The Signal and the Noise* (Le signal et le bruit) rédigé par Nate Silver un statisticien américain influant. En partant de l'exemple des prévisions météorologiques, l'auteur explique que les supercalculateurs sont incapables d'assurer tout seuls les prédictions, car leurs capacités d'interprétation sont limitées. Parmi les exemples qu'il égrène au fil des pages, il parle de la victoire de *Deep Blue* en 1997. Ce qu'il révèle remet fortement en question la supposée supériorité de « l'intelligence » de *Deep Blue*.

L'auteur a en effet interrogé Murray Campbell, l'un des trois principaux concepteurs de *Deep Blue*. Selon lui, ce fameux coup proviendrait en réalité d'un bug... Alors qu'elle était programmée pour résoudre jusqu'à 200 millions de positions par seconde, la machine s'est avérée incapable d'en choisir une. C'est donc de façon totalement aléatoire qu'elle a déplacé un pion, engendrant son sacrifice. Ayant alors une toute autre perception de *Deep Blue* (Kasparov a supposé qu'il appliquait une stratégie de jeu, alors qu'il jouait seulement au coup par coup), Kasparov a totalement changé de stratégie.

Au final, le supercalculateur n'avait pas imaginé un coup de maître (Kasparov avait même suspecté une intervention humaine pour réaliser un coup aussi sophistiqué), mais a simplement eu de la chance face à un adversaire déstabilisé.

C'est à partir de ce succès bien involontaire que le supercalculateur d'IBM a ouvert la voie de l'informatique cognitive. Ainsi, son descendant aux Etats-Unis, également conçu par IBM, a remporté début 2011 le jeu télévisé Jeopardy face à deux champions. IBM souhaite aller encore plus loin en cherchant maintenant à simuler entièrement le cerveau humain avec son supercalculateur pour pouvoir détecter, apprendre et même prévoir. S'il y parvient, les coups de bluff ne seront plus les conséquences de bugs informatiques lors des parties d'échecs.

Certains seront donc rassurés, c'est une erreur de programmation bien humaine qui a permis de faire gagner la machine et non son intelligence. On notera quand même que, depuis cet événement, plus aucun champion n'est parvenu à battre un supercalculateur, concluant en général la rencontre par un match nul...

Texte 10

LE BLUES DE DEEP BLUE

Mais la médaille a son revers. Ce programme capable de jouer des coups prodigieux clôt, au moins provisoirement, la discussion sur l'intelligence artificielle, au sens propre de ce terme. Il ne fut jamais question en effet pour les concepteurs de *Deep Blue* d'inculquer à la machine un mode de raisonnement imitant celui de l'homme, comme l'avaient imaginé, et l'imaginent encore, une poignée de chercheurs. *Deep Blue* et, plus près de nous, les *Fritz* et autres *Deep Junior*, nouvelles terreurs informatiques au niveau de grand-maître dont tout un chacun peut faire l'acquisition, ne sont rien d'autre que des supercalculateurs sans pensée globale et sans projet, sans la moindre perception intelligente des intentions de l'adversaire, et pour lesquels la notion de finalité n'existe pas. Lors du dernier duel en date entre Garry Kasparov et « *Deep Fritz* », l'humain parvint même à faire ressurgir dans l'une des parties le spectre de l'« effet horizon », ce cauchemar des programmeurs : si l'ordinateur ne perçoit aucun objectif manifeste dans les manœuvres de son rival ni aucune suite tactique claire à quelques coups de distance, il peut perdre complètement le fil et jouer comme un débutant. Lorsque ses concepteurs choisirent d'abandonner pour lui, le programme ne jugeait sa position que légèrement désavantageuse alors qu'il était totalement perdant…

Même s'il est un peu triste d'avoir à l'admettre, il faut bien se rendre à l'évidence : ceux qui seront sans doute à terme les meilleurs joueurs d'échecs de la planète ne comprennent rien aux échecs, et cela pour la plus simple des raisons : ils ignorent qu'ils jouent aux échecs. On sait depuis Rabelais que « science sans conscience n'est que ruine de l'âme ». Mais une question plus aiguë se pose désormais : science sans conscience mérite-t-elle seulement le nom de science ? […] Si « *Deep Quelque Chose* » doit dans le futur vaincre systématiquement le meilleur joueur humain et l'entretenir doctement[4] après les parties des triptyques de Francis Bacon[5], il nous restera la consolation, qui pour moi n'est pas de pure rhétorique, de savoir que c'est moins l'ordinateur qui bat l'humain que l'humain qui se bat lui-même, puisque la puissance de calcul de la machine reflète avant tout l'expertise de ses programmeurs, son talent échiquéen, la sagesse concentrée d'une armée de grands-maîtres et sa culture, celle des humanistes. Pour reprendre, en l'inversant, la formule du philosophe Henri Bergson sur le rire, l'ordinateur n'est après tout que du « vivant plaqué sur du mécanique ».

---

4. « D'une manière docte », c'est-à-dire savante. La formule ici est teintée d'ironie.
5. Un triptyque est, dans le domaine des beaux-arts, une œuvre peinte ou sculptée en trois panneaux. Le peintre contemporain Francis Bacon est réputé pour ses triptyques, dont l'un est le plus cher du monde (*Trois Etudes* de Lucian Freud).

Texte 11

UN ORDINATEUR PEUT-IL AVOIR UN ESPRIT ?

Un algorithme qui pourrait prétendre être à la hauteur du fonctionnement du cerveau humain serait une chose absolument extraordinaire. Mais si un tel algorithme existe dans le cas du cerveau – et c'est précisément ce que soutiennent les partisans de l'IA [= Intelligence Artificielle] forte –, il devrait être possible de le faire exécuter sur ordinateur [...]. Si cela s'avère être le cas, un algorithme de ce type (à condition qu'on le trouve) passerait probablement le test de Turing[6] avec succès. Les partisans de l'IA forte déclareraient alors que l'algorithme éprouve en lui-même des sentiments, qu'il est conscient, qu'il est un esprit.

L'identification ainsi opérée entre états mentaux et algorithmes est loin de faire l'unanimité. Le philosophe américain John Searle, en particulier, s'est fortement opposé à ce point de vue. Il donne des exemples de cas où des ordinateurs convenablement programmés ont passé avec succès une version simplifiée du test de Turing et soutient, preuves à l'appui, que l'attribut mental correspondant, la « compréhension », leur faisait néanmoins totalement défaut. L'un de ces exemples concerne un programme écrit par Roger Schank en vue de simuler la compréhension d'histoires simples du genre : « Un homme entre dans un restaurant ; il commande un steak ; le steak arrive, mais il est trop cuit, dur comme une savate ; l'homme sort du restaurant furieux, sans même payer ni laisser de pourboire. » Autre exemple : « Un homme entre dans un restaurant ; il commande un steak ; le steak arrive et il est à point ; l'homme qui est content paie et quitte le restaurant en laissant un pourboire confortable à la serveuse. » Pour voir si la machine a « compris » l'histoire, on lui demande dans chaque cas si l'homme a mangé le steak (ce qui n'a été précisé dans aucune des deux histoires). Les réponses de l'ordinateur à ce genre de question simple portant sur une histoire simple sont exactement les mêmes que celles que produirait n'importe quel être humain parlant la langue dans laquelle elles sont posées (l'anglais en l'occurrence), à savoir « non » dans le premier cas et « oui » dans le second. La machine est donc capable de réussir un test (très simple il est vrai) de Turing.

La question qu'il faut se poser maintenant est celle de savoir si ce genre de réussite est réellement l'indication d'une authentique compréhension de la part de l'ordinateur – ou de la part du programme. Searle soutient que non, invoquant à l'appui de son argumentation l'idée, dont il est l'auteur, de la « chambre chinoise ». Il imagine pour commencer que les deux histoires sont racontées non pas en anglais mais en

6. Un test de Turing consiste à mettre un humain en confrontation verbale avec un ordinateur et un autre humain, sans voir qui est son interlocuteur de l'ordinateur ou de l'être humain. Si la personne qui engage les conversations n'est pas capable de dire lequel de ses interlocuteurs est une machine, on peut considérer que le logiciel de l'ordinateur a passé avec succès le test. Ce test d'intelligence artificielle mesure ainsi les progrès de la machine dans sa capacité à imiter la conversation humaine.

chinois – ce qui ne doit évidemment rien changer sur le fond – et que toutes les opérations de l'algorithme relatives à cet exercice particulier ont été données sous forme d'instructions (en anglais) permettant de travailler sur un clavier chinois. Searle imagine que c'est lui-même, John Searle, qui effectue les manipulations et qu'il est enfermé dans une pièce fermée à clef. Les suites de symboles qui représentent le récit des deux histoires, et par la suite les questions, sont « injectées » dans la pièce à travers une petite fente et aucune autre information ne peut entrer dans la pièce en provenance de l'extérieur. A la fin, lorsque toutes les manipulations ont été effectuées, le résultat sort par la même fente. Etant donné que les manipulations ne sont autres que celles qui permettent d'exécuter l'algorithme du programme de Schank, la séquence correspondant au résultat final ne peut être que celle qui correspond à « oui » ou (selon les cas) « non » en chinois, autrement dit la réponse qui convient à la question posée en chinois à propos d'histoires racontées en chinois. Searle précise bien qu'il ne comprend pas un mot de chinois, si bien qu'il ne peut absolument pas comprendre de quoi parlent les histoires en question. Il n'empêche qu'il est capable, rien qu'en effectuant sans se tromper les opérations qui constituent l'algorithme de Schank [...] de répondre tout aussi bien qu'un Chinois qui, lui, aurait effectivement compris les histoires. Searle en conclut – et à mon avis c'est là un point essentiel – que le fait de suivre un algorithme n'implique pas qu'il y ait eu véritable compréhension. Le Searle (imaginaire) que l'on a enfermé dans la chambre chinoise n'a rien compris aux histoires qui lui ont été racontées.

PARTIE 3 : FAUX-PROBLEME TECHNIQUE, VRAI SUJET D'ECONOMIE POLITIQUE ?

Texte 12

POURQUOI ALPHAGO EST EN TRAIN DE REVOLUTIONNER L'INTELLIGENCE ARTIFICIELLE

Trois questions à Tristan Cazeneuve, professeur à l'Université Paris Dauphine et expert en intelligence artificielle.

01net : *Quelles ont été les différentes méthodes utilisées par Deep Mind pour développer son programme AlphaGo ?*

Tristan Cazeneuve : La première repose sur un réseau d'apprentissage profond (*deep learning*) de type supervisé. Le but est de faire apprendre à la machine les parties déjà jouées et gagnées par des champions. De cette manière, *Deep Mind* est déjà parvenu à prédire 57 % des coups des joueurs les plus forts.

La deuxième méthode s'appuie sur l'apprentissage renforcé. Cela consiste à faire jouer le réseau neuronal contre différentes versions de lui-même pour améliorer encore la prévision des coups intéressants. Une façon de perfectionner le niveau de jeu mais pas seulement. Le réseau va aussi être capable de déterminer s'il va perdre ou gagner bien avant l'issue d'une partie.

Enfin, AlphaGo fait appel à la méthode de Monte Carlo qui permet de prévoir plusieurs coups à l'avance. L'idée est de faire jouer de façon aléatoire un grand nombre de fins de parties et de s'appuyer ensuite sur les parties gagnantes pour évaluer les positions. C'est la combinaison de ces trois méthodes qui a permis à AlphaGo d'atteindre des résultats encore jamais vus.

Qu'est-ce qui est le plus novateur dans cette démarche ?

Sans conteste, l'utilisation de l'apprentissage renforcé. Ils ont dû faire jouer 30 millions de parties différentes en entier. Cela a nécessité beaucoup de temps, de calculs et de données pour arriver à un résultat aussi bon.

Il faut dire que *Deep Mind* dispose d'effectifs humains et de moyens matériels informatiques exceptionnels avec une puissance de calcul énorme, beaucoup de machines et de cartes graphiques. Ce qui en fait une expérience très difficile à reproduire ailleurs.

Quelles applications peut-on en attendre à moyen terme ?

C'est impossible à prévoir. La réussite d'AlphaGo fait progresser des méthodes générales d'intelligence artificielle qui seront à coup sûr utiles pour beaucoup d'autres applications, de la même manière que le *deep learning* a permis d'améliorer la reconnaissance d'image ou vocale. Mais on atteint là un degré de complexité extrêmement élevé. L'important, c'est que *Deep Mind* publie ses recherches pour que d'autres puissent avancer sur les algorithmes que cette équipe a conçus.

Illustration 6

A. LES GAFAM[7] DANS LA COURSE A L'INTELLIGENCE ARTIFICIELLE

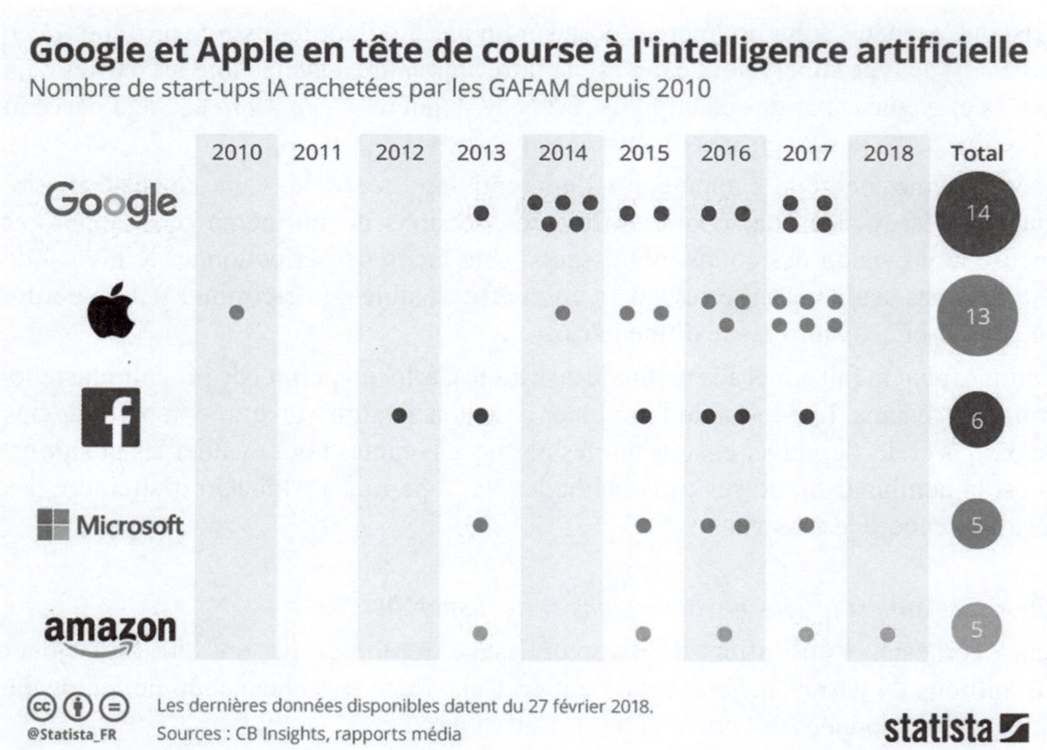

7. GAFAM est l'acronyme des géants du Web – Google, Apple, Facebook, Amazon et Microsoft – qui sont les cinq grandes firmes américaines (fondées entre le dernier quart du XXe siècle et le début du XXIe siècle) qui dominent le marché du numérique.

B. LES GAFAM PLUS FORTS QUE LES ETATS ?

Les GAFAM plus riches que la France

Comparaison de la capitalisation boursière[8] des GAFAM au PIB[9] de la France

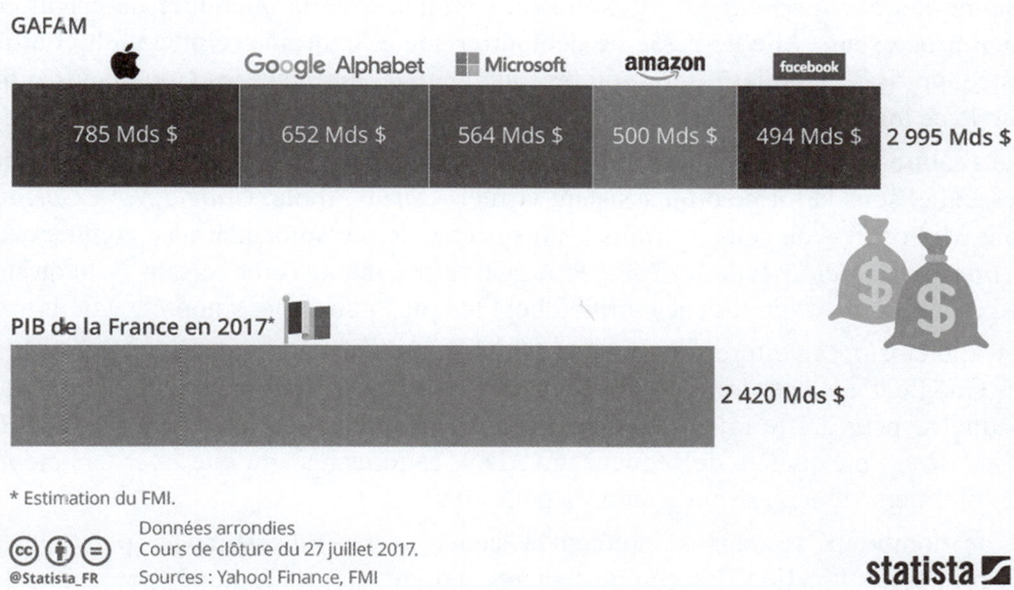

Texte 13

LES GEANTS DU NUMERIQUE ET LA DEUXIEME VAGUE DE L'INTELLIGENCE ARTIFICIELLE

Encore peu présents, les algorithmes vont envahir tous les secteurs, de l'assurance à la banque en passant par l'automobile. A coups d'investissements massifs, les Gafam ont pris dans le domaine une avance colossale. Irréversible ?

A l'horizon, point de Sarah Connor ni de Terminator, pas plus que de Skynet, l'intelligence artificielle qui s'était mis en tête d'exterminer la race humaine dans le film de James Cameron, avec Arnold Schwarzenegger en archange robotique de la mort. C'est l'une des principales conclusions d'une vaste étude sur l'intelligence artificielle, publiée début septembre par la prestigieuse université américaine de

8. La capitalisation boursière est la valorisation par le marché des actions d'une entreprise cotée en bourse.
9. Le produit intérieur brut mesure la production économique réalisée à l'intérieur d'un pays donné ; il quantifie la valeur totale de la « production de richesse » de ce pays en une année. En d'autres termes, le PIB est l'indicateur souvent privilégié pour mesurer la puissance d'un Etat, entendue ici comme sa force économique.

Stanford. Si cette nouvelle technologie ne nous soumettra pas au joug des machines, elle devrait en revanche renforcer l'omnipotence des fameux Gafam (*Google, Amazon, Facebook, Apple et Microsoft*).

Grâce à l'émergence du big data, au développement de nouvelles méthodes, comme le *deep learning*, et à l'explosion simultanée de la puissance de calcul des microprocesseurs, elle ne cesse de démontrer son extraordinaire potentiel, et attise les convoitises. Trop tard, serait-on presque tenté de dire, tant les Google & Co ont fait de ce marché leur chasse gardée.

Dans notre vie quotidienne, l'intelligence artificielle se présente à nous, pour l'essentiel sous la forme d'un assistant virtuel – *Siri* d'Apple, *Google Now*, *Cortana* pour Microsoft – ou sous les traits d'un système de recommandations, comme ceux d'*Amazon*, de *Netflix* et de *YouTube*. Pratique, certes, mais pas renversant. Sauf qu'une deuxième vague d'intelligence artificielle, bien plus puissante, s'apprête à déferler.

Il y a, bien sûr, la voiture autonome. « Une idée folle, d'abord portée à bout de bras par Google, mais dont tous les constructeurs automobiles ont fini par s'emparer avec avidité de peur d'être rayés de la carte », explique Laurent Alexandre, président de *DNAVision*, une société de séquençage ADN, et fondateur du site *doctissimo.com*. Les premiers véhicules sont annoncés pour 2020.

Et de nombreux secteurs s'apprêtent à sauter le pas : l'assurance (pour ajuster les primes en fonction des comportements individuels), la banque (pour aider les conseillers), l'industrie (avec des robots intelligents pour booster la productivité)…

Si la bannière étoilée flotte si haut au-dessus de cet alléchant marché, c'est avant tout grâce aux quantités astronomiques de données que les géants américains récoltent via leurs plateformes et leurs produits connectés. Il faut en effet plus d'un million de photos de chats pour qu'un programme d'intelligence artificielle puisse ensuite les reconnaître tout seul !

La bande à *Google* a aussi pu compter sur la bienveillance de l'Etat américain. Sous l'ère Obama, les données administratives sur l'économie, la police ou le trafic routier ont été rendues publiques, ce qui leur a permis de faire un véritable bond en avant. « Les entreprises qui contrôlent les données peuvent s'imposer sur pratiquement tous les marchés », assure Mark Esposito, professeur à Harvard. Ou, comme l'a récemment résumé Satya Nadella, le PDG de Microsoft, « *Data is the new electricity* ».

Mais les champions américains du numérique ne doivent pas leur outrageante domination aux seules photos de chats. Elles ont aussi su bâtir un puissant écosystème. En plus de faire travailler des centaines de chercheurs dans leurs labos, elles ont investi dans nombre de start-up. Lesquelles ont pu embaucher, se développer, créer de l'émulation, avant d'être, pour les plus prometteuses, rachetées par leur généreux donateur, aux poches plutôt profondes.

Google a empoché un bénéfice de plus de 16 milliards de dollars rien qu'en 2015, alors qu'*Apple* est assis sur un trésor de guerre de 220 milliards de dollars ! En quelques mois, ce dernier a d'ailleurs dépensé plusieurs centaines de millions d'euros pour s'offrir quatre start-up de référence dans le secteur. *Google*, de son côté, s'est adjugé en 2014 la pépite anglaise *DeepMind* pour 600 millions d'euros. Bien lui en a pris, puisque c'est elle qui a développé *AlphaGo*, le programme qui a mis une déculottée au n° 1 mondial du jeu de go, alors qu'une victoire de la machine sur l'homme dans ce jeu (considéré comme le plus complexe du monde) était envisagée au mieux dans dix ans.

La bataille de l'intelligence artificielle serait-elle donc pliée ?

Texte 14

SOCIETY WILL BE DEFINED BY HOW WE DEAL WITH TECH GIANTS

Google, Apple, Facebook and Amazon are taking more control of our lives. Will post-Brexit Britain let it continue?

As Brexit begins, what should Britain do about the tech giants? There is a fissure growing between European and US attitudes towards these global super-platforms – "the Gafa" as Brussels calls them (Google, Apple, Facebook, Amazon) – and the UK will soon need to decide on which side it sits.

[…]

As well as relying on the tech giants for our news, we are using them to organise ourselves. This includes running political campaigns, fundraising for social causes or co-ordinating collective action. The tech giants' dominance means that they are also becoming central to election and referendum campaigns. The Conservative party did not spend anything campaigning on Facebook in the run-up to the 2010 election, but in 2015 it spent more than £1.2m. "Facebook is a phenomenal campaigning platform", said Craig Elder, who was the Conservative's digital director during the campaign, "and we really, really exploited that".

During the referendum campaign, both the remain and leave campaigns relied heavily on the tech platforms to deliver their messages – including provocative and emotive videos. Yet, the way these platforms are being used, and the messages that are being sent through them, challenge both the principles and rules that have made British elections fair and open since the 19th century.

[…]

None of this would be such an issue were it not for the remarkable dominance of these companies. Will Britain follow the route taken by Europe, and challenge the power of these tech superpowers? The European commission began antitrust action against Google in 2015. The German government is drafting[10] legislation threatening fines of up to €50m if social media platforms do not remove offensive content. Will we take the laissez-faire route of the US and simply accept the dominance of these organisations as the price of a free market? Or will we find a third way, perhaps more progressive than either Europe or the US? As we untangle[11] the Gordian knot[12] of Brexit, Britain will need to decide.

Texte 15

ANALOGIE ENTRE NOUVELLES TECHNOLOGIES ET BIOTECHNOLOGIES : LES PROBLEMES TECHNIQUES SONT TOUT SAUF TECHNIQUES

Les biotechnologies font peur, pour une mauvaise raison, et pour une bonne. ESB (« maladie de la vache folle »), OGM, transmission médicale du sida, embryons congelés, diagnostic prénatal, cellules-souches… : les questions biotechnologiques impliquent des domaines nettement disjoints, agriculture et alimentation animale, reproduction humaine, maladie et mort, assurances et coûts sociaux, limites de la science, responsabilités politiques, religion, délits économiques… Tout est là, et bien mélangé, désespérément confus. Je voudrais commencer à mettre de l'ordre, à partir des raisons d'être inquiet, en repartant de la plus globale, qui est aussi la plus fausse.

Nous « franchissons la barrière » du non-vivant et du vivant, paraît-il. Si l'on conçoit ici une *barrière*, une frontière au sens de limite qu'il est interdit de franchir sans autorisation, alors les biotechnologies la franchissent : nous *manipulons* désormais le vivant comme nous manipulons, depuis toujours mais surtout depuis l'ère industrielle, la matière. Sommes-nous devenus « comme maîtres et possesseurs » de la vie, et est-ce irresponsable ? Aurions-nous dû demander une autorisation ?

[…]

La pratique biotechnologique n'est pas apparue subitement dans les dernières décennies du XXe siècle, donc, mais elle y a changé de sens : l'intégration de l'homme à l'écosphère s'est *industrialisée.* Ce que nous appelons aujourd'hui « biotechnologies » est le résultat de cette industrialisation, et en particulier le résultat de la mise en place rapide d'une *logique d'ingénierie* génétique. Dans l'anglicisme « ingénierie » se dit l'essentiel : une « matière première », la vie, subit un process industriel. D'où une question : dans cette *industrialisation de l'intégration de l'homme à l'écosphère*, le problème ne serait-il pas l'*industrialisation*, plutôt que

10. To draft: to write down a document for the first time.

11. To untangle: to make a complicated subject or problem clear and able to be understood.

12. Gordian knot: a difficult problem.

l'intégration de l'homme à l'écosphère ? Nous n'avons pas réellement peur, à vrai dire, des lignées de maïs résistant aux antibiotiques ou aux désherbants (pas plus en tout cas que des gaz d'échappement des automobiles), nous avons peur des mécanismes industriels, économiques, politiques, qui nous les imposent ou nous les proposent. Les biotechnologies sont un vrai problème, mais un problème d'économie politique, pas vraiment de biologie ni de technologie. Derrière la mauvaise raison d'avoir peur, il y a la bonne.

Il s'agit d'un soupçon : et si les questions que nous nous posons sur les technologies étaient l'indice de questions non-technologiques que nous ne nous posons plus ? Et si, sur cette frontière de la nature et de la technologie c'était en réalité d'autre chose que nous avions besoin de parler – de justice, de liberté, de démocratie, de dignité, de bonheur ?

Texte 16

QUELLE LEÇON TIRER DE LA ROBOTIQUE ?

Dans l'Antiquité grecque, il est dit que le vieil Héphaïstos – Vulcain – forgeait des statues qui le servaient pendant le repas – on retrouve là l'idée du robot-serviteur. Mais la première vraie idée de robot se trouve, à mon sens, dans les légendes juives médiévales, sous le nom de Golem. Le Golem est en effet un être artificiel, fait de main d'homme, qui est animé par un texte biblique fixé sur son front. Je perçois là la première idée de programme, de programmation d'un être à partir d'un logiciel – le texte de la Bible. La troisième histoire, plus connue encore, c'est celle de Frankenstein, qui date du milieu du XIXe siècle, et dont je soupçonne qu'il s'appelle la « pierre française » – Franken Stein. Je pense que Mary Shelley avait à l'esprit la statue de Condillac, cette statue de pierre qui s'éveille à la vie et qui se met peu à peu à percevoir.

Après les rêves ou la science-fiction, les fameux paris d'ingénieurs. Comme vous l'avez rappelé, à cette époque-là, en 1950, on pensait qu'en l'an 2000 – cinquante ans après –, les mères de famille auraient à leur disposition des robots mécaniques qui descendraient la poubelle, qui feraient les courses, qui amèneraient les enfants à l'école, qui feraient la vaisselle, etc. Personne ne pariait vraiment sur l'informatique. Or, cinquante ans après, la robotique a certes fait beaucoup de progrès dans les questions de fabrication, avec les petits robots dont vous parliez tout à l'heure, mais le robot, tel que représenté par Frankenstein, par le Golem ou par les statues forgées par Vulcain n'a pas vraiment vu le jour. Sauf dans l'imagination des cinéastes. Formater les mouvements du corps est extrêmement difficile. Nous avons su formater les opérations de l'esprit, avec l'informatique. Mais le corps est d'une certaine manière, plus complexe que l'esprit. Le corps est une machine plus difficile à mimer que les opérations de l'esprit.

Pour autant, l'idée de robotisation est à prendre au sérieux. Souvenez-vous du Golem, qui se dirige, que l'on dirige, grâce au texte imprimé sur son front, fixé dans sa tête. Quand je considère l'évolution actuelle de la société, et le fait qu'elle est réellement et puissamment formatée… Elle est formatée par la publicité qu'on rencontre à tous les carrefours. Elle est formatée par les médias, par les images de la télévision, par le commerce, par les habitudes, par les usages, un peu aussi par la formation (formater/formation)… Mes contemporains circulent dans la rue ou les couloirs du métro, envahis de publicités, avec, fixée sur le front, la recopie publicitaire. J'ai l'impression que ce mimétisme, que cette « ressemblance » commence à envahir la société et que, d'une certaine manière, nos contemporains risquent de devenir des robots. Et cela, sans sortir de la main de l'homme… Telle est la leçon profonde que le philosophe tire de la robotique. Nous avons fixée sur le front, non plus le texte de la Bible, mais l'image des nouvelles du journal télévisé du midi et du soir. Nous avons, fixées sur la tête, les images que la publicité martèle. Du coup, nous risquons ce formatage-là, nous risquons cette programmation-là. Et ce vieux rêve qui, techniquement, scientifiquement, nous paraît impossible, le corps étant si difficile à mimer, on s'aperçoit soudainement qu'il est déjà réalisé socialement, dans la programmation et le formatage.

Il nous faut lutter contre ce risque de robotisation de nos conduites. Ce qu'on qualifiait autrefois de mythe – le mythe d'Héphaïstos, le mythe du Golem – est bien plus réalisé qu'on ne le croit alors que, scientifiquement, il est parfaitement impossible qu'il advienne. Du point de vue scientifique et technique, le robot, tel que nous le rêvons, est lointain encore. Mais devant nous, socialement, publiquement, dans nos conduites, la robotique est notre risque.

Illustration 7

DE QUOI FAUT-IL AVOIR PEUR ?

Terminator (*The Terminator*) est un film de science-fiction américain réalisé par James Cameron, sorti en 1984. Ce film traite de la menace que pourraient faire naître des machines créées par les hommes eux-mêmes dans leur quête d'une super-intelligence artificielle.

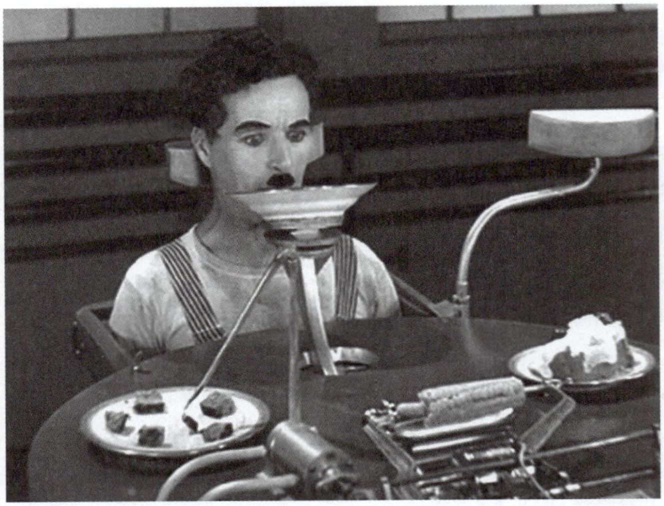

Dans le film de Charlie Chaplin, sorti en 1936, *Les Temps Modernes*, cette machine doit permettre à l'ouvrier de manger en travaillant sur la chaîne : utile pour le patron car cela évite la pause déjeuner, c'est un gain de temps donc un gain d'argent pour l'entreprise.

Le film est une satire du travail à la chaîne et un réquisitoire contre les dérives du monde industrialisé.

Texte 17

LA RUSE DE LA RAISON INSTRUMENTALE

Mécanisme, on le sait, vient de μηχανή dont le sens d'engin réunit les deux sens de ruse et de stratagème d'une part et de machine d'autre part. On peut se demander si les deux sens n'en font pas qu'un. L'invention et l'utilisation de machines par l'homme, l'activité technique en général, n'est-ce pas ce que Hegel appelle la ruse de la raison (*Logique de la Petite Encyclopédie*, § 209) ? La ruse de la raison consiste à accomplir ses propres fins par l'intermédiaire d'objets agissant les uns sur les autres conformément à leur propre nature. L'essentiel d'une machine c'est bien d'être une médiation ou, comme le disent les mécaniciens, un relais. Un mécanisme ne crée rien et c'est en quoi consiste son inertie (*in-ars*), mais il ne peut être construit que par l'art et c'est une ruse. Le mécanisme, comme méthode scientifique et comme philosophie, c'est donc le postulat implicite de tout usage des machines. La ruse humaine ne peut réussir que si la nature n'a pas la même ruse. La nature ne peut être soumise par l'art que si elle n'est pas elle-même un art. On ne fait entrer le cheval de bois dans Troie que si l'on s'appelle Ulysse et si l'on a affaire à des ennemis qui sont plutôt des forces de la nature que des ingénieurs astucieux.

Texte 18

ANTHROPOMORPHISME[13] TECHNOLOGIQUE, ANTHROPOMORPHISME POLITIQUE

Le problème [...] des rapports de la philosophie mécaniste avec l'ensemble des conditions économiques et sociales dans lesquelles elle se fait jour est résolu dans le sens d'un rapport de causalité par Franz Borkenau [...]. L'auteur affirme qu'au début du XVIIe siècle la conception mécaniste a éclipsé la philosophie qualitative de l'Antiquité et du Moyen Age. Le succès de cette conception traduit, dans la sphère de l'idéologie, le fait économique que sont l'organisation et la diffusion des manufactures. La division du travail artisanal en actes productifs segmentaires, uniformes et non qualifiés, aurait imposé la conception d'un travail social abstrait. Le travail décomposé en mouvements simples, identiques et répétés, aurait exigé la comparaison, aux fins de calcul du prix de revient et du salaire, des heures de travail, par conséquent aurait abouti à la quantification d'un processus auparavant tenu pour qualitatif. Le calcul du travail comme pure quantité susceptible de traitement mathématique serait la base et le départ d'une conception mécaniste de l'univers de la vie. C'est donc par la réduction de toute valeur à la valeur économique, « au froid argent comptant », comme dit Marx dans *Le Manifeste du parti communiste*, que la conception mécaniste de l'univers serait fondamentalement une *Weltanschauung*[14] bourgeoise. Finalement, derrière la théorie de l'animal-machine, on devrait apercevoir les normes de l'économie capitaliste naissante.

L'homme de Descartes c'est l'homme reconstruit par Descartes sous le couvert de Dieu, mais ce n'est pas l'homme de l'anatomiste. On peut donc dire qu'en substituant le mécanisme à l'organisme, Descartes fait disparaître la téléologie de la vie ; mais il ne la fait disparaître qu'apparemment, parce qu'il la rassemble tout entière au point de départ. Il y a substitution d'une forme anatomique à une formation dynamique, mais comme cette forme est un produit technique, toute la téléologie possible est enfermée dans la technique de production. A la vérité, on ne peut pas, semble-t-il, opposer mécanisme et finalité, on ne peut pas opposer mécanisme et anthropomorphisme, car si le fonctionnement d'une machine *s'explique* par des relations de pure causalité, la construction d'une machine ne se comprend ni sans la finalité, ni sans l'homme. Une machine est faite par l'homme et pour l'homme, en vue de quelques fins à obtenir, sous forme d'effets à produire.

Ce qui est donc positif chez Descartes, dans le projet, d'expliquer mécaniquement la vie, c'est l'élimination de la finalité sous son aspect anthropomorphique. Seulement, il semble que dans la réalisation de ce projet, un anthropomorphisme se substitue à un autre. Un anthropomorphisme technologique se substitue à un anthropomorphisme politique.

---

13. Attitude qui consiste à donner une forme humaine (comportement, morphologie) à ce qui n'est pas humain (animaux, choses, idées).

14. Terme allemand communément traduit par « conception du monde ».

REFERENCES BIBLIOGRAPHIQUES

Textes

1. 1997 : LA MACHINE BAT L'HOMME AU JEU D'ECHECS

René ALLADAYE, *Petite philosophie du joueur d'échecs*, 2005, III, 6. « Le blues de Deep Blue ».

2. 2016 : LA MACHINE BAT L'HOMME AU « JEU DE GO »

Article du journal *La Croix*, 09/03/2016, « Jeu de go : le champion d'Europe a "progressé" grâce à sa défaite contre la machine ».

3. COMPLEXITE COMPAREE DU GO ET DES ECHECS

Olivier EZRATTY, blog, « Les conséquences pratiques d'AlphaGo Zero », 3/11/2017.

4. « ALPHA GO » PASSE A AUTRE CHOSE

Revue *Sciences et avenir*, 25/05/2017, « L'ordinateur triomphe sur l'humain au jeu de go… et passe à autre chose ».

5. DEEP BLUE A-T-IL ETE CAPABLE DE PENSER ?

Catherine PORTEVIN, *Télérama*, 03/09/1997, « La leçon de lecture de George Steiner ».

6. LE « MIRACLE DE SAINT DENIS »

Michel SERRES, *Petites chroniques du dimanche soir*, t.3, « Les nouvelles technologies » (Chronique du 23 septembre 2007), Le Pommier, 2009.

7. ET DEMAIN ?

Article du journal *Le Monde*, 28/07/2015, « Comment le "deep learning" révolutionne l'intelligence artificielle. »

8. QUAND L'ORDINATEUR CALCULE QUE 1 = 0

Marie-Alice FOUJOLS, ingénieur de recherche au CNRS, pôle de modélisation, Institut Pierre Simon Laplace, Paris.

9. LE BUG DE DEEP BLUE

http://www.futura-sciences.com/fr/news/, « Un bug serait à l'origine de la victoire de Deep Blue contre Kasparov », 15/10/2012.

10. LE BLUES DE DEEP BLUE

René ALLADAYE, *Petite philosophie du joueur d'échecs*, 2005, III, 6. « Le blues de Deep Blue ».

11. UN ORDINATEUR PEUT-IL AVOIR UN ESPRIT ?

PENROSE, *L'esprit, l'ordinateur et les lois de la physique*, 1992, « Un ordinateur peut-il avoir un esprit ? ».

12. POURQUOI ALPHAGO EST EN TRAIN DE REVOLUTIONNER L'INTELLIGENCE ARTIFICIELLE

Encart dans le dossier hightech de *bfmtv*, 09/03/2016, « Une machine vient de battre le meilleur joueur mondial au jeu de Go ».

13. LES GEANTS DU NUMERIQUE ET LA DEUXIEME VAGUE DE L'INTELLIGENCE ARTIFICIELLE

L'Express, dossier sur l'intelligence artificielle, 04/10/2016.

14. SOCIETY WILL BE DEFINED BY HOW WE DEAL WITH TECH GIANTS

The Guardian, Martin Moore, 04/02/2017.

15. ANALOGIE ENTRE NOUVELLES TECHNOLOGIES ET BIOTECHNOLOGIES : LES PROBLEMES TECHNIQUES SONT TOUT SAUF TECHNIQUES

Michel PUECH, « Le naturel et l'artificiel au temps de l'*homo sapiens technologicus* », *Cahiers de recherche d'ETOS*, n° 1, 2005.

16. QUELLE LEÇON TIRER DE LA ROBOTIQUE ?

Michel SERRES, *Petites chroniques du dimanche soir*, t.3, « Les robots », (chronique du 17 février 2008), Le Pommier, 2009.

17. LA RUSE DE LA RAISON INSTRUMENTALE

Georges CANGUILHEM, *La connaissance de la vie*, « Aspects du vitalisme », Vrin, 1952.

18. ANTHROPOMORPHISME TECHNOLOGIQUE, ANTHROPOMORPHISME POLITIQUE

Georges CANGUILHEM, *La connaissance de la vie*, « Machine et organisme », Vrin, 1952.

Illustrations

1. FACE-A-FACE HISTORIQUE KASPAROV / DEEP BLUE

Illustration du journal *Le Parisien*, 17-18/02/1996, « Face-à-face historique entre l'homme et la machine ».

2. UN ORDINATEUR INFLIGE UN REVERS AU CHAMPION DU MONDE DE GO

Infographie, *L'Est républicain*, 10/03/2016.

3. LE NOUVEL ALPHAGO BAT LA MACHINE QUI AVAIT VAINCU LEE SE-DOL

Marc Zaffagni, « Alpha Zéro : l'IA de Google DeepMind devient autodidacte », 19/10/2017, http://www.futura-sciences.com.

4. LES MACHINES PEUVENT-ELLES PENSER ?

Time, *Monday*, Mar. 25, 1996, *Cover*.

5. LE « MIRACLE DE SAINT DENIS »

Le martyre de saint Denis, 1874-1888, par Léon Bonnat (1833-1922), toile marouflée, Paris, Panthéon. Détail du tableau.

6. A. LES GAFAM DANS LA COURSE A L'INTELLIGENCE ARTIFICIELLE

Statista, Le portail de Statistiques, 14/09/2018.

6. B. LES GAFAM PLUS FORTS QUE LES ETATS

Statista, Le portail de Statistiques, 14/09/2018.

7. DE QUOI FAUT-IL AVOIR PEUR ?

Terminator, affiche du film original, sorti en 1984. *Les Temps Modernes*, scène du film, sorti en 1936.

2. EXEMPLES DE QUESTIONS

Questions de repérage

Pour chacune des questions, **UNE SEULE** *proposition est correcte. Seules les bonnes réponses sont prises en compte.*

1. Quel auteur est à l'origine de la théorie de la « ruse de la raison » ?

A. Georg Wilhelm Friedrich Hegel
B. Karl Marx
C. René Descartes
D. Mary Shelley

Réponse : A
Explications : La « ruse de la raison » est une théorie mise au point par Hegel et qui traite de l'invention et l'utilisation de machines par l'homme (TEXTE 17). Cette dernière consiste à accomplir ses propres fins par l'intermédiaire d'objets agissant les uns sur les autres conformément à leur propre nature.

2. En combien de jours le nouveau programme de jeu de go AlphaGo Zero a-t-il vaincu son prédécesseur AlphaGo Lee, la version de l'AlphaGo qui avait battu le champion du monde Lee Se-Dol ?

A. 40 jours
B. 3 jours
C. 17 jours
D. Il n'a jamais réussi à le vaincre

Réponse : B
Explications : AlphaGo Zero n'a mis que trois jours à battre AlphaGo Lee s'imposant ainsi comme le meilleur joueur du monde (ILLUSTRATION 3).

Questions d'analyse

PLUSIEURS propositions permettent de construire la bonne réponse à chaque question posée. Sélectionnez uniquement **LES** propositions appropriées.

Notation :

1. Le candidat qui sélectionne toutes les propositions attendues obtiendra la totalité des points.
2. Le candidat qui identifie au moins la moitié des propositions attendues obtiendra la moitié des points à condition que sa réponse ne contienne aucune erreur.
3. Le candidat qui sélectionne moins de la moitié des propositions attendues n'obtiendra aucun point.
4. Le candidat qui sélectionne trop de propositions (même si ces dernières comportent les propositions attendues) n'obtiendra aucun point.

3. Quel message véhicule le « miracle de saint Denis » quant à la situation de l'homme face aux progrès rapides des machines ?

A. Les ordinateurs renferment désormais toutes les capacités cognitives de l'homme.
B. L'homme est condamné car c'est la fin de toute pensée humaine.
C. L'homme est coupé du monde qui l'entoure.
D. Seule la capacité d'invention reste entre les mains de l'homme.

Réponses : A et B

Explications : L'homme a déposé toutes ses capacités cognitives dans les ordinateurs qui sont comme des têtes coupées de leurs propriétaires. Cependant, même si l'ordinateur a démultiplié ses capacités, cette révolution ne signifie pas forcément la fin de toute pensée humaine. Elle condamne simplement l'homme à devenir intelligent et à se concentrer sur ses capacités d'invention ou encore de création. (TEXTE 6 et ILLUSTRATION 5).

4. Quelles sont les raisons qui poussent certaines voix à s'élever contre les géants du numérique ?

A. Les GAFAM sont à l'origine de nombreuses innovations technologiques.

B. Leur poids économique est tel qu'il dépasse celui de certains Etats.

C. Les montants investis chaque année dans le rachat de start-ups sont démesurés.

D. Les GAFAM ont accumulé des milliards de données personnelles dans de nombreux domaines.

E. Leur contenu peut être violent ou offensant.

Réponses : B, D et E

Explications : A force de rachats de starts-ups, les GAFAM se sont développées de façon exponentielle et la capitalisation boursière de ces cinq géants du numérique réunis dépasse désormais le PIB de pays développés tels que la France, marquant ainsi leur tout-puissance et leur domination (ILLUSTRATIONS 6.A et 6.B).

Autre inquiétude : ces firmes accumulent, à travers leurs plateformes et produits connectés, des quantités astronomiques de données personnelles dans de nombreux domaines (TEXTE 13) et peuvent proposer du contenu offensant voire violent (TEXTE 14).

Face à cette omnipotence, la Commission européenne et certains pays européens ont donc décidé d'encadrer l'activité de ces géants et de lutter contre les éventuels abus de position dominante (TEXTE 14).

Questions de synthèse

Pour chacune des questions, **UNE SEULE** proposition est correcte. Seules les bonnes réponses sont prises en compte.

En 1997, après la première grande défaite de l'homme contre la machine aux échecs, un quotidien avait pu interroger en une : « L'homme est-il foutu ? ». Mais l'homme a-t-il raison d'avoir peur des machines ? Vous construirez une réponse structurée, à l'aide d'arguments extraits du dossier.

Introduction

5. Sélectionnez la problématique appropriée pour traiter le sujet.

A. Quelle place pour l'homme face à l'intelligence artificielle ?
B. Comment peut-on expliquer la domination de l'homme par l'intelligence artificielle ?
C. Dans quelle mesure l'intelligence artificielle est-elle une menace pour l'homme ?
D. En quoi l'intelligence artificielle représente-t-elle un danger pour l'humanité ?

Réponse : C
Explications : Compte tenu des éléments du dossier documentaire, il convient ici de se demander si l'intelligence artificielle représente une réelle menace pour l'homme ou si, au contraire, ces craintes sont à relativiser.

Développement

6. Sélectionnez le titre approprié pour la première partie du raisonnement.

A. L'homme contre la machine, un duel à l'issue incertaine.
B. L'intelligence artificielle représente une menace potentielle pour l'homme.
C. Malgré la menace, l'homme est et restera supérieur à la machine.
D. Progrès exponentiels de l'intelligence artificielle et bouleversements technologiques à venir.

Réponse : B
Explications : Le sujet et la problématique appellent une réponse nuancée et donc un plan dialectique. Il convient donc dans une première partie, de présenter les arguments démontrant que l'intelligence artificielle peut constituer une menace pour l'homme.

7. Construisez le résumé de la deuxième partie en complétant le texte ci-dessous.

L'intelligence artificielle est porteuse [w] dans de nombreux domaines et pourrait aider l'homme à résoudre des problématiques mal ou non résolues car trop complexes. Plus que des machines, la menace provient [x] qui utilise [y] comme un instrument de maximisation des profits faisant ainsi courir le risque de l'aliénation de l'homme par [z].

[w]
A. d'avancées
B. de fausses promesses
C. d'effets pervers
D. de bouleversements

[x]
A. du big data
B. de l'Etat
C. de l'économie capitaliste
D. de l'intelligence artificielle

[y]
A. l'homme
B. l'économie capitaliste
C. les GAFAM
D. l'intelligence artificielle

[z]
A. l'Etat
B. l'homme
C. l'intelligence artificielle
D. le big data

Réponses : [w] A ; [x] C ; [y] D ; [z] B
Explications : L'intelligence artificielle est porteuse d'avancées dans de nombreux domaines (TEXTE 4) et pourrait aider l'homme à résoudre des problématiques mal ou non résolues car trop complexes. Plus que des machines, la menace provient de l'économie capitaliste qui utilise l'intelligence artificielle comme un instrument de maximisation des profits faisant ainsi courir le risque de l'aliénation de l'homme par l'homme (TEXTES 15, 16, 17 et 18 + ILLUSTRATION 7).

Conclusion

8. Construisez l'ouverture de cette conclusion en complétant la phrase ci-dessous. Il paraît intéressant de se demander quel doit être le rôle [x] pour [y] les géants du numériques et permettre à la société de bénéficier pleinement des progrès technologiques récents et à venir.

[x]
A. des GAFAM
B. des pouvoirs publics
C. des supercalculateurs
D. des citoyens

[y]
A. interdire
B. dynamiser
C. libéraliser
D. encadrer

Réponses : [x] B ; [y] D
Explications : Il paraît intéressant de se demander quel doit être le rôle des pouvoirs publics pour encadrer les géants du numériques et permettre à la société de bénéficier pleinement des progrès technologiques récents et à venir (TEXTE 14).

II. ENJEUX CONTEMPORAINS

I. NOS CONSEILS POUR REUSSIR CETTE EPREUVE

Comment comprendre cette épreuve ?

L'épreuve d'Enjeux Contemporains est composée d'un QCM de 40 questions destiné à tester votre culture générale liée à l'information et à votre environnement quotidien. Il s'agit aussi de tester votre esprit de déduction et de bon sens.

Précis méthodologique

Il est difficile de se préparer à une épreuve dont les questions portent sur une immense pluralité de sujets, et demandent parfois de connaitre des éléments inattendus. Les questions peuvent paraitre déconcertantes car très précises et portant sur un aspect secondaire voire mineur, cependant celles-ci sont toujours reliées à un fait d'actualité, de près ou de loin. Il est tout de même possible de « tirer son épingle du jeu » en étant malin et renseigné, et en répondant par déduction et élimination.

D'une part, il faut bien sûr consolider ses acquis de lycée dans des matières et des options déterminantes pour la poursuite des études supérieures. En Première comme en Terminale, les spécialités suivantes pourront être mises à profit : SES, HGGSP (Histoire-géographie, géopolitique et sciences politiques), Langues, littératures et cultures étrangères, Humanités, littérature et philosophie...

D'autre part, il est vivement recommandé de suivre de près l'actualité pour réussir cette épreuve. S'abonner à des journaux tels que *Le Monde* ou encore *Courrier International* est donc un vrai atout. *Le Bilan du Monde*, qui parait chaque année au mois de janvier en format papier, compile également toutes les informations essentielles. Il faut également noter que les questions portent sur une actualité sur les 18 à 24 mois précédant l'épreuve, tout en sachant que la maîtrise des principaux enjeux des XXe et XXIe siècles est essentielle.
Les réseaux sociaux (à l'instar de la chaine YouTube et des différents comptes de *Hugo Décrypte*), les podcasts ou encore les applications d'information sont aussi de puissants relais d'information.

Pour terminer, il est important d'avoir à l'esprit que la maîtrise de l'actualité, permettant de consolider une vraie culture générale, est un véritable atout pour le baccalauréat, et les entretiens d'admission dans l'enseignement supérieur (au premier chef les oraux du concours Sésame bien sûr).

II. ENTRAINEMENT

Épreuve 1 : 30 minutes max.

Question 1. Netflix a conquis 220 millions d'abonnés dans près de 200 pays. Cependant, un abonné Netflix sur quatre prévoit d'annuler son abonnement d'ici la fin de 2022 du fait du coût mensuel, entraînant une baisse de 60 % en douze mois de sa cotation, quatrième plus mauvaise performance de l'indice Nasdaq. À ce sujet, la plateforme prévoit d'introduire de la publicité pour faire baisser le tarif de l'abonnement. En quelle année cette entreprise a-t-elle été créée ?

(A) 1989
(B) 1997
(C) 2004
(D) 2013

Question 2. Selon le « rapport sur l'indice du gaspillage alimentaire », publié par le Programme des Nations unies pour l'environnement (PNUE) et l'ONG britannique Wrap, chaque année, dans le monde, près d'un milliard de tonnes (931 millions de tonnes précisément) de nourriture est gaspillé. C'est un problème « immense », et « coûteux aux niveaux environnemental, social et économique ». En pourcentages, combien cela représente-t-il de la nourriture totale disponible ?

(A) 10 %
(B) 15 %
(C) 20 %
(D) 25 %

Question 3. Les Internationaux de France de tennis 2022 se sont déroulés du 22 mai au 5 juin 2022 au stade Roland-Garros à Paris. Il s'agit de la 121e édition du tournoi de tennis professionnel des Internationaux de France de tennis. Rafael Nadal remporte le tournoi en simple pour la quatorzième fois en disposant en finale de quel joueur ?

(A) Casper Ruud
(B) Novak Djokovic
(C) Carlos Alcaraz
(D) Roger Federer

Question 4. Dans un contexte marqué par les suites de la crise sanitaire et l'inflation, avec une baisse de la consommation alimentaire des ménages (-2,28 %), la valeur des achats d'aliments issus de l'agriculture biologique a reculé de 1,3 % par rapport à 2020. Toutefois, le secteur continue de représenter 13 milliards d'euros et conserve une part de marché stable (6,63 %) dans les courses des Français. Quelle en est la part dans les surfaces agricoles en France ?

(A) 3 %
(B) 7 %
(C) 13 %
(D) 20 %

Question 5. Sur l'année 2021, près de 170 milliards de dollars ont été dépensés via des applications, soit une augmentation de 25 % en un an. Les utilisateurs de smartphones ont effectué plus de 230 milliards de téléchargements de nouvelles applications, 5 % de plus qu'en 2020. Au premier trimestre 2022, quelle application a finalement repris la tête des téléchargements IoS et Android ?

(A) TikTok
(B) Messenger
(C) Instagram
(D) YouTube

Question 6. Le prix Nobel de la paix est décerné le 7 octobre 2022. Il récompense « la personnalité ou la communauté ayant le plus ou le mieux contribué au rapprochement des peuples, à la suppression ou à la réduction des armées permanentes, à la réunion et à la propagation des progrès pour la paix » selon les volontés, définies par le testament, d'Alfred Nobel. Qui l'a reçu en 2021 ?

(A) Maria Ressa et Dmitry Muratov
(B) Programme Alimentaire mondial
(C) Volodymyr Zelensky
(D) Programme des Nations unies pour l'environnement

Question 7. La Convention Citoyenne pour le Climat, expérience démocratique inédite en France, a eu pour vocation de donner la parole aux citoyens et citoyennes pour accélérer la lutte contre le changement climatique. Elle a proposé à terme 149 propositions plus ou moins adoptées par le Parlement. Sur quel autre thème de société le président de la République a-t-il décidé de réunir ce même type d'assemblée ?

(A) La transition énergétique
(B) La fin de vie
(C) Les retraites
(D) La guerre en Ukraine

Question 8. M6, TF1, Bouygues et RTL Group ont officiellement annoncé leur projet de fusion en vue de créer le groupe de médias français proposant l'offre la plus diversifiée en TV, radio, digital, production de contenus et technologies, au bénéfice de tous les publics et de la filière audiovisuelle française. Ce projet a finalement été rejeté par une institution, laquelle ?

(A) Autorité de Régulation de la Communication audiovisuelle et numérique
(B) Autorité de la Concurrence
(C) Ministère de l'Économie, des Finances et de la Souveraineté industrielle et numérique
(D) Commission européenne

Question 9. D'après l'Organisation mondiale du commerce à laquelle la Chine a adhéré en 2001, la part de la Chine est passée de 5,9 % à 15,2 % entre 2003 et 2020, alors que la part des États-Unis a reculé de 9,8 % à 8,4 % pour les exportations de marchandises. La Chine est donc désormais, et de loin, le premier exportateur mondial de marchandises. En quelle année deviendra-t-elle numéro 1 en PIB ?

(A) 2024
(B) 2025
(C) 2027
(D) 2028

Question 10. « Marseille en Grand » est un plan d'aides décidé par Emmanuel Macron en soutien à la ville de Marseille dans les domaines de l'éducation, des transports ou encore de la sécurité d'un montant de 1,5 à 2 milliards d'euros. Marseille compte 878 000 habitants, tandis que la Métropole Aix-Marseille en compte 1,9 million. Qui est à la tête de la deuxième ville de France ?

(A) Anne Hidalgo
(B) Benoît Payan
(C) Bruno Le Maire
(D) Jean-Claude Gaudin

Question 11. En France, le 4 octobre 2020, dans quelle collectivité d'Outre-mer les habitants ont-ils voté dans le cadre d'une consultation sur l'accession à la pleine souveraineté de leur territoire, dans le cadre des accords de Matignon ?

(A) Tahiti
(B) La Réunion
(C) Mayotte
(D) La Nouvelle-Calédonie

Question 12. Depuis 1995, la France a présidé trois fois le Conseil de l'Union européenne (en 1995, 2000 et 2008). La France va de nouveau prendre la présidence de l'Union européenne de janvier à juin 2022, en pleine élection présidentielle. Quel pays a pris, à compter du 1er janvier 2019, la présidence tournante de l'UE ?

(A) La Belgique
(B) La Roumanie
(C) La France
(D) L'Allemagne

Question 13. Un vaccin contre la COVID-19 a reçu une autorisation de mise sur le marché (AMM) européenne conditionnelle le 21 décembre 2020. Il s'agit du premier vaccin contre le SARS-CoV-2 commercialisé en France (et dans l'Union européenne) ; cette mise à disposition a permis de débuter la vaccination au sein de la population française le 27 décembre 2020. De quel vaccin s'agit-il ?

(A) Johnson & Johnson
(B) AstraZeneka
(C) Spoutnik V
(D) Pfizer-BioNTech

Question 14. Les Jeux olympiques d'Athènes en 1896 proposaient initialement 42 disciplines et réunissaient moins de 250 athlètes au total. Les Jeux olympiques d'été de 2016, qui se sont tenus à Rio de Janeiro, ont accueilli 11 402 athlètes issus de 206 nations et concourant dans 306 épreuves. Quelle ville a obtenu l'organisation des Jeux olympiques pour 2028 par un vote du Comité International Olympique ?

(A) Paris
(B) Saint-Pétersbourg
(C) Los Angeles
(D) New York

Question 15. A la suite de l'édition 2021 du classement thématique de Shanghai, Frédérique Vidal, ministre de l'Enseignement supérieur, de la Recherche et de l'Innovation, se félicite des succès rencontrés par les établissements d'enseignement supérieur français. Laquelle de ces universités françaises est la mieux classée dans le classement de Shanghai 2021 ?

(A) École Normale Supérieure – Paris
(B) Université de Pierre et Marie Curie – Paris 6
(C) Université de Paris Saclay
(D) Université de Claude Bernard – Lyon 1

Question 16. Harvey Weinstein a été condamné à 23 ans de prison le 11 mars 2020, suite à de très nombreuses plaintes pour harcèlement et viol. Comment s'intitule l'initiative visant à créer un fonds en vue de soutenir les femmes victimes de harcèlement au travail, lancée par des stars hollywoodiennes ?

(A) Stop
(B) Time's up
(C) MeToo
(D) SheForShe

Question 17. La COP 26 a lieu en novembre 2021 à Glasgow en Ecosse, elle se fonde notamment sur le rapport annuel du GIEC. Ce groupe, créé en 1988 à la suite d'une initiative politique de nature internationale, dépend de l'Organisation météorologique mondiale et du Programme des Nations unies pour l'environnement. Que signifie cet acronyme ?

(A) Groupe international d'études citoyennes
(B) Groupe d'experts intergouvernemental sur l'évolution du climat
(C) Groupe d'information des écologistes citoyens
(D) Groupe international d'expertise du réchauffement climatique

Question 18. Singapour est une cité-État insulaire au large du sud de la Malaisie. Ce centre financier mondial est doté d'un climat tropical et d'une population multiculturelle. Sa superficie est de 724,2 km^2. Elle comprend 63 îles, dont la principale est Pulau Ujong (584,8 km^2). Quel pays a la seule frontière terrestre avec Singapour ?

(A) L'Indonésie
(B) La Malaisie
(C) Le Cambodge
(D) Le Vietnam

Question 19. L'espace Schengen comprend les territoires de 26 États européens – 22 États membres de l'Union européenne, et 4 États associés, membres de l'AELE –, et le territoire de Gibraltar qui ont mis en œuvre l'accord de Schengen et la convention de Schengen, signés à Schengen en 1985 et 1990. Quel pays ne faisait pas partie de l'espace Schengen en 2021 ?

(A) La Roumanie
(B) L'Autriche
(C) Malte
(D) La Suisse

Question 20. Inscrite au Patrimoine mondial de l'Unesco, elle est l'une des sept merveilles naturelles du monde. Elle s'étend sur 344 400 km², une superficie immense qui la rend visible depuis l'espace. Au large de quel pays la Grande Barrière de corail se trouve-t-elle ?

(A) La Chine
(B) Les Philippines
(C) L'Australie
(D) La Malaisie

Question 21. Depuis les années 1950, cette zone géographique de 500 000 kilomètres carrés située entre la Floride, Porto Rico et l'archipel des Bermudes, est tristement célèbre pour les disparitions répétées de navires et d'avions. En moyenne, on dénombre 4 avions et 20 bateaux qui disparaissent mystérieusement chaque année. Dans quel océan le Triangle des Bermudes se trouve-t-il ?

(A) L'océan Atlantique
(B) L'océan Indien
(C) L'océan Arctique
(D) L'océan Pacifique

Question 22. Qui était négociateur en chef de l'Union européenne au moment des négociations qui ont commencé en octobre 2016 avec Londres concernant le Brexit et ont abouti à un accord préalable de principe le 8 décembre 2017 ?

(A) Michel Barnier
(B) Mario Draghi
(C) Angela Merkel
(D) Jean-Yves Le Drian

Question 23. Son principal opposant et président de l'Assemblée nationale Juan Guaidó a été reconnu comme seule autorité légitime de son pays. Pour autant, en 2021, de quel pays Nicolás Maduro est-il toujours président de la République ?

(A) La Bolivie
(B) Le Chili
(C) L'Argentine
(D) Le Venezuela

Question 24. À l'instar de la gastronomie française, la cuisine japonaise fait partie de ce que l'on appelle le patrimoine mondial immatériel de l'UNESCO. Il s'agit des traditions ou les expressions vivantes héritées de nos ancêtres et transmises à nos descendants. Ainsi, à partir de quel produit l'alcool japonais, le saké, est-il produit ?

(A) Du soja
(B) Du riz
(C) Du blé
(D) Du sel

Question 25. Le dernier roi a avoir régné en France est Louis-Philippe Ier. Il monte sur le trône en 1830 et remplace Charles X, renversé par une révolution, les « Trois Glorieuses » (27, 28 et 29 juillet 1830). Louis-Philippe Ier n'appartient pas à la même branche des Capétiens que son prédécesseur. Louis-Philippe Ier est le premier (et le seul) roi de la maison d'Orléans. Où sont enterrés la plupart des rois de France ?

(A) Dans la basilique de Saint-Denis
(B) Dans la crypte du château de Versailles
(C) Aux Invalides
(D) Dans le sous-sol du musée du Louvre

Question 26. Les Jeux olympiques d'hiver sont un événement sportif international organisé tous les quatre ans. La première célébration des Jeux olympiques d'hiver a lieu dans la station française de Chamonix en 1924. En 2018, où ont eu lieu les Jeux olympiques d'hiver ?

(A) En Corée du Sud
(B) En Chine
(C) Au Japon
(D) Aux États-Unis

Question 27. Le Commonwealth est une libre association dont la reine Élisabeth II est chef. La reine est également le chef d'État monarchique des 16 royaumes du Commonwealth. Les autres États membres sont 32 républiques et cinq monarchies dont le monarque est différent. Combien d'États forment le Commonwealth ?

(A) 36
(B) 44
(C) 56
(D) 62

Question 28. En 1985, les chefs d'État et de gouvernement des États membres l'adoptent comme hymne officiel de l'Union européenne. Cet hymne sans paroles évoque, grâce au langage universel de la musique, les idéaux de liberté, de paix et de solidarité incarnés par l'Europe. Quel est l'hymne européen ?

(A) *L'Ode à la joie* de Beethoven
(B) *La Flûte enchantée* de Mozart
(C) *L'Allegro, il Penseroso ed il Moderato* d'Haendel
(D) *La Gloria* de Vivaldi

Question 29. Mise en place par le Ministère de l'enseignement supérieur, de la recherche et de l'innovation en 2018 dans le cadre de la loi « Orientation et réussite des étudiants », l'application Parcoursup remplace Admission Post-Bac (APB). En France, en 2022, combien de vœux de formation au maximum les lycéens pouvaient-ils faire sur la plateforme « Parcoursup » ?

(A) 5
(B) 10
(C) 14
(D) 20

Question 30. Créée suite aux accords de Bretton Woods conclus en 1945 à l'instar de la Banque mondiale, cette institution est présidée par Kristalina Georgieva depuis 2019. Le Fonds monétaire international (FMI) est considéré comme le « pompier financier du monde », car il intervient face à des pays en faillite. Combien de pays font partie du FMI en 2022 ?

(A) 130
(B) 150
(C) 170
(D) 190

Question 31. Au Moyen Âge, les châteaux étaient d'austères monuments édifiés pour l'autodéfense d'un territoire ou d'un pays et la protection de la population environnante. Ainsi, l'ère de la Renaissance laissa la place aux édifices qui misaient tout sur l'esthétique plutôt que sur la défense. Parmi les châteaux français suivants, lequel ne fait pas partie des châteaux de la Loire ?

(A) Chambord
(B) Chenonceau
(C) Vaux-le-Vicomte
(D) Cheverny

Question 32. Le Pakistan, en forme longue la république islamique du Pakistan, est une république islamique d'Asie du Sud entourée par l'Iran, l'Afghanistan, la Chine, l'Inde et la mer d'Arabie. En quelle année a été fondé l'État du Pakistan à la suite de la partition des Indes ?

(A) En 1866
(B) En 1890
(C) En 1919
(D) En 1947

Question 33. Pour la première fois, la NASA a mandaté une société privée pour rejoindre la Station spatiale internationale (ISS). Un(e) Européen(ne) s'est envolé(e) dans l'espace avec SpaceX à bord de la capsule américaine Crew Dragon au printemps 2021, en décollant depuis Cap Canaveral, en Floride. De quelle nationalité est cet(te) astronaute ?

(A) Britannique
(B) Française
(C) Allemande
(D) Tchèque

Question 34. L'Union européenne (UE) est composée d'États-membres qui se sont regroupés dans les domaines économique et politique, afin d'assurer le maintien de la paix en Europe et de favoriser le progrès économique et social. Parmi les pays suivants, lequel ne fait pas partie de l'Union européenne ?

(A) Chypre
(B) La Lituanie
(C) La Norvège
(D) La Suède

Question 35. Le déficit public de la France pour 2020 s'établit à 211,5 milliards d'euros, soit 9,2 % du produit intérieur brut (PIB), après 3,1 % en 2019. En cause, la pandémie de COVID-19. Quel traité européen inscrit la limite des 3 % de déficit public comme un des critères fondamentaux pour être dans la zone euro ?

(A) Le traité d'Amsterdam
(B) Le traité de Rome
(C) Le traité de Maastricht
(D) Le traité de Lisbonne

Question 36. Au Brésil, la déforestation de l'Amazonie est au plus haut depuis 2008. En 2020, 11 000 km^2 ont été rasés, soit la superficie de la région Ile-de-France ou d'un pays comme le Liban, ou encore l'équivalent de 4 300 terrains de football rasés chaque jour, soit trois terrains par minute. Quelle est la superficie de cette forêt ?

(A) 4,5 millions de km^2
(B) 5 millions de km^2
(C) 5,5 millions de km^2
(D) 6,5 millions de km^2

Question 37. La Russie assure un rôle géopolitique majeur du fait de ses ressources en matières premières énergétiques abondantes. Quel est le nom du projet controversé de gazoduc devant relier la Russie à l'Allemagne via la mer Baltique et qui se heurte notamment à l'opposition des pays européens de l'est dont l'Ukraine mais aussi les Etats-Unis ?

(A) White Stream
(B) Nord Stream 2
(C) Nabucco
(D) Keystone XL

Question 38. La Constitution de 1947 énonce des principes fondamentaux reconnaissant la souveraineté du peuple, limitant l'empereur au rôle symbole et proclame le pacifisme institutionnel. Depuis septembre 2020, Yoshihide Suga est le nouveau Premier ministre du Japon. Il a ainsi remplacé Shinzo Abe à ce poste après 7 ans de mandat, après que le nouvel Empereur Naruhito a été couronné en 2019. Combien d'îles le Japon compte-t-il ?

(A) Environ 1 412
(B) Environ 3 210
(C) Environ 5 619
(D) Environ 6 852

Question 39. Wikipédia est une encyclopédie universelle et multilingue créée en 2001. En 2021, Wikipédia existe en plus de 300 langues. Elle est devenue en quelques années l'encyclopédie la plus fournie et la plus consultée au monde. Denis Diderot est un philosophe des Lumières, avec qui a-t-il rédigé l'*Encyclopédie* ?

(A) Jean-Jacques Rousseau
(B) Voltaire
(C) Jean le Rond d'Alembert
(D) André Le Breton

Question 40. Depuis le 1er janvier 2016, la France est organisée en 13 régions métropolitaines, créées à partir des 21 anciennes dont certaines ont fusionné, sans modification des départements qui les composent. Pour autant, le mille-feuille administratif et politique crée toujours de la confusion dans l'esprit des citoyens, d'où une abstention importante. Lequel de ces départements français ne fait pas partie de la région Grand Est ?

(A) Les Vosges
(B) La Meuse
(C) La Moselle
(D) L'Yonne

1. 30/40

Corrigés de l'épreuve 1

Question 1. Réponse B

Netflix est une entreprise multinationale américaine créée à Scotts Valley en 1997 par Reed Hastings et Marc Randolph appartenant au secteur d'activité des industries créatives. Elle est spécialisée dans la distribution et l'exploitation d'œuvres cinématographiques et télévisuelles par le biais d'une plateforme dédiée au service de vidéo à la demande.

Question 2. Réponse C

En France, cela représente 30 kg par personne et par an de pertes et gaspillages au foyer (dont 7 kg de déchets alimentaires non consommés encore emballés), auxquels s'ajoutent les pertes et gaspillages générés en restauration collective ou commerciale. Ce phénomène représente un prélèvement inutile de ressources naturelles, telles que les terres cultivables et l'eau, et des émissions de gaz à effet de serre qui pourraient être évitées.

Question 3. Réponse A

Carlos Alcaraz, né en 2003, est actuellement numéro 1 mondial en septembre 2022. Il est le nouveau prodige du tennis mondial, certains estimant qu'il est l'héritier de Rafael Nadal. Roger Federer, quant à lui, a pris sa retraite, à l'âge de 41 ans, après avoir remporté 20 tournois du Grand Chelem (Open d'Australie, US Open, Roland-Garros et Wimbledon).

Question 4. Réponse C

En 2021, on compte 58 413 exploitations en agriculture biologique, soit 13,41 % des exploitations agricoles en France. Les surfaces bio, en hausse de 9 % depuis 2020, atteignent 2,78 millions d'hectares. Le cap symbolique des 10 % de la surface agricole utilisée (SAU) cultivée en bio est donc franchi en 2021.

Question 5. Réponse C

Le classement concernant les applications générant le plus de dépenses de la part des utilisateurs reste inchangé dans son trio de tête. TikTok reste le leader suivi de YouTube et Tinder. Enfin, les plateformes du groupe Meta sont les 4 premières applications affichant le plus d'utilisateurs actifs par mois.

Question 6. Réponse A

Les journalistes d'investigation Maria Ressa et Dmitry Muratov ont été lauréates en 2021 « pour leur combat pour la sauvegarde de la liberté d'informer ». La journaliste philippine a co-fondé le média d'investigation *Rappler* ; le journaliste russe est l'un des fondateurs et rédacteur en chef du journal *Novaïa Gazeta*.

Question 7. Réponse B

En octobre 2022, une convention citoyenne sera organisée, et dont les conclusions seront rendues en mars 2023. Elle sera organisée par le Conseil économique, social et environnemental (CESE) dont c'est désormais la vocation. Elle se nourrira d'autres travaux et concertations menés parallèlement avec l'ensemble des parties prenantes en particulier avec les professionnels qui sont régulièrement confrontés à la fin de vie, dans leur pratique et leur quotidien, comme les équipes des soins palliatifs.

Question 8. Réponse B

Un même groupe audiovisuel ne pouvant détenir plus de sept fréquences nationales sur la TNT, TF1 et M6 avaient décidé de se séparer des deux canaux à la plus faible audience et de rendre celui utilisé par la chaîne Paris Première. En cas de vente, il y aurait eu distorsion sur les programmes, mais le plus important aurait été sur la publicité. Les deux chaînes représentent 75 % du marché publicitaire à la télévision.

Question 9. Réponse D

D'après les estimations de certains organismes comme la Banque mondiale ou le Centre for Economics and Business Research (CEBR), la Chine pourrait devenir la première puissance économique mondiale d'ici 2028, à condition, toutefois, qu'elle maintienne un taux de croissance d'environ 5,5 % par an.

Question 10. Réponse B

Benoit Payan est élu premier adjoint de la maire écologiste Michèle Rubirola, puis élu maire de Marseille par le conseil municipal le 21 décembre 2020 après la démission de cette dernière.

Question 11. Réponse D

La France a colonisé ce territoire en 1853. Le mouvement de décolonisation post-Seconde Guerre mondiale a accentué le désir d'émancipation de la métropole française. Après un premier vote organisé le 4 novembre 2018 où 56,40 % des électeurs de Nouvelle-Calédonie avaient voté « non » à l'indépendance, le deuxième référendum organisé le 4 octobre 2020 a donné également une majorité (53,26 %) au « non » à l'indépendance. Un référendum est de nouveau organisé en décembre 2021, où le « non » l'emporte à 96,50 % (pour une participation de 43,87 %).

Question 12. Réponse B

Chaque pays de l'Union européenne préside à tour de rôle le Conseil de l'Union européenne pour une période de six mois. Après la Croatie, qui a assumé cette fonction de janvier à juin 2020, l'Allemagne a pris la main pour le deuxième semestre 2020. Contrairement à la présidence tournante du Conseil de l'UE, le président du Conseil européen est élu pour deux ans et demi, renouvelable une fois. Charles Michel, son actuel titulaire, a pour mission d'animer les travaux des chefs d'Etat et de gouvernement.

Question 13. Réponse D

En avril 2021, selon l'Organisation mondiale de la santé (OMS), il y aurait 88 vaccins contre le coronavirus SARS-CoV-2 autorisés ou en phase d'étude clinique, ainsi que 184 vaccins potentiels à l'étude. Au 18 avril 2021, 905 millions de doses de vaccin anti-Covid ont été administrées dans le monde.

Question 14. Réponse C

Après les JO de Tokyo en 2021 et les JO de Paris en 2024, Los Angeles a été la seule candidate à l'organisation des Jeux de 2028, qui lui ont été officiellement attribués lors de la 131e session du Comité international olympique, à Lima (Pérou). Beaucoup de villes candidates se sont rétractées du fait du coût élevé de l'organisation d'un tel événement.

Question 15. Réponse C

Le classement de Shanghaï (Academic Ranking of World Universities) désigne chaque année depuis 2003 les 1 000 meilleures universités au monde. Les premières places du classement sont comme toujours occupées par des institutions américaines et anglaises. Parmi les établissements français, 41 d'entre eux figurent parmi les 100 premières universités dans au moins une thématique lors de cette édition annuelle contre 37 l'année précédente.

Question 16. Réponse B

En octobre 2017, le *New York Times* et le *New Yorker* rapportent qu'une douzaine de femmes accusent Harvey Weinstein, un producteur de cinéma américain renommé, de harcèlement sexuel, agression sexuelle ou viol.Time's Up est un mouvement contre le harcèlement sexuel fondé le 1er janvier 2018, par plusieurs célébrités d'Hollywood en réponse à l'effet Weinstein et au hashtag #MeToo.

Question 17. Réponse B

Il s'agit d'un organisme intergouvernemental ouvert à tous les pays membres de l'Organisation des Nations unies (ONU). Il regroupe actuellement 195 États. Le GIEC prétend que nous atteindrons le seuil des +1,5 °C entre 2030 et 2052, et le seuil des +3 °C à la fin du siècle. Or, il souligne que le dépassement des 1,5 °C aurait des conséquences irréversibles pour la planète.

Question 18. Réponse B

Singapour se situe au large du sud de la Malaisie. Elle fait partie des quatre dragons asiatiques avec Taïwan, la Corée du Sud et Hong-Kong, soit les 4 économies les plus développées et les plus innovantes d'Asie. Singapour a été une colonie britannique de 1811 à 1965, date de son indépendance.

Question 19.Réponse A

L'espace Schengen désigne un espace de libre circulation des personnes entre les États signataires. En 2021, 26 États sont concernés dont 22 au sein de l'UE et quatre États associés, non-membres de l'UE : Norvège, Islande, Suisse et Liechtenstein. La Bulgarie, la Roumanie, Chypre et la Croatie n'y participent pas encore. L'Irlande, quant à elle, bénéficie d'un statut particulier et ne participe qu'à une partie des dispositions Schengen.

Question 20. Réponse C

La Grande Barrière de corail est le plus grand écosystème sur Terre, et est même visible de l'espace. Long de 2 300 kilomètres, il comprend des milliers de récifs et des centaines d'îles. Au cours des trente dernières années, elle a perdu la moitié de sa surface corallienne, la pollution a tué en masse les étoiles de mer « couronne du Christ » et le réchauffement climatique a provoqué des épisodes de blanchissement de coraux à grande échelle.

Question 21. Réponse A

Le triangle des Bermudes est une zone géographique de l'océan Atlantique qui aurait été, selon une croyance répandue, le théâtre d'un grand nombre de disparitions de navires et d'aéronefs. Il s'agit d'une légende qui s'est créée depuis 1945. Cette année-là, six avions de la marine américaine avaient mystérieusement disparu.

Question 22. Réponse A

Michel Barnier est officiellement depuis 2019 le Chef de la force opérationnelle chargée de la finalisation des négociations, des travaux préparatoires liés à la sortie du Royaume-Uni de l'Union européenne, ainsi que de la préparation et de la conduite des négociations sur les relations futures avec le Royaume-Uni. Il a quitté ses fonctions depuis suite à la mise en oeuvre effective du Brexit en mars 2021.

Question 23. Réponse D

Nicolás Maduro est président de la République du Venezuela depuis 2013, suite à la mort de son prédécesseur Hugo Chavez, président de 1999 à 2013. Ce dernier a mis en place un ensemble de réformes, désigné sous le nom de « Révolution bolivarienne », et comprenant la promulgation d'une nouvelle Constitution, une politique de « démocratie participative », et la nationalisation des industries clés, notamment pétrolières.

Question 24. Réponse B

En français, le mot saké désigne une boisson alcoolisée japonaise titrant de 14 à 17°. Le terme « saké », qui qualifie aussi toute boisson alcoolisée au Japon, désigne avant tout un alcool obtenu par fermentation (*nihonshu*). Cette boisson ancestrale serait apparue au Japon vers le IIIe siècle, avec le développement de la riziculture.

Question 25. Réponse A

La nécropole royale de Saint-Denis abrite les tombes de nombreux souverains francs et français, depuis Dagobert Ier jusqu'à Louis XVIII. Cette nécropole se trouve dans la basilique Saint-Denis. C'est également le lieu de sacre de plusieurs rois, dont la reine Marie de Médicis en 1610.

Question 26. Réponse A

La Corée du Nord et la Corée du Sud ont défilé ensemble lors de la cérémonie d'ouverture des Jeux olympiques d'hiver de Pyeongchang. En tout, vingt-deux sportifs nord-coréens ont participé aux JO dans trois sports. Les prochains Jeux olympiques d'hiver auront lieu en 2022 à Beijing puis en 2026 à Milan.

Question 27. Réponse C

Le Commonwealth a émergé au milieu du XXe siècle pendant le processus de décolonisation. Il est constitué par la Déclaration de Londres de 1949 qui fait des États membres des partenaires « libres et égaux ». Le Commonwealth est une organisation intergouvernementale composée de 56 États membres qui sont presque tous d'anciens territoires de l'Empire britannique.

Question 28. Réponse A

Il s'agit d'un arrangement d'environ 2 minutes du thème musical de l'*Ode à la joie*, dernier mouvement de la *Neuvième symphonie* écrite en 1823 par Ludwig van Beethoven. Ce dernier a mis en musique l'« *Ode à la joie* », poème écrit en 1785 par Friedrich von Schiller. Le poème l'« *Ode à la joie* » exprime l'idéal de fraternité que Schiller avait pour l'humanité, vision partagée par Beethoven.

Question 29. Réponse B

Chaque lycéen peut faire jusqu'à 10 voeux maximum (multiples ou pas) et 20 sous-voeux, sans les hiérarchiser. Par-contre, lors de la phase de réponses des établissements si un lycéen reçoit au moins 2 réponses positives, il devra en choisir une des deux et donc refuser l'autre. Cette interface a mis fin au tirage au sort et enregistre les vœux motivés mais non hiérarchisés des candidats, qui doivent accepter ou décliner les propositions au fur et à mesure qu'elles leur sont faites.

Question 30. Réponse D

Le Fonds monétaire international (FMI) est une institution internationale créée en 1945 regroupant 190 pays. Le FMI a pour fonction d'assurer la stabilité du système monétaire international (SMI) et la gestion des crises monétaires et financières. En outre, il s'efforce de faciliter le commerce international, de promouvoir l'emploi et une croissance économique durable, et de faire reculer la pauvreté dans le monde.

Question 31. Réponse C

Le château de Vaux-le-Vicomte, situé à 50 km au sud-est de Paris, près de Melun est un château du XVIIe siècle, construit pour le surintendant des finances de Louis XIV, Nicolas Fouquet. Les châteaux de la Loire accueillent plusieurs millions de visiteurs chaque année, notamment le château de Chambord constitué d'un escalier à double révolution conçu par Léonard de Vinci.

Question 32. Réponse D

La république islamique du Pakistan est actuellement dirigée par le Premier ministre Imran Khan, sa superficie est de 881 913 km^2. Le Pakistan est une puissance nucléaire, au même titre que l'Inde voisine. Ces deux grandes puissances s'affrontent quant à la souveraineté du territoire du Cachemire. Ce conflit est notamment le fruit d'un découpage contesté après la colonisation britannique.

Question 33. Réponse B

Les quatre membres de l'équipe Crew 2 sont deux astronautes de la Nasa – le commandant de la mission, Shane Kimbrough, 53 ans, et la pilote Megan McArthur, 49 ans – ainsi que l'astronaute japonais Akihiko Hoshide, 52 ans, et le Français Thomas Pesquet, 43 ans, de l'Agence spatiale européenne dont c'est le deuxième séjour à bord de l'ISS.

Question 34. Réponse C

Par deux fois, en 1972 et 1994 par voie référendaire, le peuple norvégien a refusé l'adhésion du pays à l'Union européenne. Par ailleurs, la Suisse ou encore l'Islande ne sont pas membres de l'UE. En outre, cinq États ont actuellement le statut d'État candidat : le Monténégro, la Serbie, la Turquie, l'Albanie et la Macédoine du Nord. La Bosnie-Herzégovine et le Kosovo ont, quant à eux, le statut de candidats potentiels.

Question 35. Réponse C

Le traité sur l'Union européenne a été signé à Maastricht en 1992. Ce traité a mis fin à la Communauté économique européenne (CEE) et a institué l'Union européenne (UE), il a également mis en place l'Union économique et monétaire (UEM) en vue de l'instauration de l'euro. La France souhaite depuis plusieurs années ouvrir une réflexion sur la pertinence de ces objectifs chiffrés introduits par le traité de Maastricht.

Question 36. Réponse C

L'Amazonie représente 10 fois la superficie de la France. Entre 2010 et 2019 la dégradation de l'Amazonie brésilienne – causée par le morcellement, la surexploitation ou les incendies qui endommagent les arbres sans les détruire – a provoqué trois fois plus d'émissions de CO_2 que la destruction pure et simple de la forêt.

Question 37. Réponse B

Nord Stream 1 a été mis en service effective en 2012. Nord Stream 2 devait être mis en service début 2021. Cette dépendance énergétique de l'Union européenne vis-à-vis de la Russie devrait fortement s'accroître dans les prochaines années. La Commission européenne estime que, d'ici vingt ou trente ans, 70 % des besoins énergétiques de l'Union européenne devront être assurés par les importations, contre 50 % aujourd'hui.

Question 38. Réponse D

Le Japon est réparti sur une superficie de 377 975 km² pour une population de 125 millions d'habitants. Les quatre principales îles du Japon sont Honshu, Shikoku, Kyushu et Hokkaido. Cette insularité est une force mais rend le Japon très vulnérable aux typhons et aux tsunamis, de plus en plus fréquents du fait du réchauffement climatique.

Question 39. Réponse C

Jean le Rond d'Alembert a rédigé le *Discours préliminaire*, préface à l'*Encyclopédie*, véritable programme des Lumières paru le 1er juillet 1751. Denis Diderot, quant à lui, est un écrivain, philosophe et encyclopédiste français des Lumières, qui incarne l'esprit par son matérialisme athée, par sa volonté de dénoncer les préjugés et par sa confiance en la raison.

Question 40. Réponse D

L'Yonne, dont Auxerre est la préfecture, se situe dans la région Bourgogne-Franche Comté. Par ailleurs, les élections régionales et départementales ont eu lieu en juin 2021, marquées par une abstention record : près des 2/3 des Français inscrits n'ont pas pris part au vote.

Épreuve 2 : 30 minutes max.

Question 1. Situées dans la mer des Caraïbes – dans l'est de l'arc caraïbe –, les Antilles françaises comprennent quatre collectivités. L'ensemble couvre une superficie de 2 832 kilomètres carrés et représente une population de 800 000 habitants environ. Laquelle de ces îles ne fait pas partie des Antilles ?

(A) Guadeloupe
(B) Saint-Barthélémy
(C) Saint-Martin
(D) Mayotte

Question 2. Alors que Victor Hugo prophétisait les « Etats-Unis d'Europe », il a fallu attendre la Seconde Guerre mondiale pour que la construction européenne devienne une réalité politique et institutionnelle. Encouragée par les Etats-Unis du fait de la Guerre froide, par quoi débute-t-elle en 1951 ?

(A) Le traité de Rome
(B) Le traité de Maastricht
(C) La Communauté économique européenne (CEE)
(D) La Communauté européenne du charbon et de l'acier (CECA)

Question 3. En 2021, l'électricité en France est produite à plus de 75 % à partir de l'énergie nucléaire. C'est le choix du général de Gaulle qui a développé fortement l'indépendance énergétique de la France, objectif poursuivi par les présidents Pompidou et Giscard d'Estaing. Parmi les pays suivants, lequel possède la plus importante production en uranium au monde ?

(A) Le Mali
(B) L'Argentine
(C) La Russie
(D) Le Kazakhstan

Question 4. Initiée par le président François Mitterrand (1981-1995), la politique de grands travaux a vu naître de nombreux monuments tels que la pyramide du Louvre, l'opéra Bastille, la grande arche de la Défense, ou encore la bibliothèque nationale de France et l'Institut du Monde Arabe (IMA). Qui est l'architecte de l'IMA situé dans le 5e arrondissement de Paris ?

(A) Renzo Piano
(B) Christian de Portzamparc
(C) Frank Gehry
(D) Jean Nouvel

Question 5. L'Organisation des Nations unies est une organisation internationale. Elle a été instituée le 24 octobre 1945 par la ratification de la Charte des Nations unies signée le 26 juin 1945 par les représentants de 50 États. Elle remplace alors la Société des Nations. L'ONU compte 193 États membres. Lesquels de ces États n'en font pas partie ?

(A) Le Vatican et la Palestine
(B) Israël et le Vatican
(C) L'Ukraine et le Monténégro
(D) La Bolivie et l'Andorre

Question 6. Né en 1954, Recep Tayyip Erdoğan est le cofondateur du Parti de la justice et du développement. Premier ministre de 2003 à 2014, il est élu président de la République en 2014. En 2021, à la tête de quel pays Recep Tayyip Erdoğan est-il toujours président de la République en fonction ?

(A) L'Azerbaïdjan
(B) L'Ouzbékistan
(C) La Turquie
(D) Le Bangladesh

Question 7. Le prix Nobel d'économie est une distinction qui récompense chaque année une ou plusieurs personnes pour leur contribution exceptionnelle dans le domaine des sciences économiques. Il a été créé et doté par la Banque de Suède en 1968, à l'occasion de son 300e anniversaire, et décerné pour la première fois en 1969. Lequel de ces économistes n'a jamais obtenu cette distinction ?

(A) Paul Samuelson
(B) John Hicks
(C) John Maynard Keynes
(D) Wassily Leontief

Question 8. Valorisé 1,78 milliard de dollars à l'issue de son introduction en bourse du 12 décembre 1980, Apple avait ensuite franchi les seuils des 10 milliards en juillet 1999, 100 milliards le 7 juin 2007 puis 1 000 milliards le 2 août 2018. Quelle barre cette entreprise a-t-elle dépassé en août 2020 en dollars ?

(A) 1 750 milliards
(B) 2 000 milliards
(C) 2 250 milliards
(D) 2 500 milliards

Question 9. Les chantiers de l'Atlantique ont construit un grand nombre de navires, dont les célèbres paquebots Normandie, France ou encore Queen Mary 2. Quel paquebot fabriqué aux chantiers STX de Saint-Nazaire a été livré à la compagnie Royal Caribbean Cruise Ltd, devenant ainsi le plus grand paquebot de croisière au monde ?

(A) Harmony of the seas
(B) Symphony of the seas
(C) Oasis of the seas
(D) Love boat

Question 10. Arthur Betz Laffer est un économiste libéral américain et chef de file de l'école de l'offre. De nombreux autres économistes libéraux, mais aussi des dirigeants politiques, se sont inspirés de Laffer et ont revendiqué ses travaux pour justifier leurs opinions et décisions. Que cherche à démontrer la courbe de Laffer ?

(A) L'inflation est relative à la vitesse de circulation de la monnaie
(B) Les consommateurs cherchent à maximiser leur utilité en fonction de leurs revenus
(C) L'utilité marginale d'un bien est inversement proportionnelle à sa valeur
(D) Trop de pression fiscale diminue les rentrées fiscales

Question 11. Outre les dominions que constituent le Canada, la Nouvelle-Zélande et l'Australie, l'empire colonial britannique s'est également étendu dans tout l'est de l'Afrique incluant notamment l'Egypte, le Soudan mais aussi l'Inde en Asie. Après l'indépendance en 1980, la Rhodésie du Sud est rebaptisée :

(A) Botswana
(B) Swaziland
(C) Lesoto
(D) Zimbabwe

Question 12. Mohammad Reza Chah Pahlavi était le second et dernier monarque de la dynastie Pahlavi de la monarchie iranienne. Dernier chah d'Iran, il règne du 16 septembre 1941 au 11 février 1979. Qui est le chef de la révolution islamique de 1978-1979 ayant entraîné la chute de la monarchie iranienne ?

(A) Mohammad Reza Pahlavi
(B) Rouhollah Khomeini
(C) Hachemi Rafsandjani
(D) Mahmoud Ahmadinejad

Question 13. Le 4 juillet est la fête nationale des États-Unis. Ce jour est l'occasion de fêtes et de cérémonies célébrant l'histoire du pays, son gouvernement et ses traditions. Ce jour férié fait l'objet de commémorations officielles partout dans le pays. À quoi correspond la date de la fête nationale américaine ?

(A) À la fin de la guerre de Sécession
(B) À l'élection du premier Président de la République
(C) À la déclaration d'unification des États
(D) À la déclaration d'Indépendance

Question 14. Une expertise menée en secret dans un laboratoire du Louvre confirme ce que nombre de spécialistes suspectaient : le *Salvator Mundi* n'a pas été peint par Léonard de Vinci, mais par les disciples de son atelier. En novembre 2017, pour quel montant en dollars ce tableau a-t-il malgré tout été adjugé lors d'une vente aux enchères ?

(A) 150,3 millions
(B) 200,3 millions
(C) 300,3 millions
(D) 450,3 millions

Question 15. Condamné par la justice américaine pour des relations sexuelles non consenties avec une mineure, le réalisateur Roman Polanski est victime de ce que l'on appelle la « cancel culture ». Pour autant, en 1969, quel célèbre tueur en série a assassiné Sharon Tate, l'épouse du réalisateur ?

(A) Ted Bundy
(B) Charles Manson
(C) David Berkowitz
(D) Richard Chase

Question 16. Le secteur du tourisme a perdu entre 70% et 80% de son chiffre d'affaires en 2020 en raison de l'épidémie de Covid-19, ce qui représente une perte de l'ordre de 20 milliards d'euros de chiffre d'affaires. En France, avec près de 15 millions de visiteurs par an, quel est le site le plus visité ?

(A) Le Château de Versailles
(B) Le Musée du Louvre
(C) Disneyland Paris
(D) La Tour Eiffel

Question 17. Objet de conflits en 2021, le Sahara occidental est un territoire de 266 000 km² au sud du Maroc. Territoire non autonome selon l'ONU, cette ancienne colonie espagnole n'a toujours pas trouvé de statut définitif sur le plan juridique depuis le départ des Espagnols, en 1976. Le territoire est revendiqué à la fois par le Maroc et par la République arabe sahraouie démocratique (RASD), proclamée par le Front Polisario en 1976. Quelle est la capitale du Maroc ?

(A) Casablanca
(B) Marrakech
(C) Fès
(D) Rabat

Question 18. C'est sous l'égide du baron Hausmann que Paris s'est transformé dans la seconde moitié du XIXe siècle, sous l'impulsion de Napoléon III, président de la IIe République (1848-1852) et empereur des Français (1852-1870). Il est le dernier monarque à avoir régné en France. Quel était le lien de filiation entre Napoléon Bonaparte et Napoléon III ?

(A) Père / Fils
(B) Oncle / Neveu
(C) Grand-père / Petit-fils
(D) Frères

Question 19. Quelle substance supposée cancérigène était au cœur du procès qui a conduit la justice américaine à condamner l'entreprise Monsanto à verser 289 millions de dollars à un jardinier victime d'un pesticide composé de cette même substance ?

(A) Le glyphosate
(B) L'abamectine
(C) L'ammonal
(D) Le benzène

Question 20. La Communauté des États indépendants est une organisation intergouvernementale composée en 2020 de neuf des quinze anciennes républiques soviétiques, dont la Fédération de Russie. Parmi les pays suivants, lequel n'est pas né de l'éclatement de l'ancienne URSS au début des années 1990 ?

(A) L'Estonie
(B) L'Afghanistan
(C) L'Arménie
(D) La Moldavie

Question 21. Mohammed Ben Salmane, désigné par ses initiales MBS, est le prince héritier d'Arabie saoudite et vice-Premier ministre depuis le 21 juin 2017. Qu'a autorisé le décret pris par le roi Salmane d'Arabie saoudite concernant le droit des femmes dans son pays ?

(A) Conduire une voiture
(B) Ouvrir un compte bancaire
(C) Divorcer
(D) Se marier

Question 22. Quel est le nom donné à cette nouvelle forme d'économie visant à remplacer la vente d'un bien matériel par la vente d'une solution de mise à disposition d'un bien ou d'un service (par exemple Vélib' ou Bla Bla Car) ?

(A) L'économie de court-circuit
(B) L'économie mauve
(C) L'économie de la fonctionnalité
(D) L'économie circulaire

Question 23. Premier État américain par sa richesse, peuplé de 39,51 millions d'habitants pour une superficie de 423 970 km², la Californie est un État majeur, qui serait la 5e puissance du monde si elle était indépendante. Ainsi, comment s'appelle le pont suspendu qui traverse le détroit reliant la baie de San Francisco et l'océan Pacifique ?

(A) Le Golden Gate Bridge
(B) Le Tower Bridge
(C) Le Harbour Bridge
(D) Le Forth Bridge

Question 24. Depuis le premier choc pétrolier suite à la guerre du Kippour en 1973, puis le second choc pétrolier suite à la révolution islamique en Iran en 1979, le pétrole revêt une importance géopolitique majeure. Lequel de ces pays ne fait pas partie des 5 plus grandes réserves prouvées de pétrole au monde selon le classement conventionnel publié par l'OPEP ?

(A) L'Arabie saoudite
(B) Les Émirats arabes unis
(C) L'Iran
(D) L'Irak

Question 25. Le GATT est l'acronyme de l'Accord général sur les tarifs douaniers et le commerce, conclu en 1947. Il s'agit du volet commercial supposé compléter la refonte de l'ordre économique international avec les accords de Bretton Woods. Contre quel pays le département du commerce américain a-t-il annoncé une guerre économique, en taxant les importations à 25 %, à partir d'août 2018 ?

(A) L'Afghanistan
(B) Le Royaume-Uni
(C) La Chine
(D) La Russie

Question 26. Premier ministre pendant 13 ans, David Ben Gourion est un des pères fondateurs de l'État moderne d'Israël. Son lointain successeur est actuellement Yaïr Lapid, Premier ministre depuis juillet 2022. Ce dernier a succédé à Naftali Bennett qui avait lui-même remplacé Benyamin Netanyahou, qui était à ce poste depuis 2009. En 2018, l'État d'Israël a ainsi célébré :

(A) Le 40e anniversaire de sa création
(B) Le 50e anniversaire de sa création
(C) Le 60e anniversaire de sa création
(D) Le 70e anniversaire de sa création

Question 27. La Guyane est un département français en 1946. C'est le seul territoire continental de France et de l'Union européenne en Amérique du Sud et le dernier territoire français en Amérique continentale. Quels pays entourent la Guyane Française ?

(A) Le Panama et la Colombie
(B) Le Brésil et le Venezuela
(C) Le Suriname et le Brésil
(D) La Colombie et l'Équateur

Question 28. Bien que réputé apolitique, le sport est vecteur de lien social et d'inclusivité. L'édition 2022 aura lieu à Hong Kong, une première en Asie, suite à une candidature conjointe sino-hongkongaise. Quel est donc cet évènement sportif mondial s'est déroulé à Paris durant l'été 2018 ?

(A) Les Jeux olympiques de sport adapté
(B) Les Women Games
(C) Les Gay Games
(D) Les Jeux militaires internationaux

Question 29. Le cubisme est un mouvement artistique du début du XXe siècle, qui constitue une révolution dans la peinture et la sculpture, et influence également l'architecture, la littérature et la musique. Combien y a-t-il de femmes dans le tableau *Les Demoiselles d'Avignon* de Picasso ?

(A) 1
(B) 2
(C) 3
(D) 5

Question 30. De 1977 à 1981, Pierre Bergé a dirigé le théâtre de l'Athénée puis, de 1988 à 1993, a présidé l'opéra Bastille et est nommé « ambassadeur de bonne volonté de l'Unesco » en 1993. Engagé dans la lutte contre le sida, il a cofondé l'association Sidaction dont il a été président jusqu'à son décès. De quel couturier français Pierre Bergé a-t-il été le compagnon de vie ?

(A) Pierre Balmain
(B) Christian Dior
(C) Yves Saint Laurent
(D) Ted Lapidus

Question 31. En 1958, le général de Gaulle est appelé à la présidence du Conseil de la IVe République, avant de soumettre à référendum la constitution de la Ve République le 28 septembre 1958. Quel président de la République l'a appelé à ce poste ?

(A) René Coty
(B) Robert Schuman
(C) Pierre Pflimlin
(D) Antoine Pinay

Question 32. Le festival international de la bande dessinée d'Angoulême est organisé chaque année depuis 1974. En effet, la bande dessinée est considérée comme le 9e art. Quel est le nom du dernier album d'Astérix et Obélix, scénarisé par Jean-Yves Ferri, dessiné par Didier Conrad et mis en couleurs par Thierry Mébarki ?

(A) *Astérix chez les Pictes*
(B) *Le Papyrus de César*
(C) *Astérix et le Griffon*
(D) *La Grande Traversée*

Question 33. Nicolas Sarkozy, François Hollande ou encore le président actuel Emmanuel Macron ont pris l'habitude de venir s'y exprimer devant l'ensemble des parlementaires réunis. En France, dans quel lieu sont traditionnellement assemblées les deux chambres du Parlement, que constituent l'Assemblée nationale et le Sénat ?

(A) Le Palais du Luxembourg
(B) Le Panthéon
(C) Le Château de Versailles
(D) Le Palais Bourbon

Question 34. Le chiffre d'affaires du marché de l'intelligence artificielle dans le monde a représenté 11,3 milliards de dollars en 2019. Les prévisions pour 2020 atteignent 17,3 milliards et jusqu'à 5 fois plus à horizon 2025. Quel est le premier pays à avoir accordé la nationalité à un robot humanoïde nommée Sophia ?

(A) Les États-Unis
(B) Le Japon
(C) Le Qatar
(D) L'Arabie saoudite

Question 35. Le 12 mai 1992, la phrase « La langue de la République est le français » était introduite dans la Constitution. Son but était de lutter contre l'anglais. Dans les faits, elle a surtout été utilisée contre les langues dites régionales. Sous quel autre nom la langue d'oc est-elle connue ?

(A) Le patois
(B) L'occitan
(C) L'espagnol
(D) Le français

Question 36. Protectorat britannique de 1878 à 1960, indépendante un court instant puis rattachée à la Grèce, laquelle de ces îles est divisée entre deux sphères d'influence, l'une grecque et orthodoxe, l'autre turque et musulmane, provoquant ainsi de fréquentes tensions nécessitant la présence d'une force internationale ?

(A) Chypre
(B) L'île de Kos
(C) Malte
(D) La Crète

Question 37. Anne Frank a reçu son journal le 12 juin 1942 et commence à l'écrire le jour même ; le journal s'arrête au mardi 1er août 1944. Le *Journal d'Anne Frank* a été traduit en plus de 70 langues. Quelque 30 millions d'exemplaires ont été vendus. De quelle nationalité était-elle ?

(A) Polonaise
(B) Française
(C) Néerlandaise
(D) Allemande

Question 38. Joe Biden a été élu en novembre 2020. Avant lui, Donald Trump a été le 45e président des Etats-Unis de 2017 à 2021. Melania Trump, son épouse, a obtenu une carte de résidente américaine en 2001 puis la nationalité américaine en 2006. De quel pays est-elle originaire ?

(A) Hongrie
(B) Slovaquie
(C) Roumanie
(D) Slovénie

Question 39. L'ancien président colombien Juan Manuel Santos (2010-2016), lauréat du prix Nobel de la paix en 2016, a récemment déclaré que le chemin était encore long pour envisager une réconciliation entre les FARC et la population. Quelle est la capitale de la Colombie ?

(A) Pereira
(B) Cali
(C) Bogota
(D) Medellín

Question 40. Thomas Pesquet s'est envolé en avril 2021 à bord de SpaceX afin de poursuivre plusieurs recherches. C'est son second séjour dans l'espace. Combien de pays sont impliqués dans le projet de la station spatiale internationale (ISS) ?

(A) 4
(B) 8
(C) 12
(D) 15

Corrigés de l'épreuve 2

Question 1. Réponse D

Mayotte se situe dans l'archipel des Comores dans l'océan Indien et constitue le 101e département. Les départements et régions d'outre mer, tels que Mayotte ou la Guadeloupe, se distinguent des communautés d'outre-mer, telles que Saint Barthélémy ou encore Saint Pierre et Miquelon, plus autonomes dans leur processus décisionnel, ou encore le territoire de la Nouvelle-Calédonie.

Question 2. Réponse D

La Communauté européenne du charbon et de l'acier (CECA) a mis en commun les productions stratégiques de la France et de la République fédérale d'Allemagne. La proposition de sa création, annoncée par Robert Schuman (lors de son discours du 9 mai 1950 – devenu journée de l'Europe), alors ministre français des Affaires étrangères, est un moyen d'empêcher une nouvelle guerre entre la France et l'Allemagne.

Question 3. Réponse D

En 2019, le Kazakhstan a produit 42 % de l'uranium mondial, soit 22 808 tonnes. L'uranium est produit par de nombreux pays en particulier en Amérique du Nord et en Asie. Les principaux producteurs sont le Kazakhstan, le Canada, l'Australie et la Namibie qui représentent près de 80 % de la production mondiale.

Question 4. Réponse D

Jean Nouvel a également été l'architecte du Musée du Quai Branly-Jacques Chirac consacré aux Arts premiers, ainsi que du Louvre Abu Dabi, mais aussi de la Philharmonie de Paris. Il a reçu le prix Pritzker en 2008, prix en architecture considéré comme l'équivalent d'un prix Nobel dans cette discipline.

Question 5. Réponse A

Le Vatican et la Palestine ont le statut de pays observateurs au sein de l'ONU. Le statut d'observateur a été créé en 1945 sur demande de la Suisse (devenue membre de plein droit le 10 septembre 2002). Par la suite, certains États ont obtenu le statut d'observateur permanent, avant de devenir membre à leur tour. Cela a été le cas pour l'Autriche, la Finlande, l'Italie et la Japon.

Question 6. Réponse C

Le président Erdoğan est contesté par la population turque mais aussi par la communauté internationale du fait de ses atteintes aux libertés publiques et de ses velléités diplomatiques. La Turquie, dont la capitale est Ankara, dispose d'une superficie de 783 562 km^2 pour une population de 82 millions d'habitants. Elle est candidate depuis 1987 pour adhérer à l'Union européenne, il s'agit d'un statut officiellement reconnu par les Européens en 1999. La Turquie est par ailleurs membre de l'OTAN depuis 1952.

Question 7. Réponse C

John Maynard Keynes (1883-1946) est un économiste, haut fonctionnaire et essayiste britannique. Il est l'auteur de de la *Théorie générale de l'emploi, de l'intérêt et de la monnaie*. Il fut l'un des acteurs principaux des accords de Bretton Woods, après la Seconde Guerre mondiale.

Question 8. Réponse B

À titre de comparaison, les 40 valeurs de l'indice du marché parisien pèsent collectivement 1 559 milliards d'euros, soit 1 831 milliards de dollars. Apple vaut donc actuellement près de 110 % du CAC 40. C'est une des raisons pour lesquelles Joe Biden et le G7 ont porté l'idée d'une taxe internationale à hauteur de 15 % imposée notamment aux GAFAM.

Question 9. Réponse B

Le Symphony of the Seas est actuellement le plus gros paquebot au monde (361 mètres de longueur) devant le sister-ship Harmony of the Seas. Les chantiers de l'Atlantique de Saint Nazaire ont aussi développé un chiffre d'affaires de près de 1,4 milliard d'euros en 2018, porté par la croissance des croisières touristiques.

Question 10. Réponse D

La courbe de Laffer montre qu'au-delà d'un certain seuil de prélèvement fiscal, plus la pression fiscale augmente, plus les recettes fiscales diminuent, en raison de l'effet désincitatif sur l'offre de travail. Cette théorie est résumée par la formule « trop d'impôt tue l'impôt ».

Question 11. Réponse D

En 1923, la Rhodésie du Sud devint une colonie de la Couronne britannique, avant de devenir indépendant en 1980 sous le nom de Zimbabwe. La plupart des anciennes colonies sont maintenant réunies au sein du Commonwealth qui est une organisation intergouvernementale dirigée par la reine Elizabeth II et composée de 56 États membres qui sont presque tous d'anciens territoires de l'Empire britannique.

Question 12. Réponse B

Rouhollah Moussavi Khomeini (1902-1989), est un dignitaire religieux chiite possédant les titres d'ayatollah et de seyyed, un homme politique iranien et le guide spirituel de la révolution islamique de 1979 qui renverse le shah d'Iran Mohammad Reza Pahlavi. Ebrahim Raïssi a été élu président en juin 2021, remplaçant à ce poste Hassan Rohani élu à ce poste depuis 2013.

Question 13. Réponse D

La Déclaration unanime des treize États unis d'Amérique est un texte politique par lequel les treize colonies britanniques d'Amérique du Nord ont fait sécession du Royaume-Uni le 4 juillet 1776, pour former les « États-Unis d'Amérique ». George Washington a été le chef d'État-major de l'Armée continentale pendant la guerre d'indépendance entre 1775 et 1783 et le premier président des États-Unis, en fonction de 1789 à 1797.

Question 14. Réponse D

Le prince héritier Mohammed Ben Salmane est l'actuel titulaire de l'oeuvre. Léonard de Vinci (1452-1519) a été un peintre italien, mais aussi artiste, scientifique, ingénieur, inventeur, anatomiste, peintre, sculpteur, botaniste, musicien, poète, philosophe et écrivain. Ces prédispositions hors normes en font une figure majeure de la Renaissance.

Question 15. Réponse B

Charles Manson est reconnu coupable, en 1971, du meurtre, très médiatisé, de l'actrice Sharon Tate, enceinte de 8 mois. Il n'a pas commis lui-même les crimes, mais en est reconnu comme le commanditaire. Le film *Once upon a time... in Hollywood*, réalisé par Quentin Tarantino et sorti en 2019, est librement inspiré de cette histoire.

Question 16. Réponse C

La France est le pays le plus visité au monde, avec plus de 89 millions d'arrivées de touristes internationaux en 2019. Cela représente 7,4 % du PIB de la France, et selon le gouvernement, ce secteur représente 2 millions d'emplois directs et indirects. La France n'est évidemment pas le seul pays à avoir connu une chute drastique de ses flux touristiques.

Question 17. Réponse D

Ancien protectorat français, le Maroc compte 36 millions d'habitants pour une superficie de 446 550 km^2. Mohammed VI est le vingt-troisième monarque de la dynastie alaouite, et le troisième à porter le titre de roi du Maroc. Il est au pouvoir depuis 1999. Le PIB du Maroc a connu un taux de croissance annuel moyen de 4 % sur la dernière décennie et a atteint 122 milliards de dollars en 2019.

Question 18. Réponse B

Napoléon III est le troisième fils de Louis Bonaparte, troisième frère de Napoléon Ier, et d'Hortense de Beauharnais, fille du premier mariage de l'impératrice Joséphine. Inaugurant la Seconde République en 1848, il a succédé à Louis-Philippe 1er, Roi des français (1830-1848). Napoléon III a notamment porté des réformes sociales, en effet le droit de grève a été autorisé en 1864.

Question 19. Réponse A

Le glyphosate est un produit phytosanitaire controversé, son interdiction au sein de l'Union européenne est prévue pour 2023. Le gouvernement français est engagé dans le processus de sortie du glyphosate, avec un objectif d'ici 2022 : diminuer de 50 % l'utilisation du glyphosate en France.

Question 20. Réponse B

En 1979, les troupes soviétiques, dans le cadre des accords de défense mutuelle qui lient l'URSS à l'État afghan, répondent à l'appel du parti communiste au pouvoir, menacé par une rébellion armée. Cette intervention entraîne une forte résistance des rebelles, armés par les États-Unis, résistance qui mènera au retrait des forces soviétiques en 1989.

Question 21. Réponse A

Annoncée en septembre 2017, cette décision inspirée par le prince héritier Mohammed Ben Salmane fait partie d'un vaste plan de modernisation du riche pays pétrolier. Elle met fin à une interdiction devenue le symbole du statut inférieur des Saoudiennes, décrié à travers le monde.

Question 22. Réponse C

L'économie de la fonctionnalité peut se définir comme un système privilégiant l'usage plutôt que la vente d'un produit, à l'instar des services de vélos en libre-service. Elle consiste à remplacer la notion de vente du bien par celle de la vente de l'usage du bien, ce qui entraîne le découplage de la valeur ajoutée et de la consommation d'énergie et de matières premières.

Question 23. Réponse A

Inauguré en 1937, il permet ainsi de relier la ville de San Francisco, située à la pointe nord de la péninsule de San Francisco, à la ville de Sausalito, située à la pointe sud de la péninsule du comté de Marin. L'actuelle vice-présidente américaine Kamala Harris était notamment sénatrice de Californie de 2017 à 2021.

Question 24. Réponse B

L'Organisation des pays exportateurs de pétrole (OPEP) est une organisation intergouvernementale de pays créée en 1960. Elle a pour objectif de contrôler les exploitations pétrolières sur le territoire des pays membres, ainsi que le prix du pétrole. Les cinq pays ayant les plus grandes réserves sont les suivants = 1- Venezuela, 2- Arabie saoudite, 3- Iran, 4- Irak et 5- Koweït.

Question 25. Réponse C

La guerre commerciale entre les États-Unis et la Chine est un épisode de dispute commerciale, constitué de hausses de taxes douanières et de menaces entre la Chine et les États-Unis, lancé en 2018 sous la présidence de Donald Trump. Le GATT devenu Organisation mondiale du commerce (OMC) en 1995 oeuvre pourtant pour le libre-échange et la fin des tarifs douaniers entre les pays.

Question 26. Réponse D

L'indépendance d'Israël est proclamée le 14 mai 1948, après le vote du plan de partage de la Palestine le 29 novembre 1947 par l'Organisation des Nations unies (ONU) qui met fin au mandat britannique et qui prévoit la création d'un État juif et d'un État arabe.

Question 27. Réponse C

La Guyane est une région mono-départementale française située en Amérique du Sud, limitrophe du Brésil au sud-est et au sud, et du Suriname à l'ouest. Sa superficie, majoritairement occupée par la forêt amazonienne, représente 83 534 km² et sa population est de 294 071 habitants.

Question 28. Réponse C

Les Gay Games sont un événement sportif et culturel ouvert à toutes et à tous bien qu'historiquement destinés aux athlètes, artistes et musiciens lesbiens, gays, bisexuels et transgenres. Ils ont été fondés par le médecin et décathlonien olympique américain Tom Waddell en 1982.

Question 29. Réponse D

Ce tableau peint en 1907 est considéré comme l'un des tableaux les plus importants de l'histoire de la peinture en raison de la rupture stylistique et conceptuelle qu'il propose. En effet, il est considéré comme un chef-d'oeuvre du cubisme naissant, porté également par Fernand Léger et Georges Braque.

Question 30. Réponse C

Yves Saint Laurent (1936-2008) est un grand couturier français, l'un des plus célèbres au monde et dont les collections de haute couture font partie de l'histoire du XXe siècle. Anthony Vaccarello est l'actuel fashion designer de Saint Laurent depuis 2016.

Question 31. Réponse A

René Coty (1882-1962) a été président à partir de 1946 du groupe des indépendants à l'Assemblée nationale. Il a été élu président de la République en 1953, et a succédé à Vincent Auriol en 1954. Il a transmis ses fonctions présidentielles au général de Gaulle en 1959.

Question 32. Réponse C

Astérix et Obélix est une série de 39 albums de bandes dessinées française créée le 29 octobre 1959 par le scénariste René Goscinny et le dessinateur Albert Uderzo. Plus de 53 millions d'exemplaires de bande dessinée ont été achetés en France pour un chiffre d'affaires généré de 591 millions d'euros.

Question 33. Réponse C

Le Congrès du Parlement se réunit à Versailles. Il a pour objet le vote d'une révision de la Constitution ou de l'autorisation de l'adhésion d'un État à l'Union européenne, lorsque le référendum n'est pas utilisé. Elle permet aussi l'audition d'une déclaration du président de la République, dans ce cas il n'y a aucun vote.

Question 34. Réponse D

Ce « robot social » peut reconnaître les visages, et son propre faciès en silicone peut mimer 62 expressions humaines. À ce sujet, l'Union européenne travaille sur la mise en place de principes d'éthique sur l'intelligence artificielle grâce au concours du Groupe européen d'éthique des sciences et des nouvelles technologies composé de 52 spécialistes de cette technologie d'avenir chargés de légiférer dans ce domaine.

Question 35. Réponse B

L'occitan ou langue d'oc est une langue romane parlée dans le tiers sud de la France qu'on appelle le Pays d'Oc. Au cours de son histoire, l'occitan a connu différentes appellations, notamment le provençal, le gascon ou encore le catalan. Ce dernier est encore très utilisé et se rapproche énormément de la langue d'oc originelle.

Question 36. Réponse A

Chypre comprend 1,2 million d'habitants sur 9 251 km^2, cette île est membre de l'UE, excepté le tiers nord de l'île, sous contrôle turc depuis 1974 – située au-delà de la ligne verte contrôlée par les troupes de l'ONU. Ce territoire sécessionniste s'est proclamé République turque de Chypre du Nord en 1983.

Question 37. Réponse D

Anne Frank (1929-1945) est une adolescente allemande, connue pour avoir écrit un journal intime. Elle est morte au camp de Bergen-Belsen suite à sa déportation avec sa famille. Son père Otto Frank, l'unique survivant de la famille, a récupéré le journal de sa fille Anne. Convaincu du caractère unique de l'œuvre, Otto Frank décide de la faire éditer. Ce témoignage historique a connu un immense succès qui ne se dément pas.

Question 38. Réponse D

En 1945, la Slovénie devient un membre fondateur de la République fédérative socialiste de Yougoslavie. En 1991, après l'introduction du multipartisme et de la démocratie, la Slovénie est devenue la première république à faire sécession de la Yougoslavie en devenant un État souverain indépendant. La Slovénie est rentrée dans l'UE en 2004.

Question 39. Réponse C

La Colombie a essuyé une guerre civile durant près d'un demi-siècle contre l'ex-guérilla marxiste des Forces armées révolutionnaires de Colombie (FARC). Après l'accord historique de 2016, tout reste à faire pour maintenir la paix et la sécurité. La Colombie est un pays situé dans l'extrême nord du continent sud-américain. Bogotá, sa capitale, est perchée à plus de 2 600 m d'altitude.

Question 40. Réponse D

L'ISS est une station spatiale placée en orbite terrestre basse depuis 1998. Ce programme, lancé et piloté par la NASA, est développé conjointement avec l'agence spatiale fédérale russe, avec la participation des agences spatiales européenne, japonaise et canadienn

Épreuve 3 : 30 minutes max.

Question 1. Le 23 février, Vladimir Poutine annonce lancer une « opération militaire spéciale » en Ukraine. Dans la nuit du 23 au 24, le territoire ukrainien est bombardé et les troupes russes commencent l'invasion de ce pays limitrophe, menaçant certains sites stratégiques. Comment s'appelle la centrale nucléaire encerclée et menacée par les forces armées russes ?

(A) Tchernobyl
(B) Zaporijia
(C) Kiev
(D) Minsk

Question 2. Dimanche 24 avril 2022, Emmanuel Macron a été réélu président de la République pour 5 ans, réunissant le score de 58,55 % des suffrages exprimés, face à Marine Le Pen, qui a totalisé 41,45 % des voix de son côté. S'en sont suivies les élections législatives les 12 et 19 juin 2022, renouvelant les 577 député(e)s. Qui préside désormais l'Assemblée nationale ?

(A) Olivier Véran
(B) Jean Castex
(C) Yaël Braun-Pivet
(D) Gérard Larcher

Question 3. Gironde, Bouches-du-Rhône, mais aussi Bretagne : plusieurs incendies ont surpris par leur ampleur, cet été en France. Depuis le début de l'année, ces feux ont détruit plus de 62 000 hectares de végétation. Combien d'hectares ont brûlé dans le massif de la forêt des Landes ?

(A) 11 200
(B) 21 200
(C) 31 200
(D) 41 200

Question 4. Le Tour de France 2022 est la 109e édition du Tour de France cycliste, organisée dans le cadre de l'UCI World Tour 2022. Le grand départ a lieu le 1er juillet 2022 à Copenhague et l'arrivée a eu lieu le 24 juillet à Paris, sur l'avenue des Champs-Élysées. Qui l'a remporté ?

(A) Jonas Vingegaard
(B) Tadej Pogačar
(C) Mark Cavendish
(D) Egan Bernal

Question 5. C'est un revirement inédit dans l'histoire américaine. La Cour suprême a annulé ce vendredi 24 juin l'arrêt Roe v. Wade, qui protégeait constitutionnellement le droit à l'avortement depuis 50 ans. Cette décision laisse à chaque État américain la possibilité d'interdire ou non l'IVG. Le Texas, le Tennessee, l'Oklahoma et l'Idaho ont adopté le 25 août 2022 des lois interdisant l'avortement ou restreignant fortement son accès. Combien d'États au final ont ou ont prévu de restreindre l'accès à l'IVG ?

(A) 24
(B) 25
(C) 26
(D) 27

Question 6. Le métavers est un monde virtuel, créé artificiellement par un programme informatique, qui héberge une communauté d'utilisateurs présents sous forme d'avatars pouvant s'y déplacer, y interagir socialement et parfois économiquement. Ils peuvent également interagir avec des agents informatiques. Combien représente ce marché économiquement en 2021 ?

(A) 34 millions $
(B) 340 millions $
(C) 3,4 milliards $
(D) 34 milliards $

Question 7. Des chercheurs de l'université de Linköping en Suède, ont conçu un implant à base de protéine de collagène de peau de porc. De manière générale, les xénogreffes (avec des greffons venant d'une autre espèce) impliquant le porc se multiplient ces dernières années. Quelle zone du corps a été implantée ?

(A) Le cœur
(B) Les yeux
(C) La moelle épinière
(D) Le foie

Question 8. Après une première guerre qui a fait plus de 30 000 morts au début des années 1990, l'Arménie et un autre pays se sont affrontés à nouveau à l'automne 2020 pour le contrôle du Haut-Karabakh. Les tensions sont restées vives depuis entre les deux ex-républiques soviétiques et cette nouvelle poussée de violences pourrait compromettre des négociations pour parvenir à un traité de paix. Quel est cet autre pays ?

(A) Géorgie
(B) Turquie
(C) Azerbaïdjan
(D) Iran

Question 9. La zone euro (ou eurozone en anglais) est une zone monétaire qui regroupe les États membres de l'Union européenne qui ont adopté l'euro comme monnaie ; sur les vingt-sept États membres de l'UE, dix-neuf utilisent l'euro. Ces dix-neuf pays représentent plus de 340 millions d'habitants. Quel pays va l'intégrer en 2023 ?

(A) Albanie
(B) Monténégro
(C) Croatie
(D) Bulgarie

Question 10. Une série de manifestations en Iran a commencé le 14 septembre 2022 après la mort de Mahsa Amini, décédée après avoir été détenue par la « police de la moralité » islamique d'Iran. Le 26 septembre 2022, le bilan du nombre de morts est passé à près de 76 personnes selon l'ONG Iran Human Rights, alors que le bilan officiel fait état de 41 morts. Depuis quand ce pays est une République islamique ?

(A) 1947
(B) 1955
(C) 1979
(D) 1991

Question 11. La Première ministre Élisabeth Borne a été nommée le 16 mai 2022 par le président de la République Emmanuel Macron. Une de ses principales missions est de coordonner le plan climat de la France, elle est ainsi chargée de la Planification écologique et énergétique. Deux ministres travailleront ensemble et seront placés sous sa responsabilité : Agnès Pannier-Runacher, ministre de la Transition énergétique de France, et Christophe Béchu, Ministre de…

(A) … la Transition écologique et de la Cohésion des territoires
(B) … la Planification écologique et territoriale
(C) … la Cohésion environnementale et la Transition écologique
(D) … la Transformation écologique et la Cohésion des territoires

Question 12. Dans un contexte marqué par l'accélération du changement climatique et le conflit ukrainien, la transition énergétique de la France est une priorité affichée par le gouvernement. La France entend sortir de sa dépendance aux énergies fossiles et réduire de 40 % sa consommation d'énergie d'ici 2050. Quel est l'objectif d'ici deux ans du plan sobriété énergétique en matière de réduction des consommations ?

(A) –10 %
(B) –15 %
(C) –20 %
(D) –25 %

Question 13. Paris accueillera les Jeux olympiques (du 26 juillet au 11 août 2024) et paralympiques (du 28 août au 8 septembre 2024), organisés par le Comité d'organisation des Jeux olympiques (COJO) Paris 2024. Parmi les disciplines, le volley-ball de plage a fait sa première apparition aux Jeux olympiques de 1996, à Atlanta. Où auront lieu les épreuves de ce sport pour les JO 2024 ?

(A) Champ-de-Mars, Paris
(B) Plages du Prado, Marseille
(C) Esplanade des Invalides, Paris
(D) Base nautique, Cergy-Pontoise

Question 14. L'allongement du délai de recours à l'interruption volontaire de grossesse (IVG) a été voté le 2 mai 2022. Elle fait suite à un rapport de 2020 réalisé au nom de la délégation aux droits des femmes de l'Assemblée nationale, qui recommandait de traiter l'avortement comme un droit effectif. À combien a été rallongé ce délai ?

(A) 8 semaines
(B) 10 semaines
(C) 12 semaines
(D) 14 semaines

Question 15. Le sigle LGBT a commencé à être utilisé, dans les années 1990, dans le monde anglo-saxon par les organisations souhaitant défendre les droits des personnes lesbiennes, gays, bisexuelles, et transgenres. Ces dernières années ont vu l'apparition des lettres Q (queer), I (intersex) et plus rarement A (asexuel). Quand a lieu le mois des fiertés chaque année ?

(A) Janvier
(B) Mai
(C) Juin
(D) Décembre

Question 16. Les crypto-monnaies – reposant sur la technologie de la blockchain (chaîne de bloc) à travers un registre décentralisé et un protocole informatique crypté – permettent à une communauté d'utilisateurs de réaliser des transactions sans avoir à recourir à la monnaie légale. C'est le cas du bitcoin, créé en 2009. Quelle est sa valeur en euros en septembre 2022 ?

(A) 19 842,55
(B) 29 842,55
(C) 39 842,55
(D) 49 842,55

Question 17. Le sommet du G7 de 2022 a lieu du 26 au 28 juin 2022 dans l'hôtel de luxe Schloss Elmau, à Krün en Bavière, Allemagne (au même endroit que le sommet de 2015). Il réunit : les États-Unis, le Royaume-Uni, le Canada, la France, l'Allemagne, l'Italie et le Japon, la Russie n'en faisant plus partie depuis l'annexion de la Crimée. Combien le pays hôte du sommet, dont l'organisation est fédérale, comprend-il de Länder ?

(A) 13
(B) 16
(C) 18
(D) 20

Question 18. Les spectacles de la mi-temps ou Halftime Shows proposés lors des Super Bowl organisés par la National Football League représentent un lien fondamental avec la culture pop. Le spectacle de la mi-temps du Super Bowl est une tradition. Édition après édition, il est devenu l'événement artistique de l'événement sportif et contribue fortement aux audiences télévisuelles. Qui remplace Pepsi, le sponsor historique, durant cette mi-temps 2023 avec Rihanna en tête d'affiche ?

(A) Apple
(B) Meta
(C) Nike
(D) Walmart

Question 19. La reine Élisabeth II est décédée le 8 septembre 2022 au château de Balmoral. Elle est née le 21 avril 1926 à Londres et a régné sur le Royaume-Uni de Grande-Bretagne et d'Irlande du Nord et sur les autres royaumes du Commonwealth, du 6 février 1952 à sa mort, soit le plus long règne de l'histoire de la monarchie britannique. Combien de temps a régné la reine Victoria, son arrière-arrière-grand-mère ?

(A) 43 ans
(B) 53 ans
(C) 63 ans
(D) 73 ans

Question 20. La reine Elisabeth II a chargé un nouveau Premier ministre de former un gouvernement en son nom le 6 septembre 2022, soit deux jours avant sa mort. Le roi Charles III a pris la succession de sa mère immédiatement après sa mort. Qui dirige actuellement ce gouvernement ?

(A) Boris Johnson
(B) Keir Starmer
(C) Liz Truss
(D) Theresa May

Question 21. Les Français ont voté à quatre reprises en 2022 : deux fois pour l'élection présidentielle les 10 et 24 avril 2022, et deux fois pour les élections législatives les 12 et 19 juin 2022, avec une abstention allant de 26 % à 53 %, en forte progression. À quelle occasion voteront-ils de nouveau en 2024 ?

(A) Élections municipales
(B) Élections régionales
(C) Élections sénatoriales
(D) Élections européennes

Question 22. En 1988, le Groupe d'experts intergouvernemental sur l'évolution du climat (GIEC) est créé pour procéder, à intervalles réguliers, à une évaluation de l'état des connaissances sur les changements climatiques. Son premier rapport en 1990 reconnaît la responsabilité humaine dans le dérèglement climatique. Après les accords de Paris durant la COP 21, la COP 26 s'est tenue en novembre 2021 à Glasgow. Où aura lieu la prochaine COP ?

(A) Paris
(B) Rio
(C) New Delhi
(D) Charm el-Cheikh

Question 23. La Coupe du monde de football 2022 est la 22e édition de la Coupe du monde de football, compétition organisée par la FIFA et qui réunit les meilleures sélections nationales. Elle se déroulera au Qatar du 20 novembre au 18 décembre 2022, jour de la fête nationale du Qatar et une semaine avant Noël. Combien de pays y participent ?

(A) 32
(B) 48
(C) 64
(D) 72

Question 24. Black Lives Matter – qui se traduit par « les vies noires comptent » ou « la vie des Noirs compte » – est un mouvement politique né en 2013 aux États-Unis au sein de la communauté afro-américaine, qui milite contre le racisme systémique envers les Noirs. Où est mort George Floyd, suite à son interpellation par la police en mai 2020 ?

(A) New York
(B) Austin
(C) Los Angeles
(D) Minneapolis

Question 25. Le temps passé par utilisateur a augmenté de manière significative pour TikTok, de 40 % par an et de 140 % par rapport au premier trimestre 2020. TikTok a également dépassé Facebook de 22 %, ce dernier atteignant 19,4 heures en moyenne par personne au premier trimestre 2022. Quelle plateforme ce réseau a-t-il également dépassée ?

(A) Instagram
(B) Snapchat
(C) YouTube
(D) Twitter

Question 26. L'inflation, apparue assez soudainement, atteint des niveaux plus vus depuis des décennies. Il s'agit de la perte du pouvoir d'achat de la monnaie qui se traduit par une augmentation générale et durable des prix. Dans la zone euro, la hausse des prix à la consommation est mesurée par « l'indice des prix à la consommation harmonisé » (IPCH). Au 15 septembre 2022, à combien s'élève-t-elle en moyenne en France ?

(A) 3,9 %
(B) 4,9 %
(C) 5,9 %
(D) 6,9 %

Question 27. À l'ère de la sobriété énergétique, les *data centers* sont pointés du doigt pour leur consommation électrique. Les stockages d'informations se sont démultipliés (réseaux sociaux, plateformes…) et par conséquent ces centres ont connu une forte croissance. En pourcentages, quelle est la part d'émissions de CO_2 des *data centers* dans le monde ?

(A) 0,5 %
(B) 1 %
(C) 1,5 %
(D) 2 %

Question 28. Le Louvre a imaginé, en 2003, une forme inédite d'ouverture, celle d'un « Louvre hors-les-murs » où tout serait à inventer. Jean-Jacques Aillagon, le ministre de la Culture et de la Communication de l'époque, souhaite que les grands établissements parisiens soient décentralisés, ce qui est le cas pour le centre Pompidou ou le Louvre II. Où ce dernier a-t-il été construit ?

(A) Lens
(B) Metz
(C) Marseille
(D) Lille

Question 29. Joe Biden, ancien sénateur du Delaware et ancien vice-président de Barack Obama (2009-2017) est le président des États-Unis élu le 3 novembre 2020 et entré en fonction le 20 janvier 2021. Sa vice-présidente est Kamala Harris, ancienne sénatrice de Californie. L'indépendance ayant été reconnue le 4 juillet 1776, il n'est pas le premier président. Avant lui, combien ont occupé la fonction ?

(A) 45
(B) 46
(C) 47
(D) 48

Question 30. Si de nombreux pays d'Europe centrale ou orientale dépendent entièrement de la Russie pour leur approvisionnement en gaz, comme la Slovaquie ou les Pays Baltes, la part du gaz russe est de 80 % en Pologne, 65 % en Autriche, 37 % en Allemagne et en Italie et 24 % en France – cette donne risquant de changer avec le conflit en Ukraine. Plusieurs gazoducs, dont Nord Stream I et II, partent de la Russie en vue d'alimenter l'Europe occidentale en gaz. À quel pays ceux-ci sont-ils reliés ?

(A) Pologne
(B) Ukraine
(C) Biélorussie
(D) Allemagne

Question 31. Une Fintech est une entreprise qui développe une technologie numérique innovante pour optimiser un service financier. Ce terme résulte de la contraction des mots finance et technologie, et a révolutionné l'industrie bancaire. Elles sont devenues indispensables et incontournables. D'ailleurs, quelle est la première banque d'Europe en 2022 ?

(A) BNP Paribas
(B) Société Générale
(C) HSBC
(D) Deutsche Bank

Question 32. Le président du Conseil des ministres est le chef du gouvernement de la République italienne et le principal détenteur du pouvoir exécutif. Il est nommé par le président de la République italienne. Le titulaire actuel est Mario Draghi, ancien directeur de la BCE. Il est entré en fonction le 13 février 2021. Qui l'a remplacé à l'issue des élections du 26 septembre 2022 ?

(A) Silvio Berlusconi
(B) Giorgia Meloni
(C) Matteo Renzi
(D) Enrico Letta

Question 33. La Ligue des champions 2023-2024 est la coupe d'Europe des clubs champions. 79 à 81 clubs européens devraient y participer. Cette compétition organisée par l'UEFA oppose les meilleurs clubs européens qui se sont illustrés dans leurs championnats respectifs la saison précédente. La finale se déroulera en 2024 au Stade de Wembley à Londres en Angleterre. Combien d'éditions ont été organisées avant celle-ci ?

(A) 65
(B) 66
(C) 67
(D) 68

Question 34. Ancienne ambassadrice de France à Londres, Catherine Colonna est une diplomate, et occupe la fonction de ministre de l'Europe et des Affaires étrangères depuis la réélection d'Emmanuel Macron en avril 2022. Le réseau consulaire français est très important, il dispose d'ambassades, de consulats et de représentations de la France. Quel est son rang dans le monde ?

(A) Quatrième
(B) Troisième
(C) Deuxième
(D) Premier

Question 35. Le ministère de la Culture (dont la dénomination officielle était – entre 1997 et 2017 – « ministère de la Culture et de la Communication ») est créé en France en 1959 par le président Charles de Gaulle, et attribué à André Malraux sous le nom de « ministère d'État chargé des Affaires culturelles ». Qui occupe ce ministère depuis mai 2022 ?

(A) Roselyne Bachelot
(B) Rima Abdul-Malak
(C) Élisabeth Borne
(D) Marlène Schiappa

Question 36. L'année 2022 est aussi le bicentenaire de la naissance de Louis Pasteur, l'inventeur du vaccin contre la rage. À l'heure de la crise sanitaire liée au Covid-19, son œuvre n'a pas pris une ride ; les mesures préventives de distanciation physique et les règles d'hygiène qu'il a édictées sont toujours aussi efficaces et utiles en cas d'épidémie. Quelle autre technique a-t-il énormément fait progresser ?

(A) Montgolfière
(B) Fermentation du vin et de la bière
(C) Chemin de fer
(D) Cosmétiques

Question 37. En 2021, Tesla, dirigé par Elon Musk, devient le constructeur automobile le plus rentable du monde occidental et sa capitalisation boursière dépasse 1 000 milliards de dollars. Les ventes mondiales de l'année atteignent 936 172 voitures, en progression de 87 %. Le nom de l'entreprise est choisi en hommage à Nikola Tesla, inventeur et ingénieur américain. De quelle origine était-il ?

(A) Croate
(B) Bulgare
(C) Serbe
(D) Roumaine

Question 38. Le conflit en mer de Chine méridionale concerne différents îles et archipels de la mer de Chine méridionale revendiqués en totalité ou en partie par la République populaire de Chine, la République de Chine (Taïwan), le Viêt Nam, les Philippines, la Malaisie, Brunei et l'Indonésie, concernant le sujet de leurs ZEE. Combien de milles marins internationaux cette dernière mesure-t-elle ?

(A) 200
(B) 250
(C) 300
(D) 350

Question 39. La 94e cérémonie des Oscars a été émaillée d'un incident largement relayé par les réseaux sociaux et les médias : la gifle administrée par Will Smith, lauréat de l'Oscar du meilleur acteur le même soir, à Chris Rock, humoriste venu présenter cette cérémonie. Qui a été consacré dans la catégorie de la meilleure actrice ?

(A) Zendaya
(B) Emma Stone
(C) Jessica Chastain
(D) Emma Watson

Question 40. La Crimée a été annexée par la Russie en 2014, provoquant l'exclusion de cette dernière du G7. À la suite de référendums contestés en septembre 2022, quatre régions ukrainiennes russophones sont revendiquées par la Russie, et ont été un des enjeux de la guerre en Ukraine démarrée en février 2022. Quelle région n'est pas concernée ?

(A) Zaporijjia
(B) Louhansk
(C) Donetsk
(D) Kharkiv

14/40

Corrigés de l'épreuve 3

Question 1. Réponse B

Le 6 septembre 2022, l'AIEA publie son rapport, estimant que « la situation actuelle est intenable » et que « les bombardements sur le site et dans les environs doivent cesser immédiatement » ; elle réclame la mise en place d'une « zone de sécurité » pour prévenir un accident nucléaire, c'est-à-dire une zone que les belligérants ne bombardent pas. Cela ne correspond pas pour autant à la « démilitarisation du site », en clair le retrait des soldats russes, demandée par Kiev, par le secrétaire général des Nations unies et par les pays occidentaux alliés de l'Ukraine.

Question 2. Réponse C

Yaël Braun-Pivet a été présidente de la commission des Lois de l'Assemblée nationale, sous la XVe législature, de 2017 à 2022. En mai 2022, elle est nommée ministre des Outre-mer par Emmanuel Macron dans le gouvernement Élisabeth Borne. Elle est ensuite élue présidente de l'Assemblée nationale, le 28 juin 2022. Elle est la première femme à occuper cette fonction, remplaçant à ce poste Richard Ferrand, président de 2017 à 2022.

Question 3. Réponse B

Avec un cumul de pluie national atteignant 419 mm sur la période allant du 1er janvier au 20 septembre, la France connaît une sécheresse d'ampleur inédite. Jamais un tel cumul n'avait été aussi bas, 2022 passant ainsi devant l'année 1976 jusque-là historique, avec un total de 420 mm sur la même période. Dans l'Union européenne, en août 2022, déjà plus de 660 000 hectares ont brûlé, un record à ce stade de l'année depuis le début des données satellitaires en 2006.

Question 4. Réponse B

Il succède au Slovène Tadej Pogačar (UAE Team Emirates), qui termine deuxième de cette édition à 2 min 43 s. Le Gallois Geraint Thomas (Ineos Grenadiers), vainqueur en 2018, complète le podium en terminant à 7 min 22 s. Le Français David Gaudu (Groupama-FDJ) prend la quatrième position à 13 min 39 s. Jonas Vingegaard (Jumbo-Visma) remporte également le maillot à pois du classement de la montagne tandis que Tadej Pogačar (UAE Team Emirates) remporte le maillot blanc de meilleur jeune.

Question 5. Réponse C

Après la décision de la Cour suprême des États-Unis de révoquer cet arrêt de 1973 qui inscrivait le droit à l'avortement dans la Constitution américaine, 26 États américains s'apprêteraient à limiter très durement ou à interdire l›avortement, ce qui aurait des conséquences sociales sur les femmes, notamment les plus démunies, les plus exposées, les Afro-Américaines en premier lieu, qui ne pourraient voyager dans d'autres États pour tenter de trouver une clinique.

Question 6. Réponse D

Selon une récente étude réalisée par Grand View Research le marché mondial du métavers pourrait représenter 615 milliards d'euros d'ici à 2030, soit une croissance annuelle moyenne de 39,4 % de 2022 à 2030. Ce marché devrait donc connaître une croissance phénoménale selon les estimations des analystes de Grand View Research.

Question 7. Réponse B

Les chercheurs ont développé une technique moins invasive pour traiter la maladie la plus développée de l'œil : le kératocône. Avec cette méthode, le chirurgien n'a pas besoin de retirer les tissus du patient. Au lieu de cela, une petite incision est pratiquée, à travers laquelle l'implant est inséré dans la cornée existante.

Question 8. Réponse C

Considéré comme une région centrale de son histoire par l'Arménie, le Karabakh compte 146 000 habitants répartis sur 4,400 km^2. Après une période d'influence perse, elle est finalement incorporée à l'Empire russe en 1813. Depuis la guerre civile ayant suivi la révolution bolchevique de 1917, l'Arménie et l'Azerbaïdjan se disputent le territoire peuplé en majorité par des Arméniens de confession chrétienne et rattaché à l'Azerbaïdjan en 1921 par Staline. La région deviendra autonome à partir de 1923, statut qui restera inchangé jusqu'aux dernières heures de l'URSS.

Question 9. Réponse C

La Croatie deviendra le 1er janvier 2023 le 20e pays à intégrer la zone euro. Validée le 12 juillet par le Conseil de l'Union européenne, cette adhésion marque l'aboutissement d'un long processus au cours duquel le pays a notamment dû se conformer aux critères de convergence, garants d'une certaine homogénéité entre les économies de la zone euro.

Question 10. Réponse C

Après des mois de protestations populaires et de manifestations contre le régime du Shah, l'ayatollah Khomeini revient en Iran le 1er février 1979 et défait le pouvoir en place. Les Gardiens de la Révolution, théologiens islamistes, ont pris le pouvoir dans les gouvernements locaux dans tout l'Iran, et récupèrent ainsi la plupart des pouvoirs. La République islamique est instituée par référendum les 30 et 31 mars 1979.

Question 11. Réponse A

Depuis le 17 mai 2017, le ministère de la Transition écologique et solidaire est chargé de préparer et mettre en œuvre la politique du gouvernement dans les domaines du développement durable, de l'environnement et des technologies vertes, de la transition énergétique et de l'énergie, du climat, de la prévention des risques naturels et technologiques, de la sécurité industrielle, des transports et de leurs infrastructures, de l'équipement et de la mer. En France, depuis sa création en 1971, le ministère de l'Écologie a changé plusieurs fois de dénominations et de compétences. Simple secrétariat d'État, il est devenu ministère de plein exercice, puis a absorbé le ministère de l'Équipement en 2007.

Question 12. Réponse A

La stratégie énergétique française, annoncée par le Président de la République à Belfort en février 2022, repose sur quatre piliers : la sobriété énergétique, c'est-à-dire consommer moins ; l'efficacité énergétique, c'est-à-dire consommer autrement ; l'accélération du développement des énergies renouvelables (EnR) ; la relance de la filière nucléaire française.

Question 13. Réponse A

Pour accueillir les épreuves de volley-ball de plage et de cécifoot, le Stade Tour Eiffel transformera le Champ-de-Mars en une arène temporaire en plein-air est construite en 2024, où chacun peut profiter du cadre magique du lieu. Logé entre l'impressionnante façade de l'École Militaire au sud, et la non moins impressionnante Tour Eiffel vers la Seine, le Champ-de-Mars sera à nouveau un lieu de rassemblement lors des Jeux de Paris 2024.

Question 14. Réponse D

La loi entend renforcer le droit à l'avortement, considérant que ce droit n'est pas toujours parfaitement garanti. Alors que celui-ci était de dix semaines depuis 1975, la loi du 4 juillet 2001 l'avait porté à douze semaines. La France est encore loin derrière les Pays-Bas, ces derniers accordant un délai de 5 mois et demi à ses citoyennes (22 semaines).

Question 15. Réponse C

Le mois des fiertés LGBTQ est une célébration internationale qui a lieu en juin de chaque année afin de rappeler le combat pour les droits de cette communauté. Lié à la Marche des fiertés, le mois des fiertés est également un évènement issu des émeutes de Stonewall de 1969. Dans la nuit du 27 au 28 juin 1969, la police a arrêté les clients du Stonewall Inn, un bar gay (l'un des seuls à l'époque) situé à New York (États-Unis), provoquant des émeutes.

Question 16. Réponse A

Le marché des crypto-monnaies est durement touché par l'inflation et par de mauvaises conditions économiques. Déjà proche de son niveau le plus bas de l'année, le Bitcoin pourrait encore perdre de la valeur. Alors que la crypto-monnaie avait atteint son record de valeur en novembre 2021, en s'échangeant à plus de 67 000 dollars, près d'un an plus tard, un bitcoin vaut moins de 20 000 dollars.

Question 17. Réponse B

Un Land est un État fédéré d'Allemagne. Depuis la réunification en 1990, la République fédérale d'Allemagne compte seize Länder. Chacun dispose d'une constitution, d'une assemblée élue et d'un gouvernement. Le fédéralisme est un principe fondamental de la Constitution allemande et les Länder sont ainsi dotés de nombreux pouvoirs, notamment en matière de police, d'éducation et de culture.

Question 18. Réponse A

« IT'S ON » : c'est sur ces mots qu'Apple Music a annoncé la venue de Rihanna au concert de la mi-temps du Superbowl 2023, événement le plus regardé de la télévision américaine. Apple Music, principal sponsor du show, a rajouté que ce serait bien l'artiste venue de la Barbade qui sera sur scène le 12 février 2023 à Glendale, dans l'Arizona, lors de la finale du championnat de football américain.

Question 19. Réponse C

Victoria (1819-1901) est reine du Royaume-Uni de Grande-Bretagne et d'Irlande du 20 juin 1837 jusqu'à sa mort. À partir du 1er juillet 1867, elle devient également reine du Canada, ainsi qu'impératrice des Indes à compter du 1er mai 1876, puis enfin reine d'Australie le 1er janvier 1901.

Question 20. Réponse C

Liz Truss, née le 26 juillet 1975 à Oxford, est Première ministre du Royaume-Uni depuis le 6 septembre 2022, lendemain de son élection comme chef du Parti conservateur. Présidente de la Commission du Commerce en 2019 sous Boris Johnson, elle est nommée secrétaire d'État aux Affaires étrangères, du Commonwealth et du Développement en 2021. Nommée Première ministre deux jours avant la mort de la reine Élisabeth II, elle est ainsi le quinzième et dernier chef de gouvernement de celle-ci, et le premier du roi Charles III.

Question 21. Réponse D

Les élections européennes de 2019 en France se sont tenues les 25 et 26 mai 2019, afin de désigner les députés représentant la France au Parlement européen. Comme dans la plupart des autres pays de l'Union européenne, la participation augmente et s'établit à 50,1 %, son plus haut niveau depuis 1994, bien que celui-ci demeure relativement faible par rapport aux autres scrutins.

Question 22. Réponse D

La Conférence de Charm el-Cheikh de 2022 sur les changements climatiques, dite COP 27, est une conférence internationale de l'Organisation des Nations unies qui se tient du 7 au 18 novembre 2022 à Charm el-Cheikh en bord de Mer rouge en Égypte. Elle réunira les pays signataires de la Convention-cadre des Nations unies sur les changements climatiques.

Question 23. Réponse A

La Coupe du monde de football 2026 se déroulera de juin à juillet 2026 en Amérique du Nord et sera organisée conjointement par les États-Unis, le Canada et le Mexique. Le projet a été nommé « United 2026 ». Cette édition sera la première avec un format à 48 équipes constitué de 16 groupes de 3 nations. Il y avait précédemment 32 équipes réparties dans 8 groupes de 4 nations.

Question 24. Réponse D

George Floyd est né le 14 octobre 1973 à Fayetteville dans l'État de Caroline du Nord. Cet Afro-Américain a été tué par la police lors de son arrestation le 25 mai 2020 à Minneapolis, dans l'État du Minnesota, pendant laquelle un policier, Derek Chauvin, le maintient menotté et en plaquage ventral avec son genou sur sa nuque durant plus de huit minutes, l'empêchant ainsi de respirer. Les images de son arrestation et la nouvelle de sa mort mènent à une vague de protestations aux États-Unis et dans d'autres pays du monde.

Question 25. Réponse C

TikTok a dépassé YouTube, le champion en titre en nombre de temps passé par utilisateur, au premier trimestre 2022 dans le monde. Le temps moyen mensuel par utilisateur de TikTok a atteint 23,6 heures par mois, contre 23,2 heures pour YouTube. TikTok a également connu le trimestre le plus important en termes de dépenses des consommateurs pour une application ou un jeu sur les app stores, avec 840 millions de dollars pour le seul premier trimestre 2022, soit plus de 4,6 milliards de dollars de dépenses des consommateurs à ce jour pour l'application.

Question 26. Réponse C

Ce retour de l'inflation est principalement dû au traitement de la crise sanitaire de la Covid pour 2021. Pour 2022 cette crise est amplifiée par la guerre que mène la Russie contre l'Ukraine depuis le 24 février 2022. En conséquence les prix de l'énergie ont augmenté de 22,7 % depuis les 12 derniers mois. L'inflation s'est ensuite diffusée à d'autres produits dont l'approvisionnement est sous tension (céréales, métaux…). Les produits alimentaires ont ainsi augmenté de 7,9 % pendant cette même période.

Question 27. Réponse D

À l'échelle mondiale, les *data centers* sont à l'origine de 2 % des émissions de gaz à effet de serre (GES) mondiales – atteignant le même niveau que le transport aérien. Composés d'ordinateurs, de serveurs, de commutateurs ou d'espaces de stockage – ils sont répartis dans de petites pièces ou dans d'immenses salles et se comptent par milliers sur la surface du globe et fonctionnent 7j/7 et 24h/24.

Question 28. Réponse A

Le musée est construit sur le site de l'ancienne fosse numéro 9 des mines de Lens. Inauguré en 2012, le Louvre-Lens représente la concrétisation d'un espoir de renouveau pour le bassin minier et répond à une responsabilité muséale inédite : s'engager dans le renouveau social et économique du territoire, grâce à la culture et à l'éducation.

Question 29. Réponse A

Donald Trump était le 45ᵉ président des États-Unis. D'illustres personnages historiques ont occupé le bureau ovale : Franklin D. Roosevelt, John Fitzgerald Kennedy, Ronald Reagan ou encore George Washington, le premier titulaire de la fonction. À noter que c'est la première fois que la vice-présidence est occupée par une femme, Kamala Harris.

Question 30. Réponse D

Le Nord Stream est un système de deux gazoducs reliant la Russie à l'Allemagne via la mer Baltique. Nord Stream 1 a été mis en service en 2012. Les travaux du gazoduc Nord Stream 2 destiné à doubler la capacité de transport de gaz ont commencé en avril 2018. Ils ont ensuite été interrompus en décembre 2019 du fait de l'opposition et des sanctions des États-Unis mais reprennent en 2021 et sont terminés en septembre cette année-là, avant que la guerre en Ukraine éclate.

Question 31. Réponse A

Malgré la pandémie mondiale et la crise économique liée à la Covid-19, la BNP Paribas a obtenu des résultats historiques, battant ses propres records. Le groupe a enregistré sur l'année 2021 un bénéfice de 9,5 milliards d'euros. Son chiffre d'affaires a augmenté de 4,4 % par rapport à ses résultats de l'année 2020 et de 3,7 % par rapport à ceux de l'année 2019.

Question 32. Réponse B

Présidente du parti Frères d'Italie (Fratelli d'Italia) et figure montante de l'extrême droite, Giorgia Meloni est arrivée en tête aux dernières élections législatives, revendiquant la direction du prochain gouvernement transalpin. Son programme allie libéralisme économique, conservatisme sociétal, politique nataliste et positions anti-immigration.

Question 33. Réponse D

La Ligue des champions de l'UEFA (UEFA Champions League) est une compétition annuelle de football organisée par l'Union des associations européennes de football (UEFA). Le vainqueur de la compétition est automatiquement qualifié pour l'édition suivante. Il participe également à la Supercoupe de l'UEFA ainsi qu'à la Coupe du monde des clubs de la FIFA. Le Real Madrid, tenant du titre, est le club le plus titré dans l'histoire de la compétition avec quatorze victoires.

Question 34. Réponse B

Les représentations diplomatiques de la France sont dues à ses missions diplomatiques. Avec ses 163 ambassades, la France dispose du troisième réseau d'ambassades et de consulats au monde après les États-Unis (168 ambassades bilatérales) et la Chine (164 ambassades). Elle précède le Royaume-Uni (148) et l'Allemagne (145).

Question 35. Réponse B

Conseillère culture du maire de Paris, Bertrand Delanoë, entre 2012 et 2014, elle est ensuite nommée attachée culturelle à New York. En novembre 2019, elle devient conseillère culture et communication du président Emmanuel Macron. Elle est nommée ministre de la Culture le 20 mai 2022, dans le gouvernement Élisabeth Borne.

Question 36. Réponse B

Louis Pasteur a montré notamment que chauffer le vin ou la bière dénature les ferments problématiques et permet de le conserver intact en bouteille. Chauffé entre 55 °C et 60 °C, cette température permet d'éviter l'altération et de garder le bouquet d'arômes. Une méthode à laquelle il a donné son nom, la pasteurisation.

Question 37. Réponse C

Nikola Tesla est né le 10 juillet 1856 à Smiljan dans l'Empire d'Autriche (actuelle Croatie) et est mort le 7 janvier 1943 à New York. Il est un inventeur et ingénieur américain d'origine serbe. Il est connu pour son rôle prépondérant dans le développement et l'adoption du courant alternatif pour le transport et la distribution de l'électricité.

Question 38. Réponse A

La Zone Économique Exclusive (ZEE) est une bande de mer ou d'océan limitée par la ligne des 200 milles marins internationaux (370 km) à partir de la ligne de base en l'absence d'autre rivage sur laquelle un État riverain (parfois plusieurs États dans le cas d'accords de gestion partagée) dispose de l'exclusivité d'exploitation des ressources, selon la Convention de Montego Bay (10 décembre 1982).

Question 39. Réponse C

L'Academy of Motion Picture Arts and Sciences (littéralement « Académie des arts et des sciences du cinéma »), ou AMPAS, est une organisation professionnelle vouée à l'amélioration et à la promotion mondiale du cinéma. Elle remet chaque année les Oscars du cinéma.

Question 40. Réponse D

La Russie s'apprête à officialiser l'annexion des territoires occupés de Zaporijjia, Kherson, Louhansk et Donetsk, après les résultats des référendums d'annexion, mardi 28 septembre. Pourtant, aucun des oblasts ukrainiens concernés n'est entièrement contrôlé par les forces russes. Les affrontements se poursuivent dans la région de Kherson et de Donetsk, et une contre-offensive est en cours dans celle de Louhansk. Le drapeau jaune et bleu a toujours flotté dans la capitale éponyme de la région de Zaporijjia.

III. RAISONNEMENT & COMPETENCES

Scannez

Mes conseils pour réussir cette épreuve

Je vous livre dans cette vidéo quelques conseils essentiels pour bien préparer et réussir la difficile épreuve de Raisonnement et Compétences du concours Sésame.

Suivez-moi **sur Instagram !**

Vous avez des questions sur cette épreuve ? Scannez ce code et écrivez-moi sur WhatsApp !

I. PRESENTATION DE L'EPREUVE

Cette épreuve comporte 3 parties :

- **Logique générale**
  15 problèmes à 4 choix multiples, balayant les différents aspects du raisonnement spatial et temporel.
- **Aptitudes numériques**
  15 questions à 4 choix multiples balayant les différentes connaissances de base (arithmétique, géométrie, etc.)
- **Aptitudes verbales**
  15 questions à 4 choix multiples balayant les différents aspects de la logique verbale (orthographe, grammaire, questions de culture générale…)

Quatre points très importants :

1. Vous pouvez gérer votre temps ainsi que l'ordre dans lequel vous abordez les sous-épreuves comme bon vous semble

Autrement dit, vous pouvez commencer par la sous-épreuve de votre choix et passer autant de temps que vous voulez sur les différents problèmes et questions qui vous seront proposés.

Soyez très vigilants ! Beaucoup de candidats se cassent les dents au concours SESAME car ils passent trop de temps sur une partie plutôt qu'une autre. Il n'est pas rare en effet que des candidats passent 30 ou 40 minutes sur la première partie ne disposant alors ensuite que d'à peine 20 ou 30 minutes pour les deux autres.

Cette erreur est dramatique car il est évident que vous devez parvenir à accorder à chaque partie un temps de résolution suffisant.

Notre conseil : commencez absolument par l'épreuve d'**aptitudes numériques**. Cette épreuve est en effet composée de questions qui abordent des thèmes qui vous seront toujours familiers. Cette épreuve, bien que difficile (beaucoup de questions sur des thèmes très variés à résoudre en très peu de temps) ne vous réservera pas beaucoup de surprises – contrairement à l'épreuve de logique générale ou d'aptitudes verbales qui réserve chaque année son lot de questions très originales voire quasiment impossibles à traiter.

En commençant par la sous-épreuve d'aptitudes numériques, vous mettez toutes les chances de votre côté et pouvez espérer répondre à un nombre important de questions et assurer ainsi les bases d'une très bonne note à l'épreuve de raisonnement & compétences. Pour information, beaucoup de nos étudiants à Aurlom parviennent à traiter 12 ou 13 questions sur les 15 proposées.

Concernant le temps à passer sur cette sous-épreuve, nous vous conseillons d'y consacrer 25 minutes, ET PAS UNE DE PLUS.

Passez ensuite à l'épreuve d'**aptitudes verbales**. Comme vous le verrez, cette épreuve ne s'improvise pas. C'est ou on connaît, ou on connaît pas ! Passez-y entre 10 et 15 minutes.

Terminez enfin par l'épreuve de **logique générale** et passez-y entre 20 et 25 minutes. Particulièrement déroutante avec son lot de questions « bizarres », mieux vaut ne pas commencer par cette épreuve au risque de vous torturer l'esprit. Mais rassurez-vous toutefois, il y aura aussi beaucoup de questions que vous réussirez à traiter sans trop de difficultés.

Une remarque importante : si au bout de 20 secondes, aucune idée / piste / méthode / astuce ne vous saute aux yeux, passez ! Il y a de fortes chances que vous trouviez ensuite sur votre chemin d'autres questions que vous réussirez à résoudre en quelques secondes.

2. Seules les bonnes réponses sont prises en compte

Cela signifie que vous devez absolument prendre 2 minutes en fin d'épreuve (autrement dit au moment où on vous dit qu'il vous reste 2 ou 3 minutes) pour vous assurer que vos grilles sont parfaitement remplies et que vous avez donc coché une réponse pour chacune des 45 questions.

Comprenez bien en effet que les réponses fausses ne pénaliseront pas votre score final et que vous pouvez donc tout à fait envisager **de répondre au hasard** aux questions que vous n'aurez pas eu le temps ou réussi à traiter.

Notre conseil : pour les épreuves de logique générale et d'aptitudes verbales (plus que pour l'épreuve d'aptitudes numériques), il vous arrivera souvent d'avoir un peu de feeling pour telle ou telle réponse. Aussi, quand vous n'avez pas réussi à traiter une question mais que votre cœur balance quand même pour une réponse en particulier, lancez-vous et répondez au hasard. Pour toutes les autres questions, celles pour lesquelles vous n'avez alors vraiment aucune intuition, **répondez au hasard en oubliant pas de toujours choisir la même lettre ! Répondez toujours la réponse A ou toujours la réponse B, C ou D.** En effet, statistiquement parlant, vous aurez ainsi plus de chance de grappiller ici et là quelques bonnes réponses supplémentaires.

3. N'oubliez pas que vous allez passer un CONCOURS

Comme l'on vous a prévenu, l'épreuve de logique est difficile et déstabilisante. Difficile car le nombre de notions convoquées est très varié et surtout parce que vous ne disposez que de très peu de temps pour traiter les problèmes et questions qui vous sont posées.

Si durant l'épreuve, certaines questions vous paraissent difficiles, incompréhensibles, louches, bizarres, infaisables… pas de panique ! Car il est en effet sûr et certain que 98 % des autres candidats les trouvent tout aussi infaisables.

Dans un concours, ce n'est pas tant répondre juste à un maximum de questions qui compte **mais de répondre justes à plus de questions que vos adversaires.**

Notre conseil : quand vous rencontrerez une question difficile ou infaisable, ne baissez jamais les bras, respirez un bon coup et dites-vous que vous n'êtes vraiment pas le seul à vivre ce grand moment de solitude. Respirez donc profondément, souriez, et battez-vous !!!

4. Entraînez-vous jusqu'a plus soif !

Que les choses soient claires, plus vous vous entraînerez et meilleures seront vos chances de réussite à l'épreuve de logique du concours SESAME. L'expérience montre clairement qu'en s'exerçant sur des dizaines et dizaines de questions, on rencontre un nombre de cas très varié, **on gagne beaucoup de confiance en soi et on apprend surtout à être plus rapide et à mieux gérer son temps.**

II. METHODES, SAVOIR-FAIRE ET ASTUCES

I. L'EPREUVE DE LOGIQUE GENERALE

L'épreuve de logique générale s'appuie sur de nombreux concepts et notions que nous allons vous présenter dans cette partie consacrée au cours et à ses applications.

Comme vous le verrez, cette épreuve ressemble parfois à un test de QI. Ne vous découragez pas, bien au contraire. Vous verrez au final que cette épreuve est assez amusante et agréable à travailler.

Voici les 5 grandes thématiques qui seront ici abordées.

1. Les analogies
2. Les séries de raisonnement
3. Les séries simples
4. Les séries graphiques
5. Les dominos

1. LES ANALOGIES

1. Présentation des analogies

Vous pourrez être amenés à travailler sur des analogies au concours SESAME. A travers les analogies, les écoles affichent clairement leur volonté de tester votre capacité à raisonner de façon fluide et rigoureuse ainsi que votre culture générale.

[Qu'est-ce qu'une analogie ?]

Le site Internet *Wikipedia* offre une définition fort convaincante de l'analogie.

> Le terme *analogie* désigne une similitude entre des choses ou des idées de nature différente. Une analogie est une ressemblance.
>
> L'analogie – du grec ἀναλογία « proportion mathématique » – est une ressemblance perçue comme non fortuite entre deux éléments. Il y a par exemple une analogie de nom entre *astronomie* et *astrologie,* qui indique leur parenté étymologique.
>
> Par extension, le raisonnement par analogie est donc **un raisonnement par association d'idées, combinaison et synthèse.**

Les **analogies** sont omniprésentes dans le langage courant : la comparaison, la métaphore, l'allégorie, la prosopopée… Toutes ces figures de style trouvent leur source dans le raisonnement par analogie.

Les analogies sont également vulgairement appelées « images ». Elles établissent en effet une ressemblance entre un premier élément (le « comparé ») et un second élément (le « comparant »), ressemblance fondée sur une ou plusieurs qualités communes.

Dans ce chapitre, les analogies se rapporteront exclusivement au sens des mots, c'est-à-dire à leur signification et à leur définition.

[Exemples]

Concrètement, une analogie se présente au départ sous la forme d'un couple de mots. Vous devez identifier le lien logique qui existe entre ces deux mots, pour trouver ensuite un autre couple de mots reliés par le même lien logique.

Exemple 1 :

DIGUE – INONDATION ⇒ GARROT – ?

La fonction première d'une DIGUE est de **stopper** une INONDATION. En médecine, la fonction première d'un GARROT est de **stopper** une **HEMORRAGIE.**

Comme vous le voyez, il convient de définir très précisément les termes qui composent vos couples de mots pour identifier clairement le lien logique qui existe entre eux.

Pour définir un mot de la façon la plus précise qui soit, demandez-vous quelle définition vous pourriez trouver dans un dictionnaire classique comme le *Larousse*.

Exemple 2 :

VAINCRE – FAIBLE ⇒ INTERESSER – C _ _ _ _ UX

Il faut comprendre ici le lien qui existe entre VAINCRE et FAIBLE. L'on pourrait dire par exemple **qu'il est facile de** vaincre un être faible. On trouve alors le même rapport dans INTERESSER et **CURIEUX** puisqu'il **est** également **facile** d'intéresser un homme curieux.

Naturellement, point d'inquiétude, vous serez toujours aidés par des indices au concours : on vous donnera la première et/ou la dernière lettre ainsi que le nombre de lettres que contient la réponse.

Exemple 3 :

SOUS-NUTRITION – S'ALIMENTER ⇒ IGNORANCE – ?

Le fait de S'ALIMENTER permet **d'échapper à un état** de SOUS-NUTRITION. De la même façon, le fait de **S'INSTRUIRE** permet **d'échapper à un état** d'IGNORANCE.

Exemple 4 :

BOULANGER – MANGER ⇒ ECRIVAIN – ?

Le fait de MANGER **est une action exercée sur le produit** du BOULANGER.

LIRE est une action exercée sur le produit de l'ECRIVAIN.

LIRE est donc la bonne réponse.

2. Les liens logiques récurrents aux concours

[1. La synonymie]

Exemple :

DRAPEAU – BANNIERE ⇒ DETRUIRE – A _ _ _ _ _ _ R

DRAPEAU et BANNIERE sont deux synonymes. Il faut donc ici trouver un synonyme du mot DETRUIRE. **RUINER** et **ANEANTIR** sont ici les meilleures propositions.

[2. L'antonymie]

Exemple :

NAITRE – DECEDER ⇒ SENESTRE – ?

NAITRE et DECEDER sont deux antonymes parfaits. Par analogie, il vous faut donc trouver un antonyme parfait de SENESTRE. La bonne réponse est **DROITE** ou **DEXTRE** puisque SENESTRE se rapporte à « la gauche / ce qui est à gauche ».

[3. La chronologie]

Vous pouvez rencontrer des liens chronologiques dans les analogies, c'est-à-dire des liens qui intègrent une notion de temps.

Exemple :

LENINGRAD – SAINT-PETERSBOURG ⇒ CEYLAN – ?

LENINGRAD est l'ancien nom de SAINT-PETERSBOURG (Leningrad devient Saint-Pétersbourg en 1991). CEYLAN est l'ancien nom du **SRI LANKA.**

[4. La cause et la conséquence]

Il arrive que les deux mots du couple aient un rapport de cause/conséquence. Vous devez alors respecter ce rapport.

Exemple :

RADIATEUR – CHALEUR ⇒ LAMPE – ?

Dans cette analogie, le RADIATEUR produit de la CHALEUR : le radiateur **est la cause** de la chaleur. La LAMPE produit quant à elle de la **LUMIERE,** et elle **est alors bien la cause** de la lumière.

[5. L'expression]

Certaines analogies reproduisent un lien d'expression idiomatique entre deux mots. Vous devez la plupart du temps associer un verbe transitif avec son complément habituel.

Exemple :

EPARGNER – ARGENT ⇒ COIFFER – ?

Habituellement, on EPARGNE de l'ARGENT. De même, habituellement, on se COIFFE les cheveux. La meilleure réponse était donc **CHEVEUX.**

Le lien d'expression peut aussi associer un élément symbolique et représentatif de l'autre mot du couple.

Exemple :

JAPON – PAYS DU SOLEIL LEVANT ⇒ CHINE – EMPIRE DU _ _ _ _ _ _ ?

Le Japon est aussi appelé Pays du Soleil levant et la Chine est aussi appelée **EMPIRE DU MILIEU.**

[6. Du général au particulier ou du particulier au général]

Il arrive parfois que l'on associe à un concept général un élément particulier.

Exemple :

APPARTEMENT – IMMOBILIER ⇒ OBLIGATION – ?

Dans l'exemple ci-dessus, un APPARTEMENT est un élément de l'IMMOBILIER : c'est une valeur immobilière. L'OBLIGATION, qui est un titre de créance, est un élément du **MOBILIER** : c'est une valeur mobilière. Il fallait donc compléter l'analogie par MOBILIER.

2. SERIES DE RAISONNEMENT

Les séries de raisonnement sont la **colonne vertébrale** des tests de logique du concours SESAME. Vous ne pourrez y échapper !

1. Séries portant sur la nature et le sens des mots

[1. Masculin ou féminin ?]

Exemple : parmi les six mots suivants, un seul est de genre masculin. Lequel ?

ALGEBRE – IDYLLE – EGIDE – METEORITE – ARMISTICE – TOPAZE

Ici, l'intrus est ARMISTICE puisqu'il s'agit en effet du seul mot masculin.

Dit-on *un* ou *une astérisque* ? Nous donnons dans la partie sur l'épreuve d'aptitudes verbales une liste de noms sur lesquels les erreurs sont les plus nombreuses. Nous n'avons pas retenu les noms qui peuvent s'employer au masculin ou au féminin (*un* ou *une après-midi*), puisque aucune forme n'est fautive.

[2. Mots épicènes]

Epicène : se dit d'un mot dont la forme ne change pas avec le genre qu'il désigne. Du grec *epikoinos,* « possédé en commun ».

Exemples : cartouche (une cartouche = une cartouche d'encre ou une cartouche de cigarettes / un cartouche = un symbole hiéroglyphique ou encore un ornement de pierre taillée portant une inscription gravée), critique, garde, greffe, livre, manche, mémoire, mode, moule, mousse, page, pendule, platine, poste, somme, tour, vase, voile.

Il existe également quelques **prénoms épicènes** comme : Claude, Maxime, Camille et Dominique. Attention : des prénoms qui ont la même prononciation à l'oral mais qui s'écrivent différemment, comme Michel / Michelle / Michèle, ne font pas partie de la catégorie des prénoms épicènes.

[3. Séries de mots de même nature grammaticale]

Dans certaines séries d'intrus ou de mots à compléter, vous serez amenés à déterminer si vous êtes face à une série :

- D'articles ou de déterminants
- De noms communs
- De verbes à l'infinitif, de verbes impersonnels, de verbes conjugués, de verbes défectifs…

- De pronoms
- D'adverbes
- De prépositions
- De conjonctions de coordination
- De conjonctions de subordination

[4. Séries de mots invariables]

Exemple : soulignez l'intrus.

TOT – HIER – TANT – POUR – PAIR – GRE – HORS – AFIN – ICI

Ici, l'intrus est PAIR puisqu'il s'agit en effet du seul mot qui n'est pas invariable (on peut écrire : des pairs, *pair* étant ici compris comme un membre d'un groupe social, avec une connotation d'égalité de rang social (par exemple, un médecin jugé par le Conseil de l'ordre est dit « jugé par ses pairs »).

Quelques mots invariables à connaître :

Afin	Dehors, hors
Ailleurs	Déjà
Au-dessus, dessus, par-dessus, sus	Durant
Aujourd'hui	Entre
Auparavant, avant, devant, davantage, dorénavant	Envers, par devers, (à) travers, vers
Aussi	Environ
Aussitôt, bientôt, plutôt, sitôt, tantôt, tôt	Gré, malgré
Autant, pourtant, tant, tant pis	Guère, naguère
Autrefois, fois, parfois, quelquefois, toutefois	Hier
Avec	Hormis
Beaucoup	Ici
Cependant, pendant	Jadis
Certes	Jusque
Chez	Loin
Comme, comment	Longtemps
D'abord	Mieux, tant mieux
Dans, dedans	Moins, néanmoins
Debout	Parmi
Ainsi	Partout
Alors, dès lors, lorsque	Plus, plusieurs
Après, auprès, exprès, près, presque	Quand
Arrière, derrière	Sans
Assez	Selon
Demain	Surtout
Depuis, puis, puisque	Tandis que
Dès, dès que	Toujours
Désormais, jamais, mais	Trop
Donc	Volontiers

[5. Séries de mots appartenant à un même champ lexical]

Dans des séries d'intrus par exemple, vous serez parfois amenés à rassembler certains mots autour d'un même champ lexical pour exclure alors le ou les mots qui s'en écartent.

Exemples :

1. Les mots *jugement, légalité, avocat, loi, plaidoirie, juge, greffier* ou encore *procès* font partie du champ lexical de la **JUSTICE** ou plus généralement du **DROIT.**

2. Les mots *crack, cocaïne, méthamphétamine, blanche, ecstasy* ou encore *héroïne* font partie du champ lexical des **DROGUES** et plus précisément des **DROGUES DURES.**

3. Les mots *braconnage, filetage, piégeage, battue, affût, traque, poursuite* ou *course* font partie du champ lexical de la **CHASSE.**

4. Les mots *digestif, gnôle, goutte, spiritueux, fine, marasquin, menthe, mirabelle, marc, pousse-au-crime, pousse-café* ou encore *rincette* appartiennent au champ lexical de l'**ALCOOL.**

5. Les mots *monnaie, fonds, finances, capital, billet, fric, flouze, pèze, pognon* ou encore *liquide* font partie du champ lexical de l'**ARGENT.**

6. Les mots *division, multiple, addition, nombre, chiffre, quotient, opération…* appartiennent au champ lexical de l'**ARITHMETIQUE.**

Exemple 1 : complétez la série suivante (un trait équivaut à une lettre).

EQUINOXE – _ _ LS _ _ CE – LATITUDE – ORBITE – MERIDIEN – ZO _ _ _ Q _ _ – ZENITH

Vous aurez deviné ici le champ lexical de l'**ASTRONOMIE.** Il fallait donc trouver SOLSTICE et ZODIAQUE.

Exemple 2 : complétez la série suivante (un trait équivaut à une lettre).

MOEL_ _UX – OXYDATION – CRU – CE _ AG _ – ETHANOL – TANIN – _ END_ NG _ – TROUBLE

Vous aurez deviné ici le champ lexical du **VIN.** Il fallait donc trouver MOELLEUX, CEPAGE et VENDANGE.

Stimulez donc autant que possible votre curiosité et, comme tout bon manager qui se respecte, variez toujours vos lectures !

[6. Synonymes]

Exemple 1 :

Un synonyme de BROCHURE est _ _ SC _ C _ _ E

Réponse : FASCICULE.

Exemple 2 : soulignez l'intrus.

FIDELITE – CHALEUR – ARDEUR – BOUILLONNEMENT – FLAMME – FOUGUE – PASSION

Réponse : CHALEUR, ARDEUR, BOUILLONNEMENT, FLAMME, FOUGUE et PASSION sont des synonymes (l'idée centrale étant celle du FEU AMOUREUX). L'intrus est donc ici le mot FIDELITE, qui est suffisamment éloigné des autres pour être retenu.

> **Définition**
> On dit de deux mots qu'ils sont **synonymes** lorsqu'ils ont le même sens ou à peu près le même sens, un sens voisin, un sens proche.

Ainsi, des termes comme *gendre* et *beau-fils* / *confondre* et *démasquer* / *naviguer* et *voguer* / *diminuer* et *décroître* sont synonymes.

Toutefois, il n'existe pas vraiment de mots que l'on puisse substituer les uns aux autres dans une synonymie parfaite. **Tout dépend du contexte d'emploi du mot.**

Manger, se sustenter, se nourrir, bouffer ou *becter* désignent la même action mais ne s'emploient pas dans les mêmes circonstances. On peut *confondre* ou *démasquer* un coupable, mais on ne peut pas *démasquer* le sel avec le sucre.

La plupart des synonymes ne sont synonymes d'un mot que pour l'un de ses emplois et il y a presque toujours une nuance ou un degré d'intensité différent.

Exemples :

Un bon musicien : un musicien doué/talentueux/créatif.

De bons amis : des amis chers/loyaux/proches.

Un bon rôti : un rôti excellent/exquis/délicieux.

Un homme bon : un homme altruiste/aimable/charitable, etc.

[7. Séries d'antonymes]

Un **antonyme** est un mot dont le sens est opposé à celui d'un autre.

Exemples : *chaud* est un antonyme de *froid, lumière* est un antonyme d'*obscurité* et *étroit* est un antonyme de *large.*

Voici quelques couples d'antonymes qui ne vous laisseront pas indifférents et que nous vous conseillons de connaître !

Agnat / Cognat

Agnat : relatif à un élément d'une famille descendant d'un même ancêtre masculin. / Cognat : parenté par consanguinité.

Apical / Basal

Apical : formant le sommet d'un organe. / Désigne un son produit par le contact de la pointe de la langue avec le palais. / Basal : fondamental, essentiel, relatif à la base.

Apocope / Aphérèse

Apocope : perte de lettre ou de syllabe finale (*alu* pour *aluminium, Théo* pour *Théophile,* etc.). / Aphérèse : suppression de lettres ou de syllabes en début de mot (*-car* pour *autocar, -toine* pour *Antoine,* etc.).

Esotérique / Exotérique

Esotérique : relatif à l'ésotérisme. / Se dit de l'enseignement qui, dans certaines écoles de la Grèce antique, approfondissait la doctrine pour un petit groupe de disciples très qualifiés. / Se dit d'une tradition occulte transmise à des initiés. / Hermétique, incompréhensible pour ceux qui n'appartiennent pas à un groupe restreint d'initiés. / Exotérique : s'emploie pour des doctrines divulguées au public, vulgarisées.

Indigène / Allogène

Indigène : originaire d'un pays ou d'une région. / Quelqu'un dont le peuple est établi de tout temps dans un pays, par opposition aux peuples qui ont colonisé ce pays par la suite. / Par plaisanterie, habitant d'une région ou d'une ville par rapport aux visiteurs, aux touristes. / Allogène : non indigène, population émigrée depuis peu. / Personne établie depuis peu dans un pays.

Lévirat / Sororat

Lévirat : loi des anciens Hébreux, obligeant une veuve sans descendant mâle à épouser le frère de son mari défunt. / Sororat : qualifie le système familial selon lequel un homme veuf doit épouser l'une des sœurs de sa femme défunte.

Périhélie / Aphélie

Périhélie : point orbital d'une planète le plus proche du Soleil. / Aphélie : point de l'orbite d'une planète le plus éloigné du Soleil.

Prolixe / Concis

Prolixe : bavard. / Concis : bref, exprimé en peu de mots.

Psychique / Somatique

Psychique : relatif à l'esprit, à la pensée. / Se rapportant aux phénomènes parapsychiques. / Somatique : relatif au soma, à l'ensemble des cellules non reproductrices d'un organisme (s'opposant à « germen »). / Qui concerne le corps (s'oppose à « psychique »).

Senestre / Dextre

Senestre : qui est à gauche. / Dextre : qui est à droite.

Tachycardie / Bradycardie

Tachycardie : accélération anormale du rythme cardiaque. / Bradycardie : rythme cardiaque lent.

Ubac / Adret

Ubac : en montagne, versant exposé à l'ombre. / Adret : versant d'un relief montagneux exposé au soleil.

Utérin / Consanguin

Utérin : né de la même mère mais non du même père qu'un autre. / Consanguin : lié par le sang à d'autres individus, ayant des ascendants proches identique. / Issu du même père.

Yang / Yin

Yang : force symbolique dans la pensée chinoise, s'unit et s'oppose au « yin ». / Yin : force symbolique dans la pensée chinoise, s'unit et s'oppose au « yang ».

Zénith / Nadir

Zénith : point où la verticale d'un lieu perce la sphère céleste au-dessus de l'horizon. / Nadir : point virtuel de la sphère céleste, situé à l'extrémité d'une ligne verticale partant d'un endroit donné du globe et passant par le centre de la Terre, opposé au zénith.

Si vous souhaitez trouver l'antonyme d'un mot, le meilleur site Internet qui soit est sans aucun doute : **http://www.cnrtl.fr/portail/**

[8. Séries d'homonymes]

Il peut vous être demandé au concours de trouver des homonymes de mots courants. Ainsi : *vers, verre* et *vert* sont des homonymes tout comme *mère, maire* et *mer.*

Voici quelques couples d'homonymes remarquables :

Un acquis / Acquit

Un acquis : qui a été gagné / Acquit : qui a été payé.

Une ballade / Une balade

Une ballade : un poème (souvent mis en musique) / Une balade : une promenade (les dérivés de *balade* s'écrivent aussi avec un seul *l*).

Un cahot / Un chaos

Un cahot : une secousse de voiture / Un chaos : un grand désordre.

Censé / Sensé

Censé : supposé / Sensé : de bons sens.

Décrépi / Décrépit

Décrépi : qui a perdu son crépi / Décrépit : dans un état de déchéance physique du fait de l'âge.

Délacer / Délasser

Délacer : défaire ce qui est lacé / Délasser : reposer, détendre.

Différent / Différend

Différent : qui diffère, qui est dissemblable, distinct / Un différend : un désaccord, un litige.

Sain / Saint

Sain : qui est en bonne santé, qui contribue à la bonne santé / Saint : qui a un caractère sacré, en particulier pour l'Eglise catholique.

Une session / Une cession

Une session : la période pendant laquelle une assemblée tient séance / Une cession : l'action de céder un bien, un droit.

Subi / Subit

Subi : qui est supporté, enduré / Subit : qui se produit en très peu de temps, brusque.

2. Observer et analyser la forme d'un mot

[1. Compter le nombre de lettres]

GRADIENT (8) – ARIDITE (7) – JADIS (5) – SYSTEMATIQUE (12)

NB : vous remarquerez ici qu'il n'est pas bien difficile de comprendre vite que l'on a à faire à une série de raisonnement où les mots ne sont pas étudiés pour leur sens ou leur signification étant donné que GRADIENT, ARIDITE, JADIS et SYSTEMATIQUE sont des mots qui n'ont strictement rien à voir les uns avec les autres !

[2. Compter le nombre de consonnes / Observer la position des consonnes]

Exemple 1 :

GRADIENT (5) – ARIDITE (3) – JADIS (3) – SYSTEMATIQUE (6)

On compte ici le nombre de consonnes des mots.

Exemple 2 :

GRADIENT (12478) – ARIDITE (246) – JADIS (135) – SYSTEMATIQUE (1346810)

Les chiffres du code chiffré entre parenthèses donnent la position des consonnes dans le mot. Ainsi dans le mot **GR**A**D**IE**NT** les consonnes se trouvent bien placées en 1re, 2e, 4e, 7e et 8e positions, d'où le code : 12478.

[3. Compter le nombre de voyelles / Observer la position des voyelles]

Exemple 1 :

GRADIENT (3) – ARIDITE (4) – JADIS (2) – SYSTEMATIQUE (6)

On compte ici le nombre de voyelles des mots.

Rappel : il y a 6 voyelles écrites en français : A, E, I, O, U, Y.

Exemple 2 :

GRADIENT (356) – ARIDITE (1357) – JADIS (24) – SYSTEMATIQUE (25791112)

Les chiffres du code chiffré entre parenthèses donne la position des voyelles dans le mot. Ainsi dans le mot J**A**D**I**S les voyelles se trouvent bien placées en 2de et 4e positions, d'où le code : 24.

[4. Compter le nombre de syllabes orales et écrites]

Quelle différence faites-vous entre les deux exemples suivants ?

Exemple 1 :

GRADIENT (2) – ARIDITE (4) – JADIS (2) – SYSTEMATIQUE (4)

Exemple 2 :

GRADIENT (3) – ARIDITE (4) – JADIS (2) – SYSTEMATIQUE (5)

La réponse est simple : dans l'exemple 1, on compte les syllabes orales tandis que dans l'exemple 2, on compte les syllabes écrites.

Retenez donc que les syllabes orales (c'est-à-dire celles qui sont réellement prononcées dans l'usage oral courant d'un mot) ne correspondent pas toujours aux syllabes écrites (c'est-à-dire les syllabes prononcées en insistant artificiellement sur les *e* muets, notamment en fin de mot).

[5. Observer la récurrence de lettres]

Il arrive parfois que vous soyez amenés à observer la récurrence de certaines lettres au sein d'un même mot ou encore la récurrence de lettres communes à plusieurs mots.

Exemple 1 :

FREDONNER (REN) – GAGNER (G) – PERSONNALITE (EN)

Dans ce premier exemple, vous remarquez que le code entre parenthèses décrit le nombre de lettres en double dans le mot. Ainsi dans le mot FREDONNER, les lettres R, E et N sont les seules qui apparaissent deux fois. De la même façon, dans PERSONNALITE, les lettres E et N sont les seules qui apparaissent deux fois.

Exemple 2 :

TRAITEMENT (3) – ATTENTAT (4) – TARTE (2) – TOUS (1)

Ici, il saute aux yeux que la lettre T est commune aux quatre mots et qu'il y en a 3 dans **T**RAI**T**EMEN**T**, 4 dans A**TT**EN**T**A**T**, 2 dans **T**AR**T**E et 1 dans **T**OUS.

[6. Observer la première lettre, la derniere lettre et la lettre du milieu]

Exemple 1 : complétez la série (un trait équivaut à une lettre).

STATIONNEMENT (TS) – PARAPENTE (EP) – SCARIFICATION (NS) – TACITURNE (_ _)

Dans ce premier exemple, vous remarquez que le code entre parenthèses donne la dernière puis la première lettre du mot associé. Ainsi, dans **S**TATIONNEMEN**T** (**TS**), le T du code représente la dernière lettre du mot, et le S, la première.

Réponse : TACITURNE (ET).

Exemple 2 : complétez la série (un trait équivaut à une lettre).

CHARPENTE (P) – CASQUETTE (U) – SENSIBILISATION (L) – FERTILITE (_)

La lettre entre parenthèses représente ici la lettre centrale du mot associé. Ainsi, dans CHAR**P**ENTE (**P**), on voit bien que la lettre P est positionnée au milieu.

Réponse : FERTILITE (I).

[7. Observer le nombre de « barres » des lettres]

Exemple 1 : complétez la série.

MAMAN (17) – MENTHE (20) – AVANT (13) – FETE (13) – MALIKA (?)

Vous remarquez ici que le nombre total de barres du mot MAMAN est égal à 17. En effet, la lettre M est composée de 4 barres (appelées aussi parfois « allumettes » ou encore « traits »), la lettre A en contient 3 et la lettre N en contient 3 également, ce qui nous donne bien MAMAN (17). On vérifie alors par analogie que MENTHE est bien composé d'un total de 20 barres et que les mots AVANT comme FETE sont chacun composés de 13 lettres.

En conclusion, il fallait trouver **MALIKA (16).**

Tableau des lettres « à barres » :

Lettres	A	E	F	H	I	K	L	M	N	T	V	W	X	Y	Z
Barres	3	4	3	3	1	3	2	4	3	2	2	4	2	3	3

[8. Identifier les anagrammes]

Exemple : complétez la série suivante (un trait équivaut à une lettre).

CENTRA – ENCART – CARNET – CANTER – _ _ _ _ _ _

CENTRA, ENCART, CARNET et CANTER sont des anagrammes du même mot. Il fallait donc trouver ici le mot NECTAR qui est une autre anagramme de CARNET ou ENCART.

> **Définition**
> Du grec *anagramma,* « renversement de lettres », une anagramme est une construction fondée sur l'inversion (ou permutation) des lettres d'un mot ou d'un groupe de mots pour en extraire un sens ou un mot nouveau.

Exemples :

- SOIGNEUR – GUERISON
- MERCI – CRIME
- IMAGINER – MIGRAINE
- MARIE – AIMER
- CHINE – NICHE – CHIEN
- MARION – MANOIR – ROMAIN
- ETRANGE – GERANTE – ARGENTE

Les anagrammes peuvent aussi se construire à partir de plusieurs mots :

- PABLO PICASSO – PASCAL OBISPO
- ALBERT EINSTEIN – RIEN N'EST ETABLI
- BORIS VIAN – BISON RAVI
- THE GERMAN SOLDIERS – HITLER'S MEN ARE DOGS

[9. Identifier les palindromes]

Exemple : soulignez l'intrus.

ICI – ALLA – RADAR – CRAC – KAYAK

Le seul mot qui ne peut se lire ici de la même façon de la gauche vers la droite comme de la droite vers la gauche est le mot CRAC. C'est donc l'intrus.

> **Définition**
> Le palindrome est un mot, un nombre, voire un texte dont l'ordre des symboles (lettres, chiffres, etc.) reste le même **qu'on le lise de gauche à droite ou de droite à gauche.**

Exemples :

- ROTOR
- KAYAK
- KARINE ALLA EN IRAK
- ELU PAR CETTE CRAPULE
- LA MARIEE IRA MAL
- 20-02-2002
- RIONS NOIR
- AINSI ANAIS NIA
- A LAVAL, ELLE L'AVALA.
- AXA, BOB, ETE, GAG, NON…
- REVER, SAGAS, SEVES…
- 11 h 11
- 2 puissance 4 = 4 puissance 2

[10. Repérer les sigles et les acronymes]

Un sigle est une abréviation constituée des initiales (ou de certaines lettres) de plusieurs mots.

EDF : Electricité de France / HLM : Habitation à loyer modéré / CNRS : Centre national de la recherche scientifique / ONU : Organisation des Nations unies.

Aujourd'hui, les sigles s'écrivent de plus en plus souvent sans point entre les lettres et même les majuscules ont tendance à disparaître.

Un sigle qui peut se lire et se prononcer comme un mot est un acronyme : *SICAV, SMIC, ONU, OVNI.* Ces acronymes s'écrivent de plus en plus souvent en minuscules : *une Sicav monétaire, un Smic brut.*

Les sigles et les acronymes prennent le genre du mot principal qui les compose.

CFDT est du féminin (= Confédération française démocratique du travail).

CNRS est du masculin (= Centre national de la recherche scientifique).

Les acronymes peuvent être invariables : *des SICAV,* ou prendre la marque du pluriel quand ils sont devenus de véritables noms communs : *des ovnis* (= objets volants non identifiés), *des faqs*, *des radars*.

[11. Ecouter les mots]

Sous ce titre un peu curieux se cache pourtant un nombre croissant de séries de raisonnement pour lesquelles il faut faire montre d'une bonne oreille. Ceux qui chuchotent ce qu'ils lisent vont être avantagés ! La preuve par l'exemple…

Exemple 1 : soulignez l'intrus.

AT – OC – BB – CD – HT – OT – KC – AG – AM

L'intrus est AM. Lorsque vous « écoutez » ce que vous lisez, vous comprenez alors que les lettres A et T lues l'une après l'autre donnent le mot « athée » ou « hâter », OC donne le mot « hausser », BB donne « bébé », CD donne « céder »… Seul AM ne donne rien !

Exemple 2 :

VINGT est à BORD D'EAU ce que TAIE est à C'EST LENT

Vous avez compris ici que « VINGT » s'entend comme « VIN » et « BORD D'EAU » comme « BORDEAUX ». On comprend ensuite que « TAIE » s'entend comme « THE » et « C'EST LENT » comme « CEYLAN ».

Pensez donc toujours à chuchoter les mots que vous lisez pour déceler quelque autre signification qui fait sens au moment où vous les prononcez.

3. Transformer les mots

[1. Transformez vos lettres en rangs]

Voici les correspondances lettres – rangs :

A	B	C	D	E	F	G	H	I	J	K	L	M
1	2	3	4	5	6	7	8	9	10	11	12	13
26	25	24	23	22	21	20	19	18	17	16	15	14

N	O	P	Q	R	S	T	U	V	W	X	Y	Z
14	15	16	17	18	19	20	21	22	23	24	25	26
13	12	11	10	9	8	7	6	5	4	3	2	1

Notre expérience d'enseignants à AURLOM nous a permis d'arriver à la conclusion que vous avez souvent du mal à apprendre les correspondances « lettres – rangs ». Nous avons donc imaginé pour vous un moyen mnémotechnique très efficace qui s'appelle **EJOTY** !

E	J	O	T	Y
5	10	15	20	25

EJOTY est un redoutable pense-bête.

Il vous permet en effet de retrouver instantanément les rangs de toutes les lettres. Vous pouvez vous contenter d'apprendre seulement les cinq correspondances lettres – rangs de ce mot et vous entraîner à retrouver les rangs de toutes les autres lettres. Vous allez voir, c'est un jeu d'enfant !

Ainsi, par exemple, si vous cherchez le rang de K, il vous suffit de vous souvenir que la lettre K succède dans l'alphabet à la lettre J, et donc que le rang de K est égal à 11 (puisque le rang de J que vous connaissez par cœur est 10 !) De même, si vous cherchez le rang de R, et bien comme R est positionné dans l'alphabet juste avant S et T, vous en déduisez que son rang est égal à 18.

Entraînez-vous ainsi à transformer votre prénom ainsi que celui de vos proches en rangs à l'aide d'EJOTY. C'est vraiment simple… Même si c'est vrai, que c'est quand même plus simple quand on s'appelle Ben (2-5-14) que lorsqu'on s'appelle Marie-Elisabeth (13-1-18-9-5-5-12-9-19-1-2-5-20-8).

Exemple 1 : complétez la série suivante.

FEODAL (12) – ARTICHAUT (20) – JASMIN (14) – PARADIS (?)

Les nombres entre parenthèses représentent ici les rangs respectifs des dernières lettres des mots de la série. Ainsi dans FEODAL, le rang de la dernière lettre L est bien égal à 12 et dans ARTICHAUT, le rang de T est bien égal à 20. On trouve donc **PARADIS (19).**

Exemple 2 : soulignez le nom de l'animal intrus.

CHAT (3-8-1-20) – SINGE (19-9-14-7-5) – KANGOUROU (11-1-13-7-15-21-18-15-21)

Les nombres entre parenthèses représentent ici les rangs respectifs des lettres du mot associé. Ainsi, dans CHAT, les lettres C, H, A et T occupent respectivement les positions 3, 8, 1 et 20. L'animal intrus est donc ici KANGOUROU puisque les rangs des lettres de ce mot sont dans l'ordre : 11-1-**14**-7-15-21-18-15-21 et non 11-1-**13**-7-15-21-18-15-21.

Exemple 3 : complétez la série suivante.

THEATRE (205) – OPERA (151) – KERMESSE (115) – FESTIVAL (?)

Dans THEATRE, le code 205 doit se lire 20 et 5, **20** pour le rang de **T** la première lettre de <u>**T**</u>HEATRE et **5** pour le rang de **E,** la dernière lettre de THEATR<u>**E**</u>**.** On trouve ainsi **FESTIVAL (612).**

[2. Opérations sur les rangs des lettres]

Lorsque l'on passe à un niveau de difficulté supérieure, on en vient à conduire des **opérations** sur les rangs des lettres des mots qui nous sont proposés dans les séries.

Ces opérations sont très classiques :

- L'addition
- La soustraction
- La multiplication
- La division
- La mise au carré
- La mise au cube

Exemple 1 : complétez la série suivante.

ELLE (34) – DAME (23) – EPOUSE (81) – FEMME (?)

Le nombre entre parenthèses est ici égal à la somme des rangs des mots associés. Ainsi, les rangs des lettres du mot ELLE sont respectivement égaux à 5, 12, 12 et 5 et la somme 5 + 12 + 12 + 5 est bien égale à 34. Les rangs des lettres du mot FEMME sont respectivement égaux à 6, 5, 13, 13 et 5. La somme des rangs est donc égale à 42 et on trouve donc **FEMME (42).**

Exemple 2 : complétez la série suivante.

LION (144) – PUMA (256) – CHACAL (9) – JAGUAR (100) – HYENE (?)

Les nombres entre parenthèses sont ici à chaque fois égaux au carré du rang de la première lettre du nom du félin associé. Ainsi, le rang de la première lettre de LION, **L,** est égal à 12 et le carré de 12 vaut **144.**

Par conséquent, il fallait trouver **HYENE (81)** puisque le rang de la première lettre de HYENE, H, est 9 et que le carré de 9 est bien égal à 81.

Bien entendu, vous allez devoir apprendre vos carrés et vos cubes par cœur pour réussir à obtenir les meilleurs scores au concours et intégrer ainsi l'Ecole de vos rêves. Nous reviendrons précisément sur les listes de carrés, cubes et autres nombres premiers à apprendre par cœur pour vos concours.

Exemple 3 : complétez la série suivante.

GATEAU (27) – TARTE (58) – MOUSSE (51) – CRUMBLE (?)

Une série difficile. Le nombre entre parenthèses est ici égal à la somme des rangs des CONSONNES des mots associés. Ainsi, dans GATEAU, la somme de rangs des consonnes G et T est bien égale à G(7) + T(20) : **27.**

On trouve donc **CRUMBLE (48).**

[3. Cryptage alphabet]

Crypter un message consiste à remplacer les signes alphabétiques traditionnels par des chiffres (ou des symboles) grâce à un code.

Ainsi, associer aux lettres d'un mot leurs rangs respectifs constitue en soi un cryptage. Par exemple, 1612112 est un cryptage de PAUL si l'on s'appuie sur les rangs des lettres de PAUL dans l'alphabet. P(16) A(1) U(21) L(12) soit PAUL : 1612112.

[4. Cryptage arbitraire]

Disons à présent que je décide de vous envoyer le code **17085-30794-260974** en vous précisant que chaque lettre est associée à un chiffre et un seul compris entre 0 et 9 et que ce code signifie **BRAVO MARIE CLAIRE** ; et bien si vous me renvoyez en réponse le code **34729,** je comprendrai que vous m'avez tout simplement répondu **MERCI.** En effet, nous sommes ici face à un cryptage qui consiste à attribuer de façon arbitraire un chiffre à une lettre. L'attribution de ce chiffre ne respecte aucune règle précise (contrairement au cryptage précédent qui respectait l'ordre d'apparition des lettres dans notre alphabet).

B	**R**	A	V	O	**M**	A	R	**I**	**E**	**C**	L	A	I	R	E
1	**7**	0	8	5	**3**	0	7	**9**	**4**	**2**	6	0	9	7	4

M	**E**	**R**	**C**	**I**
3	**4**	**7**	**2**	**9**

[5. Cryptage « pendu »]

Un autre type de cryptage, appelé **cryptage « pendu »,** consiste à crypter un mot selon l'ordre d'apparition de ses lettres dans le mot : on peut ainsi par exemple crypter le mot **MANGER** en utilisant le code **3N5E1M6R2A4G.**

Ce code signifie qu'en troisième position, vous trouvez la lettre N, en cinquième position la lettre E, en première la lettre M, en sixième la lettre R, en deuxième la lettre A et en quatrième la lettre G. Aussi, en m'appuyant sur le fonctionnement de ce code, si je vous envoie à présent le code **8E6I4S1R2E5S7T3U9S**, vous devrez donc comprendre le mot : **REUSSITES.**

[6. Cryptage « translation »]

Pour terminer, je peux décider de crypter un message dans lequel j'associe à chaque lettre de mes mots une valeur du type **AX + B** où **X** est **le rang des lettres** dans l'alphabet et où **A** et **B** sont **les clés du code.**

Ainsi, si je veux crypter le mot **PARIS** avec les clés **A = 3 et B = – 2,** j'obtiens le code 46-1-52-25-55.

	P	**A**	**R**	**I**	**S**
X	16	1	18	9	19
3X	48	3	54	27	57
3X – 2	**46**	**1**	**52**	**25**	**55**

4. Explorer les propriétés des nombres

Les séries de raisonnement s'appuient souvent sur des nombres dont il faut identifier des propriétés communes. Vous devrez ainsi trouver par exemple dans une série le seul nombre qui n'est pas divisible par 13, ou encore compléter une série de carrés ou de cubes.

[1. Pair ou impair ?]

Exemple : soulignez l'intrus.

671 – 213 – 981 – 762 – 711 – 903 – 765 – 985

L'intrus est ici tout simplement 762 qui est le seul nombre PAIR de la série.

[2. Multiples]

Exemple 1 : soulignez l'intrus.

63 – 177 – 210 – 28 – 77 – 154 – 350 – 707

Tous les nombres de cette série sont divisibles par 7, **sauf 177.**

Exemple 2 : soulignez l'intrus.

190 – 57 – 85 – 171 – 109 – 38 – 76

Tous les nombres de cette série sont divisibles par 19, **sauf 109.**

Exemple 3 : soulignez l'intrus.

133 – 111 – 39 – 78 – 90 – 81 – 84 – 336

Ici, tous les nombres sont divisibles par 3 sauf **133.**

> Rappel : un nombre divisible par 3 est un nombre dont la somme des chiffres est elle-même divisible par 3.

[3. Carrés]

Exemple 1 : complétez la série suivante (un trait équivaut à un chiffre).

225 – 81 – 64 – 361 – 256 – 19_

Tous les nombres de cette série sont des carrés d'entiers naturels. Il fallait donc trouver 19**6**, qui n'est autre que le carré de 14.

Exemple 2 : soulignez l'intrus.

18 – 52 – 63 – 94 – 47 – 61

Une série difficile. Les nombres de cette série représentent des carrés d'entiers naturels **écrits à l'envers.** Ainsi, 18 est en fait de 81, le carré de 9, 52 est en fait 25, le carré de 5, etc.

Il fallait donc souligner **47** puisque 74 n'est pas le carré d'un entier naturel.

[4. Cubes]

Exemple : complétez la série suivante (un trait équivaut à un chiffre).

27 – 125 – 216 – 64 – 512 – 7_9

Tous les nombres de cette série sont des cubes d'entiers naturels. Il fallait donc trouver 7**2**9, qui n'est autre que le cube de 9.

[5. Nombres premiers]

Exemple : soulignez l'intrus.

71 – 17 – 83 – 29 – 31 – 37 – 23 – 41 – 63 – 19

Tous les nombres de cette série sont des nombres premiers hormis **63.**

[6. Nombres palindromes]

Exemple : soulignez l'intrus.

5665 – 878 – 111 – 4343 – 989 – 2332 – 10901 – 87778

Tous les nombres de cette série sont des nombres palindromes (qui se lisent de la même façon de gauche à droite que de droite à gauche). L'intrus est donc **4343.**

[7. Nombres consécutifs]

Exemple 1 : soulignez l'intrus.

678 – 123 – 78 – 89 – 345 – 45 – 678 – 12 – 245 – 56 – 567

Tous les nombres de cette série sont des nombres dont les chiffres sont consécutifs croissants, **sauf 245.**

Exemple 2 : soulignez l'intrus.

765 – 98 – 21 – 987 – 432 – 32 – 78 – 876 – 54

Tous les nombres de cette série sont des nombres dont les chiffres sont consécutifs décroissants, **sauf 78.**

[8. Progressions inter]

Les progressions INTRA et INTER seront étudiées en profondeur dans le cadre du chapitre consacré aux SERIES DOUBLES de la première partie de cet ouvrage.

Exemple : complétez la série avec l'un des cinq nombres suivants : 134, 879, 193, 454, 890.

824 – 130 – 649 – 253 – 963 – ?

La bonne réponse est ici **879** puisque vous remarquez que les deuxièmes chiffres des nombres de cette série se suivent d'un nombre à l'autre. Donc comme vous le voyez, il arrive que certains chiffres dans les nombres ne servent qu'à faire de la figuration !

824 – 130 – 649 – 253 – 963 – 879

5. Analyser et transformer les nombres

[1. Transformer vos chiffres et nombres en rangs]

Il s'agit ici tout simplement de faire l'opération inverse de celle vue avec les lettres. En effet, s'il vous paraît à présent tout à fait « normal » de transformer vos MOTS en NOMBRES, et bien l'opération inverse existe aussi.

Exemple : complétez la série (un trait correspond ici à un chiffre ou à un nombre).

16-1-18-9-19 est à 6-18-1-3-5 ce que 15-19-12-15 est à 14-__-__-__-__-__-5

En considérant les chiffres et nombres de cette série comme les rangs des lettres de l'alphabet, la série devenait : **PARIS** est à **FRANCE** ce que **OSLO** est à **NORVEGE** (un peu de culture générale ne fait jamais de mal).

Il fallait donc trouver le code correspondant au mot NORVEGE, soit le code : **14-15-18-22-5-7-5.**

Ne vous inquiétez pas ! Dans vos sujets de concours figureront des explications relatives à la façon dont vous devrez aborder la série. Exemple : *« en vous aidant des positions des lettres dans l'alphabet... ».*

[2. Appliquer des opérations de base]

Les opérations à appliquer sur les nombres de vos séries sont :

- L'addition
- La multiplication
- La division
- La mise au carré
- La mise au cube

Exemple 1 : complétez la série (un trait correspond ici à un chiffre ou à un nombre).

677 – 596 – 299 – 794 – 398 – 58_

La bonne réponse est **7** ici. En effet, la somme des chiffres des nombres de cette série est toujours égale à 20.

Exemple 2 : complétez la série (un trait correspond ici à un chiffre ou à un nombre).

645 (15) – 785 (20) – 599 (23) – 987 (__)

Le nombre entre parenthèses est égal à la somme des chiffres du nombre associé.

Ainsi : la somme des chiffres du nombre 645 est bien égale à 15 et la somme des chiffres du nombre 785 est bien égale à 20. On vérifie encore que la somme des chiffres du nombre 599 est égale à 23 pour conclure que la réponse est **987 (24).**

Exemple 3 : complétez la série (un trait correspond ici à un chiffre ou à un nombre).

45 ⇒ 81 ; 67 ⇒ 169 ; 43 ⇒ 49 ; 55 ⇒ 100 ; 98 ⇒ __

Cette série d'un niveau plus difficile fonctionne de la façon suivante : il faut dans un premier temps faire la somme des chiffres du nombre qui se trouve à gauche de la flèche (⇒) puis, dans un second temps, élever la somme obtenue au carré. Ainsi, la somme des chiffres de 45 vaut 9 et le carré de 9 vaut **81.** Cela fonctionne bien entendu également pour 67 ⇒ 169 puisque la somme des chiffres de 67 vaut 13 et que le carré de 13 est égal à **169.** On trouve donc 98 ⇒ 289 car la somme des chiffres de 98 vaut 17 et que le carré de 17 n'est autre que **289**.

[3. Séparer]

Les séparations consistent à « séparer » les nombres en deux ou plusieurs morceaux, et ce, en vue d'appliquer des opérations de base (addition, soustraction…).

Il est possible de séparer au niveau du premier chiffre, du dernier chiffre, ou encore de séparer au milieu.

Exemple 1 : complétez la série (un trait correspond ici à un chiffre).

7694 – 4783 – 8466 – 9137 – 806_

Lorsque vous séparez le nombre 7694 au milieu, vous obtenez 76 puis 94. Vous remarquez alors que la somme des chiffres de 76 (13) est précisément égale à la somme des chiffres de 94 (13). On trouve donc **8062.**

Exemple 2 : complétez la série (un trait correspond ici à un chiffre).

6427 – 3124 – 9364 – 8648 – 42_5

Lorsque vous séparez 6427 en trois morceaux : 6 / **42** / 7, vous comprenez que 42 s'obtient en multipliant 6 par 7. De même pour 3 / **12** / 4 ; 9 / **36** / 4 et 8 / **64** / 8. On trouve donc **4205.**

Exemple 3 : complétez la série (un trait correspond ici à un chiffre).

238 – 4216 – 63216 – 93729 – 44256 – 35_43

Une série difficile. Lorsque vous séparez le nombre 238 en trois morceaux, vous obtenez 2 / 3 / 8 et vous remarquez alors que 2 puissance 3 est égal à 8. De même pour 4216, 4 puissance 2 est égal à 16. On trouve donc **35<u>2</u>43.** En effet 3 puissance 5 est égal à 243.

Exemple 4 : complétez la série (un trait correspond ici à un chiffre).

104 – 71 – 60 – 137 – 9_

Réponse : 3. En séparant au niveau du dernier chiffre, on comprend que pour 104 par exemple, on a 10 et 4 et 10 – 4 = **6.** Aussi pour 71, 7 – 1 = **6**, etc.

[4. Ecouter les nombres]

Exemple 1 : complétez la série (un trait correspond ici à une lettre).

24 (VQ) – 32 (TD) – 65 (SC) – 58 (_ H)

On trouve ici **58 (CH).** En effet, le nombre 24 se lit « V̲ingt-Q̲uatre ». Aussi, VQ entre parenthèses annonce-t-il donc les initiales de 24.

Exemple 2 : complétez la série (un trait correspond ici à une lettre).

Si $6 + 4 = D$ et $3 \times 5 = Q$ alors $3^2 =$ __

Réponse : N. Ici $6 + 4 =$ **D̲ix,** $3 \times 5 =$ **Q̲uinze** et $3^2 =$ **N̲euf.**

3. LES SERIES SIMPLES

Les séries simples sont certainement les séries les plus emblématiques de l'épreuve de logique au concours SESAME. Le concours fait donc rarement l'impasse sur ces séries, **car les écoles apprécient leur aspect minimaliste.**

Vous devez savoir que les séries simples suivent une **logique de construction.** Autrement dit, chaque élément d'une série simple est dépendant des autres éléments de la série et se déduit donc des éléments qui le précèdent. **C'est d'ailleurs pour cette raison qu'il n'y a qu'une et une seule réponse possible dans un test de série simple.**

1. Les séries simples de chiffres

Les séries simples de chiffres sont formées d'une suite de nombres. Le but de chaque série est de continuer la suite de nombres, en tenant compte de règles logiques. Chaque série simple de chiffres se construit selon une logique de progression mathématique. Votre mission est de trouver parmi une myriade de possibilités la progression mathématique qui régit la série.

Une règle de progression est avant tout logique et elle ne vous demande que très rarement des connaissances mathématiques particulières. L'essentiel des progressions logiques se résume à l'utilisation des quatre opérations mathématiques fondamentales : +, –, × et /.

L'instinct et l'observation sont les premières armes du candidat face aux séries simples de chiffres. Néanmoins, pour atteindre les sommets que vous vous êtes fixés, l'apprentissage des règles logiques est une étape essentielle.

Avant de commencer à lister les critères des séries simples de chiffres, nous vous faisons part de deux conseils primordiaux :

- Notez les écarts entre les termes de la suite pour mettre en évidence les progressions ;
- Lisez la série de manière alternée et décalée pour voir plus clairement les combinaisons et les alternances.

[1. Progression arithmétique croissante]

Cette progression consiste à passer d'un nombre au suivant en ajoutant un nombre constant positif. Ce nombre s'appelle la « raison arithmétique ».

Exemple :

1	**4**	**7**	**10**	**13**	**?**

Vous ajoutez dans cet exemple la raison 3 au nombre précédent. Vous devez remplacer le point d'interrogation par 16.

[2. Progression arithmétique décroissante]

Cette progression consiste à passer d'un nombre au suivant en soustrayant un nombre constant positif. Ce nombre s'appelle également la « raison arithmétique ».

Exemple :

547	**541**	**535**	**529**	**523**	**?**

Vous retirez dans cet exemple la raison 6 au nombre précédent. Vous devez remplacer le point d'interrogation par 517.

[3. Progression arithmétique évolutive]

Cette progression consiste à passer d'un nombre au suivant en ajoutant un nombre qui augmente ou qui diminue à chaque fois.

Exemple :

4	**5**	**7**	**10**	**14**	**?**

Vous ajoutez dans cet exemple d'abord 1, puis 2, ensuite 3, etc.

Vous devez remplacer le point d'interrogation par 19, puisque vous devez ajouter 5 à 14.

L'évolution de la progression peut aussi être négative.

Exemple :

85	**80**	**76**	**73**	**71**	**?**

Vous retirez dans cet exemple successivement les nombres 5, 4, 3, 2 et enfin 1. Vous devez remplacer le point d'interrogation par 70.

[4. Progression géométrique croissante]

Cette progression consiste à passer d'un nombre au suivant en multipliant par un nombre constant supérieur à 1. Ce nombre s'appelle la « raison géométrique ».

Exemple :

1	**2**	**4**	**8**	**16**	**?**

Vous multipliez dans cet exemple par la raison 2 le nombre précédent. Vous devez remplacer le point d'interrogation par 32.

[5. Progression géométrique décroissante]

Cette progression consiste à passer d'un nombre au suivant en multipliant par un nombre constant positif inférieur à 1. Ce nombre s'appelle également la « raison géométrique ».

Exemple :

800	**400**	**200**	**100**	**50**	**?**

Vous multipliez dans cet exemple par la raison 1/2 le nombre précédent. Vous devez remplacer le point d'interrogation par 25. Cette progression géométrique décroissante revient à diviser chaque nombre par 2.

[6. Progression géométrique évolutive]

Cette progression consiste à passer d'un nombre au suivant en multipliant par un nombre qui augmente ou qui diminue à chaque fois.

Exemple :

2	**4**	**12**	**48**	**240**	**?**

Vous multipliez dans cet exemple d'abord par 2, ensuite par 3, etc. Vous devez remplacer le point d'interrogation par 1440, puisque vous devez multiplier 240 par 6.

[7. La progression arithmético-géométrique]

La progression arithmético-géométrique est un mélange de la progression arithmétique et de la progression géométrique. Vous devez multiplier le nombre précédent par la raison géométrique, puis ajouter au résultat la raison arithmétique.

Exemple 1 :

1	**3**	**7**	**15**	**31**	**?**

Vous multipliez dans cet exemple par la raison 2 le nombre précédent puis vous ajoutez 1 au résultat.

Vous devez remplacer le point d'interrogation par 63 ($31 \times 2 + 1 = 63$).

Exemple 2 :

3	**11**	**35**	**107**	**323**	**?**

Vous multipliez dans cet exemple par la raison 3 le nombre précédent puis vous ajoutez 2 au résultat.

Vous devez remplacer le point d'interrogation par 971 ($323 \times 3 + 2 = 971$).

[8. Combinaison de séries arithmétiques]

Vous combinez deux séries qui suivent une progression arithmétique : la première a pour premier terme 2 et a une raison égale à 10, tandis que la seconde a pour premier terme 1 et a une raison égale à 4.

2		**12**		**22**		**32**		**?**	
	1		**5**		**9**		**13**		**?**

La série combinée est donc :

2	**1**	**12**	**5**	**22**	**9**	**32**	**13**	**?**	**?**

Vous complétez la série par les nombres 42 et 17.

[9. Combinaison de séries géométriques]

Vous combinez deux séries qui suivent une progression géométrique : la première a pour premier terme 2 et une raison égale à 2, tandis que la seconde a pour premier terme 2 et a une raison égale à 3.

2		4		8		16		?	
	2		6		18		54		?

La série combinée est donc :

2	2	4	6	8	18	16	54	?	?

Vous complétez la série par les nombres 32 et 162.

[10. Combinaisons de séries arithmétiques et géométriques]

Vous combinez deux séries : la première suit une progression arithmétique et a pour premier terme 2 et une raison égale à 4, tandis que la seconde suit une progression géométrique et a pour premier terme 3 et une raison égale à 2.

2		6		10		14		?	
	3		6		12		24		?

La série combinée est donc :

2	3	6	6	10	12	14	24	?	?

Vous complétez la série par les nombres 18 et 48.

[11. Progression alternée arithmétique]

Vous devez alterner deux raisons de progressions arithmétiques :

Exemple :

2	3	5	6	8	9	11	?	?

Vous ajoutez dans cet exemple d'abord 1, puis 2, puis encore 1, puis encore 2, etc. Le modèle est donc du type +1, +2, +1, +2, etc. Vous devez remplacer les points d'interrogation par 12 et 14.

[12. Progression alternée géométrique]

Vous devez alterner deux suites de raisons géométriques :

Exemple :

2	4	12	24	72	144	432	?	?

Vous multipliez dans cet exemple d'abord par 2, puis par 3, puis encore par 2, puis encore par 3, etc. Le modèle est donc du type ×2, ×3, ×2, ×3, etc. Vous devez remplacer les points d'interrogation par 864 et 2592.

[13. Progression alternée arithmétique et géométrique]

Vous devez alterner deux raisons, la première d'une suite arithmétique, la seconde d'une suite géométrique.

Exemple :

2	3	6	7	14	15	30	?	?

Vous ajoutez dans cet exemple d'abord 1, puis vous multipliez par 2, puis vous ajoutez encore 1, puis vous multipliez encore par 2, etc. Le modèle est donc du type +1, ×2, +1, ×2, etc. Vous devez remplacer les points d'interrogation par 31 et 62.

[14. Suite de carrés]

1	4	9	16	25	36	49	64	81	100

[15. Suite de cubes]

1	8	27	64	125	216	343	512	729	1000

[16. Suite de nombres premiers]

1	2	3	5	7	11	13	17	19	23	29

[17. Progression symétrique]

Certaines séries construisent leur règle sur un concept de symétrie simple. La symétrie peut être axiale ou centrale.

Exemple :

121	**232**	**343**	**454**	**565**	**787**	**?**

Voici une série avec une règle de symétrie centrale. Les chiffres sont consécutifs à l'intérieur de chaque nombre et le chiffre de chaque nombre est croissant d'un nombre à l'autre. La réponse attendue est 898.

[18. Progression de type « récurrence »]

Nous l'appelons progression de type récurrence car les termes de la série s'obtiennent en faisant une combinaison d'opérations élémentaires sur les nombres précédents.

Exemple :

1	**2**	**3**	**5**	**8**	**13**	**21**	**?**

Dans cet exemple, chaque terme est égal à la somme des deux termes qui précèdent : $3 = 1 + 2$; $5 = 3 + 2$; $8 = 5 + 3$; $13 = 8 + 5$. La réponse est donc 34, car $21 + 13 = 34$.

Exemple :

4	**2**	**10**	**32**	**106**	**350**	**?**

Dans cet exemple, chaque terme est donné par le triple du terme précédent ajouté du terme précédant le précédent : $10 = 3 \times 2 + 4$; $32 = 3 \times 10 + 2$; $106 = 3 \times 32 + 10$, etc. La solution est donc $350 \times 3 + 106 = 1156$.

[19. Séries « tableau »]

Le principe des séries en tableau est identique aux séries simples de chiffres. Les règles de progression des termes sont identiques. C'est pour cela qu'elles apparaissent dans ce cours.

Un seul élément change, qui n'est pas des moindres : l'ordre des termes. Dans les séries « tableau » se pose le problème de lecture des nombres.

Dans quel ordre ou quel sens faut-il lire les nombres du tableau ?

Nous vous procurons ci-dessous les différents sens de lecture :

Sens horizontal

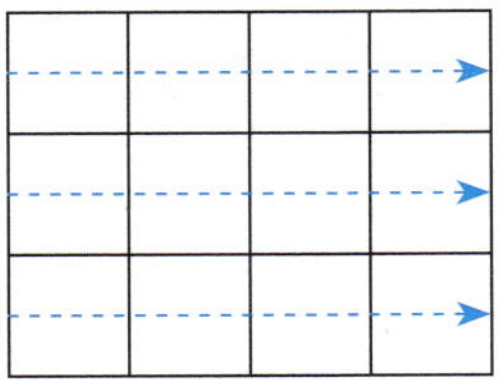

Sens diagonal

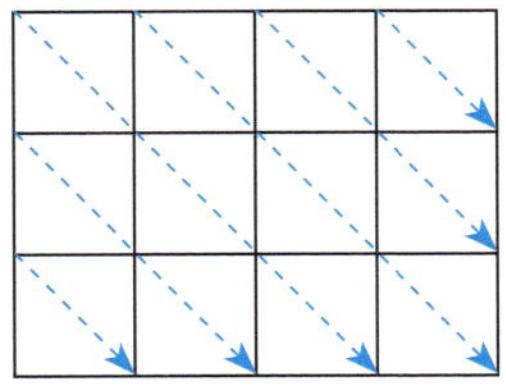

Sens vertical

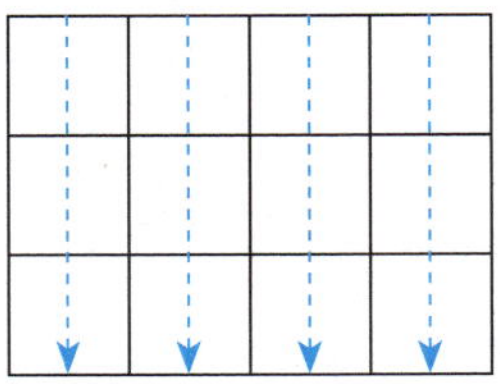

Colimaçon

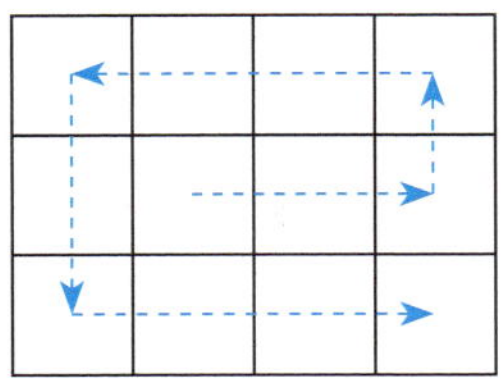

Vous pouvez bien sûr envisager de nombreux autres sens : de la gauche vers la droite, de la droite vers la gauche, du haut vers le bas, de bas en haut, etc.

Exemple :

8	**6**	**4**	**2**
10	**12**	**14**	**16**
?	**22**	**20**	**18**

Concentrez-vous dans un premier temps sur le sens : observez la croissance des nombres. Vous partez en haut à droite pour observer que vous êtes dans un cas de progression horizontal. La suite est la suivante : 2 – 4 – 6 – 8 – 10 – 12 – 14 – 16, etc. La progression est arithmétique de raison 2. La réponse est donc 24.

2. Les séries simples de lettres

[1. Progression arithmétique croissante]

Cette progression consiste à passer d'une lettre à la suivante en ajoutant un nombre de rang constant positif.

Exemple :

C	E	G	I	K	?

Vous ajoutez dans cet exemple deux lettres à la lettre qui précède. Vous devez remplacer le point d'interrogation par M.

[2. Progression arithmétique décroissante]

Cette progression consiste à passer d'une lettre à la suivante en remontant l'alphabet à chaque fois d'un nombre constant de lettres.

Exemple :

T	S	R	Q	P	?

Vous remontez dans cet exemple d'une lettre à chaque fois. Vous devez remplacer le point d'interrogation par O.

[3. Progression arithmétique évolutive]

Cette progression consiste à passer d'une lettre à la suivante en augmentant progressivement le nombre de lettres, qui augmentent ou qui diminuent à chaque fois.

Exemple :

A	B	D	G	K	P	?

Vous ajoutez dans cet exemple d'abord 1 lettre, puis 2 lettres, ensuite 3 lettres, etc. Vous devez remplacer le point d'interrogation par V, en faisant un saut de 5 lettres.

L'évolution de la progression peut aussi être décroissante.

Exemple :

U	**Q**	**N**	**L**	**?**

Vous remontez dans cet exemple de 4 lettres, puis de 3 lettres, puis de 2 lettres, puis d'1 lettre. Vous devez remplacer le point d'interrogation par K.

[4. Combinaison de séries]

Vous devez faire coexister deux suites avec deux logiques différentes au sein d'une même série. La combinaison fait de deux séries une unique série.

Exemple : vous combinez deux séries qui suivent une progression arithmétique : la première a pour premier terme A et a une raison égale à 2, tandis que la seconde a pour premier terme B et a une raison égale à 1.

B		**D**		**F**		**H**		**?**	
	A		**B**		**C**		**D**		**?**

La série combinée est donc :

B	**A**	**D**	**B**	**F**	**C**	**H**	**D**	**?**	**?**

Vous complétez la série par les lettres J et E.

Avant de continuer sur la progression alternée, vous vous dites peut-être que nous avons oublié les progressions de type géométrique. Ne vous inquiétez pas, c'est normal ! Etant donné qu'il n'y a que 26 lettres dans l'alphabet, les séries de lettres qui utilisent une progression géométrique sont très rares, car on dépasse très rapidement le rang de Z. Voici par exemple la plus petite des séries à progression géométrique, celle où l'on multiplie le rang de la lettre précédente par 2 :

A	**B**	**D**	**H**	**P**

Vous voyez bien qu'elle se finit très rapidement.

[5. Progression alternée]

Le principe de la progression alternée est d'utiliser deux critères pour la même série. Chaque critère est appliqué une fois sur deux.

Exemple :

A	C	D	F	G	H	?

La progression alternée dans cet exemple est de type +2/+1. Vous ajoutez d'abord deux lettres dans la première progression, puis seulement une lettre dans la deuxième progression, puis deux lettres dans la troisième progression, puis encore une lettre dans la quatrième progression. Par conséquent, il faut ajouter deux lettres après le H pour placer un J à la place du point d'interrogation.

Exemple :

N	R	P	T	R	V	?

La progression alternée est de type +4/–2 dans cette série. Il faut donc remplacer le point d'interrogation par T.

[6. Progression de type « récurrence »]

Le principe fondamental des séries avec une progression de type « récurrence » est de lier un terme de la série mixte à plusieurs termes précédents dans la série. Vous pouvez additionner, soustraire ou encore multiplier, deux ou trois termes précédents pour trouver la combinaison qui permet de calculer le terme que vous recherchez.

Exemple :

A	B	C	E	H	?

Ici, le rang de chaque lettre est donné par la somme des rangs des deux lettres précédentes. La réponse attendue est donc M.

[7. Les progressions initiales]

La progression de type « initiale » est assez atypique parmi les différents critères de progression et elle vous surprend la plupart du temps lorsque vous la rencontrez. C'est tout à fait normal, puisque la progression de type « initiales » est la seule progression qui ne fonde pas sa logique sur les rangs, mais sur la signification des lettres. C'est une exception à la règle de construction des séries simples. Mais ce type de séries simples de lettres tombe au concours, nous ne pouvions donc pas faire l'impasse sur ce critère. Gardez ce critère en tête comme ultime solution !

Comme l'indique le mot « initiales », cette progression utilise les lettres de la série comme la première lettre d'une suite logique de mots.

Exemple 1 :

U	D	T	Q	C	S	S	H	?

Remarquez qu'ici les critères arithmétiques simples ou évolutifs, les critères alternés et les critères de récurrence ne vous sont d'aucune aide. Tournez-vous alors vers le critère « initiales ». Voilà en fait la série avec les mots écrits au complet : Un, Deux, Trois, Quatre, Cinq, Six, Sept, Huit et donc Neuf. Vous devez finalement remplacer le point d'interrogation par un N.

Exemple 2 :

J	F	M	A	M	J	J	A	?

Cette série vous propose les mois de l'année : Janvier, Février, Mars, Avril, Mai, Juin, Juillet, Août et donc Septembre. La bonne réponse est par conséquent S.

[8. Les séries mixtes]

La série mixte est comme son nom l'indique un mélange entre les séries simples de chiffres et les séries simples de lettres. Les concepteurs de tests logiques n'hésitent pas au concours à tout mélanger pour vous faire passer d'une écriture numérique à une écriture littérale. Cela ne doit pas vous poser de problèmes particuliers, car vous devez être en mesure le jour J de connaître parfaitement vos correspondances entre les lettres et les chiffres.

Pour cela, nous vous rappelons le mot magique : **EJOTY !**

Exemple 1 :

A	3	E	7	I	11	?

Voilà tout simplement une progression arithmétique de raison 2. Pour vous en convaincre, remplacez alors les lettres par leurs rangs : 1 – 3 – 5 – 7 – 9 – 11.

La réponse attendue est donc M, dont le rang est 13.

Exemple 2 :

4	B	17	E	30	H	43	K	?	?

Voilà une combinaison de deux séries complètement indépendantes : la série de chiffres qui est une série à progression arithmétique de raison 13, et la série de lettres qui est à progression arithmétique de raison 3. Il faut donc compléter la série avec un 56 et un N.

Exemple 3 :

C	3	E	5	H	8	L	12	Q	?	?	23

Observez que chaque lettre a son rang inscrit en nombre juste après. Il y a de plus une progression arithmétique croissante de type +1/+2/+3/+4, etc. On attend donc le rang de Q, c'est-à-dire 17, puis le W, dont le rang est égal à 23.

Exemple 4 :

A	B	3	E	H	13	?

Voilà en fait une série de type récurrence, où vous remplacez une lettre sur trois directement par son rang. Par conséquent, comme chaque terme est la somme des deux précédents, la lettre qui suit est le U, dont le rang est égal à 21 (H + 13 = 8 + 13 = 21).

4. LES SERIES GRAPHIQUES

[Une règle d'or]

Avant toute chose, nous vous invitons à appliquer systématiquement la règle d'or suivante : **traduisez et inscrivez sous forme numérique le maximum d'informations mises à votre disposition.**

Autrement dit :

- Inscrivez les nombres de côtés des figures.
- Inscrivez les rangs des lettres.
- Inscrivez les nombres de « barres » des lettres.
- Calculez et inscrivez les écarts qu'il y a entre les nombres.
- Calculez et inscrivez les écarts entre les rangs des lettres.
- Calculez et inscrivez les écarts qu'il y a entre les côtés des figures et les nombres.
- **Inscrivez tout !** Plus vous écrirez d'informations autour de vos séries graphiques et plus vous verrez se profiler les règles logiques à trouver.

Efforcez-vous d'appliquer cette règle. **Vous gagnerez beaucoup de temps**.

1. Séries graphiques et figures

Qui dit *figures* dit :

- Inscrire le nom de la figure et l'initiale de son nom.
- Compter le nombre de côtés.
- Compter le nombre de côtés parallèles.
- Compter le nombre d'angles droits.
- Compter le nombre de points d'intersection qu'il y a entre deux figures.

Exemples :

Dans ce premier exemple, le nombre de côtés est simplement croissant : 3 côtés pour le triangle, 4 côtés pour le parallélogramme, etc. Le nombre de côtés peut bien sûr suivre des progressions plus subtiles.

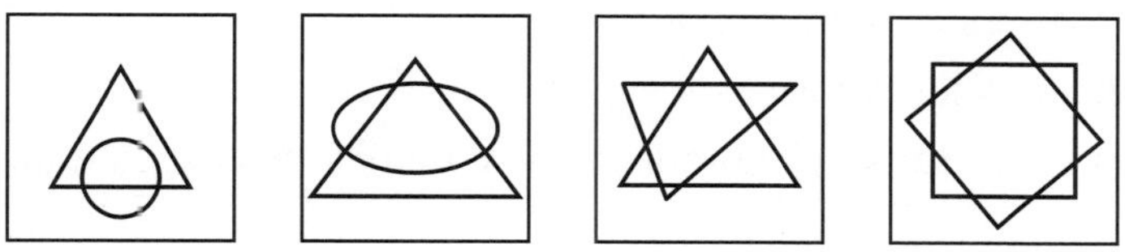

Dans cet exemple, le nombre de points d'intersections entre les deux figures est croissant : 2, puis 4, puis 6 et enfin 8.

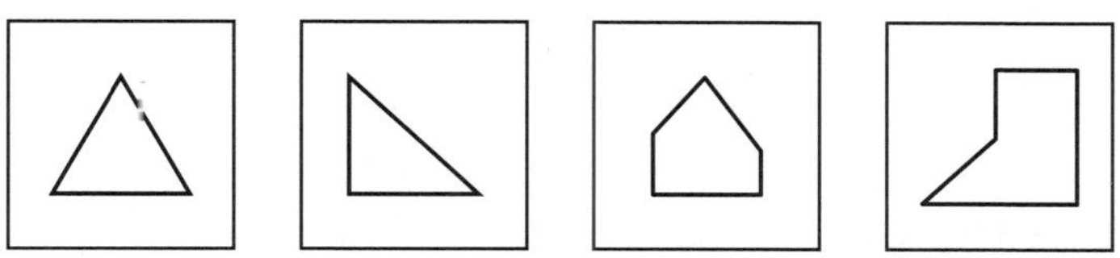

Dans ce dernier exemple, vous observez que le nombre d'angles droits est croissant : d'abord aucun angle droit pour le premier triangle, puis un angle droit pour la deuxième figure, puis 2 et enfin 3. Un rectangle pourrait ainsi compléter la série…

Retenez qu'il est essentiel de tout compter lorsque vous vous retrouvez face aux figures des séries graphiques. Ne laissez rien au hasard !

2. Séries graphiques et nombres

Qui dit *nombres* dit :

- Revoir toutes les règles qui ont été étudiées dans le cadre des séries doubles de chiffres et que vous devez donc connaître sur le bout des doigts.
- Appliquer les opérations suivantes :
  - Somme de chiffres/nombres
  - Différence de chiffres/nombres
  - Produit de chiffres/nombres
  - Quotient de chiffres/nombres
  - Puissance de chiffres/nombres
  - Somme de tous les chiffres d'un nombre
- Attention aux nombres dans leurs formes « séparées ».
- Attention aux sommes et produits des nombres pris « deux à deux » ou « un à trois », « un à quatre »…

Exemple 1 :

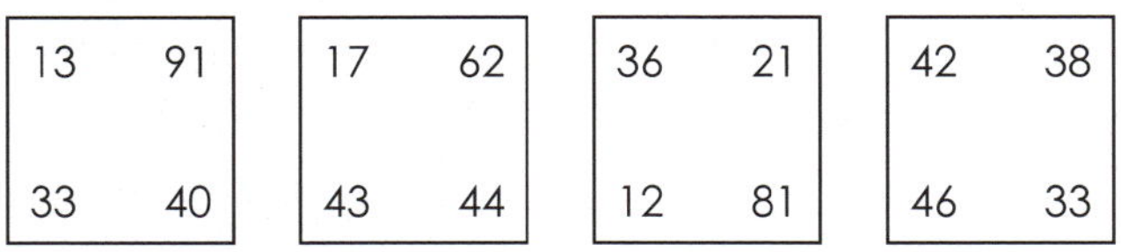

Les nombres sont ici considérés « deux à deux » dans leurs formes « séparées ». Vous devez donc **séparer** les chiffres de chaque nombre. Dans le premier cadre, sur la diagonale allant du côté en haut à gauche au côté en bas à droite, la somme des chiffres est identique aux deux extrémités de la diagonale : $1 + 3 = 4 + 0$. Sur l'autre diagonale, le produit des chiffres à chaque extrémité est égal : $3 \times 3 = 9 \times 1$. On retrouve cette même somme et ce même produit dans les autres cadres : $1 + 7 = 4 + 4$ et $4 \times 3 = 6 \times 2$, etc.

Exemple 2 :

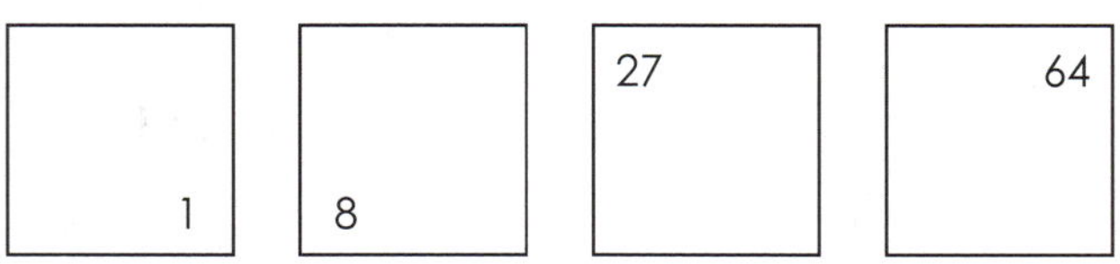

Vous reconnaissez naturellement une suite de cubes.

Exemple 3 :

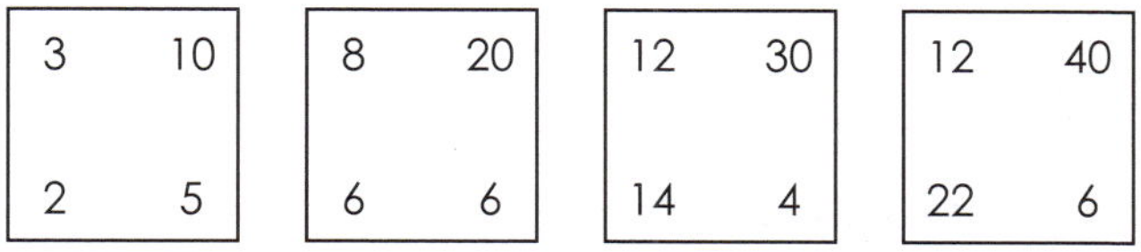

Dans cet exemple, le nombre en haut à droite de chaque cadre est la somme des trois autres nombres. Ainsi, 10 = 3 + 5 + 2 ; 20 = 8 + 6 + 6 ; 30 = 12 + 4 + 14 et enfin 40 = 12 + 6 + 22.

3. Séries graphiques et lettres

Qui dit *lettres* dit :

- Revoir toutes les règles qui ont été étudiées dans le cadre des séries doubles de lettres et que vous devez donc connaître sur le bout des doigts.
- Attention au nombre de « barres » des lettres.
- Attention au « sens » des lettres : les lettres peuvent en effet être des initiales : initiale d'une figure (T pour Triangle), d'un chiffre (S pour 7/Sept), d'une position (H pour Haut, B pour Bas…), d'un symbole (A pour */Astérisque ; D pour #/Dièse, etc.).

Tableau des lettres « à barres » également disponible à la page 136 :

Lettres	A	E	F	H	I	K	L	M	N	T	V	W	X	Y	Z
Barres	3	4	3	3	1	3	2	4	3	2	2	4	2	3	3

Exemples :

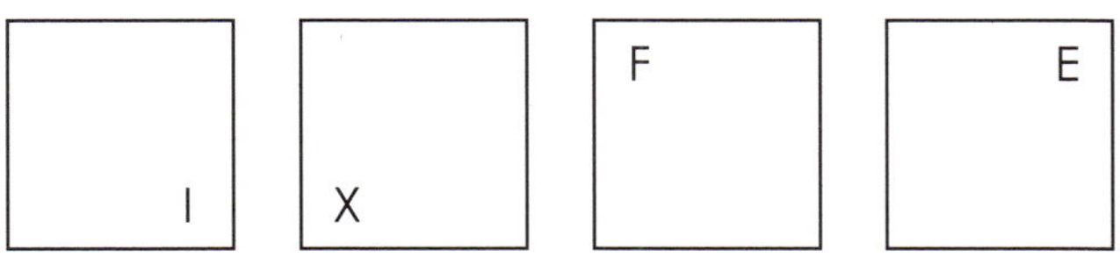

Dans ce premier exemple, le nombre de barres de chaque lettre est croissant : 1 barre pour I, 2 barres pour X, 3 barres pour F et 4 barres pour E.

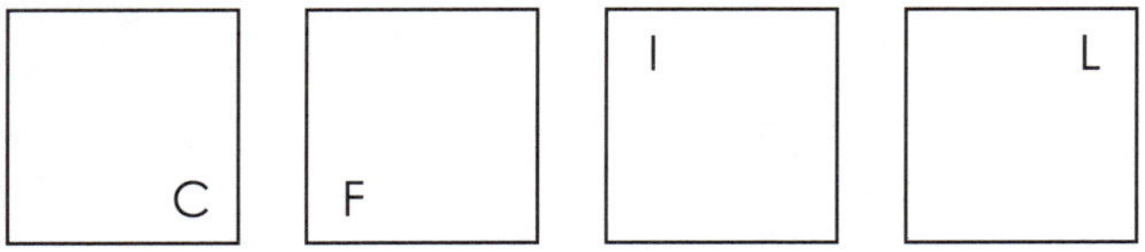

Dans ce deuxième exemple, il y a un saut de deux lettres lorsque l'on passe d'un cadre à l'autre : **C**DE**F**GH**I**JK**L**.

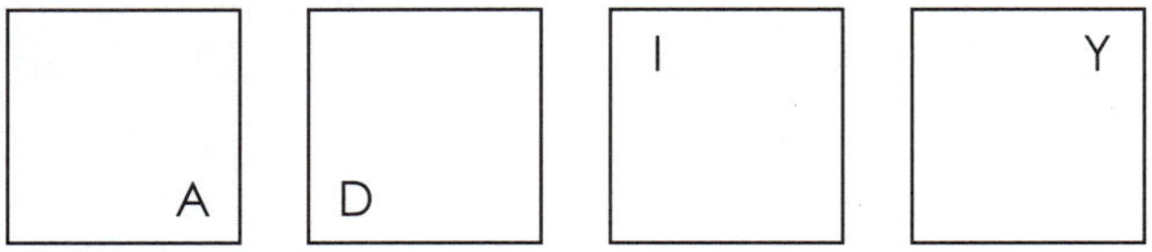

Ici, inscrivez les rangs des lettres au-dessus de chaque cadre : 1 – 4 – 9 – 25. Vous reconnaissez alors la suite des carrés parfaits.

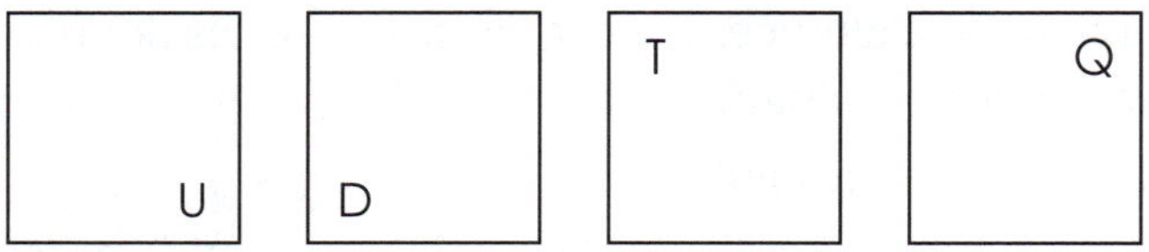

Enfin, vous devez reconnaître ici une suite d'initiales : U pour Un – D pour Deux – T pour Trois – et Q pour Quatre.

4. Séries graphiques et mouvements

Qui dit *mouvements* dit :

- Mouvements de rotation.
- Mouvements circulaires : sens des aiguilles d'une montre ou sens inverse.
- Mouvements d'alternance : alternances horizontale, verticale, diagonale, centrale et axiale.

Exemples :

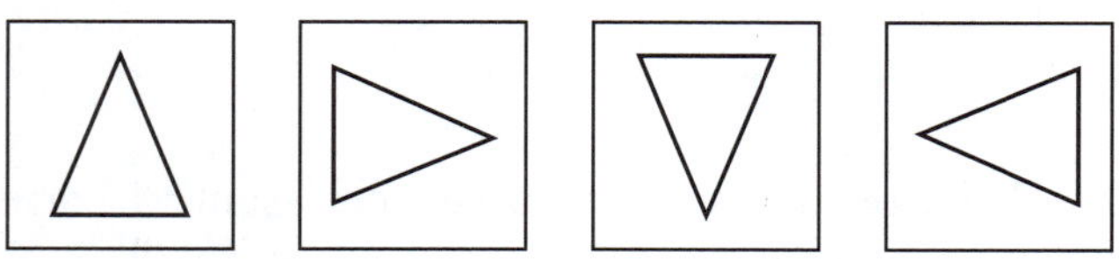

Dans ce premier exemple, il s'agit d'une rotation du triangle de 90° dans le sens des aiguilles d'une montre à chaque nouveau cadre.

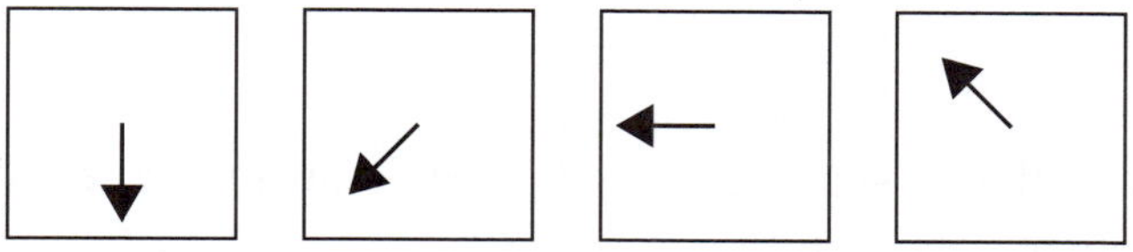

Vous pouvez observer dans cet exemple une rotation de 45° toujours dans le sens des aiguilles d'une montre. Veillez à bien comprendre la notion de rotation : il s'agit d'une rotation sur soi-même, autour du centre de l'objet.

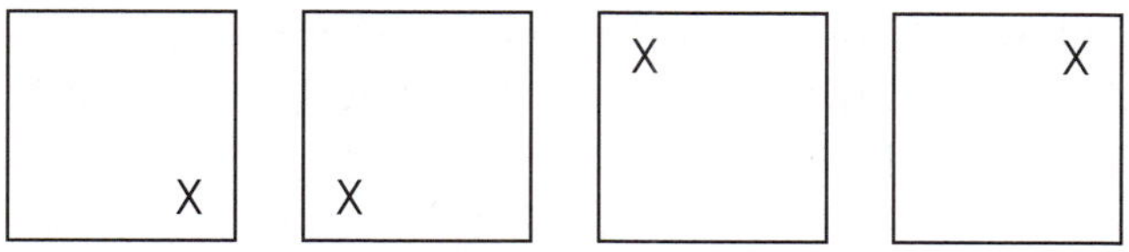

Observez la position du X dans cet exemple : il suit un mouvement de type circulaire dans le sens inverse des aiguilles d'une montre :

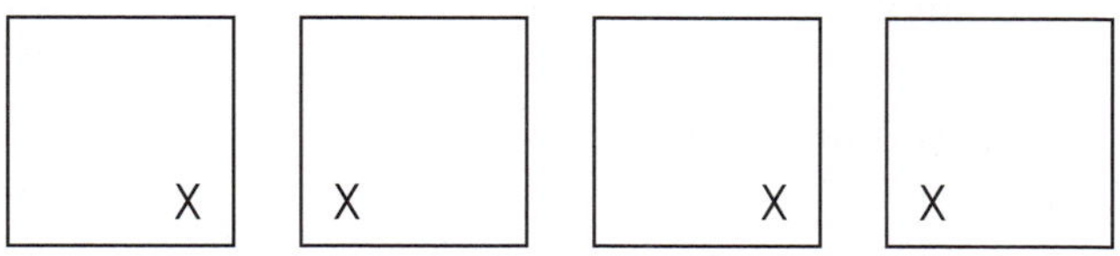

Observez bien les changements de positions du X : il s'agit d'un mouvement alterné horizontal.

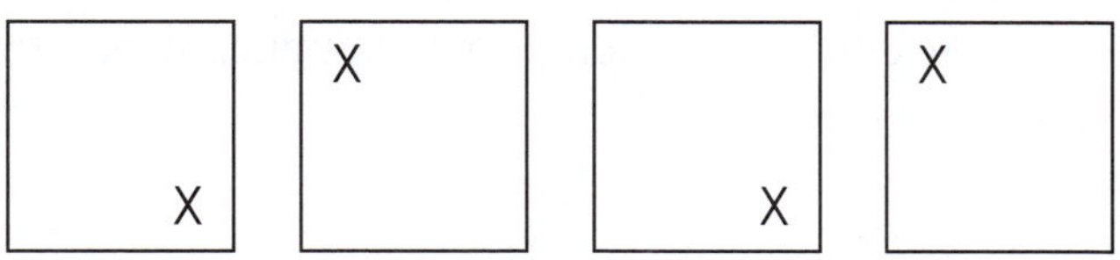

Cet exemple présente un mouvement alterné diagonal.

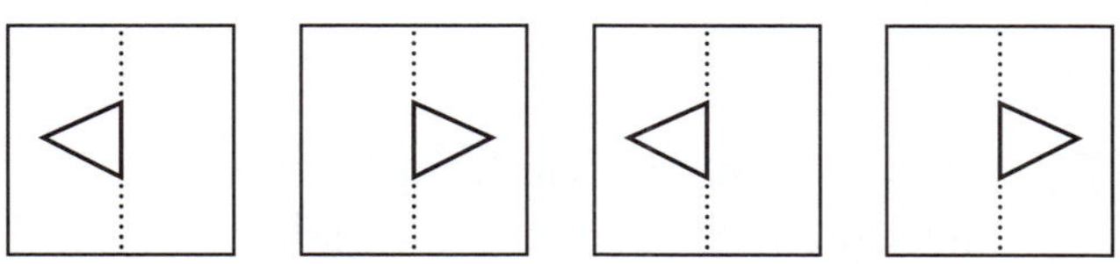

Nous terminons avec le mouvement le moins facile à voir : c'est une alternance le long d'un axe de symétrie.

5. LES DOMINOS

Les dominos sont des pièces rectangulaires sur lesquelles figurent, sur une de leurs faces, deux ensembles de points séparés par un trait.

Le nombre de points va de 0 à 6 (7 chiffres possibles donc). Le zéro est symbolisé par une absence de points (la face est alors vide).

Si vous vous êtes bien entraînés sur les séries de chiffres et les séries graphiques alors les dominos ne vous poseront aucune difficulté. Les dominos ne sont en réalité qu'une forme différente de série de chiffres !

1. Les progressions

Il existe plusieurs types de progressions. Voici quelques exemples de progressions.

1) 1, 2, 3, 4, 5, 6, 0, 1, 2, 3, 4, 5, 6, 0, 1, 2… (on fait +1 à chaque fois et on retient bien sûr qu'après 6 – ou avant 1 – il y a le 0)

2) 1, 3, 5, 0, 2, 4, 6, 1, 3, 5, 0, 2… (on fait +2)

3) 0, 2, 3, 5, 6, 1, 2, 4, 5, 0… (on fait +3 en prenant un chiffre sur 2 : **0**, *2*, **3**, *5*, **6**, *1*, **2**, *4*, **5**, *0*)

4) 2, 1, 0, 0, 5, 6, 3, 5, 1, 4, 6… (on fait –2 un chiffre sur deux en commençant par le premier et on fait –1 un chiffre sur deux en commençant par le deuxième : **2**, *1*, **0**, *0*, **5**, *6*, **3**, *5*, **1**, *4*, **6**…)

2. Les opérations

Il est aussi possible de raisonner en termes d'opérations (addition, multiplication). Voici quelques exemples :

1) 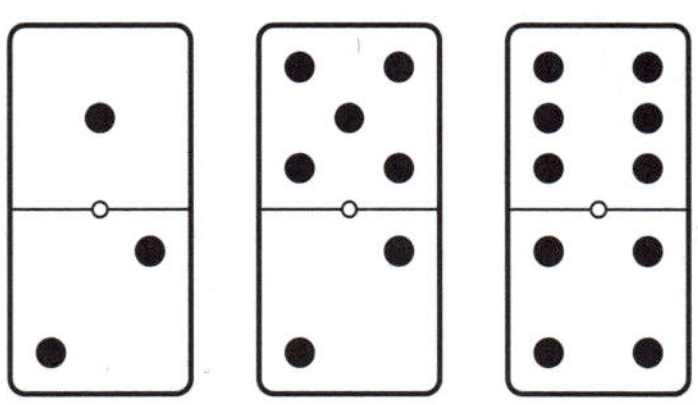

Ici, la somme des faces supérieures des deux premiers dominos est égale à la face supérieure du troisième. Il en est de même pour les faces inférieures.

1 + 5 = 6 et 2 + 2 = 4

2)

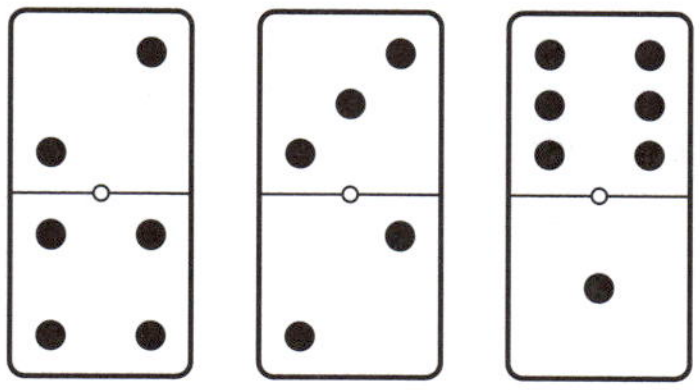

Ici, la face supérieure du premier domino multipliée par la face supérieure du deuxième domino donne la face supérieure du troisième domino.

2 × 3 = 6 et 4 × 2 = 1 (oui, oui ! 4 × 2 = 8 et comme après 6 il y a 0 qui compte comme un 7) et qu'après 0 il y a 1, on considère en effet que 8 = 1… J'espère que vous me suivez !

3)

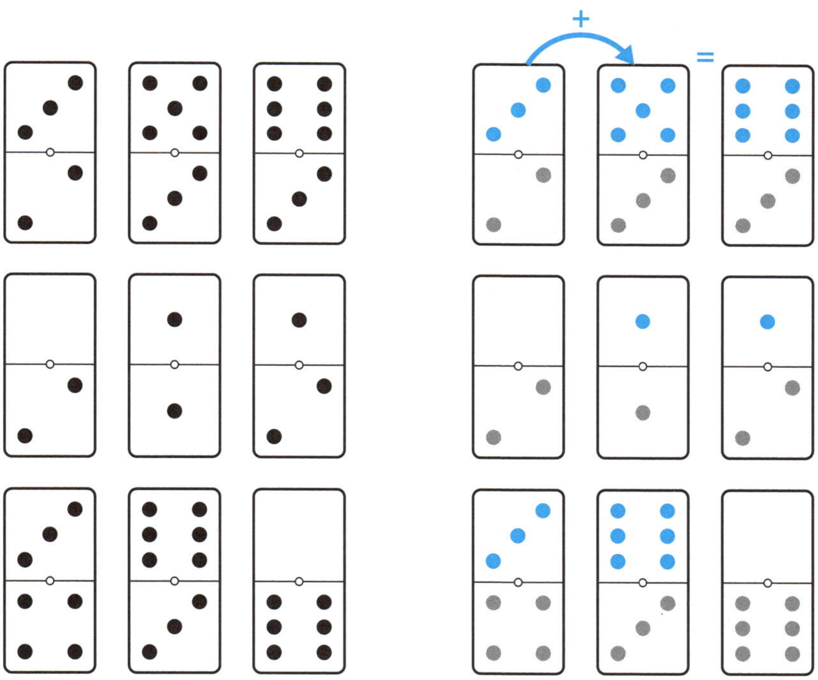

Ici la somme des faces supérieures des deux premières lignes de dominos donne la face supérieure des dominos de la troisième ligne. On remarque aussi que le produit des faces inférieures des deux premières lignes de dominos donne la face inférieure des dominos de la troisième ligne.

3. Les symétries

[1. Symétrie verticale]

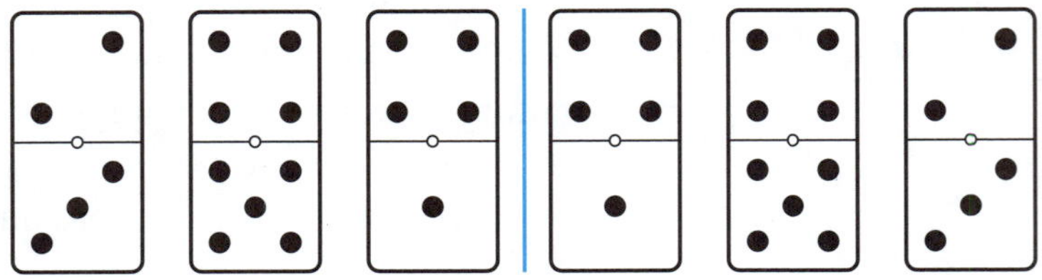

[2. Symétrie horizontale]

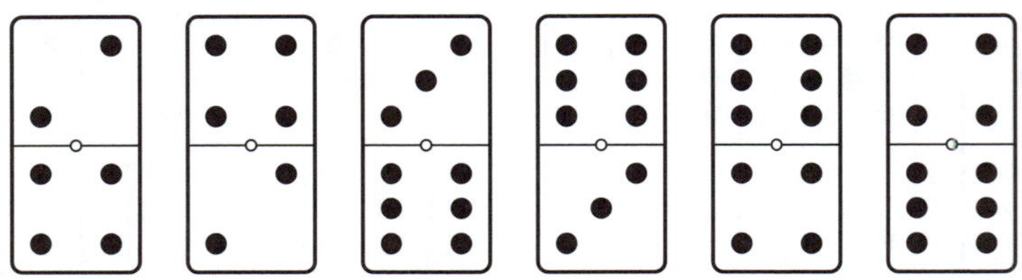

Si vous positionnez les deux dominos – pris deux à deux – l'un sur l'autre, vous remarquez alors qu'ils sont le reflet l'un de l'autre.

4. Les mouvements

Notez qu'il existe aussi plusieurs types de mouvements qui accompagnent les progressions.

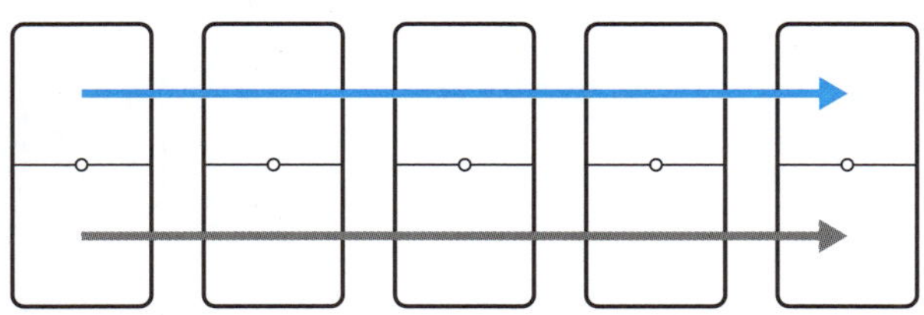

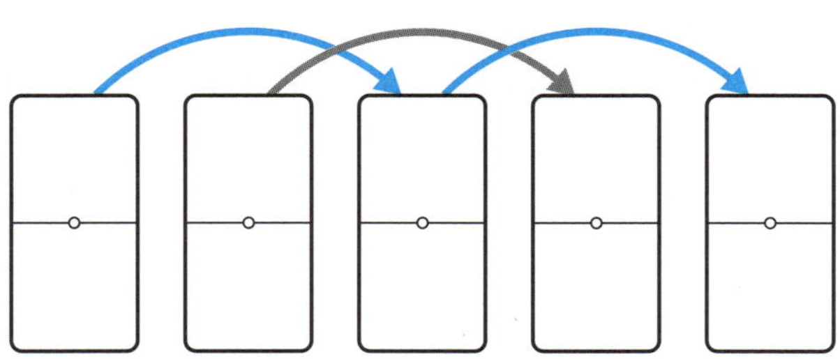

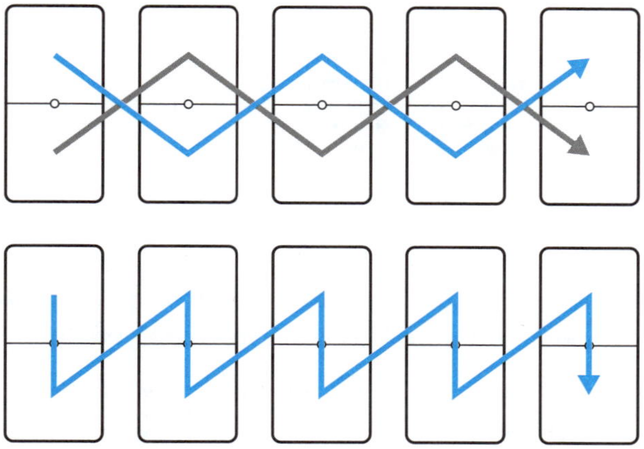

5. Applications

Voici cinq applications pour vous mettre en appétit.

1. 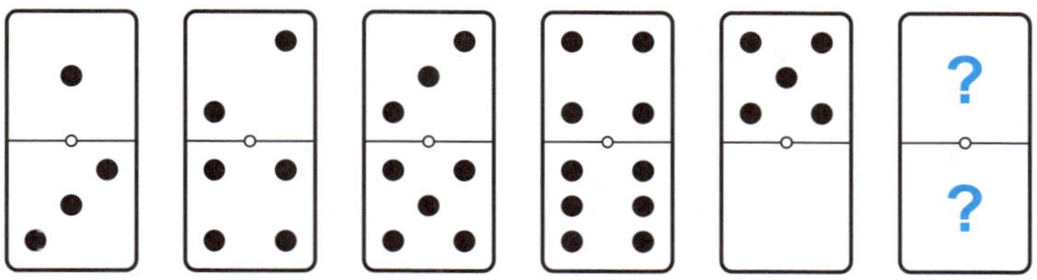

Réponse : 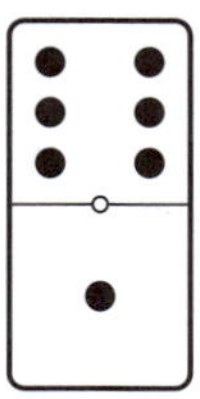

Les parties hautes des dominos progressent selon un mode +1 (1, 2, 3, 4, 5… et donc 6).

Les parties basses progressent elles aussi selon un mode +1 (3, 4, 5, 6, 0… et donc 1).

2. 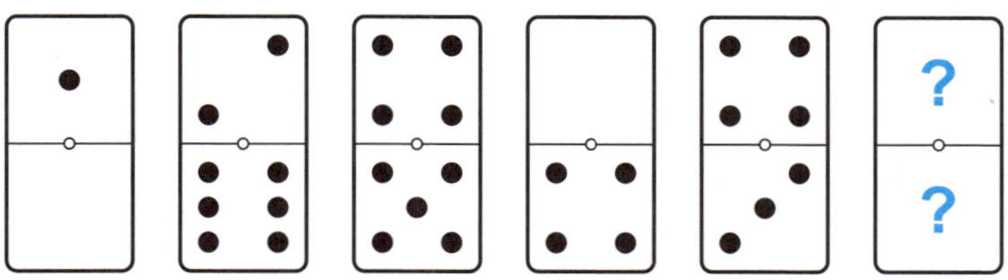

Réponse : 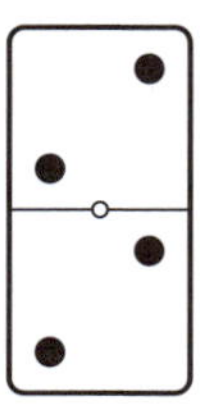

Les parties hautes des dominos progressent selon un mode +1, +2, +3, +4, +5.

Les parties basses progressent selon un mode –1, –1, –1, etc.

3. 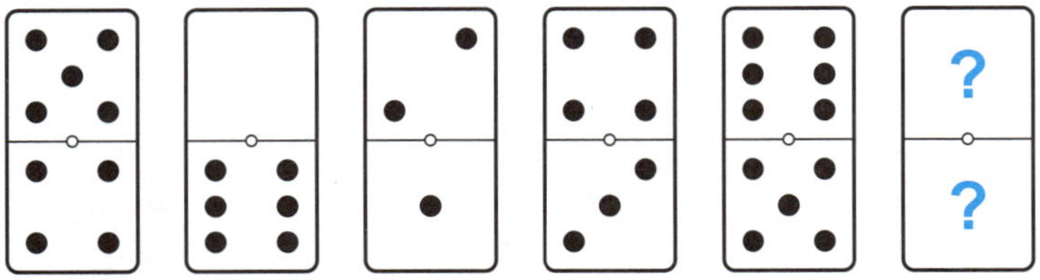

Réponse : 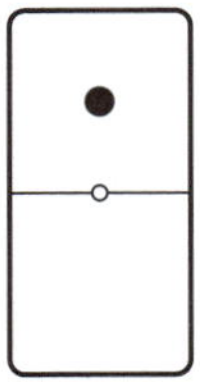

Il s'agit d'une progression croissante en zigzag : on part du 4 en bas, on monte pour atteindre le 5 puis on redescend en bas pour atteindre le 6 et on remonte vers le 0, etc.

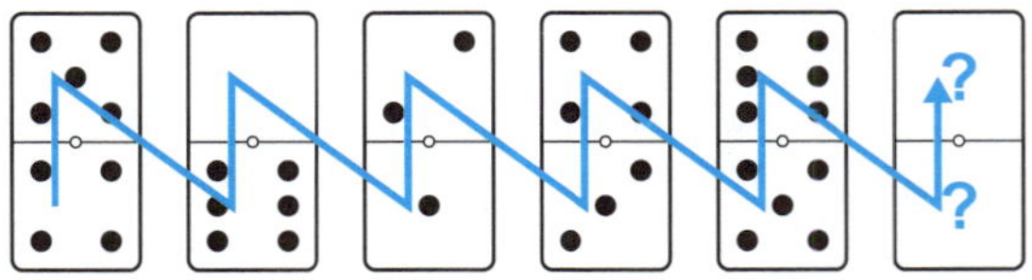

4. 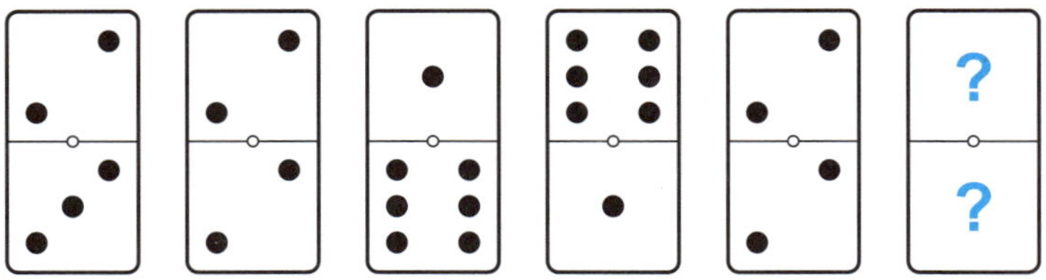

Réponse : 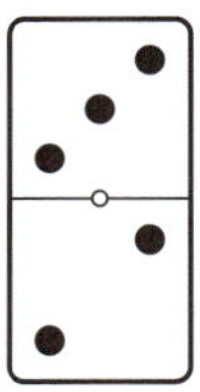

Axe de symétrie au milieu des six dominos.

5. 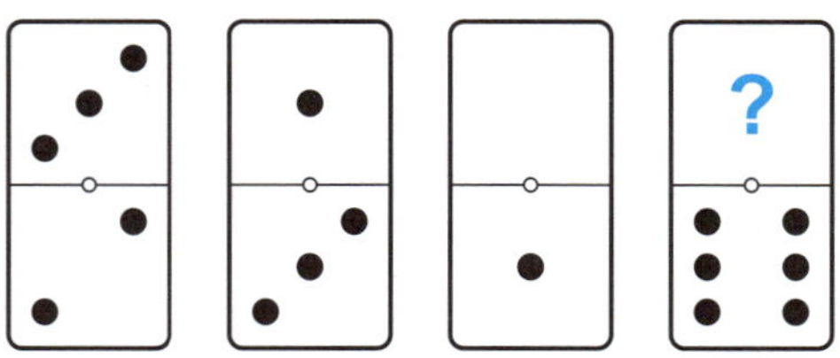

Réponse : 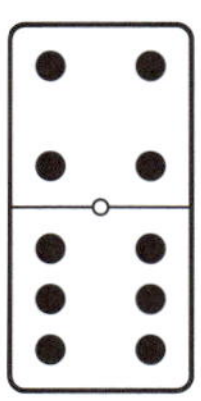

Vous remarquez simplement que la somme des faces inférieures des trois premiers dominos est égale à la face inférieure du quatrième. Il en est de même pour les faces supérieures.

II. L'EPREUVE D'APTITUDES NUMERIQUES

L'épreuve d'aptitudes numériques se repose principalement sur le programme de mathématiques de troisième (simplifications, développements, factorisations, puissances, racines, pourcentages, moyennes, systèmes d'équations, petits problèmes de la vie courante) mais aussi sur les programmes de première et de terminale : vous pouvez en effet tomber sur quelques questions d'analyse très basiques, de dénombrement ou de probabilité… **Franchement, rien de bien méchant.**

Comme pour l'épreuve de logique générale, la grande difficulté réside dans le fait que vous ne disposez que de peu de temps pour répondre aux 15 questions. **Surtout n'oubliez pas que vous n'aurez jamais le droit à la calculatrice.**
Vous allez donc devoir vous remettre à poser des divisions, des multiplications, à faire des calculs mentaux à tout bout de champ.

Nous vous avons préparé un ensemble de **12 fiches de cours** et de **5 fiches méthodes et astuces** qui vous seront d'une grande aide si seulement vous consentez à les apprendre par cœur. Ne passez pas à côté de ces fiches. Vous risqueriez de le regretter !

Fiches de cours

1. Arithmétique
2. Opérations usuelles
3. Pourcentages
4. Equation du second degré
5. Moyennes
6. Géométrie
7. Vitesse – Temps – Distance
8. Raisonnement logique
9. Analyse combinatoire
10. Probabilités
11. Suites
12. Temps de travail

Fiches méthodes et astuces

13. Résoudre une question en testant les réponses proposées
14. La méthode du dernier chiffre
15. La méthode des inconnues entières
16. La méthode des critères de divisibilité
17. Techniques de dénombrement de figures géométriques
18. Techniques de dénombrement de salutations et de rencontres

FICHE 1
ARITHMÉTIQUE

[1. Rappels sur les nombres]

1. Chiffres ou nombres ?

Il n'existe que dix chiffres : **0, 1, 2, 3, 4, 5, 6, 7, 8 et 9.**

En revanche, on dit qu'il existe une infinité de nombres (124, 67 615 273 ou encore 17 387 837 929). Les nombres s'écrivent donc avec un ou plusieurs chiffres et vous aurez donc compris que si les chiffres sont considérés comme des nombres (ainsi 3 est un chiffre mais aussi un nombre), les nombres, eux, ne sont pas tous des chiffres !

2. Entiers naturels

Il s'agit de l'ensemble des nombres entiers positifs, 0 inclus : 0, 1, 2, 3, 4… 100 050, 185 175 719 617, etc. ; il y en a une infinité ! C'est avec l'ensemble des entiers naturels que nous avons tous appris à compter.

3. Entiers relatifs

L'ensemble des nombres entiers relatifs contient l'ensemble des nombres entiers naturels ***plus*** l'ensemble des nombres entiers naturels précédés du signe « – » (ce sont des nombres entiers *négatifs*).

Exemples : 918 ; –12 ; –2 232 ; –11 ; 176 516 ; –10 013 303 ; etc. Là encore, il en existe une infinité.

4. Nombres décimaux

Un nombre décimal est un nombre possédant un développement décimal **limité (*i.e.* que le nombre éventuel de chiffres après la virgule est limité)** et pouvant s'écrire sous la forme $a \times 10^p$ (où a et p sont des entiers relatifs).

Ainsi, des nombres comme –12,87 ; 1,783 ; 8,819716517 ou tout simplement 10 003 sont des nombres décimaux.

> Le nombre *pi* n'est pas un nombre décimal car il possède un développement décimal illimité. En revanche, il existe des approximations dites décimales de π telles que 3,14 ; 3,14159 ou encore 3,1415926.

5. Nombres rationnels

Il s'agit de l'ensemble des nombres qui s'écrivent sous forme fractionnaire p/q avec p et q des entiers relatifs, q étant naturellement toujours différent de 0. Ces nombres admettent un développement décimal **illimité.**

Ainsi : 1/3, 3/4, 2/7, ou encore –12/11 sont des nombres rationnels.

> Les nombres rationnels présentent une particularité qui vous est peut-être déjà familière, à savoir que leur écriture sous la forme de nombres décimaux donne après la virgule une séquence finie de chiffres se répétant continuellement. Ainsi, si vous prenez par exemple la fraction 2/7, vous remarquerez que son écriture décimale donne : 0,285714**285714**28571428… et qu'ici la séquence finie de chiffres qui se répètent continuellement est précisément 285714.

6. Nombres irrationnels

Il s'agit de l'ensemble des nombres **que l'on ne peut écrire** sous la forme fractionnaire p/q avec p et q des entiers relatifs (q étant différent de 0).

Les premiers nombres irrationnels découverts sont les racines carrées des entiers qui ne sont pas des carrés parfaits. Vous noterez ainsi que les racines de 2, de 7 ou encore de 11 sont des nombres irrationnels. Mais ce n'est pas tout. D'autres nombres tels que **pi** ou **e** (nombre exponentiel) sont également des nombres irrationnels puisqu'ils ne peuvent s'écrire, eux non plus, sous formes de fractions.

7. Nombres réels

L'ensemble des nombres réels est l'ensemble le plus large sur lequel on peut vous demander de travailler au concours. Cet ensemble contient notamment l'ensemble des nombres entiers naturels et relatifs, des nombres décimaux mais encore l'ensemble des nombres rationnels et irrationnels.

> En résumé :
> 1. L'ensemble des **nombres rationnels** contient l'ensemble des **nombres décimaux** qui comprend **l'ensemble des nombres entiers.**
> 2. L'ensemble des **nombres rationnels** et l'ensemble des **nombres irrationnels** ne contiennent aucun élément commun, mais, ensemble, ils forment **l'ensemble des nombres réels.**

8. Les nombres premiers

Un nombre premier est un nombre qui n'est divisible **que par lui-même et par 1.**

> 1 n'est pas considéré comme un nombre premier et 2 est le seul nombre premier pair.

Apprenez par cœur les premiers nombres premiers… jusqu'à 101 : **2, 3, 5, 7, 11, 13, 17, 19, 23, 29, 31, 37, 41, 43, 47, 53, 59, 61, 67, 71, 73, 79, 83, 89, 97, 101.**

[2. Décomposition unique en un produit de facteurs premiers]

Vous venez d'apprendre vos nombres premiers (n'est-ce pas ?) et vous n'allez pas le regretter puisque nous allons aborder ici *le* théorème fondamental de l'arithmétique, à savoir la décomposition de tout nombre entier en un produit unique de facteurs premiers.

Si les nombres premiers sont des nombres entiers incassables, transparents… qui n'ont rien à cacher, les autres nombres entiers ont pour leur part *tous* une histoire à raconter. Et pour connaître leur histoire, il suffit de les décomposer en produits uniques de facteurs premiers.

Tout nombre entier peut se décomposer comme un produit unique de facteurs premiers.

Autrement dit, 91 par exemple, se décompose en 7 × 13 avec 7 et 13 qui sont des nombres premiers.

Si l'on qualifie cette décomposition d'**unique,** c'est parce qu'aucun autre nombre ne peut se décomposer de la même façon. On dit ainsi qu'il existe une **correspondance parfaite** entre [7 × 13] et 91. Pour utiliser une jolie image, on pourrait dire que 7 × 13 représente le noyau, l'ADN… l'oxygène de 91.

[3. Divisibles par… et multiples de…]

Si A est divisible par B alors A est un multiple de B.

Prenons à présent le nombre 42. Si l'on décompose 42 en un produit unique de facteurs premiers, cela nous donne : **42 = 2 × 3 × 7** avec 2, 3 et 7 des nombres premiers.

Comme vous l'aurez deviné, il y a d'autres façons d'écrire 42 en un produit de nombres entiers, mais *une seule* en un produit de nombres premiers. Voici toutes les façons d'écrire 42 comme un produit de nombres entiers :

(1) 42 = 1 × 42
(3) 42 = 2 × 21
(5) 42 = 3 × 14
(2) 42 = 6 × 7
(4) 42 = 2 × 3 × 7

Si l'on dresse à présent la liste de tous les nombres qui permettent de décomposer 42 en un produit de nombres entiers, cela nous donne : **1, 2, 3, 6, 7, 14, 21 et 42.**

On dira alors que 42 **est divisible par** 1, 2, 3, 6, 7, 14, 21 et 42 puisque la division de 42 par l'un de ces nombres donne un nombre entier.

On dira également que 42 **est un multiple de** 1, 2, 3, 6, 7, 14, 21 et 42 puisqu'il est possible d'écrire 42 comme le produit de l'un des nombres « 1, 2, 3, 6, 7, 21, 42 » par un autre nombre entier.

En règle générale, on dit qu'**un nombre entier A est un multiple d'un nombre entier B s'il existe un entier C tel que A = B × C**.

On dit également qu'**un nombre entier A est divisible par un nombre entier B si le reste de la division de A par B donne un quotient entier et un reste nul.** Cette dernière règle constitue une excellente transition pour notre prochain point : la division euclidienne.

[4. Division euclidienne]

Si A et B sont deux entiers naturels, B différent de 0, il existe des entiers Q et R déterminés de manière unique par les conditions suivantes :

$$A = B \times Q + R \text{ avec } R \text{ compris entre } 0 \text{ et } B - 1$$

Q s'appelle le quotient de la division de A par B et R s'appelle le reste de cette division. Si le reste est nul, cela signifie qu'il existe un entier Q tel que A = B × Q. On dit alors que B divise A, ou encore que A est un multiple de B.

[5. PPCM]

Le Plus Petit Commun Multiple (PPCM) de deux entiers naturels A et B est le plus petit entier naturel qui soit à la fois multiple de A **et** de B.

Exemple 1 : quel est le PPCM de 30 et 84 ?

Prenons les nombres 30 et 84 et décomposons-les en produits de facteurs premiers. Cela nous donne : 30 = **2 × 3 × 5** et 84 = 2 × 2 × 3 × 7 = $\mathbf{2^2 \times 3 \times 7}$

Pour calculer le PPCM de ces deux nombres, **nous allons sélectionner les facteurs qui figurent au moins une fois dans l'un des produits. Si ces facteurs figurent**

avec des exposants, nous leur attribuerons leur plus grand exposant et nous effectuerons alors le produit de tous ces nombres.

Pour le nombre premier 2, le plus grand exposant est 2. Pour les nombres premiers 3, 5 et 7, le plus grand exposant est 1.

On trouve alors PPCM [30, 84] = $2^2 \times 3 \times 5 \times 7 = 420$

Exemple 2 : quel est le PPCM 72 et 132 ?

Prenons nos deux nombres et décomposons-les en produits de facteurs premiers. Cela nous donne : $72 = 2 \times 2 \times 2 \times 3 \times 3 = \mathbf{2^3 \times 3^2}$ et $132 = 2 \times 2 \times 3 \times 11 = \mathbf{2^2 \times 3^1 \times 11^1}$

Pour le nombre premier 2, le plus grand exposant est 3. Pour le nombre premier 3, le plus grand exposant est 2 ; et pour le nombre premier 11, le plus grand exposant est 1.

On trouve alors : PPCM [72, 132] = $2^3 \times 3^2 \times 11 = 8 \times 9 \times 11 = 792$

Entraînez-vous à présent à trouver le PPCM des nombres suivants :
[36 et 24] ; [100 et 12] ; [144 et 81] puis [18 et 16]

Réponses : [36 et 24] : 72 ; [100 et 12] : 300 ; [144 et 81] : 1 296 ; [18 et 16] : 144

[6. PGCD]

Le Plus Grand Commun Diviseur (PGCD) de deux entiers naturels A et B est le plus grand entier naturel qui divise à la fois A <u>**et**</u> B.

[Exemple : quel est le PGCD de 72 et 132 ?]

La décomposition de ces deux nombres en produits de facteurs premiers nous donne : $72 = 2 \times 2 \times 2 \times 3 \times 3 = \mathbf{2^3 \times 3^2}$ et $132 = 2 \times 2 \times 3 \times 11 = \mathbf{2^2 \times 3^1 \times 11^1}$

Pour calculer le PGCD de ces deux nombres, **nous allons sélectionner les facteurs communs (*i.e.* présents dans les deux produits). S'ils figurent avec des exposants, nous leur attribuerons leur plus petit exposant et nous effectuerons alors le produit de tous ces nombres.**

On trouve alors : PGCD [72, 132] = $2^2 \times 3^1 = 4 \times 3 = 12$

Entraînez-vous à présent à trouver le PGCD des nombres suivants :
[36 et 24] ; [100 et 12] ; [144 et 81] puis [18 et 16]

Réponses : [36 et 24] : 12 ; [100 et 12] : 4 ; [144 et 81] : 9 ; [18 et 16] : 2

[7. Critères de divisibilité]

Vous devez savoir que les épreuves de **calcul** et de **conditions minimales** font largement appel à votre maîtrise parfaite du calcul mental : vous serez en effet souvent amenés à faire des calculs simples mais rapides de tête (additions, multiplications, puissances, simplification de fractions). Souvenez-vous que vous n'avez jamais le droit à la calculatrice et que vous serez condamnés à identifier rapidement si tel nombre est divisible par 4 ou si tel autre est divisible par 6.

Connaître vos critères de divisibilité est également un prérequis nécessaire si vous souhaitez décomposer rapidement un nombre en un produit de facteurs premiers ou si vous souhaitez simplifier une fraction. Sachez enfin que reconnaître en **logique** une série composée de nombres qui sont tous divisibles par 9 ou 11 vous permettra de gagner très facilement des points ô combien précieux au concours.

1. Critère de divisibilité par 2

Un nombre N est divisible par 2 si, et seulement si, il se termine par les chiffres 0, 2, 4, 6 ou bien 8… Autrement dit, si, et seulement si, il est pair.

Exemples de nombres divisibles par 2 : **0, 14, 898, 123 456**

2. Critère de divisibilité par 3

Un nombre N est divisible par 3 si, et seulement si, la somme de ses chiffres est divisible par 3.

Exemples de nombres divisibles par 3 : **0, 12, 45, 99, 111, 189, 768, 123 456**

3. Critère de divisibilité par 4

Un nombre N est divisible par 4 si, et seulement si, il se termine par 2 chiffres AB constituant un nombre divisible par 4.

Exemples de nombres divisibles par 4 : **0, 12, 96, 144, 2 028, 162 536, 7 115 308**

4. Critère de divisibilité par 5

Un nombre N est divisible par 5 si, et seulement si, il finit par 0 ou 5.

Exemples de nombres divisibles par 5 : **0, 10, 125, 121 175, 1 971 860**

5. Critère de divisibilité par 6

Un nombre N est divisible par 6 si, et seulement si, il est divisible par 2 et par 3.

Exemples de nombres divisibles par 6 : **0, 42, 54, 114, 594, 612, 6 172 194**

6. Critère de divisibilité par 9

Un nombre N est divisible par 9 si, et seulement si, la somme de ses chiffres est divisible par 9.

Exemples de nombres divisibles par 9 : **0, 18, 54, 117, 234, 504, 927, 617 891 751**

7. Critère de divisibilité par 10

Un nombre N est divisible par 10 si, et seulement si, il se termine par 0.

Exemples de nombres divisibles par 10 : **0, 10, 110, 278 270**

8. Critère de divisibilité par 11

Critère général : un nombre N est divisible par 11 si, et seulement si, la différence entre la somme de ses chiffres de rang impair et celle de ses chiffres de rang pair est un multiple de 11 (0, 11, 22, etc.). Ainsi, le nombre 1 485 est divisible par 11 puisque que l'on a bien $(1 + 8) - (4 + 5) = 9 - 9 = 0$.

Exemples de nombres divisibles par 11 : **0, 22, 88, 99, 275, 451, 704, 814, 72 556**

Attention ! Erreur fréquente : 111 ou 333 ne sont pas divisibles par 11.

[8. Pair ou impair ?]

Un nombre pair est un entier positif qui se termine par 0, 2, 4, 6 ou 8.

Un nombre impair est un entier positif qui se termine par 1, 3, 5, 7 ou 9.

1. Addition de nombres pairs/impairs

Soit P un nombre pair et I un nombre impair ; on a :

$P + P = P$	$P + I = I$	$I + I = P$

2. Multiplication de nombres pairs/impairs

Soit P un nombre pair et I un nombre impair ; on a :

$P \times P = P$	$P \times I = P$	$I \times I = I$

[9. Nombres consécutifs]

On dit que deux nombres entiers sont consécutifs s'ils… se suivent ! Ainsi : 3 et 4 sont consécutifs, de même que 167 et 168.

On dit également que 9, 10, 11 et 12 sont des **nombres entiers consécutifs croissants,** tandis que 19, 18, 17, 16 et 15 sont des **nombres entiers consécutifs décroissants.**

On dit enfin que 22, 24, 26, 28 et 30 sont des **nombres entiers pairs consécutifs croissants** et que 87, 85, 83 et 81 sont des **nombres entiers impairs consécutifs décroissants.**

Concernant les nombres consécutifs, nous vous invitons à connaître les propositions suivantes qui pourront vous être utiles au concours :

1) La somme de deux nombres entiers consécutifs (croissants ou décroissants) est toujours **impaire.** Ainsi, 16 + 17 = 33 et 224 + 223 = 447. **Rappel : P + I = I.**
2) La somme de quatre nombres entiers consécutifs (croissants ou décroissants) est toujours **paire.** Ainsi, 2 + 3 + 4 + 5 = 14.
3) La moyenne de trois nombres entiers consécutifs (croissants ou décroissants) est égale au deuxième d'entre eux. Ainsi, la moyenne des nombres 3, 4 et 5 est égale à 4 et la moyenne de 98, 97 et 96 est égale à 97.
4) Le produit de deux nombres entiers consécutifs (croissants ou décroissants) est toujours **pair. Rappel : P × I = P.**

[10. Jargon arithmétique]

Dans certains énoncés, vous aurez affaire à du jargon arithmétique qui pourra parfois s'avérer quelque peu déstabilisant.

Si vous savez en effet ce que signifie « le double de », « le triple de » ou « le quadruple de », vous hésitez parfois sur la signification des mots « quintuple », « nonuple » ou « décuple ». Petit rappel donc :

– Quadruple	4 fois
– Quintuple	5 fois
– Sextuple	6 fois
– Septuple	7 fois
– Octuple	8 fois
– Nonuple	9 fois
– Décuple	10 fois
– Dodécuple ou Duodécuple	12 fois
– Centuple	100 fois

[11. Tables de multiplication, de carrés et de cubes]

Aussi bizarre que cela puisse vous paraître, vous devez absolument connaître par cœur vos carrés de 1 à 20 et vos cubes de 1 à 10, absolument par cœur ! **Et oui, que ce soit en calcul, en conditions minimales ou en logique, vous devrez dans de nombreux cas faire appel à eux pour gagner en rapidité et en efficacité.**

Astuce 1 : calculer les carrés de nombres qui se terminent par 5

Pour calculer le carré d'un nombre qui se termine par **5,** il suffit dans un premier temps d'isoler le chiffre ou le nombre qui se trouve avant le dernier chiffre (5, donc) et de le multiplier par son suivant. Et il suffit ensuite d'associer au résultat obtenu le nombre 25.

Premier exemple : si vous désirez calculer 25^2, il suffit de multiplier le premier chiffre (qui vaut 2) par son suivant (qui vaut 3) : 2 × 3 = <u>6</u> puis d'associer **25** à <u>6</u> pour obtenir <u>6</u>**25**. Ainsi, 25 au carré est égal à 625.

Deuxième exemple : calculons 115^2 (pourquoi pas !) Pour cela, on multiplie 11 par son suivant (12) pour obtenir 11 × 12 = 132 et on associe ensuite 25 à 132 soit 13 225 et on trouve donc que le carré de 115 est égal à 13 225.

Astuce 2 : calculer des carrés consécutifs

Si vous connaissez le carré d'un entier N, il suffit d'**ajouter $2N + 1$** à ce carré pour trouver la valeur du carré de l'entier suivant.

Ainsi, si vous connaissez le carré de 20 (soit $N = 20$ et $N^2 = 400$) alors il est très facile de trouver le carré de 21 qui vaut 400 + **(2 × 20 + 1)** = 441.

Astuce 3 : jouer les écarts !

Cette astuce est absolument géniale !

En fait, lorsque vous connaissez vos carrés par cœur, il devient très facile de calculer certains produits de nombres entiers.

Exemple 1 : si vous connaissez par exemple le carré de 12, alors 12 × 13 ne doit plus avoir de secret pour vous puisqu'il suffit d'ajouter 12 au carré de 12. En effet : $12 \times 13 = 12 \times (12 + 1) = 12^2 + 12 = 144 + 12 = 156$. Mais ce n'est pas tout.

Exemple 2 : disons que vous souhaitiez calculer à présent 13 × 17.

Dans ce cas, vous devez constater que 13 comme 17 sont « écartés » de 15 de façon égale ($17 = \mathbf{15} + 2$ et $13 = \mathbf{15} - 2$) pour conclure que $13 \times 17 = 221$. Il suffit en effet de constater simplement que $13 \times 17 = (15 - 2) \times (15 + 2) = 15^2 - 2^2 = 225 - 4 = 221$.

Exemple 3 : calculons à présent 19×21.

19 et 21 sont « écartés » de 20 de façon égale. On peut donc appliquer l'astuce des écarts puisque $19 \times 21 = (20 - 1) \times (20 + 1) = 20^2 - 1^2 = 400 - 1 = 399$.

Quelques applications pour terminer **(rappel : $A^2 - B^2 = (A - B)(A + B)$)** :

13×14

$13 \times 14 = 13^2 + 13 = 169 + 13 = 182$

12×16

$12 \times 16 = 14^2 - 4 = 196 - 4 = 192$

23×27

$23 \times 27 = 25^2 - 4 = 625 - 4 = 621$

26×34

$26 \times 34 = 30^2 - 16 = 900 - 16 = 884$

97×103

$97 \times 103 = 100^2 - 9 = 10\,000 - 9 = 9\,991$

17×19

$17 \times 19 = 18^2 - 1 = 324 - 1 = 323$

Tables de multiplication, carrés et premiers nombres premiers

	1	**2**	**3**	**4**	**5**	**6**	**7**	**8**	**9**	**10**	**11**	**12**	**13**	**14**	**15**	**16**	**17**	**18**	**19**	**20**
1	**1**	**2**	**3**	4	**5**	6	**7**	8	9	10	**11**	12	**13**	14	15	16	**17**	18	**19**	20
2	**2**	**4**	6	8	10	12	14	16	18	20	22	24	26	28	30	32	34	36	38	40
3	**3**	6	**9**	12	15	18	21	24	27	30	33	36	39	42	45	48	51	54	57	60
4	4	8	12	**16**	20	24	28	32	36	40	44	48	52	56	60	64	68	72	76	80
5	**5**	10	15	20	**25**	30	35	40	45	50	55	60	65	70	75	80	85	90	95	100
6	6	12	18	24	30	**36**	42	48	54	60	66	72	78	84	90	96	102	108	114	120
7	**7**	14	21	28	35	42	**49**	56	63	70	77	84	91	98	105	112	119	126	133	140
8	8	16	24	32	40	48	56	**64**	72	80	88	96	104	112	120	128	136	144	152	160
9	9	18	27	36	45	54	63	72	**81**	90	99	108	117	126	135	144	153	162	171	180
10	10	20	30	40	50	60	70	80	90	**100**	110	120	130	140	150	160	170	180	190	200
11	**11**	22	33	44	55	66	77	88	99	110	**121**	132	143	154	165	176	187	198	209	220
12	12	24	36	48	60	72	84	96	108	120	132	**144**	156	168	180	192	204	216	228	240
13	**13**	26	39	52	65	78	91	104	117	130	143	156	**169**	182	195	208	221	234	247	260
14	14	28	42	56	70	84	98	112	126	140	154	168	182	**196**	210	224	238	252	266	280
15	15	30	45	60	75	90	105	120	135	150	165	180	195	210	**225**	240	255	270	285	300
16	16	32	48	64	80	96	112	128	144	160	176	192	208	224	240	**256**	272	288	304	320
17	**17**	34	51	68	85	102	119	136	153	170	187	204	221	238	255	272	**289**	306	323	340
18	18	36	54	72	90	108	126	144	162	180	198	216	234	252	270	288	306	**324**	342	360
19	**19**	38	57	76	95	114	133	152	171	190	209	228	247	266	285	304	323	342	**361**	380
20	20	40	60	80	100	120	140	160	180	200	220	240	260	280	300	320	340	360	380	**400**

Table de carrés

CARRES									
1^2	1	6^2	36	11^2	121	16^2	256	21^2	441
2^2	4	7^2	49	12^2	144	17^2	289	22^2	484
3^2	9	8^2	64	13^2	169	18^2	324	23^2	529
4^2	16	9^2	81	14^2	196	19^2	361	24^2	576
5^2	25	10^2	100	15^2	225	20^2	400	25^2	625

Table de cubes

CUBES			
1^3	1	7^3	343
2^3	8	8^3	512
3^3	27	9^3	729
4^3	64	10^3	1 000
5^3	125	11^3	1 331
6^3	216	12^3	1 728

FICHE 2
OPÉRATIONS USUELLES

[1. Puissances]

Soit n un entier naturel supérieur ou égal à deux et A un nombre réel.

$$A^n = A \times A \times \ldots \times A \ (n \text{ fois})$$

A^n est lu « A puissance n » ou « A exposant n ». En particulier, le **carré** et le **cube** sont des puissances d'exposant 2 et 3 respectivement.

Manipulations fondamentales

Soient A, B et C des nombres réels non nuls ; soient n et p des entiers naturels.

(1) $A^0 = 1$	(2) $A^{-n} = \dfrac{1}{A^n}$	(3) $A^n \times A^p = A^{n+p}$
(4) $\dfrac{A^n}{A^p} = A^{n-p}$	(5) $(A^n)^p = A^{n \times p}$	(6) $\dfrac{A^n}{B^n} = \left(\dfrac{A}{B}\right)^n$
(7) $\sqrt{A} = A^{\frac{1}{2}}$ (A positif)	(8) $A^n \times B^n \times C^n = (A \times B \times C)^n$	(9) $A^n \times A^{-n} = 1$

Identités remarquables

Trois petites égalités à connaître par cœur !

Soient A et B des nombres réels.

(1) $(A + B)^2 = A^2 + B^2 + 2AB$ (2) $(A - B)^2 = A^2 + B^2 - 2AB$

(3) $(A - B)(A + B) = A^2 - B^2$

[2. Fractions]

A retenir !

Dans la fraction $\dfrac{a}{b}$, a est appelé **numérateur** et b est appelé **dénominateur.**

Soient a, b, c et d des nombres entiers non nuls, alors :

$$\frac{a}{b} = \frac{c}{d} \Leftrightarrow a \times d = b \times c$$

Soient a, b et x des nombres entiers non nuls, alors :

$$x = a \times b \Leftrightarrow a = \frac{x}{b} \Leftrightarrow b = \frac{x}{a} \Leftrightarrow \frac{a}{x} = \frac{1}{b} \Leftrightarrow \frac{b}{x} = \frac{1}{a}$$

Manipulations fondamentales

Soient a, b, x et y des nombres entiers non nuls.

$$(1)\ \frac{a}{b} + \frac{x}{y} = \frac{a \times y + b \times x}{b \times y} \qquad (2)\ a \times \frac{x}{y} = \frac{a \times x}{y} \qquad (3)\ \frac{a}{b} \times \frac{x}{y} = \frac{a \times x}{b \times y}$$

$$(4)\ \frac{1}{\frac{1}{a}} = a \qquad (5)\ \frac{\frac{a}{b}}{x} = \frac{a}{b \times x} = \frac{a}{b} \times \frac{1}{x} \qquad (6)\ \frac{\frac{a}{b}}{\frac{x}{y}} = \frac{a}{b} \times \frac{y}{x}$$

Simplifier une fraction

Simplifier une fraction consiste à transformer une fraction en une autre **avec un numérateur et un dénominateur qui sont les plus petits possibles.**

Si les fractions 2/3 ou 13/7 ne sont pas simplifiables (2 et 3 comme 13 et 7 n'ont pas de facteur commun), des fractions comme 14/4 ou 21/105 en revanche le sont !

Pour simplifier une fraction, on utilise le principe suivant :

> **On ne change pas la valeur d'une fraction si l'on divise ou multiplie le numérateur et le dénominateur par un même nombre non nul.**

$$\frac{14}{4} = \frac{\cancel{2} \times 7}{\cancel{2} \times 2} = \frac{7}{2} \text{ et } \frac{21}{105} = \frac{\cancel{7} \times 3}{\cancel{7} \times 15} = \frac{3}{15} = \frac{\cancel{3} \times 1}{\cancel{3} \times 5} = \frac{1}{5}$$

7/2 et 1/5 sont appelées **fractions irréductibles,** *i.e.* on ne peut simplifier davantage.

[3. Racines carrées]

La racine carrée d'un nombre réel positif A est le nombre positif dont le carré vaut A.

Manipulations fondamentales

Soient A et B deux nombres réels positifs non nuls et C un nombre réel quelconque.

(1) $\sqrt{C^2} = C$ si C est positif ou $-C$ si C est négatif

(2) $\sqrt{A} = A^{\frac{1}{2}}$ (3) $\sqrt{A} \times \sqrt{B} = \sqrt{A \times B}$ (4) $\frac{\sqrt{A}}{\sqrt{B}} = \sqrt{\frac{A}{B}}$

(5) $(\sqrt{A})^n = A^{\frac{n}{2}}$ (6) $\sqrt{A+B} < \sqrt{A} + \sqrt{B}$

Quelques approximations pour terminer :

$\sqrt{2} \approx 1{,}414$ $\sqrt{3} \approx 1{,}732$ $\sqrt{5} \approx 2{,}236$ $\sqrt{7} \approx 2{,}646$ $\sqrt{10} \approx 3{,}162$

[4. Quantité (ou partie) conjuguée]

La quantité conjuguée de « $a - b$ » est « $a + b$ ». On multiplie souvent un quotient par la quantité conjuguée au numérateur et au dénominateur pour supprimer les racines carrées au dénominateur grâce à l'identité remarquable : $(a - b)(a + b) = a^2 - b^2$.

Ex. : $\frac{2}{\sqrt{2} - 2} = \frac{2}{\sqrt{2} - 2} \times \frac{\sqrt{2} + 2}{\sqrt{2} + 2} = \frac{2(\sqrt{2} + 2)}{-2} = (\sqrt{2} + 2) = -2 - \sqrt{2}$

[5. Logarithme]

$$\ln(a \times b) = \ln(a) + \ln(b)$$

$$\ln\left(\frac{a}{b}\right) = \ln(a) - \ln(b)$$

$$\ln(a^n) = n \times \ln(a)$$

[6. Exponentielle]

$$e^{a+b} = e^a \times e^b$$

$$e^{a-b} = \frac{e^a}{e^b}$$

$$(e^a)^b = (e^b)^a = e^{ab}$$

FICHE 3
POURCENTAGES

[1. Les trois définitions du pourcentage]

1. Un pourcentage est une fraction

Un pourcentage permet d'exprimer un nombre comme une fraction de cent, généralement en utilisant le signe « % ». Un pourcentage permet alors de comparer une quantité par rapport à la quantité de référence 100 :

X % = X/100

Ainsi, n'oubliez jamais qu'un pourcentage est d'abord une fraction. Justement, transformez donc **80 %, 72 %, 36 %, 44 %** en fractions irréductibles (*i.e.* en fractions qui ne peuvent pas être simplifiées davantage).

80 % = 80/100 = (4 × 4 × 5)/(4 × 5 × 5) = 4/5
72 % = 72/100 = (9 × 2 × 4)/(5 × 5 × 4) = 18/25
36 % = 36/100 = (4 × 9)/(4 × 25) = 9/25
44 % = 44/100 = (4 × 11)/(4 × 25) = 11/25

2. Un pourcentage est une part

Le pourcentage représente une proportion, une part d'un ensemble.

Le total est en fait ramené à 100 et le pourcentage représente donc le rapport d'un *sous-ensemble* à son ensemble :

Pourcentage = [(Part/Total) × 100] %

Une galette des rois est coupée en 16 parts. Joe prend 2 parts de galette. Quel pourcentage de la galette Joe a-t-il mangé ?

Réponse : 2 parts = (2/16) × 100 % = (1/8) × 100 % = 12,5 %

Dans une classe de 30 élèves, il y a 12 garçons. Quel pourcentage de la classe, les garçons représentent-ils ?

Réponse : part des garçons = 12/30 × 100 % = 40 %

3. Un pourcentage est un nombre décimal

Le pourcentage est un **nombre décimal** compris entre 0 et 1 lorsque le pourcentage est inférieur à 100 %, et au-dessus de 1 lorsque le pourcentage est supérieur à 100 %.

Transformez 25 % ; 112 % ; 72 % ; 0,5 % en nombres décimaux.

Réponse : 25 % = 0,25 ; 112 % = 1,12 ; 72 % = 0,72 ; 0,5 % = 0,005.

[2. Tableau fondamental de correspondances]

Voici les principales correspondances pourcentages / fractions / nombres décimaux que vous devez absolument connaître sur le bout des doigts et entre lesquelles vous serez amenés à jongler régulièrement en calcul !

N'oubliez jamais qu'un bon candidat est un candidat qui sait en une fraction de seconde que 1/8 est égal à 12,5 % et que 80 % est égal à 4/5 ! C'est à ce prix que l'on devient une « bête » dans les épreuves de calcul aux concours.

1 % = 1/100 = 0,01	2 % = 1/50 = 0,02	4 % = 1/25 = 0,04
5 % = 1/20 = 0,05	10 % = 1/10 = 0,1	12,5 % = 1/8 = 0,125
16,66 % ≈ 1/6 ≈ 0,166	20 % = 1/5 = 0,2	25 % = 1/4 = 0,25
33,33 % ≈ 1/3 ≈ 0,333	40 % = 2/5 = 0,4	50 % = 1/2 = 0,5
60 % = 3/5 = 0,6	66,6 %… = 2/3 = 0,66…	70 % = 7/10 = 0,7
75 % = 3/4 = 0,75	80 % = 4/5 = 0,8	100 % = 1
200 % = 2	250 % = 2,5	1 000 % = 10

Doubler revient à multiplier par **2** ou à ajouter **100 %.**

Tripler revient à multiplier par **3** ou à ajouter **200 %.**

Quadrupler revient à multiplier par **4** ou à ajouter **300 %.**
Décupler revient à multiplier par **10** ou à ajouter **900 %.**
Augmenter du **cinquième** revient à ajouter **20 %** ou à multiplier par **1,2.**
Diminuer du **cinquième** revient à baisser de **20 %** ou à multiplier par **0,8.**
Augmenter du **quart** revient à ajouter **25 %** ou à multiplier par **1,25.**
Diminuer du **quart** revient à baisser de **25 %** ou à multiplier par **0,75.**

[3. Les grands classiques des concours]

1. Appliquer une augmentation ou une baisse en pourcentage

Si on **augmente** X (ex. : un prix) de *a* %, alors on obtient une valeur X^+ telle que :

$$X^+ = (1 + a/100) \times X$$

X^+ signifie que l'on a fait subir à X une augmentation en pourcentage.

Retenez ainsi par exemple qu'augmenter X de 35 % revient à multiplier X par 1,35 et qu'augmenter X de 12,8 % revient à multiplier X par 1,128.

Si on **diminue** X (ex. : un prix) de *a* %, alors on obtient une valeur X^- telle que :

$$X^- = (1 - a/100) \times X$$

X^- signifie que l'on a fait subir à X une baisse en pourcentage.

Retenez ainsi par exemple que diminuer X de 35 % revient à multiplier X par 0,65 et que diminuer X de 12,8 % revient à multiplier X par 0,872.

L'action d'une entreprise cotée à 42 € en ouverture du marché gagne 5 % lors de la séance. Quelle est la côte de l'action à la clôture ?

Réponse : 42 € + 5 % × 42 € = 42 € × 1,05 = 42 € + 2,1 € = 44,1 €

2. Appliquer des augmentation(s)/baisse(s) successives en pourcentages

Lors d'augmentations ou de baisses successives en pourcentages, **les pourcentages se multiplient entre eux, mais ne s'ajoutent pas !**

Augmentations successives :

Si on **augmente** X de a % et qu'on **augmente** ensuite la quantité obtenue de b %, alors on obtient une valeur X^{++} telle que :

$$X^{++} = (1 + a/100) \times (1 + b/100) \times X$$

Baisses successives :

Si on **diminue** X de a % et qu'on **diminue** ensuite la quantité obtenue de b %, alors on obtient une valeur X^{--} telle que :

$$X^{--} = (1 - a/100) \times (1 - b/100) \times X$$

Augmentation et baisse successives :

Si on **augmente** X de a % et qu'on **diminue** ensuite la quantité obtenue de b %, alors on obtient une valeur X^{+-} telle que :

$$X^{+-} = (1 + a/100) \times (1 - b/100) \times X$$

Si on applique à X une **augmentation** de a % suivie d'une **baisse** de b %, suivie d'une **baisse** de c %, suivie d'une **hausse** de d %, alors on obtient une valeur X^{+--+} telle que :

$$X^{+--+} = (1 + a/100) \times (1 - b/100) \times (1 - c/100) \times (1 + d/100) \times X$$

Remarque : dans des augmentations/baisses successives en pourcentages, l'ordre des variations n'importe pas. Cela revient ainsi strictement au même d'appliquer une hausse de a % suivie d'une hausse de b % que l'inverse (*i.e.* une hausse de b %, puis une hausse de a %). Aussi, cela revient strictement au même d'appliquer une baisse de a % suivie d'une hausse de b % que l'inverse (*i.e.* une hausse de b % suivie d'une baisse de a %).

Par exemple, si vous effectuez une hausse de 10 % suivie d'une baisse de 20 % en partant d'une valeur égale à 100, alors les deux ordres possibles sont :

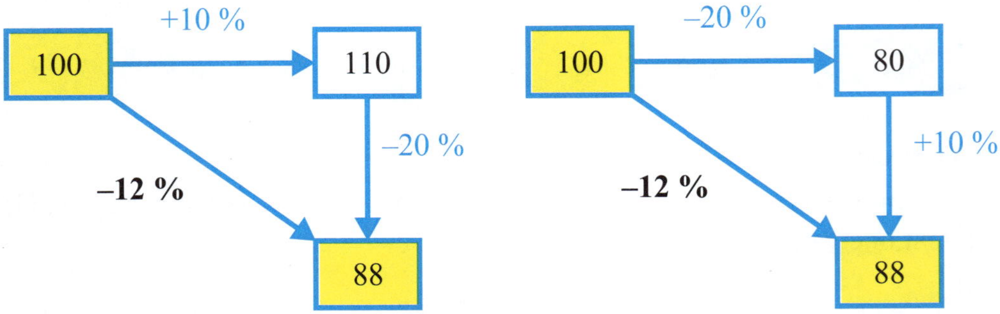

3. Trouver un pourcentage d'augmentation ou de baisse

Un problème classique aux concours consiste à vous demander de calculer l'évolution en pourcentage d'une valeur. La variation en pourcentage d'une valeur est égale à :

$$\left[\frac{V_f - V_i}{V_i} \times 100\right] \%$$

Avec V_f **la valeur finale** (après la baisse ou l'augmentation en pourcentage) et V_i **la valeur initiale** (avant la baisse ou l'augmentation en pourcentage).

Si $V_f > V_i$ alors on trouvera un pourcentage d'augmentation.

Si $V_f < V_i$ alors on trouvera un pourcentage de baisse.

Hier, le prix du litre d'essence à la pompe était égal à 1,40 €. Aujourd'hui, il est égal à 1,428 €. Quel est le pourcentage d'augmentation du prix du litre d'essence entre hier et aujourd'hui ?

Réponse : ici, $Vf = 1{,}428$ et $Vi = 1{,}4$.

Le pourcentage d'augmentation est donc égal à :

$$\left[\frac{1{,}428 - 1{,}4}{1{,}4} \times 100\right] \% = \left[\frac{0{,}028}{1{,}4} \times 100\right] \% = \frac{2{,}8}{1{,}4} \% = 2 \%$$

Astuce !

Lorsque vos valeurs finale et initiale Vf et Vi sont des fractions, nous vous conseillons de calculer le rapport $\frac{Vf}{Vi}$ puis d'en déduire la valeur de l'augmentation ou de la baisse en pourcentage.

On passe de 5/6 à 3/8. Quelle est la variation en pourcentage ?

Réponse : – 55 %.

En effet : $\frac{Vf}{Vi} = \frac{\frac{3}{8}}{\frac{5}{6}} = \frac{3}{8} \times \frac{6}{5} = \frac{18}{40} = \frac{9}{20} = 1 - \frac{11}{20} = 1 - 55\ \%$

Rappel : si 1/20 = 5 %, alors 11/20 = 55 %.

4. Retrouver une quantité d'origine

Nous attirons ici votre attention sur une erreur terrible que nous continuons de rencontrer régulièrement en tant que professeurs. Cette erreur consiste à penser curieusement que si l'on diminue X de *a* % et que l'obtient alors une valeur Y, alors il suffit d'augmenter Y de *a* % pour retrouver la valeur X.

Cette erreur n'est pas acceptable ! Imaginez en effet que vous perdiez **50 %** des 100 € que vous possédez, alors il vous reste 50 €, n'est-ce pas ? A présent, augmentez ces 50 € de **50 %,** quelle somme retrouvez-vous ? Vous ne retrouvez certainement pas les 100 € que vous aviez au départ, mais la somme de 75 € puisque 50 € + 50 % × 50 € = 1,5 × 50 € = 75 €. Attention donc à ne pas tomber dans ce vieux piège.

- Si vous retranchez $\frac{1}{N}$ à une valeur, alors vous devez rajouter $\frac{1}{N-1}$ pour retrouver la valeur d'origine. (N étant ici un entier naturel strictement plus grand que 1)
- Si vous ajoutez $\frac{1}{N}$ à une valeur, alors vous devez retrancher $\frac{1}{N+1}$ pour retrouver la valeur d'origine. (N étant ici un entier naturel strictement plus grand que 1)

Une action perd 25 % à la clôture ce mardi. Combien l'action devra-t-elle gagner mercredi en pourcentage pour effacer ses pertes de la veille ?

Réponse : vous avez appris grâce au tableau fondamental de correspondances que 25 % est égal à 1/4. Autrement dit, l'action a perdu 1/4 de sa valeur. Aussi, pour effacer ses pertes, l'action devra regagner 1/(4 – 1) = 1/3 de sa valeur, autrement dit environ 33,33 %. Vous l'avez compris, dans cet exemple : $N = 4$.

Le problème maintenant c'est lorsqu'une action perd 23,2 % par exemple, il ne nous est plus possible d'appliquer l'astuce vue précédemment. En effet, cette dernière s'applique avec efficacité lorsque l'on est en mesure de transformer un pourcentage en fraction dont le numérateur est 1. (ex. : 20 % = 1/5 ou 10 % = 1/10, etc.)

Voici donc comment nous ferons avec les pourcentages qui ne figurent pas dans le tableau fondamental de correspondances :

Soit X le prix initial et Y le prix final (*i.e.* après la baisse ou l'augmentation de a %).

L'énoncé vous donne les valeurs de a et de Y. Vous résoudrez alors les équations :

$$\mathrm{X} = \frac{Y}{1 - \frac{a}{100}}$$ dans le cas où X a subi une baisse en pourcentage.

$$\mathrm{X} = \frac{Y}{1 + \frac{a}{100}}$$ dans le cas où X a subi une augmentation en pourcentage.

Après une **baisse** de 15 %, un produit coûte 89,70 €. Quel était son prix initial ?

Réponse : soit X le prix initial, $Y = 89{,}70$ et $a\ \% = 15\ \% = 0{,}15$.

On pose $$\mathrm{X} = \frac{Y}{1 - \frac{a}{100}} = \frac{89{,}70}{1 - 0{,}15} = \frac{89{,}70}{0{,}85} = \frac{8\,970}{85} = 105{,}53$$

5. Calculer des pourcentages de pourcentages

15 % de la population française habite en Ile-de-France. Parmi les habitants d'Ile-de-France, 20 % habitent Paris intra-muros. Quel est le pourcentage de la population française qui habite Paris intra-muros ?

Réponse : le pourcentage de Français franciliens est égal à 20 % de 15 %, soit : 20 % × 15 % = 1/5 × 15 % = 15 %/5 = 3 % (facile non, quand on connaît son tableau de correspondances ?)

FICHE 4
EQUATION DU SECOND DEGRÉ

Voici ce que vous devez savoir :

1. Soit A un nombre réel positif tel que : $X^2 = A$. On a alors : $X = \sqrt{A}$ ou $-\sqrt{A}$.

Exemple : Si $X^2 = 4$, alors $X = \sqrt{4}$ ou $-\sqrt{4}$, soit encore $X = 2$ ou -2.

2. Soient a, b et c, trois nombres réels. L'équation : $aX^2 + bX + c = 0$ est appelée équation du second degré.

Pour résoudre cette équation, vous devez d'abord calculer son discriminant ***D***, qui est égal à : $D = b^2 - 4ac$.

Trois cas se présentent alors à vous :

(1) : $D < 0$
Dans ce cas, l'équation $aX^2 + bX + c = 0$ n'admet **aucune solution réelle.**

(2) : $D = 0$
Dans ce cas, l'équation $aX^2 + bX + c = 0$ admet une **solution** réelle **unique.**
Cette solution unique vaut : $\frac{-b}{2a}$.

(3) : $D > 0$
Dans ce cas, l'équation $aX^2 + bX + c = 0$ admet **deux solutions réelles distinctes.**

La première solution vaut : $\frac{-b + \sqrt{D}}{2a}$.

Et la seconde solution vaut : $\frac{-b - \sqrt{D}}{2a}$.

FICHE 5
MOYENNES

[1. Définition de la moyenne arithmétique]

La **moyenne arithmétique** est la moyenne « ordinaire », c'est-à-dire, par définition, la somme des valeurs numériques divisée par le nombre de ces valeurs numériques :

$$\text{Moyenne arithmétique} = \frac{\text{somme des termes}}{\text{nombre de termes}}$$

Trois amies vont faire du shopping : la première dépense 50 €, la deuxième 70 € et la troisième 120 €. Combien ces trois amies ont-elles dépensé en moyenne ?

Réponse : ici, on vous demande de calculer une moyenne arithmétique. La somme des dépenses est égale à 50 + 70 + 120 = 240. La dépense moyenne (moyenne arithmétique) est donc égale à : (50 + 70 + 120) / 3 = 80 €.

[2. Deux corollaires de la moyenne arithmétique à connaître par cœur !]

$$\text{Somme des termes} = \text{moyenne arithmétique} \times \text{nombre de termes}$$

$$\text{Nombre de termes} = \frac{\text{somme des termes}}{\text{moyenne arithmétique}}$$

La moyenne des âges des frères de David est 23 ans. David a trois frères. Quelle est la somme des âges des frères de David ?

Réponse : pour trouver la somme des âges des frères de David, il suffit d'appliquer le corollaire de la moyenne arithmétique suivant :

Somme des âges = moyenne × nombre de frères = 23 × 3 = 69

[3. Définition de la moyenne pondérée]

Soient N termes $T_1, T_2, T_3... ,T_N$, auxquels on associe des poids respectifs $P_1, P_2, P_3...$ P_N. Alors la moyenne (M) pondérée des N termes est égale à :

$$M = \frac{T_1 \times P_1 + T_2 \times P_2 + T_3 \times P_3 + ... + T_N \times P_N}{P_1 + P_2 + P_3 + ... + P_N}$$

Au cours du dernier trimestre, Frédéric a obtenu la moyenne de 12 en maths, 11 en français, 11 en histoire et 15 en anglais. Sachant que les coefficients des matières sont respectivement 6, 4, 2 et 2 en maths, français, histoire et anglais, quelle est la moyenne générale de Frédéric au dernier trimestre ?

Réponse :

Moyenne = (12 × 6 + 11 × 4 + 11 × 2 + 15 × 2) / (6 + 4 + 2 + 2) = 168 / 14 = 12

[4. L'approche par la notion de barycentre]

En géométrie, la moyenne pondérée prend le nom de **barycentre. Le barycentre est le centre de gravité de plusieurs points auxquels des poids différents ont été associés.**

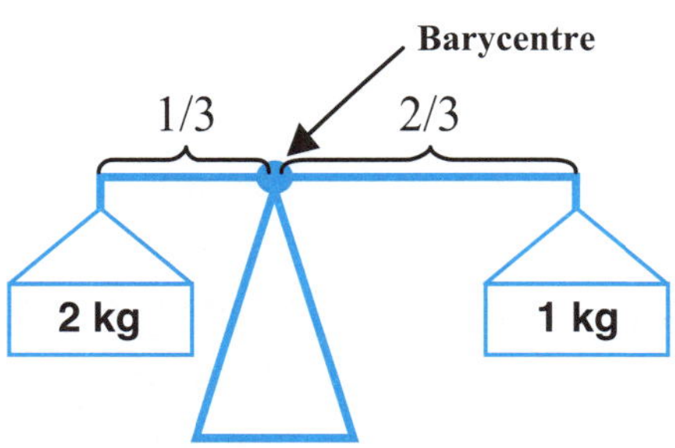

Comme vous le voyez sur ce schéma, le barycentre (appelé aussi point d'équilibre ou point moyen) est situé à 1/3 de la distance du poids de 2 kg et 2/3 de la distance du poids de 1 kg. En d'autres termes, pour atteindre le point d'équilibre, le poids de 1 kg doit compenser le poids de 2 kg par un écart de distance au point d'équilibre deux fois plus grand.

Par une approche analogue, le barycentre permet de trouver une moyenne pondérée grâce aux écarts à la moyenne de chaque terme et en comparant les poids des termes entre eux.

1. Dans une classe de 42 élèves, les garçons ont obtenu 12 de moyenne à un contrôle et les filles ont obtenu 15 de moyenne au même contrôle. La moyenne générale de la classe s'élève à 14. Combien y a-t-il de filles dans la classe ?

Réponse : raisonnons à partir de la notion du barycentre.

Le barycentre est ici égal à 14 (c'est la moyenne générale, **le point d'équilibre** de la classe pour ce qui concerne ce contrôle). La moyenne des filles étant plus proche de la moyenne générale que ne l'est celle des garçons, on en déduit que les filles seront plus nombreuses que les garçons. Plus précisément, elles seront **deux fois plus nombreuses** que les garçons. **En effet, comme elles sont deux fois plus proches de la moyenne générale que ne le sont les garçons, elles sont donc deux fois plus nombreuses** (elles pèsent deux fois plus « lourd » que les garçons !). En d'autres termes, **il faut deux filles pour un garçon,** soit : **28 filles et 14 garçons.** Pour trouver 28 et 14, on a simplement multiplié 2 (filles) et 1 (garçon) par 14… Le but étant d'arriver à un nombre total d'élèves égal à 42 !

2. Dans une classe de 30 élèves, les garçons ont obtenu 9 de moyenne à un contrôle et les filles ont obtenu 14 de moyenne au même contrôle. La moyenne générale de la classe s'élève à 12. Combien y a-t-il de filles dans la classe ?

Réponse : raisonnons à nouveau à partir de la notion du barycentre.

Le barycentre est ici égal à 12. La moyenne des filles étant plus proche de la moyenne générale que ne l'est celle des garçons, on en déduit là encore que **les filles seront plus nombreuses que les garçons.** Etant donné que la moyenne des filles est à 2 points de la moyenne générale (**14** *vs* 12) et que celle des garçons est à 3 points de la moyenne générale (**9** *vs* 12), on comprend qu'**il va falloir 3 filles pour 2 garçons** pour que le barycentre soit bien à 12. En conclusion, **la classe est composée de 18 filles et de 12 garçons.** Pour trouver 18 et 12, on a simplement multiplié 3 (filles) et 2 (garçons) par 6… Le but étant d'arriver à un nombre total d'élèves égal à 30 !

FICHE 6
GÉOMÉTRIE

[1. Cercle]

Courbe formée de points situés à la même distance *r* (appelée « rayon ») d'un point nommé « centre ». La longueur *2r* est appelée « diamètre du cercle ». Un arc de cercle est la portion d'un cercle, définie par un angle.

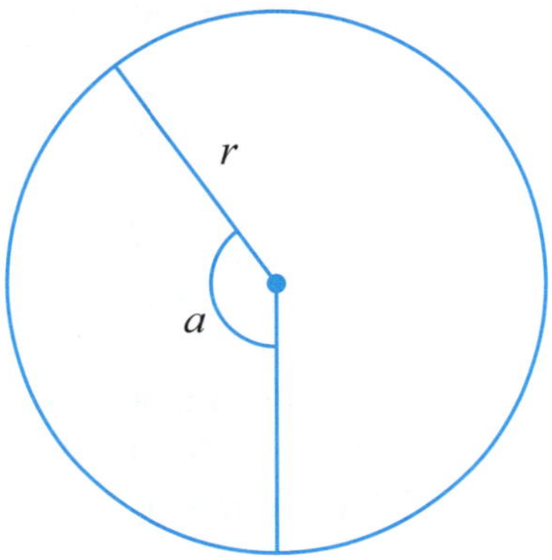

[2. Triangle]

Figure à 3 côtés.

- **Triangle rectangle :** triangle possédant un angle droit.
- **Triangle isocèle :** triangle possédant 2 côtés égaux.
- **Triangle équilatéral :** triangle ayant 3 côtés et 3 angles égaux.

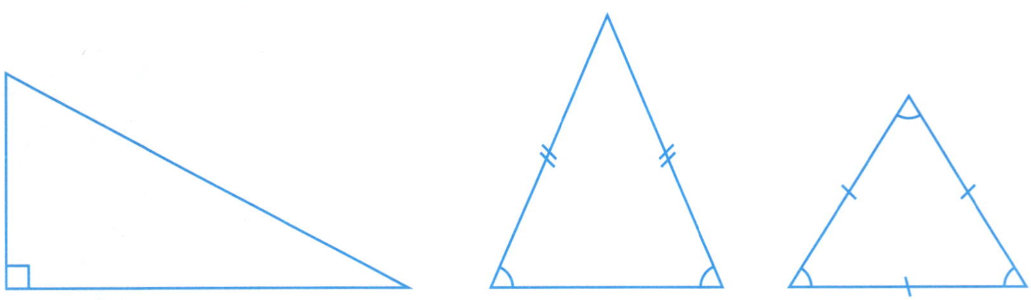

[3. Quadrilatère]

Figure à 4 côtés.

- **Trapèze :** quadrilatère possédant 2 côtés opposés parallèles.
- **Parallélogramme :** quadrilatère dont les côtés opposés sont parallèles deux à deux. Les diagonales du parallélogramme se coupent en leur milieu.
- **Losange :** parallélogramme dont les diagonales sont perpendiculaires.
- **Rectangle :** quadrilatère qui possède quatre angles droits.
- **Carré :** rectangle dont les 4 côtés sont égaux. *Nota bene* : un carré est à la fois un rectangle ET un losange.

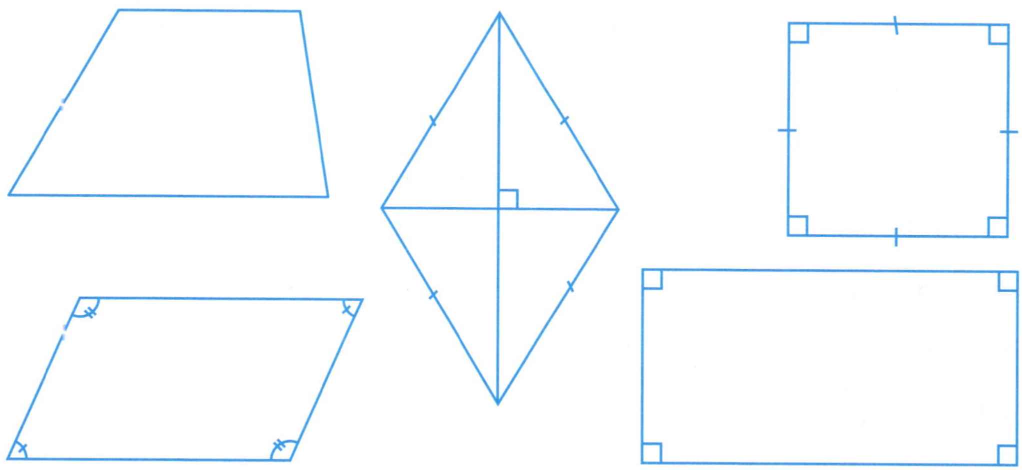

[4. Autres figures]

- **Pentagone :** figure à 5 côtés.
- **Pentagone régulier :** pentagone possédant 5 côtés égaux.
- **Hexagone :** figure à 6 côtés.
- **Hexagone régulier :** hexagone possédant 6 côtés égaux.
- **Heptagone :** figure à 7 côtés.
- **Heptagone régulier :** heptagone possédant 7 côtés égaux.
- **Octogone :** figure à 8 côtés.
- **Octogone régulier :** octogone possédant 8 côtés égaux.

[5. Périmètres]

• Cercle de rayon r :	$2\pi r$
• Arc de cercle de rayon r et d'angle a :	$2\pi r \times \frac{a}{360}$
• Triangle isocèle de base b et de côté c :	$b + 2c$
• Triangle équilatéral de côté c :	$3c$
• Parallélogramme de largeur l et de longueur L :	$2 \times (l + L)$
• Losange de côté c :	$4c$
• Rectangle de largeur l et de longueur L :	$2 \times (l + L)$
• Carré de côté c :	$4c$

[6. Aires]

1. Les triangles

La formule à retenir est, en toutes lettres,

Base fois hauteur divisé par 2

Attention cependant au terme de **base** : dans un triangle quelconque, quel côté doit être considéré comme la base ? La réponse est simple : à vous de choisir en fonction des longueurs dont vous disposez ! Une chose est sûre : **la base est perpendiculaire à la hauteur.** Et selon le sens dans lequel vous orientez votre triangle, l'aire se calcule de deux façons différentes, comme le montrent les deux figures ci-dessous :

Base choisie : c

$$\text{Aire} = \frac{h_1 \times c}{2}$$

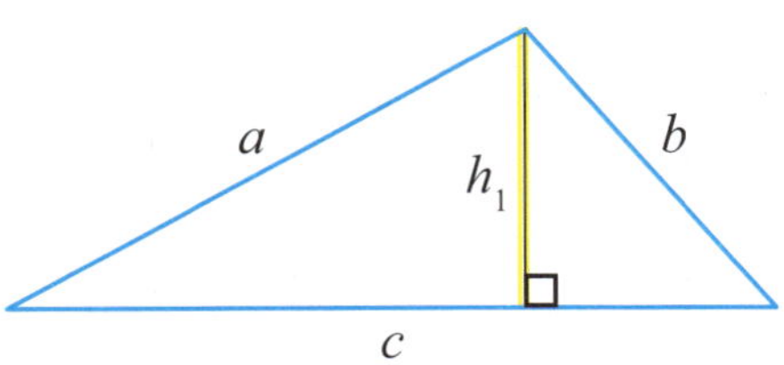

Base choisie : b

$$\text{Aire} = \frac{h_2 \times b}{2}$$

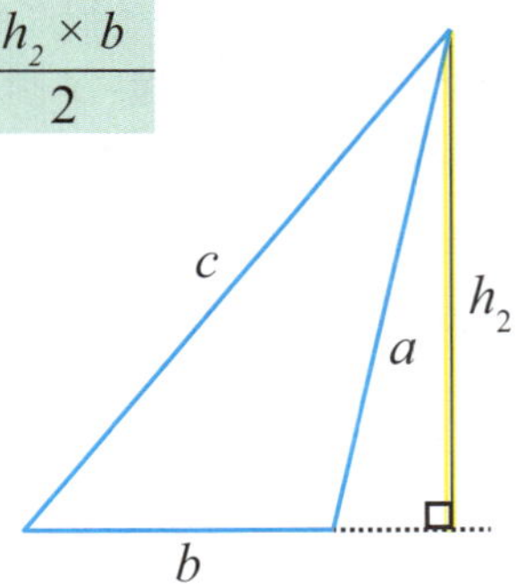

Les cas particuliers des triangles rectangle et isocèle sont remarquables :

- Dans un **triangle rectangle,** la hauteur est confondue avec l'un des deux côtés de l'angle droit, l'autre jouant le rôle de base. Vous pouvez également remarquer qu'un triangle rectangle est la moitié d'un rectangle et retrouver ainsi le résultat.
- Dans un **triangle isocèle,** à condition de choisir la bonne base (aucun des deux côtés égaux), la hauteur sera également la bissectrice, la médiane et la médiatrice de la base. Cela peut servir.

2. Les parallélogrammes

Le plus simple est de remarquer qu'un parallélogramme peut se séparer en deux triangles égaux en coupant le long de la diagonale. Il suffit alors de choisir une base (la diagonale ou l'un des deux côtés) et de calculer la hauteur correspondante.

La formule qui en découle est alors **Base × Hauteur**

3. Les rectangles

Un rectangle de longueur L et de largeur l est certes un parallélogramme, mais le fait qu'il possède des angles droits permet de calculer encore plus facilement son aire à l'aide de la formule $\boldsymbol{L \times l}$

On peut bien évidemment la retrouver en considérant qu'un rectangle est formé de deux triangles rectangles de base L et de hauteur l.

4. Les losanges

Pour les losanges, vous aurez remarqué qu'ils sont constitués de quatre triangles rectangles réunis. L'aire d'un losange est égale au produit des diagonales divisé par deux, autrement dit avec d la petite diagonale et D la grande diagonale, l'aire est égale à $\boldsymbol{\dfrac{d \times D}{2}}$

5. Les trapèzes

Ici, pas beaucoup de choix en ce qui concerne le sens à donner à votre figure : un trapèze aura toujours une petite base b et une grande base B, qui sont les deux côtés parallèles. La formule de l'aire d'un trapèze est : $\boldsymbol{\dfrac{h \times (b + B)}{2}}$.

6. Les disques et portions de disques

L'aire d'un disque de rayon r est égale à πr^2 tandis que l'aire d'une portion de disque de même rayon et d'angle a est donnée par la formule $\boldsymbol{\pi r^2 \times \frac{a}{360}}$.

[7. Volumes et aires latérales]

Si vous savez ce qu'est un « volume », vous ignorez parfois ce qu'est l'aire latérale d'une figure. L'**aire latérale** d'une figure est égale à la somme des aires de tous les côtés de la figure.

1. Parallélépipède rectangle (pavé droit)

Volume = $\boldsymbol{L \times l \times h}$

Aire latérale = $\boldsymbol{2 \times (L \times l + l \times h + L \times h)}$

2. Cône

Volume = $\boldsymbol{\frac{1}{3} \times \pi r^2 h}$

3. Sphère

Volume = $\boldsymbol{\frac{4}{3} \times \pi r^3}$

Aire latérale = $\boldsymbol{4\pi r^2}$

4. Cylindre

Volume = $\boldsymbol{r^2 h}$

Aire latérale = $\boldsymbol{\pi r \times (r + h)}$

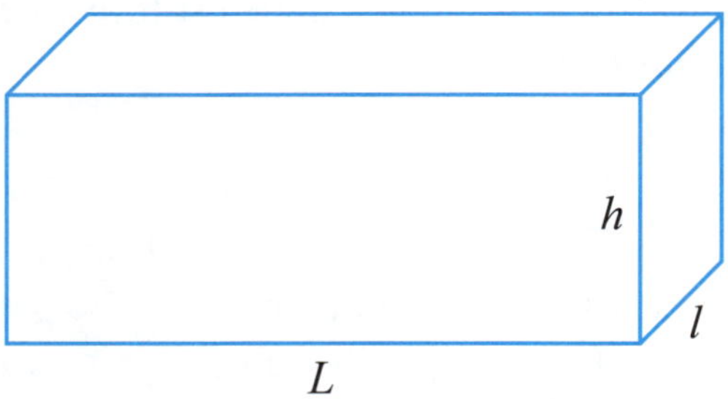

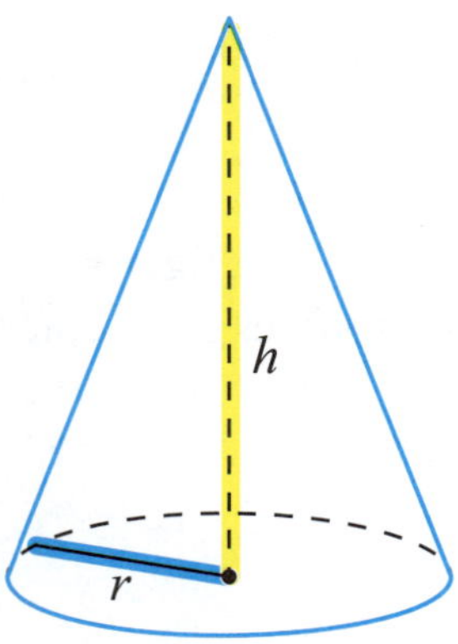

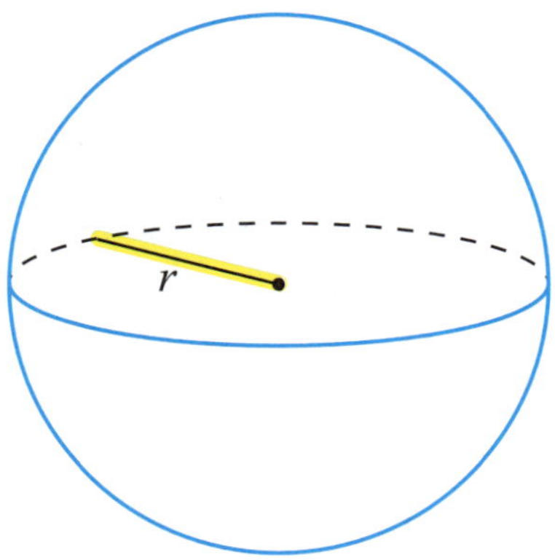

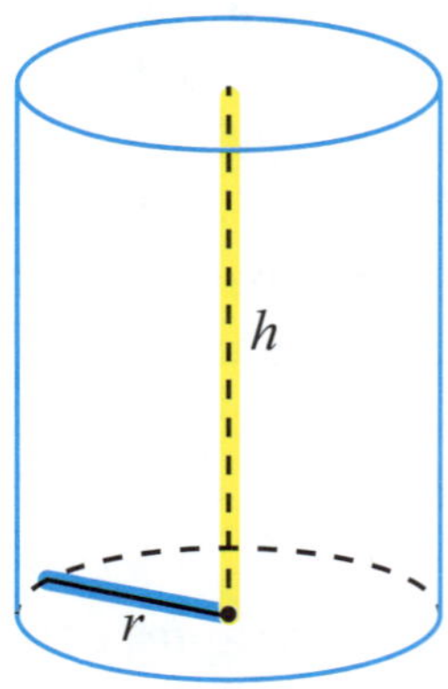

[8. Théorème de Pythagore et triangles pythagoriciens]

Dans un triangle rectangle, la somme des carrés des côtés de l'angle droit est égale au carré de l'hypoténuse. Autrement dit : $a^2 + b^2 = c^2$.

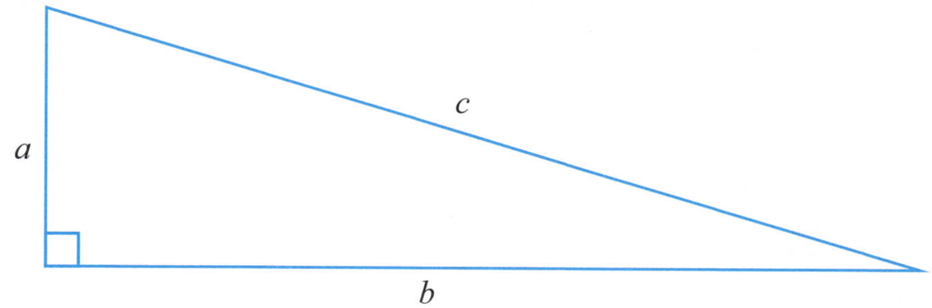

Triangles pythagoriciens

Les triangles pythagoriciens sont des triangles dont les longueurs des côtés sont des entiers naturels.

Les 4 triangles pythagoriciens à connaître par cœur sont les suivants :

1. [$a = 3, b = 4, c = 5$]	3. [$a = 5, b = 12, c = 13$]
2. [$a = 6, b = 8, c = 10$]	4. [$a = 8, b = 15, c = 17$]

[9. Théorème de Thalès]

Toute droite parallèle au côté d'un triangle sépare ce dernier en un triangle de mêmes proportions.

$$\frac{AD}{AC} = \frac{AE}{AB} = \frac{DE}{CB}$$

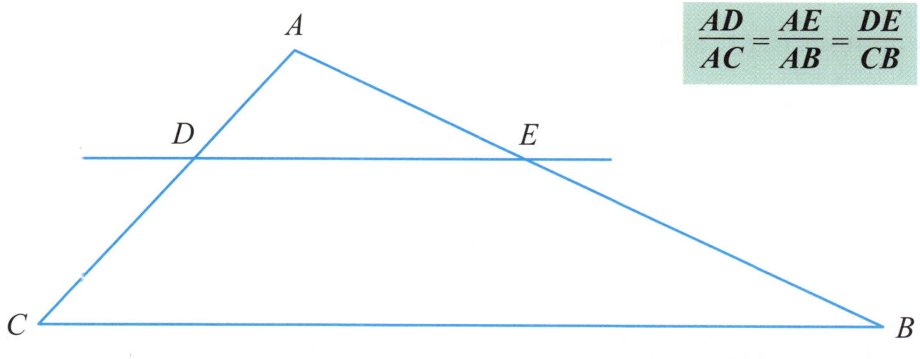

[10. Pythagore et les triangles équilatéraux]

Sachez qu'un triangle équilatéral est totalement défini par la longueur de l'un de ses côtés. Il est alors possible d'en déduire la totalité des informations souhaitées (aire, périmètre, hauteur, médiane, bissectrice, médiatrice…). En effet, comme le montre la formule suivante, on a :

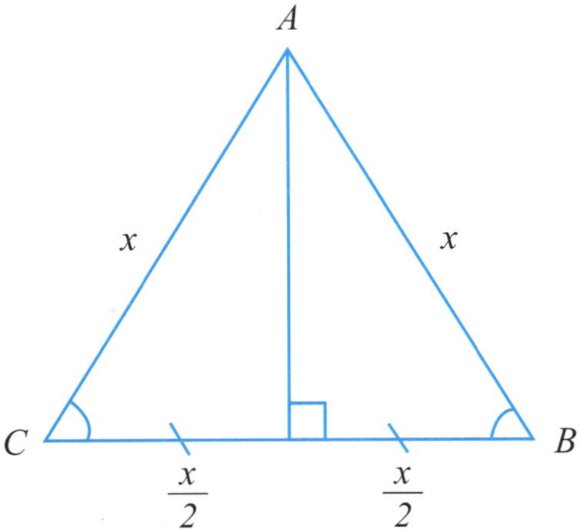

Hauteur = Médiatrice = $\frac{x\sqrt{3}}{2}$

Aire = $\frac{\sqrt{3}}{4} = x^2$

Périmètre = $3x$

[11. Angles]

Les angles alternes internes

Si deux droites parallèles sont toutes deux coupées par une même autre droite, les angles formés sont égaux deux à deux.

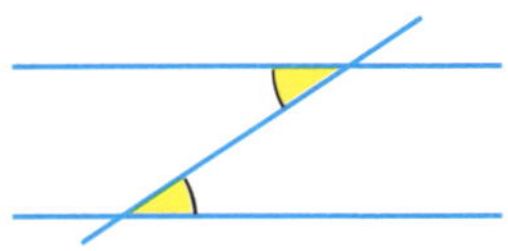

Les angles opposés par le sommet

Lorsque deux droites se croisent, elles forment des angles opposés par le sommet égaux deux à deux. On peut le voir sur la figure :

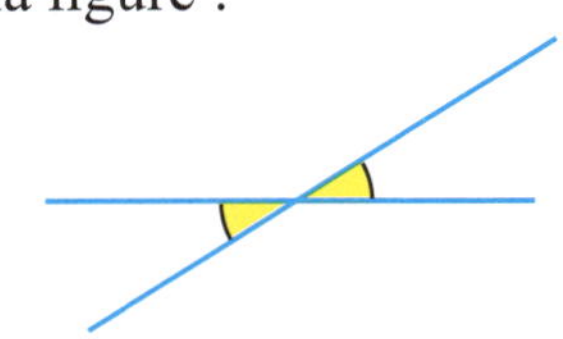

La somme des angles d'un **triangle** vaut toujours **180°.**
La somme des angles d'un **quadrilatère** vaut toujours **360°.**
D'un point à l'autre d'un **cercle**, on parcourt **360°.**

FICHE 7
VITESSE – TEMPS – DISTANCE

[1. Trois lettres : V, T et D]

- **V**, la vitesse d'un objet pendant une durée **T** pour parcourir une distance **D**.
- **T**, le temps/la durée mis par l'objet pour parcourir une distance **D** à la vitesse **V**.
- **D**, la distance parcourue par un objet à une vitesse **V** pendant un temps/une durée **T**.

Les problèmes VTD s'appuient sur **les trois formules suivantes** :

$$(1)\ V = \frac{D}{T} \qquad (2)\ D = V \times T \qquad (3)\ T = \frac{D}{V}$$

Dans chaque problème, posez-vous d'abord la question suivante : quelle est précisément la variable que je cherche ?

- Si vous cherchez une vitesse, utilisez la formule (1).
- Si vous cherchez une distance, utilisez la formule (2).
- Si vous cherchez un temps, utilisez la formule (3).

Ensuite, **soyez toujours attentifs aux unités** avant d'utiliser ces formules, et assurez-vous toujours que les unités soient bien homogènes (identiques) au sein de la formule. Par exemple, si la vitesse est exprimée en km/h, alors le temps doit être exprimé en heures et la distance en kilomètres.

1. Un avion reliant Paris à New York a parcouru la distance de 5 200 km en 6 heures et 30 minutes. Quelle a été sa vitesse de vol ?

Réponse : ici, vous cherchez une vitesse et vous devez donc bien sûr appliquer la formule : V = D/T = 5 200 km / 6,5 h = 800 km/h. (Attention ! 6 h 30 = 6,5 h… Pas 6,3 h (erreur fréquente)).

2. Un marcheur parcourt 13 km à la vitesse de 4 km/h. Combien de temps a-t-il mis pour parcourir cette distance ?

Réponse : on remplace tout simplement la distance et la vitesse dans la formule : T = D/V = 13 km / 4 km/h = 3,25 h = 3 h 15 min.

3. Une voiture roule pendant 2 h 20 min à 90 km/h. Quelle distance a-t-elle parcourue ?

Réponse : vous devez convertir les minutes en heures (ici 2 h 20 = 7/3 h) puis appliquer la formule : D = V × T = 7/3 h × 90 km/h = 210 km.

[2. Conversion des km/h en m/s]

Voici une astuce très utile :

Pour passer des m/s aux km/h, on multiplie les m/s par le coefficient 3,6.

Pour passez des km/h aux m/s, on divise les m/s par le coefficient 3,6.

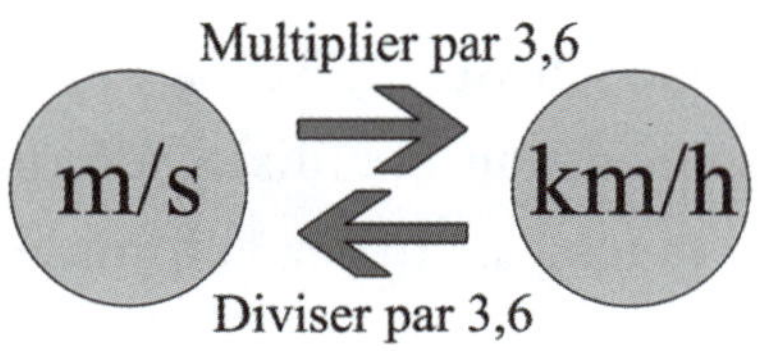

[3. Le tableau VTD]

Le tableau VTD est un outil très utile pour simplifier la compréhension d'un énoncé. Il n'est pas obligatoire pour résoudre une question, mais il s'avère souvent utile pour celles et ceux qui ont besoin de « tout mettre à plat ». Voici ce tableau :

	V	**T**	**D**
Acteur 1	V_1	T_1	D_1
Acteur 2	V_2	T_2	D_2

[4. Le cas de rattrapage]

Deux objets quittent le même lieu à deux moments différents et avec deux vitesses différentes. Ils se dirigent vers le même endroit. L'un des objets est parti en avance et le second rattrape le premier, grâce à une vitesse supérieure. **Dans un cas de rattrapage, vous devez appliquer l'équation clé :**

$$D_1 = D_2$$

> Jeanne part en voiture de la ville A en direction de la ville B à 12 h à la vitesse de 48 km/h. A 13 h, Jean part de la ville A en direction de la ville B à la vitesse de 60 km/h. A quelle heure Jean va-t-il rattraper Jeanne ?

Utilisons dans un premier temps un tableau VTD.
On applique l'égalité $D_1 = D_2$. On sait en outre que comme Jean part avec une heure de retard par rapport à Jeanne : $T_{Jean} = T_{Jeanne} - 1$. En effet Jean dispose d'une heure de moins que Jeanne pour parcourir la distance qui la sépare du point de rencontre (cette distance étant la même pour Jean que pour Jeanne).

	V	***T***	***D***
Jeanne	48 km/h	$T_{Jean} + 1$	$D_{rattrapage}$
Jean	60 km/h	T_{Jean}	$D_{rattrapage}$

Pour trouver T_{Jeanne}, on applique l'égalité suivante :

$D_{Jean} = D_{Jeanne} \Leftrightarrow V_{Jean} \times T_{Jean} = V_{Jeanne} \times T_{Jeanne} \Leftrightarrow \mathbf{60T_{Jean} = 48(T_{Jean} + 1)}$

Par conséquent, $T_{Jean} = 4$ h et $T_{Jeanne} = 5$ h.

<u>Astuce : vous auriez pu également raisonner autour de la vitesse de rattrapage.</u>

Jean va à la vitesse de 60 km/h et Jeanne à la vitesse de 48 km/h. Par conséquent, la vitesse de rattrapage est de 12 km/h (60 – 48 = 12). Cela signifie qu'en 1 heure, Jean rattrape Jeanne de 12 km. Etant donné que Jeanne a 48 km d'avance sur Jean (la distance parcourue par Jeanne à la vitesse de 48 km/h pendant 1 heure), il faut 4 heures (48/4 = 12) à Jean pour rattraper Jeanne. Jean rattrape donc bien Jeanne à 17 h.

[5. Le cas croisement]

Deux acteurs partent de deux endroits éloignés d'une distance D_{Total}.

Dans un cas de croisement, vous devez résoudre l'équation clé suivante :

$$D_{Total} = D_1 + D_2$$

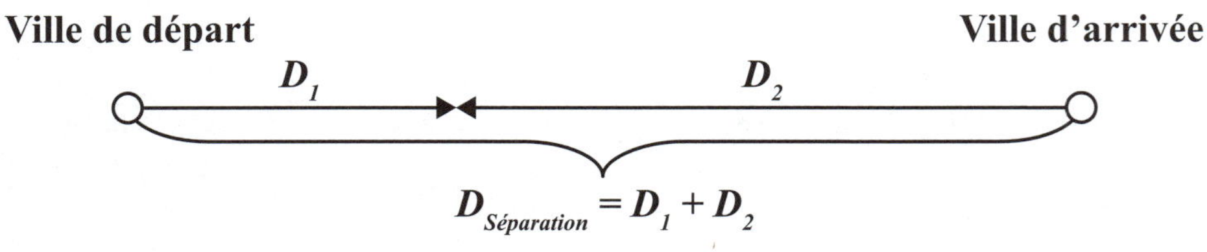

> Un train part d'Auxerre à 10 h et roule à la vitesse de 200 km/h. A la même heure, un train part de Marseille et roule à 300 km/h. A quelle distance de Marseille les trains se croisent-ils, sachant que les deux villes sont éloignées de 700 km ?

Vous cherchez ici la distance entre le point de rencontre des deux trains et la ville de Marseille, soit la distance $D_{Marseille}$. Utilisez là encore un tableau VTD :

	V	***T***	***D***
Auxerre	200 km/h	$T_{Auxerre}$	$700 - D_{Marseille}$
Marseille	300 km/h	$T_{Marseille}$	$D_{Marseille}$

Les deux trains se croisent au même moment, soit $T_{Auxerre} = T_{Marseille}$, ou encore :

$D_{Auxerre} / V_{Auxerre} = D_{Marseille} / V_{Marseille} \Leftrightarrow (700 - D_{Marseille}) / 200 = D_{Marseille} / 300$

Après résolution, vous obtenez $D_{Marseille} = 420$ km.

<u>**Astuce : vous pouviez également raisonner à partir du rapport des vitesses (la notion utilisée étant celle du barycentre, étudiée dans le chapitre consacré aux Moyennes).**</u>

Le train d'Auxerre roule à 200 km/h et le train de Marseille roule à 300 km/h. Par conséquent, le rapport est de 2 pour 3. Entre autres, quand le train d'Auxerre parcourt 200 km en 1 heure, le train de Marseille parcourt 300 km. Ou encore, quand le train de Marseille parcourt 3 tronçons, le train d'Auxerre parcourt 2 tronçons (voir schéma ci-dessous). Donc, si l'on divise la distance de séparation en 5 tronçons de même distance, alors chaque tronçon est égal à 140 km. Le train de Marseille doit parcourir 3 tronçons de 140 km, soit 420 km.

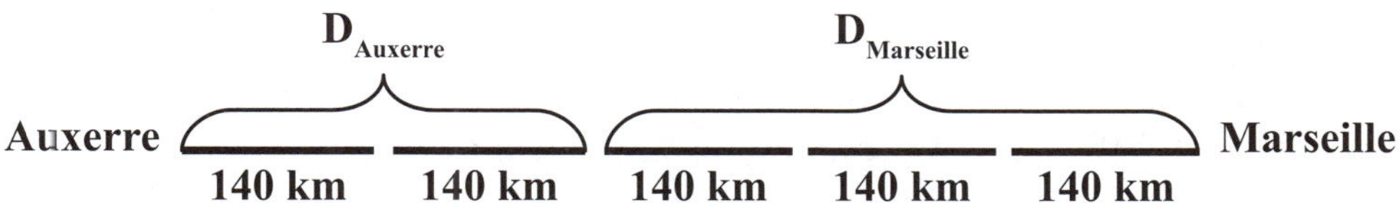

[6. Le cas aller-retour]

On considère un objet effectuant l'aller d'un parcours à une vitesse V_1, puis le retour du même parcours à la vitesse V_2.
Alors la vitesse moyenne de l'objet sur l'aller-retour est donnée par :

$$\textit{Vitesse moyenne} = H = \frac{2 \times V_1 \times V_2}{V_1 + V_2}$$

Cette vitesse moyenne est également appelée **moyenne harmonique.**

Un coureur part de Paris pour aller à Versailles, puis revient par le même chemin. Il effectue l'aller à 8 km/h et le retour à 14 km/h. Quelle est la vitesse moyenne du coureur sur l'ensemble du parcours ?

Réponse : la vitesse moyenne du coureur sur l'aller-retour Paris-Versailles est égale à :

$$\textit{Vitesse moyenne} = \frac{2 \times 8 \times 14}{8 + 14} \approx 10{,}2 \ \textit{km/h}$$

FICHE 8
RAISONNEMENT LOGIQUE

Vocabulaire

Soit P et Q deux propositions.

- « Si P est vraie alors Q est vraie » s'écrit « $P \Rightarrow Q$ ».
- « P est vraie si et seulement si Q est vraie » signifie « $P \Rightarrow Q$ » et « $Q \Rightarrow P$ » et s'écrit « $P \Leftrightarrow Q$ ». On dit aussi P équivalent à Q.
- « P et Q sont vraies » s'écrit « $P \wedge Q$ ».
- « P est vraie ou Q est vraie » s'écrit « $P \vee Q$ » et signifie « P est vraie ou Q est vraie ou P et Q sont tous les deux vraies » : on parle de « ou non exclusif ».
- La contraposée d'une proposition P se note $\overline{P}$ et représente le contraire de la proposition. Ex. : « J'ai chaud » a pour contraposée « Je n'ai pas chaud » (et non pas « j'ai froid »…).

Règles logiques

La contraposée de « $P \Rightarrow Q$ » est « $\overline{Q} \Rightarrow \overline{P}$ ».

Ex. : « Si j'ai gagné au loto alors je suis riche. » a pour contraposée « Si je ne suis pas riche alors je n'ai pas gagné au loto. » (et non pas « Si je n'ai pas gagné au loto alors je ne suis pas riche. »)

Propriété : « $P \Rightarrow Q$ » est équivalent à « $\overline{Q} \Rightarrow \overline{P}$ ».

<u>Loi de Morgan</u> :

- $\overline{P \vee Q} = \overline{P} \wedge \overline{Q}$
- $\overline{P \wedge Q} = \overline{P} \vee \overline{Q}$

<u>Transitivité</u> : si « $P \Rightarrow Q$ » et « $Q \Rightarrow R$ » alors « $P \Rightarrow R$ ».

<u>Démonstration par l'absurde</u> : pour montrer qu'une proposition P est vraie, on la suppose fausse et on montre par déductions successives qu'on aboutit à une contradiction (ou absurdité). Ainsi P est vraie.

FICHE 9
ANALYSE COMBINATOIRE

[1. Cardinal d'un ensemble]

Définition

Soit E un ensemble fini de n éléments. On appelle cardinal de l'ensemble E, noté Card(E), le <u>nombre d'éléments</u> de E.

Propriétés

– Si E et F sont deux ensembles finis, alors :

$$\text{Card}(E \cup F) = \text{Card}(E) + \text{Card}(F) - \text{Card}(E \cap F)$$

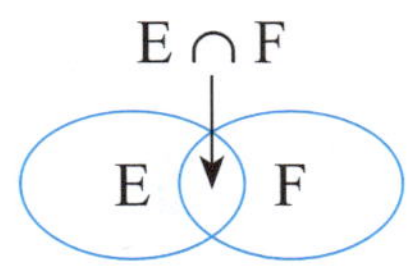

– Si E et F sont des ensembles finis disjoints, alors :

$$\text{Card}(E \cup F) = \text{Card}(E) + \text{Card}(F)$$

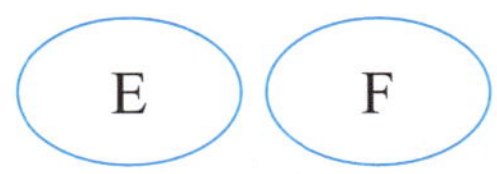

Dans une classe de 35 étudiants auxquels on a proposé de faire du sport (choix possibles : judo et karaté), 10 ont choisi de pratiquer le judo, 18 du karaté et 14 ont choisi de pratiquer les deux sports.

Combien d'étudiants ont choisi de ne pratiquer aucun sport ?

A. 25 B. 21 C. 19 D. 17 E. 12

Soit E l'ensemble fini des étudiants ayant choisi de pratiquer le judo et F l'ensemble fini des étudiants ayant choisi de pratiquer le karaté. D'après l'énoncé :

Card(E) = 10, Card(F) = 18 et Card(E $\cap$ F) = 14

Commençons par calculer Card(E $\cup$ F), c'est-à-dire le nombre d'étudiants qui font du sport. On pourra ainsi en déduire le nombre d'étudiants qui ont choisi de ne rien faire car leur nombre sera égal à : tous les étudiants *moins* ceux qui font du sport.

Card(E $\cup$ F) = Card(E) + Card(F) – Card(E $\cap$ F) = 10 + 18 – 14 = 14

Par conséquent, le nombre d'étudiants qui ont décidé de ne pratiquer **aucun** sport est égal à 35 – 14 c'est-à-dire 21. **Réponse B.**

Dans toute la suite du cours de combinatoire, on désignera par E_n*, un ensemble fini de n éléments.*

[2. *p*-listes]

Définition

Soit p, un entier naturel non nul.

On appelle p-liste d'éléments de E_n, une liste ordonnée de p éléments de E_n, avec répétition possible (*i.e.* qu'une p-liste peut contenir plusieurs fois le même élément).

Nombre de *p*-listes

Soit n et p, des entiers naturels non nuls.

Le nombre de p-listes d'éléments de E_n est égal à n^p

Combien y a-t-il de nombres de 7 chiffres ne comportant aucun 0 ?

A. 4 782 969 B. 4 799 563 C. 4 893 675 D. 4 981 654 E. 4 999 990

Un nombre de 7 chiffres ne comportant aucun zéro est une 7-liste d'éléments de : $E = \{1, 2, 3, 4, 5, 6, 7, 8, 9\}$.

Card(E) = 9 et il y a donc $9^7 = 4\ 782\ 969$ nombres de 7 chiffres ne comportant aucun zéro. **Réponse A.**

Astuce : ne vous amusez surtout pas à calculer précisément la valeur de 9^7, vous perdriez trop de temps ! Ecrivez juste que $9^7 = 9^2 \times 9^2 \times 9^2 \times 9 = 81 \times 81 \times 81 \times 9$ et déduisez-en que le nombre résultat sera un nombre qui terminera nécessairement par 9 ! ($8\underline{1} \times 8\underline{1} \times 8\underline{1} \times \underline{9}$) Et seule la réponse A donne un nombre dont le dernier chiffre est 9 et c'est donc la bonne réponse ! Ne cherchez pas plus loin : **Réponse A.**

[3. Permutations]

Définition

On appelle permutation de E_n tout arrangement de n éléments de E_n.

Attention ! On parle aussi d'« anagramme » aux concours pour désigner une permutation.

Ainsi, les anagrammes ou permutations de AIMER sont : MARIE, ARIME, AREMI, EIMAR, etc.

Propriété

Le nombre de permutations de E_n est noté $n!$ et est égal à :

$$n! = n \times (n-1) \times \ldots \times 2 \times 1$$

Combien d'anagrammes au total (ayant un sens ou non) peut-on former avec les lettres du mot CLAMER ?

A. 360 B. 520 C. 640 D. 680 E. 720

CLAMER est un mot de 6 lettres. Une anagramme est une permutation des 6 lettres qui composent ce mot soit : $6! = 6 \times 5 \times 4 \times 3 \times 2 = 720$. **Réponse E.**

[4. Arrangements]

Définition

Soit p, un entier naturel non nul, tel que p soit inférieur ou égal à n.

On appelle arrangement de p éléments de E_n une p-liste d'éléments de E_n *où les éléments de la* p*-liste sont deux à deux distincts*.

Nombre d'arrangements

Le nombre d'arrangements de p éléments de E_n, noté A_n^p, est tel que :

$$A_n^p = \frac{n!}{(n-p)}\,! = n \times (n-1) \times (n-2) \times \ldots \times (n-p+1)$$

Combien y a-t-il de nombres de 7 chiffres ne comportant aucun zéro *et* ayant 7 chiffres différents ?

A. 185 875 B. 181 444 C. 187 764 D. 167 872 E. 181 440

Un nombre de 7 chiffres ne comportant aucun zéro et ayant 7 chiffres différents est un arrangement de 7 éléments de $E = \{1, 2, 3, 4, 5, 6, 7, 8, 9\}$. Il y a donc :

$A_9^7 = \frac{9!}{2!} = \frac{9 \times 8 \times 7 \times 6 \times 5 \times 4 \times 3 \times 2 \times 1}{2 \times 1} = 9 \times 8 \times 7 \times 6 \times 5 \times 4 \times 3 = 181\,440$ nombres qui répondent aux contraintes énoncées dans la question. **Réponse E.**

Astuce : il faut remarquer ici que le produit $9 \times 8 \times 7 \times 6 \times 5 \times 4 \times 3$ donne un nombre qui finit nécessairement par 0 puisque le sous produit **5 × 4** est égal à 20 et que tout multiple de 20 donne un nombre qui finit par 0.

De combien de façons peut-on former un comité de direction composé d'un Directeur général, d'un Directeur marketing et d'un Directeur commercial sachant que 14 personnes sont aptes à pourvoir un de ces postes et que l'on ne peut bien entendu pas cumuler les fonctions ?

A. 3 200 B. 2 002 C. 1 960 D. 320 E. 4 014

On veut former un comité composé de 3 personnes à choisir parmi 14 personnes. Pour ce faire, il faut compter le nombre d'arrangements possibles, soit :

$A_{14}^3 = \frac{14!}{11!} = \frac{14 \times 13 \times 12 \times 11!}{11!} = 14 \times 13 \times 12 = 2\,002$ arrangements possibles pour former ce comité de direction. **Réponse B.**

[5. Combinaisons]

Définition

Soit p un entier naturel, tel que p soit inférieur ou égal à n. On appelle combinaison de p éléments de E_n un sous ensemble de p éléments **(2 à 2 distincts)** de E_n.

Propriété

Le nombre de combinaisons de p éléments de E_n, noté C_n^p est égal à :

$$C_n^p = \frac{n!}{p!(n-p)!}$$

On désire constituer un jury composé de 2 experts-comptables et 5 avocats. On peut choisir les membres du jury parmi 6 experts comptables et 7 avocats. De combien de façons peut-on constituer le jury en sachant que n'importe quel expert-comptable et n'importe quel avocat peut être choisi ?

A. 420 B. 380 C. 315 D. 210 E. 180

Il y a C_6^2 combinaisons de 2 experts-comptables pris parmi 6, puis pour chacune de ces combinaisons, C_7^5 combinaisons de 5 avocats pris parmi 7… soit : $C_6^2 \times C_7^5$ façons de constituer un jury composé de 2 experts-comptables et 5 avocats. Ce qui donne : $\frac{6!}{2!\,4!} \times \frac{7!}{5!\,2!} = \frac{\not{6} \times 5}{\not{2}} \times \frac{7 \times \not{6}}{\not{2}} = 3 \times 5 \times 7 \times 3 = 15 \times 21$ soit 315 combinaisons. **Réponse C.**

[6. Modèles d'urnes]

Imaginons une urne contenant n boules numérotées de 1 à n (chacune des boules s'interprète comme un élément de E_n) et supposons que nous tirons p boules dans cette urne. Voici les 3 modèles d'urnes les plus classiques :

Tirages successifs et avec remise

On tire au hasard une boule dans l'urne, puis on la remet dans l'urne avant d'opérer le tirage suivant. Si on effectue p tirages avec remise entre chaque tirage, le résultat global s'interprète comme une p-liste et il y a donc n^p tirages avec remise (de p éléments) possibles.

Tirages successifs et sans remise

On tire au hasard une boule dans l'urne que l'on conserve : la boule n'est donc pas remise dans l'urne qui contient ainsi après chaque tirage une boule de moins. Si on effectue ainsi p tirages sans remise (p inférieur ou égal à n), le résultat global s'interprète comme une p-liste d'éléments deux à deux distincts ou encore comme un arrangement de p éléments de E_n. Il y a donc A_n^p tirages sans remise (de p éléments) possibles.

Tirages simultanés

On tire simultanément p boules de l'urne (l'ordre de tirages des boules est donc sans importance). Un tel tirage s'interprète comme un sous-ensemble de E_n et donc comme une combinaison de p éléments de E_n. Il y a donc C_n^p tirages simultanés (de p éléments) possibles.

FICHE 10
PROBABILITÉS

Calcul d'une probabilité en situation d'équiprobabilité

$$P(\text{événement}) = \frac{\text{nombre des cas favorables}}{\text{nombre total des cas}}$$

Formule des probabilités conditionnelles

$$P_A(B) = \frac{P(A \cap B)}{P(A)}$$

$$P_B(A) = \frac{P(A \cap B)}{P(B)}$$

Formule du Crible

$$P(A \cup B) = P(A) + P(B) - P(A \cap B)$$

Formule des probabilités totales

$$P(A) = P(B) \times P_B(A) + P(\overline{B}) \times P_{\overline{B}}(A)$$

Loi de Morgan appliquée aux probabilités

$$P(\overline{A_1 \cup A_2 \ldots \cup A_n}) = P(\overline{A_1} \cap \overline{A_2} \ldots \cap \overline{A_n})$$

FICHE 11
SUITES

Suite arithmétique

Une suite arithmétique est déterminée par deux éléments, son terme initial u_0 et sa raison r. Elle est définie par la relation de récurrence suivante : $\forall n \in \mathbb{N}, u_{n+1} = u_n + r$.

Sachant que $(u_n)_{n \in \mathbb{N}}$ est une suite arithmétique de terme initial u_0 et de raison r, son terme général est $u_n = u_0 + n \times r$.

On peut en déduire l'égalité suivante pour n_0 quelconque $u_n = u_{n_0} + (n - n_0) \times r$.

Somme des n premiers termes d'une suite arithmétique =

$$\frac{1}{2} \times (\text{nombre de termes}) \times (\text{premier terme} + \text{dernier terme})$$

Suite géométrique

Une suite géométrique est déterminée par sont terme initial u_0 et sa raison q. Elle est définie par la relation de récurrence suivante : $\forall n \in \mathbb{N}, u_{n+1} = q \times u_n$.

Si $(u_n)_{n \in \mathbb{N}}$ est une suite géométrique de terme initial u_0 et de raison q, son terme général est $u_n = q^n \times u_0$.

On peut en déduire l'égalité suivant pour n_0 quelconque $u_n = q^{n-n_0} \times u_{n_0}$.

Somme des n premiers termes d'une suite géométrique =

$$\text{premier terme} \times \left(\frac{1 - (\text{raison})^{\text{nombre de termes}}}{1 - \text{raison}}\right)$$

Quelques sommes à connaître :

$$1 + 2 + \ldots + n = \frac{n(n+1)}{2}$$

$$1 + 2^2 + 3^2 + \ldots + n^2 = \frac{n(n+1)(2n+1)}{6}$$

FICHE 12
TEMPS DE TRAVAIL

Pour connaître le temps T que vont mettre N personnes **ensemble** pour réaliser un travail, il vous suffit d'appliquer la formule suivante :

$$\frac{1}{T} = \sum_{k=1}^{N} \frac{1}{T_k} = \frac{1}{T_1} + \frac{1}{T_2} + \ldots + \frac{1}{T_N}$$

Avec $T_1, T_2, \ldots, T_N$ sont les temps respectifs mis par les N personnes pour réaliser ce même travail, **mais** seules.

Voici un exemple pour illustrer tout cela :

Sacha doit ranger sa chambre. Il sait que tout seul, cela lui prendra 3 h. Son ami Jonas, qui vient l'aider, est capable de ranger la chambre en 2 h sans l'aide de personne. S'ils s'y mettent ensemble, la formule vous indique qu'ils mettront un temps total T de :

$$\frac{\mathbf{1}}{\boldsymbol{T}} = \frac{1}{3} + \frac{1}{2} = \frac{2}{6} + \frac{3}{6} = \frac{\mathbf{5}}{\mathbf{6}}$$

Soit : $T = \frac{6}{5} = 1{,}2 \text{ h} = 1 \text{ h } 12$

Attention à ne pas vous dire que si l'un met 2 h et l'autre 3 h, alors ensemble ils mettront 2 h 30, soit plus de temps que Jonas tout seul !

Ainsi, si vous connaissez le temps mis indépendamment par chacun des membres du groupe pour réaliser la tâche, vous pouvez en déduire le temps total mis par le groupe s'ils la réalisent tous ensemble. Et réciproquement, vous pouvez déduire le temps mis seul par une personne parmi le groupe à condition de connaître le temps de tous les autres membres, ainsi que le temps total mis par le groupe.

FICHE 13
RÉSOUDRE UNE QUESTION EN TESTANT LES RÉPONSES PROPOSÉES

Résoudre une question en testant les réponses proposées (*backsolving*) est une technique fondamentale de résolution des questions.

Les concepteurs aiment beaucoup cette technique qu'ils utilisent fréquemment pour concevoir de nouvelles questions, que vous retrouverez ici et là au concours.

Le *backsolving* consiste à **trouver la bonne réponse en testant avec méthode les réponses qui vous sont proposées**.

En plus de vous expliquer la façon dont vous devez vous y prendre pour tester vos réponses, nous tenterons d'identifier dans quelle mesure il est possible, sinon fortement recommandé, d'utiliser la technique du *backsolving*.

Appliquons la technique du *backsolving* sur deux exemples :

1. Une somme de 6 500 € est composée de 79 billets de 50 et 100 €. Quel est le nombre de billets de 100 € ?

A. 35 C. 51
B. 42 D. 55

A première vue, nous avons affaire à un problème qui peut se résoudre en posant un système de deux équations à deux inconnues… A première vue !

Un rapide coup d'œil sur nos réponses indique qu'elles donnent le nombre de billets de 100 € et que l'on peut ainsi en déduire le nombre de billets de 50 €. En effet, s'il y a par exemple 42 billets de 100 €, alors il y a 79 – 42 = 37 billets de 50 €.

Posons-nous à présent la question suivante : **peut-on dans cette question tester nos réponses pour trouver *la* bonne réponse ?** La réponse est *oui* !

Souvenez-vous que dans une question de calcul, **il est recommandé de tester les réponses lorsque vous êtes en mesure de vérifier quelque chose**.

Ici, en testant les réponses, vous êtes en mesure de vérifier que vous obtiendrez au bout du compte la somme de 6 500 € (en multipliant le nombre de billets de 100 € par 100, somme à laquelle vous ajoutez le nombre de billets de 50 € multiplié par 50).

[1. Comment tester les réponses ?]

La méthode est simple :

1. Vous classez vos réponses par ordre croissant (ce qui sera déjà souvent le cas au concours).
2. Vous commencez toujours par tester une des **« réponses du milieu »**, autrement dit, la réponse B ou la réponse C. Disons donc que vous testez la réponse C (tout simplement parce qu'*a priori*, elle vous paraît meilleure que la B) :

2.1. La réponse C est la bonne réponse ? Vous passez à la question suivante.

2.2. La réponse C n'est pas la bonne réponse ? Dommage. Mais rien d'inquiétant puisque vous allez tester à présent l'une des deux réponses qui se trouvent « au-dessus » de la réponse C (la A ou la B) ou bien répondre la réponse d'« en dessous » (la D). Imaginons donc que vous testiez une réponse d'au-dessus comme la A par exemple, alors deux cas de figure se présentent à vous : (1) la A est la bonne réponse, tant mieux et vous passez à la question suivante ; (2) la A n'est pas la bonne réponse… Mais par élimination, vous en déduisez finalement que la bonne réponse est la B.

> **A retenir !**
>
> Grâce à cette méthode efficace de résolution, vous effectuez au mieux une seule vérification (quand la bonne réponse est la B ou la C selon celle que vous avez choisie de tester) et au pire seulement deux.
>
> **Autrement dit, vous n'avez jamais besoin de vérifier toutes les réponses une à une lorsque vous testez les réponses.** Et c'est en cela que cette méthode est efficace.
>
> La seule difficulté consistera à choisir quelles réponses tester après avoir vérifié que la réponse C n'est pas la bonne réponse : **les réponses d'au-dessus ou les réponses d'en dessous ?**

Levons cette difficulté en appliquant notre méthode à notre premier exemple.

Comme vous le savez maintenant, nous devons tester dans un premier temps la réponse B ou la réponse C. Testons la réponse B !

Supposons donc qu'il y ait effectivement 42 billets de 100 € (4 200 €). Cela signifie alors qu'il y a 79 – 42 = 37 billets de 50 € (1 850 €). Nous obtenons ainsi la somme de 4 200 € + 1 850 € = 6 050 € et concluons que la somme de 6 500 € n'est pas vérifiée. La réponse B n'est donc pas la bonne réponse et il faut aller chercher du côté des réponses d'en dessous (les réponses C et D). **En effet, pour passer de 6 050 € à 6 500 € avec un nombre total de billets identiques, il faut « charger » un peu plus en billets de 100 € (*i.e.* avoir plus de billets de 100 € et moins de 50 €).**

Nous testons donc la réponse C qui marche alors parfaitement puisque s'il y a 51 billets de 100 €, alors il y a :

79 – 51 = 18 billets de 50 € et 51 × 100 + 28 × 50 = 5 100 + 1 400 = **6 500 € !**

Une remarque importante : si nous avions testé la réponse D, nous aurions trouvé une somme de 6 700 € avec 55 billets de 100 € et 79 – 55 = 24 billets de 50 € et nous aurions alors conclu que la bonne réponse était nécessairement la C.

2. Un concours comporte 20 questions. Chaque bonne réponse rapporte 2 points mais chaque mauvaise réponse fait perdre 1 point. Danielle a passé ce concours et a obtenu 19 points. Elle a répondu à toutes les questions mais est sûre de s'être trompée au moins une fois. A quel intervalle appartient le nombre de réponses fausses ?

A. [0 ; 2]
B. [2 ; 4]
C. [5 ; 8]
D. [10 ; 13]

Si l'on regarde de près les réponses que l'on a sous les yeux, on remarque que le nombre de réponses fausses appartient à un intervalle de nombres entiers. Ainsi, la réponse D dit par exemple que le nombre de mauvaises réponses est compris entre 10 et 13 et que Danielle a répondu à 10, 11, 12 ou 13 mauvaises réponses.

Testons nos réponses en commençant par la réponse C. Le nombre de mauvaises réponses est dans ce cas compris entre 5 et 8.

Si c'est 5, alors le nombre de bonnes réponses est 15 (20 – 5) et le score total obtenu est : 15 × 2 – 5 × 1 = 25.

Si c'est 8, le nombre de bonnes réponses est 12 (20 – 8) et le score total obtenu est : 12 × 2 – 8 × 1 = 16.

Conclusion : la solution C nous dit que le nombre total de points obtenus par Danielle est compris entre 16 et 25. Or comme Danielle a obtenu 19 et que 19 est bien compris entre 16 et 25, c'est que la réponse C est la bonne réponse. Et c'est terminé.

[2. Une remarque importante]

Il n'y a jamais qu'une seule et unique façon de répondre à une question de calcul au concours.

Si le *backsolving* était ici une technique bienvenue, il n'en demeurait pas moins que pour le dernier exemple traité (exemple 2), une méthode de résolution plus classique était possible.

Comme d'après l'énoncé une bonne réponse apporte +2 points et une mauvaise réponse fait perdre 1 point ; le score maximal (meilleur score) est donc potentiellement égal à $20 \times 2 = 40$ points et le score minimal (pire score) égal à $20 \times (-1) = -20$ points. Vous avez donc dans l'absolu un stock de 60 points (entre –20 et 40, il y a bien 60 points) à gérer. Et ce que vous devez comprendre, c'est que lorsque vous répondez faux à une question, vous perdez effectivement 1 point, mais dans l'absolu, vous vous privez en fait de 3 points (les 2 points que vous auriez pu avoir en répondant juste *plus* le point que l'on vous retire). En conclusion : si Danielle a eu 19 points sur un total maximal de 40, c'est qu'elle s'est privée de $40 - 19 = 21$ points, soit l'équivalent de $21/3 =$ **7 questions**. Elle a donc répondu faux à 7 questions. Et comme 7 appartient à l'intervalle [5 ; 8], c'est que C est bien la bonne réponse.

Si nous vous avons recommandé de lire le sujet dans son intégralité avant de démarrer la résolution des questions, de résoudre en priorité les questions courtes ou encore d'utiliser la technique du *backsolving* pour ne pas rester pantois face à une question à l'allure délicate, et bien nous devons à présent vous apprendre à **minimiser le temps passé sur chacune des questions que vous traiterez,** car n'oubliez jamais qu'au concours, votre principal adversaire s'appelle le temps.

Les astuces qui suivent sont reconnues pour être redoutablement efficaces dans bon nombre de situations et il est relativement facile de reconnaître le moment où il va falloir les utiliser. Notez toutefois que ces astuces ne sauraient se suffire à elles seules pour venir à bout d'une question. Une excellente maîtrise du cours et une lecture attentive des chapitres précédents sont en effet indispensables au bon apprentissage de ce qui va suivre.

FICHE 14
LA MÉTHODE DU DERNIER CHIFFRE

Le dernier chiffre du produit de deux nombres est le même que le dernier chiffre du produit des derniers chiffres des deux nombres en question.

Prenons par exemple le produit de 12 673 267 et 7 812 763 789.

En notant X le dernier chiffre du produit de deux nombres, la phrase devient, après traduction :

X est égal au dernier chiffre du produit des derniers chiffres des deux nombres.

Dans notre cas, les deux nombres dont nous cherchons le produit sont 12 673 267 et 7 812 763 789, soit après une nouvelle traduction : **X est égal au dernier chiffre du produit des derniers chiffres de 12 673 267 et 7 812 763 789**. Soit enfin : **X est égal au dernier chiffre du produit de 7 et 9**.

Et comme le produit de 7 et 9 est $7 \times 9 = 63$, on conclut que X est égal au dernier chiffre de 63… *i.e.* : **3** !!!

Retenez donc la méthode à appliquer pour trouver le dernier chiffre du produit de nombres :

1. Isolez les derniers chiffres des deux nombres dont vous souhaitez faire le produit.
2. Calculez ensuite le produit de ces deux derniers chiffres.
3. Identifiez enfin le dernier chiffre de ce produit.

1. Jean a décidé de repeindre les quatre murs de son sous-sol. Les quatre murs sont hauts de 2,6 mètres. Deux murs ont pour largeur 13,7 mètres et deux autres murs ont pour largeur 11,9 mètres. Sachant qu'il faut 0,3 litre de peinture pour 1 mètre carré de mur à peindre, quelle quantité de peinture Jean utilisera-t-il pour repeindre les murs de son sous-sol ?

A. 33,713 litres
B. 37,768 litres
C. 39,762 litres
D. 39,936 litres

Il n'est pas question ici de calculer précisément la quantité de peinture dont Jean a besoin pour repeindre les murs de son sous-sol. Nous remarquons en effet – comme par hasard – que les derniers chiffres de nos solutions sont tous différents. Nous allons donc appliquer l'astuce du dernier chiffre et trouver la bonne réponse en… 15 secondes !

Surface totale des quatre murs à peindre : **2** × 2,**6** × 13,**7** + **2** × 2,**6** × 11,**9**.

En appliquant l'astuce du dernier chiffre, on trouve que **2** × 2,**6** × 13,**7** se termine par le chiffre **4** [**2** × **6** se termine par 2 et un nombre qui se termine par 2 fois un nombre qui se termine **7** est un nombre qui se termine par 4] et que **2** × 2,**6** × 11,**9** se termine par le chiffre **8**.

La somme **2** × 2,**6** × 13,**7** + **2** × 2,**6** × 11,**9** se termine donc par le dernier chiffre de **4 + 8**, c'est-à-dire 2. Il ne nous reste plus qu'à multiplier 2, le dernier chiffre de la surface totale des quatre murs, par 3 (le dernier chiffre de 0,3) pour trouver 6. Et on sait à présent avec certitude que le nombre de litres de peinture dont Jean a besoin pour repeindre son sous-sol est un nombre dont **le dernier chiffre est 6**. Réponse D.

Cette astuce vous permet donc de gagner des secondes précieuses et d'abréger rapidement vos souffrances. Mais ce n'est pas tout. **Car ce qui est prodigieux avec cette astuce, c'est qu'elle fonctionne également dans l'autre sens,** c'est-à-dire lorsque vous cherchez non pas le dernier chiffre du produit de deux nombres mais celui de l'un des (ou même des deux) nombres que vous multipliez entre eux.

2. Que vaut N + P sachant que le produit des nombres à trois chiffres 48N et 87P est égal à 42 853 ?

A. 16

B. 13

C. 8

D. 7

Lorsque l'on vous demande de trouver les chiffres N et P sachant que le nombre de trois chiffres **48N** multiplié par le nombre de trois chiffres **87P** vaut **42 853,** votre premier réflexe doit être de vous dire que le produit N × P se termine nécessairement par le chiffre. Vous obtenez alors les valeurs suivantes pour N et P :

N	P	Dernier chiffre de N × P
1	**3**	3
3	**1**	3
7	**9**	3
9	**7**	3

L'on comprend donc que pour obtenir un nombre qui se termine par 3 en faisant le produit de deux nombres, ces deux nombres doivent nécessairement et respectivement se terminer par 1 et 3 ou 3 et 1 ou 7 et 9 ou 9 et 7.

La somme N + P vaut donc 1 + 3 = **4** ou 7 + 9 = **16**. Réponse A !

FICHE 15
LA MÉTHODE DES INCONNUES ENTIÈRES

Arrêt sur lecture : l'astuce des inconnues entières est tout simplement géniale, alors suivez bien ce qui va suivre.

S'il y a bien un type de questions sur lesquelles vous devez vous arrêter particulièrement, ce sont celles où les inconnues sont entières. En effet, avec des nombres entiers comme inconnues, et à condition bien sûr de connaître son cours sur le bout des doigts (ce dont nous ne doutons pas, n'est-ce pas ?), il est possible de traiter certaines questions en un temps éclair grâce aux astuces relatives aux inconnues entières.

[1. Mais d'abord, une inconnue entière, c'est quoi ?]

Une majorité de questions au concours vous demandent de trouver la valeur d'une inconnue : *Que vaut X ? Quel est l'âge de Robert ? Quel est le prix d'une figue ? Que vaut* $R^2 - G^3$ *? Quelle somme a été placée sur le compte C ? A quelle heure les deux trains se croiseront-ils ?...*

Quelle que soit l'inconnue, vous devrez toujours vous demander si cette dernière est entière ou non ; car si elle est entière, vous pourrez dans la majorité des cas, appliquer l'une des astuces qui suivent. Si l'on vous demande par exemple de trouver l'âge d'un adulte, et bien vous devez savoir que vous êtes face à une inconnue entière.

Nous voyons déjà les puristes parmi vous allumer leur ordinateur pour trouver nos coordonnées et nous indiquer qu'une faute s'est glissée dans le livre : oui, vous avez raison, un âge peut être un nombre à virgule si l'on considère qu'avoir 10,5 ans revient à avoir 10 ans et demi. Mais ce n'est pas le cas au concours. Eteignez donc votre ordinateur et permettez-nous de dresser une liste non exhaustive d'inconnues entières sur lesquelles vous pouvez être amenés à travailler. Cette liste est le fruit d'un long travail d'analyse des questions tombées au concours.

- Les êtres et les objets sont toujours des inconnues entières : des hommes, des femmes, des voitures, des chats, des chiens, des chaussettes, des abeilles, des bonbons, des enfants, des livres…
- Les âges : toujours entiers (10 ans, 37 ans).
- Les distances : très souvent entières (30 km ; 200 m).
- Les vitesses : très souvent entières (12 km/h ; 5 m/s).
- Les aires et les volumes : très souvent entiers (34 m^2 ; 100 m^3).
- Les sommes d'argent : très souvent entières (1 200 euros ; 432 yens).

En plus de cette liste, vous devez retenir une règle majeure qui s'applique en particulier aux prix et aux distances : **si toutes les données de l'énoncé ainsi que les réponses proposées sont entières, c'est que les données implicites le sont aussi**.

Prenons un exemple : si l'on vous parle de trois amis, Pierre, Paul et Jacques, qui ont commandé au restaurant des plats différents avec des prix différents et qui ont réglé à eux trois une addition s'élevant à 124 euros ; que l'inconnue est le prix du plat commandé par Paul et que les cinq propositions sont des nombres entiers, alors vous pouvez, sans prendre trop de risque, en déduire que les prix respectifs des plats commandés par Pierre et par Jacques sont, eux aussi, des nombres entiers.

[2. Et si les inconnues ne sont pas entières ?]

Si votre énoncé ne contient pas d'inconnues entières, pourquoi vous priveriez-vous d'en créer vous-mêmes ?

En effet, si l'on vous parle d'une distance de 12,56 km, personne ne vous empêche de convertir cette distance en 12 560 m. Si vous découvrez qu'un coureur a mis 1 h 45 pour parcourir un chemin, pourquoi ne pas vous dire tout simplement qu'il a mis exactement 105 min pour faire ce parcours ? Nous vous invitons donc à bien vous imprégner du cours de mathématiques relatif aux conversions heures/minutes, mètres/kilomètres, etc. Cela vous sera très utile pour transformer si nécessaire vos inconnues en inconnues entières.

Entrons à présent dans le vif du sujet : **pourquoi le fait que vos énoncés contiennent des inconnues entières va vous permettre de gagner des secondes précieuses tout au long de l'épreuve ?**

[3. Tables de multiplication]

Vos pires ennemies sont de retour, sorties tout droit de vos livres de primaire : les tables de multiplication ! Mais bon, nous sommes sûrs qu'elles vous sont à présent plus douces et plus dociles et qu'elles sont même en passe de devenir vos meilleures amies…

Si l'on vous dit par exemple que $A \times B = 42$ et qu'il vous faut trouver la valeur de la somme $A + B$ et ce, sans aucune précision particulière, il est tout simplement impossible ne serait-ce que de se rapprocher de la solution du fait qu'il en existe une infinité. En revanche, si l'on vous précise dans l'énoncé de la question que les nombres A et B sont des nombres entiers, alors dans ce cas, le nombre de possibilités diminue considérablement. Voyez donc !

A	B	A	B
1	42	7	6
2	21	14	3
3	14	21	2
6	7	42	1

Et voilà comment d'une infinité de valeurs possibles pour A et B nous sommes passés à seulement 8 valeurs possibles. Il ne vous reste plus qu'à trouver parmi les 5 réponses proposées la seule qui vaut 43 (1 + 42), 23 (2 + 21), 17 (3 + 14) ou 13 (6 + 7).

Une autre application :

Si vous devez résoudre l'équation du second degré suivante : $N^2 - N - 42 = 0$, au lieu de calculer le discriminant delta et tout ce qui s'ensuit, écrivez tout simplement que $N^2 - N - 42 = 0$ équivaut à $N (N - 1) = 42$ et déduisez-en alors que les seuls nombres consécutifs ($N - 1$ et N sont consécutifs) dont le produit vaut 42 sont 6 et 7 et –7 et –6. Ainsi $N = -6$ ou $N = 7$.

FICHE 16
LA MÉTHODE DES CRITÈRES DE DIVISIBILITÉ

Tout comme vos tables de multiplication, il vous faut connaître ces critères sur le bout des doigts pour espérer augmenter votre vitesse de résolution des questions.

Prenons un exemple :

Un libraire a liquidé ce mois-ci tous ses livres. Un tiers des livres vendus a été payé en chèques, trois dixièmes par carte bancaire et les 704 livres restants ont été payés en espèces. Combien de livres le libraire a-t-il vendus ?

A. 1 803
B. 1 920
C. 2 565
D. 3 110

La méthode classique consiste à poser et résoudre l'équation :

N = (1/3) N + (3/10) N + 704. Nous ne voulons pas de cette méthode, trop longue et trop risquée en termes de calculs, et nous vous proposons donc de résoudre la question en appliquant vos critères de divisibilité.

Sachant qu'un livre est un nombre entier (on ne peut pas acheter de quart ou de tiers de livre… non, même en déchirant les pages, oubliez !), **il faut bien que le nombre de livres payés en chèque soit lui même un nombre entier,** autrement dit qu'un tiers de N soit un nombre entier et que N soit donc divisible par 3.

En appliquant le même raisonnement aux livres payés par carte bancaire, vous trouvez que N doit être divisible par 10.

Si vous regardez à présent les réponses proposées : 1 803, 1 920, 2 565 et 3 110, vous en avez terminé puisqu'il n'y en a qu'une parmi les quatre **qui est à la fois divisible par 3** (vérifiez que la somme des chiffres du nombre proposé en réponse est divisible par 3) **et par 10** (vérifiez que le dernier chiffre du nombre proposé en réponse doit être égal à 0)… Vous retenez alors **1 920** ! Et c'est donc la bonne réponse.

Alors, ils ne sont pas beaux nos nombres entiers ?

FICHE 17
TECHNIQUES DE DÉNOMBREMENT DE FIGURES GÉOMÉTRIQUES

[1. Combien de rectangles ?]

Pour cette question, il existe une astuce qui permet de calculer directement le nombre de rectangles différents qu'il y a dans le grand rectangle.

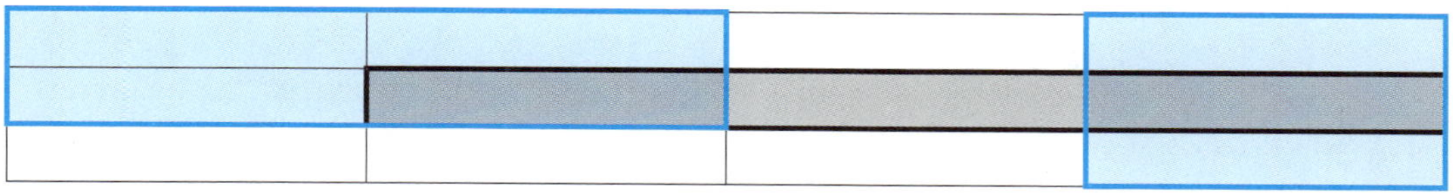

Soit C le nombre de colonnes et L le nombre de lignes qu'il y a dans le grand rectangle. Le nombre total de rectangles différents est égal à :

$$\frac{C \times (C+1) \times L \times (L+1)}{4}$$

Ici, $C = 4$ et $L = 3$, ce qui nous donne : $\frac{4 \times (4+1) \times 3 \times (3+1)}{4} = 60$ rectangles différents. Oui, oui ! Vous avez bien lu : 60 rectangles différents.

Ainsi, si vous allez à une soirée où il y a 22 invités, en supposant que chacun des invités salue une fois tous les autres invités, il y aura eu au total : $\frac{22 \times (22-1)}{2} = 231$ salutations.

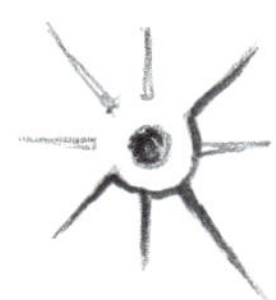

[2. Combien de carrés ?]

Si l'on vous demande de calculer le nombre de carrés différents qu'il y a dans cette figure, il vous suffit de compter le nombre n de petits carrés qu'il y a sur une colonne et d'appliquer la formule suivante :

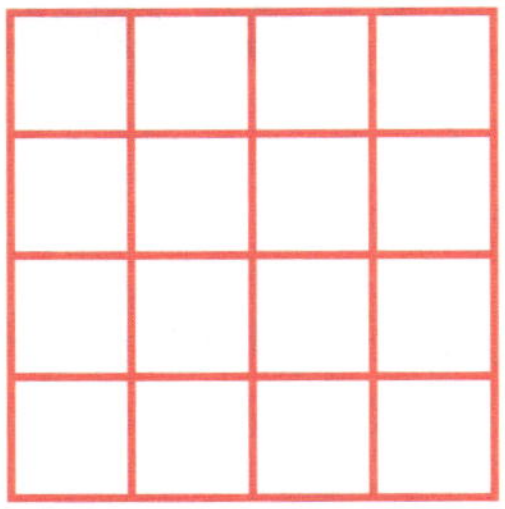

$$\text{Nombre total de carrés différents} = \frac{n \times (n+1) \times (2n+1)}{6}$$

[3. Combien de triangles ?]

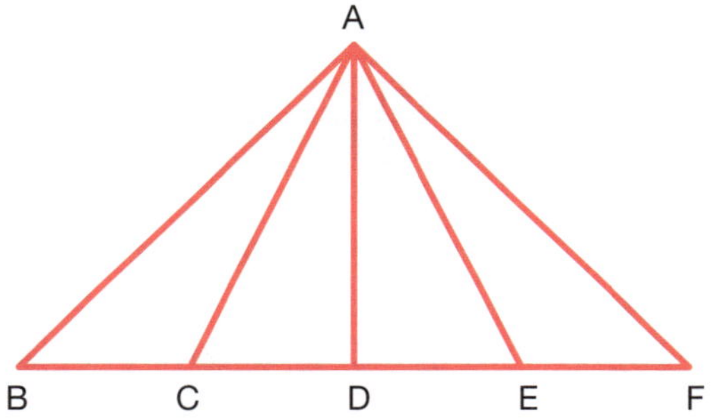

Si l'on vous demande de calculer le nombre de triangles différents qu'il y a dans cette figure, il vous suffit de compter le nombre n de points qui relient à la base du triangle qui relient le sommet A du triangle.

$$\text{Nombre de triangles différents} = \frac{n \times (n-1)}{2}$$

Cette formule n'est valable bien sûr que pour cette configuration de triangles.

FICHE 18
TECHNIQUES DE DÉNOMBREMENT DE SALUTATIONS ET DE RENCONTRES

[1. Combien de salutations ?]

Imaginons que l'on vous demande de trouver le nombre de salutations que s'échangent N personnes (en supposant bien sûr qu'une personne ne salue toutes les autres personnes qu'une seule fois), ou encore le nombre de matchs que se disputent N équipes de football (en supposant là encore qu'une équipe ne rencontre toutes les autres équipes qu'une seule fois), ou enfin le nombre de couples différents qu'il est possible de constituer au cours d'une soirée parmi N personnes.

Alors vous devez savoir que le nombre total de salutations échangées ou encore le nombre total de matchs disputés est égal à :

$$\frac{N \times (N-1)}{2}$$

Ainsi, si vous allez à une soirée où il y a 22 invités, en supposant que chacun des invités salue une fois tous les autres invités, il y aura eu au total :
$\frac{22 \times (22-1)}{2} = 231$ salutations.

[2. Combien de rencontres ?]

Imaginons que l'on vous demande par exemple de trouver le nombre total de matchs disputés au cours d'un tournoi de tennis (en simple, un joueur contre un joueur) où dès qu'un joueur perd un match, celui-ci est directement éliminé du tournoi et ne joue alors plus à aucun match.

Vous devez savoir que si N joueurs participent à un tel tournoi, le nombre total de matchs disputés est égal à :

$$N - 1$$

Ainsi, si 128 joueurs participent à un tournoi de tennis (comme c'est le cas par exemple lors du premier tour du tournoi simple hommes ou simple dames de Roland-Garros), alors un total de 127 matchs auront été disputés au cours du tournoi.

A présent, que se passe-t-il si 17 joueurs participent à un tournoi ? Et bien le raisonnement sera le même et vous trouverez un total de 17 – 1 = 16 matchs disputés. En effet, lorsqu'il y a 17 joueurs, il n'y aura eu que 8 matchs disputés au premier tour éliminatoire car le « 17e » joueur devra sagement attendre qu'une place se libère pour entrer dans la compétition. Au deuxième tour, les 8 joueurs sortis gagnants à l'issue du premier tour se rencontrent et on compte alors 4 matchs. Au troisième tour, les 4 joueurs sortis gagnants à l'issue du deuxième tour se rencontrent et on compte alors 2 matchs. Au quatrième tour, les 2 joueurs sortis gagnants à l'issue du troisième tour se rencontrent et on compte alors 1 match et c'est là que le 17e joueur (veinard) entre dans la partie et rencontre en finale le joueur sorti gagnant au quatrième tour, ce qui nous fait un dernier match à comptabiliser.

Faisons nos comptes : premier tour : 8 matchs ; deuxième tour : 4 matchs ; troisième tour : 2 matchs ; quatrième tour : 1 match ; finale : 1 match.

On retrouve bien un total de 16 matchs.

III. L'EPREUVE D'APTITUDES VERBALES

Dans l'épreuve d'aptitudes verbales, vous serez (notamment) amenés à travailler sur des questions impliquant des mots qui partagent une nature bien particulière. Cela peut porter en effet sur le genre des mots (féminin, masculin, épicène), sur le champ lexical auquel les mots appartiennent ou encore sur leurs racines grecques ou latines. Avec un peu d'entraînement, cela saute aux yeux ! Soyez donc attentif aux différents cas exposés ci-dessous.

1. MASCULIN OU FEMININ ?

Exemple : parmi les six mots suivants, un seul est de genre masculin. Lequel ?

ALGEBRE IDYLLE EGIDE METEORITE ARMISTICE TOPAZE

Ici, l'intrus est ARMISTICE puisqu'il s'agit en effet du seul mot masculin.

Dit-on *un* ou *une astérisque ?* Nous donnons ici une liste de noms sur lesquels les erreurs sont les plus nombreuses. Nous n'avons pas retenu les noms qui peuvent s'employer au masculin ou au féminin (*un* ou *une après-midi*), puisque aucune forme n'est fautive.

Masculin	Féminin
Acolyte	Acné
Agrume	Aérogare
Amalgame	Agape
Ambre	Agora
Amiante	Alcôve
Anathème	Algèbre
Antidote	Alvéole
Antipode	Anagramme
Antre	Anicroche
Aparté	Apothéose
Aphte	Argile

Masculin	**Féminin**
Apogée	Arrhes
Appendice	Azalée
Arcane	Camée
Armistice	Câpre
Aromate	Catacombes
Asphalte	Coriandre
Astérisque	Dartre
Augure	Décombres
Auspice	Dupe
Autoradio	Ebène
Camélia	Echappatoire
Cerne	Ecritoire
Codicille	Egide
Edelweiss	Ephéméride
Effluve	Epitaphe
Elytre	Epithète
Emblème	Equivoque
En-tête	Escarre
Epilogue	Espèce
Errata	Gemme
Esclandre	Icône
Exécutoire	Idylle
Girofle	Immondices
Haltère	Interview
Hémisphère	Météorite
Interclasse	Oasis
Interstice	Obsèques
Intervalle	Octave
Interview	Ogive
Ivoire	Omoplate
Jade	Orbite
Méandre	Orque

2. EPICENES

Epicène : se dit d'un mot dont la forme ne change pas avec le genre qu'il désigne. Du grec *epikoinos*, « possédé en commun ».

Exemples : cartouche (une cartouche = une cartouche d'encre ou une cartouche de cigarettes / un cartouche = un symbole hiéroglyphique ou encore un ornement de pierre taillée portant une inscription gravée), critique, garde, greffe, livre, manche, mémoire, mode, moule, mousse, page, pendule, platine, poste, somme, tour, vase, voile.

Il existe également quelques **prénoms épicènes** comme : Claude, Maxime, Camille et Dominique. Attention : des prénoms qui ont la même prononciation à l'oral mais qui s'écrivent différemment, comme Michel / Michelle / Michèle, ne font pas partie de la catégorie des prénoms épicènes.

3. INVARIABLES

Exemple : soulignez l'intrus.

TOT HIER TANT POUR PAIR GRE HORS AFIN ICI

Ici, l'intrus est PAIR puisqu'il s'agit en effet du seul mot qui n'est pas invariable (on peut écrire : des pairs, pair étant ici compris comme un membre d'un groupe social, avec une connotation d'égalité de rang social [par exemple, un médecin jugé par le Conseil de l'ordre est dit « jugé par ses pairs »]).

1. Le cas des adjectifs numéraux

Les adjectifs numéraux cardinaux sont invariables sauf *un*, *cent* et *vingt*.

- *Un* s'accorde en genre (masculin ou féminin).
  Il a acheté vingt et un billets de loterie.
- Cent prend un *-s* quand il est multiplié : *deux cents billets*, sauf quand il est suivi d'un autre numéral : *trois cent cinq billets*, ou quand il est employé comme ordinal : *page trois cent* (= la trois centième page).
- *Vingt* ne prend un *-s* que dans le nombre *quatre-vingts* : *il a quatre-vingts ans*, sauf quand il est suivi d'un autre numéral : *il a quatre-vingt-deux ans*

ou quand il est employé comme ordinal : *ouvrez vos livres page quatre-vingt* (= la quatre-vingtième page).

Mille est toujours invariable : *quatre mille étudiants*.

Million et *milliard* ne sont pas des adjectifs mais des noms. Ils prennent donc la marque du pluriel : *deux milliards et trois cent millions d'euros*.

2. Le cas de « sans »

Les noms composés avec **sans** prennent un trait d'union et sont invariables : *des sans-abris, des sans-cœurs, des sans-gêne, des sans-grade, un sans-papiers* ; sauf *sans-culotte* : *les sans-culottes*.

3. Le cas des couleurs

1. Lorsque l'adjectif de couleur est issu d'un nom désignant une chose dont la couleur, caractéristique, sert de référence, il reste invariable.

Des fleurs orange (= de la couleur orange, entre rouge et jaune).

Des jupes marron (= de la couleur brune du marron).

Des bijoux turquoise (= de la couleur de la turquoise, entre bleu et vert).

2. Lorsque l'adjectif de couleur est suivi d'un mot qui précise une teinte, une nuance, c'est un adjectif de couleur composé qui reste invariable.

Des jupes bleu foncé. / Des cheveux blond cendré. / Des chemises vert bouteille.

Lorsque l'adjectif composé est formé de deux adjectifs de couleur, on met un trait d'union : bleu-vert.

3. Lorsqu'un objet comporte plusieurs couleurs, les adjectifs de couleur restent invariables.

Un drapeau bleu, blanc, rouge / Des drapeaux bleu, blanc, rouge.

Ainsi, on écrira *des cravates bleu et rouge* pour désigner plusieurs cravates avec chacune du bleu et du rouge, mais on écrira *des cravates bleues et rouges* pour désigner un ensemble formé de cravates bleues et de cravates rouges.

4. CHAMPS LEXICAUX

Dans des séries d'intrus par exemple, vous serez parfois amenés à rassembler certains mots autour d'un même champ lexical pour exclure alors le ou les mots qui s'en écartent.
Exemples :

1. Les mots *jugement, légalité, avocat, loi, plaidoirie, juge, greffier* ou encore *procès* font partie du champ lexical de la **JUSTICE** ou plus généralement du **DROIT**.

2. Les mots *crack, cocaïne, méthamphétamine, blanche, ecstasy* ou encore *héroïne* font partie du champ lexical des **DROGUES** et plus précisément des **DROGUES DURES**.

3. Les mots *braconnage, filetage, piégeage, battue, affût, traque, poursuite* ou *course* font partie du champ lexical de la **CHASSE**.

4. Les mots *digestif, gnôle, goutte, spiritueux, fine, marasquin, menthe, mirabelle, marc, pousse-au-crime, pousse-café* ou encore *rincette* appartiennent au champ lexical de l'**ALCOOL**.

5. Les mots *monnaie, fonds, finances, capital, billet, fric, flouze, pèze, pognon* ou encore *liquide* font partie du champ lexical de l'**ARGENT**.

6. Les mots *division, multiple, addition, nombre, chiffre, quotient, opération…* appartiennent au champ lexical de l'**ARITHMETIQUE**.

Exemple 1 : complétez la série suivante (un trait équivaut à une lettre).

EQUINOXE _ _ LS _ _ CE LATITUDE ORBITE
MERIDIEN ZO _ _ _ Q _ _ ZENITH

Vous aurez deviné ici le champ lexical de l'**ASTRONOMIE**. Il fallait donc trouver SOLSTICE et ZODIAQUE.

Exemple 2 : complétez la série suivante (un trait équivaut à une lettre).

MOEL _ _ UX OXYDATION CRU CE _ AG _ ETHANOL
TANIN _ END _ NG _ TROUBLE

Vous aurez deviné ici le champ lexical du **VIN**. Il fallait donc trouver MOELLEUX, CEPAGE et VENDANGE.

Dans l'exercice qui suit, vous trouverez des questions comportant des séries de trois phrases, qui sont généralement des phrases simples, des proverbes ou des pensées d'auteurs.

Votre mission consiste à trouver le mot manquant <u>commun</u> aux trois phrases, en vous référant au contexte. Autrement dit, le mot que vous devrez trouver sera identique aux trois phrases d'une même question.

<u>Pour cet exercice, il n'y a pas de limite de temps</u>. C'est parti !

1.
- Il a recours aux ______________ les plus perfides pour arriver à ses fins.
- Il a trouvé une ______________ diabolique pour déjouer leurs plans.
- C'est la ______________ ordinaire de Satan de corrompre et abâtardir par tous moyens qu'il peut bonne semence de Dieu, afin qu'elle ne mûrisse point pour apporter fruit.

2.
- C'est avant tout la ______________ de l'expérience qui importe : la raison suivra toujours, son bandeau phosphorescent sur les yeux.
- Une folle ______________ s'est engagée entre les policiers et les braqueurs.
- La vaine ______________ d'une utopie.

3.
- Le Temps, monseigneur, a sur le dos un sac où ce monstre géant d'______________ enfouit sans cesse des aumônes pour l'oubli.
- L'______________ la plus odieuse, mais la plus commune et la plus ancienne, est celle des enfants envers leurs pères.
- Il n'y a qu'un seul vice dont on ne voie personne se vanter, c'est l'______________.

4.
- Le moment est venu de desserrer l'______________ des militaires sur les affaires.
- Les journaux se sont libérés de l'______________ du parti.
- Selon une des thèses fondamentales de Nietzsche, les valeurs traditionnelles ont perdu leur ______________ sur la vie des individus.

5.

– L'empreinte d'un homme sur un autre est éternelle, aucun ______________ n'a traversé le nôtre impunément.
– Nous tissons notre ______________, nous le tirons de nous comme l'araignée sa toile.
– Il s'agit là d'une famille cruellement marquée par le ______________.

6.

– Ses nouvelles sont d'une ______________ feutrée.
– Les dictatures fomentent l'oppression, la servilité et la ______________.
– La ______________ est le remède de l'orgueil blessé.

7.

– Le commencement et le ______________ de l'amour se font sentir par l'embarras où l'on est de se trouver seuls.
– Le mois de septembre signe le ______________ de la belle saison.
– L'amour constant ressemble à la fleur du soleil,
Qui rend à son______________, le soir, le même hommage,
Dont elle a, le matin, salué son réveil !

8.

– Au lieu que c'est une vertu d'avoir pitié des moindres afflictions qu'ont les autres, c'est une espèce de ______________ de s'affliger pour les nôtres propres.
– Il a eu la ______________ de témoigner à visage couvert.
– Je considère le suicide comme une ______________ : c'est un duel avec un adversaire désarmé.

9.

– C'est délicieux quand deux silences ayant cheminé parallèlement dans l'______________, soudain les deux esprits reparaissent côte à côte, avec la même phrase.
– Chacun est l'______________ de tous.
– La religion n'est autre chose que l'______________ portée de l'univers sur l'intelligence humaine.

10.

- Grands hommes ! Voulez-vous avoir ________________ demain ? Mourez aujourd'hui.
- L'ordre est le plaisir de la ________________ : mais le désordre est le délice de l'imagination.
- Ce n'est pas en enfermant ton prochain dans une maison de santé que tu prouveras ta ________________.

11.

- Il considère le travail comme une ________________ contraignante.
- Un être ne se sent obligé que s'il est libre, et chaque ________________, prise à part, implique la liberté.
- Employeur et employé ont des ________________ communes.

12.

- Il n'a personne à qui confier sa ________________.
- L'homme est un apprenti, la ________________ est son maître, et nul ne se connaît tant qu'il n'a pas souffert.
- Rien ne nous rend si grands qu'une grande ________________.
-

13.

- Je possède ce don d'observation appelé vulgairement ________________ par ceux qui en sont dépourvus.
- On atteint là le comble du ________________.
- Ce film dépeint la réalité de l'entreprise avec un ________________ désabusé.

14.

- Le mouvement démocratique perd un peu de son ________________.
- Choisir la vie, c'est choisir l'avenir. Sans cet ________________ qui nous porte en avant nous ne serions rien de plus qu'une moisissure à la surface de la terre.
- Il n'a pas réussi à créer un ________________ communautaire.

15.

– Point d'____________, point de Suisse, et ma porte était close.
– Mais sans ____________ l'honneur n'est qu'une maladie.
– Il y a loin de l'homme qui méprise l'____________ à celui qui est véritablement honnête.

16.

– Le mariage est le tombeau de la femme, le principe de toute ____________ féminine.
– C'est une grande ____________ qu'une grande carrière.
– Les révolutions n'ont généralement pour résultat immédiat qu'un déplacement de ____________.

17.

– La ____________, c'est le bonheur d'être triste.
– Il fut soudain submergé par la ____________.
– La ____________ n'est que de la ferveur retombée. La sagesse n'est pas dans la raison, mais dans l'amour.

[Réponses]

1.	ruse(s)	**11.**	obligation(s)
2.	poursuite	**12.**	douleur
3.	ingratitude	**13.**	drame
4.	emprise	**14.**	nuance(s)
5.	destin	**15.**	tourmente
6.	cruauté	**16.**	cynisme
7.	déclin	**17.**	élan
8.	lâcheté	**18.**	argent
9.	ombre	**19.**	servitude
10.	raison	**20.**	mélancolie

5. HOMOPHONES GRAMMATICAUX

Les homophones grammaticaux représentent une catégorie particulière au sein de la famille des homophones : il s'agit de prépositions, de conjonctions, de verbes conjugués ou d'adverbes qui *se prononcent de la même façon, mais qui ont des sens et des fonctions grammaticales bien différentes*.

Exemples : *Quant* et *Quand*, *Quelque* et *Quel que*.

Puisque de nombreuses questions des QCM auxquels vous serez confrontés portent directement sur les confusions que ces homophones peuvent causer, nous allons tenter de vous fournir dès à présent une liste de ceux qui pourraient vous poser problème. Cette liste s'adjoint d'indications destinées à vous permettre de minimiser les risques de confusions.

Courage, sa longueur est trompeuse : la plupart des éléments qui y sont évoqués ne vous poseront aucun problème !

Homophones	Indications et exemples
à / a / as	*à :* préposition, indiquant un lieu. Exemple : « Il est à Paris ». *a :* verbe « avoir » conjugué à la troisième personne du singulier au présent de l'indicatif (« il a faim »). Vérification : « a » est un verbe conjugué ; il peut donc être remplacé par la troisième personne du singulier du verbe *avoir* à un autre temps sans que la phrase ne devienne incorrecte – ce qui est un bon moyen de le différencier de son homophone « à ». Pour reprendre l'exemple évoqué plus haut, « Il a faim » peut donc être remplacé par « Il avait faim » ; là où « Il est à Paris » ne peut être remplacé par « Il est avait Paris » – la phrase n'ayant alors plus aucun sens. *as :* de même que pour « a », il s'agit de la conjugaison du verbe avoir (mais cette fois-ci, à la seconde personne du singulier).

ce / se / ceux	*ce :* adjectif ou pronom démonstratif, se référant à un objet ou à une personne. Exemple : « Elle regarde ce réacteur ». *ceux :* pronom masculin pluriel, qui désigne des objets ou des personnes dont il a déjà été question précédemment. C'est là le principal élément de différenciation avec « ce ». Attention, donc, à ne pas confondre « ceci » avec « ceux-ci », « cela » avec « ceux-là », « ceux qui » avec « ce qui », etc. *se :* pronom personnel réfléchi, se référant au sujet de la phrase. Exemple : « Elle se remaquille ».
Censé / Sensé	*censé :* il s'agit d'un adjectif qui signifie « supposé » ; et qui est *toujours* suivi d'un infinitif. Exemple : « Ils sont censés arriver dans dix minutes. » *sensé :* cet adjectif est l'antonyme du mot « insensé ». Il dérive donc du mot « sens » et signifie « avoir du bon sens », « être raisonnable ». Exemple : « Si tu étais plus sensé, tu ne sortirais pas faire la fête à la veille de ton examen ».
Est / Ait	*est :* verbe « être » conjugué à la troisième personne du singulier de l'indicatif présent – notez que cette forme est aussi un homographe de l'est, en tant que point cardinal. *ait :* verbe « avoir » conjugué à la troisième personne du singulier du subjonctif.
Là / La / L'as / L'a	*là :* adverbe de lieu, opposé à « ici » (« Là où tu iras, j'irai ») ; mais aussi démonstratif (« C'est celui-là que je veux »). *la :* article défini féminin (« La table ») ou pronom personnel féminin (« La voilà ! »). *l'a / l'as :* réunion du pronom personnel « le » ou « la » et du verbe avoir conjugué à la seconde ou à la troisième personne du singulier de l'indicatif présent. Exemple : Tu l'as vu, celui-là ?

Ces / c'est / s'est / ses / sais / sait	*ces :* pluriel de « ce » (voir plus haut). *C'est :* réunion d'un pronom démonstratif (*« c' »)*, et du verbe être conjugué à la troisième personne du singulier du présent de l'indicatif. Vérification : comme pour « a » *(voir plus haut)*, le verbe « être » dans cette expression doit pouvoir être conjugué à un autre temps de l'indicatif sans que la phrase ne devienne incohérente. Par exemple, « C'est très élégant » peut être remplacé par « C'était très élégant » ; alors que « Ces oiseaux » ne saurait être remplacé par « C'était oiseaux ». *Ses :* adjectif possessif. Exemple : « Ses livres ». *S'est :* réunion du verbe être et du pronom personnel réfléchi « *s'* ». De même que pour « c'est », le temps du verbe être doit pouvoir être changé sans pour autant que la phrase ne se trouve vidée de sens. *Sais / sait :* verbe « savoir » conjugué, respectivement, à la première ou à la seconde et à la troisième personne du singulier à l'indicatif présent. Puisqu'il s'agit de la forme conjuguée d'un verbe, comme pour « être » et pour « avoir », elle doit pouvoir être remplacée par une forme conjuguée à la même personne, mais à un autre temps de l'indicatif. Exemple : « Tu sais qu'il dit la vérité » peut devenir « Tu savais qu'il disait la vérité » ; tandis que « As-tu vu ses livres ? » ne pourra jamais devenir « Avais-tu vu *savais* livres ? ».
Leur / Leurs	*leur :* pronom personnel invariable. A ce titre, il *désigne* des individus ou des objets déjà évoqués – et ne se greffe pas à un pronom ou à un nom. Exemple : Il faudrait leur demander. *leurs :* adjectif possessif qui s'accorde avec les objets possédés, s'ils sont au pluriel, et qui peut donc prendre un « s ». Il se rattache directement à un nom ou à un pronom. Exemples : « C'est leur droit » ; « Ils ont perdu leurs montres ».

Ma / M'a / M'as	*ma :* adjectif possessif féminin. Comme « leurs », il se greffe à un nom. *m'a / m'as :* réunion du pronom personnel réfléchi « me » et de l'auxiliaire « avoir » conjugué à la deuxième ou à la troisième personne du singulier de l'indicatif présent.
Même / Même(s)	*même :* adverbe invariable induisant l'idée de renforcement ou de gradation ; ou pouvant aussi viser à insister sur l'opposition entre deux propositions contraires. Exemple : « Même si je sais que je devrais, je ne suis pas très inquiet pour les résultats de cet examen ». *mêmes :* adjectif indéfini ou pronom pouvant donc s'accorder au pluriel en fonction du/des objet(s) ou de la/des personne(s) visée(s). Il reflète une idée d'identité, de similitude. Exemple : « Ce sont les mêmes qu'hier ».
Or / Hors / Hors de	*or :* conjonction de coordination, faisant le lien entre deux phrases ou entre deux propositions. Exemple : « Tu m'as dit hier que tu viendrais avec ta guitare. Or, aujourd'hui, je constate que tu ne l'as pas : c'est donc que tu as oubliée. » *hors / hors de :* adverbe (hors) ou préposition (hors de) indiquant une extériorité. « Hors de cette ville, vous ne trouverez pas de station-service avant une bonne cinquantaine de kilomètres. »
Où / Ou	*où :* pronom relatif de lieu ou de temps (« C'est l'endroit où je vivais », « A l'époque où je jouais encore au foot ») ; ou adverbe interrogatif (« Où es-tu ? »). *ou :* conjonction de coordination faisant le lien entre deux propositions ou entre deux phrases. Elle exprime l'idée de choix, d'alternative. Exemple : « Tu peux abandonner, ou tu peux prendre sur toi et tenter de continuer ».

Parce que / Par ce que	*parce que :* conjonction de subordination instituant un lien de causalité entre deux propositions. Exemple : « Je suis ébahi parce que je vois ». Ici, on peut supposer que le locuteur a longtemps été aveugle, et qu'il recouvre soudain l'usage de ses yeux. *par ce que :* groupe logique composé d'une préposition (« par »), d'un pronom démonstratif (« ce »), et d'un pronom relatif (« que »). Il induit un lien explicatif, qui peut faire référence à une idée de causalité mais qui a d'abord pour vocation de préciser le propos. Exemple : « Je suis ébahi par ce que je vois ». Ici, ce n'est pas le fait de voir qui surprend le locuteur, mais bien la nature de ce qu'il voit. Le groupe « par ce que » vise donc à *préciser* son propos (il nous explique par quoi il est ébahi) ; mais pas à l'*expliquer*.
Pourquoi / Pour quoi	*pourquoi :* adverbe interrogatif pouvant être remplacé par « *pour quelle raison* », « *dans quelle intention* », ou « *l'intention / la raison pour laquelle…* » Exemples : Pourquoi (*pour quelle raison*) ne vient-il pas ? Je ne comprends pas pourquoi *(dans quelle intention*) il fait tout cela. C'est pourquoi *(la raison pour laquelle)* il a été relâché. *pour quoi :* réunion de « pour » et de « quoi ». S'utilise généralement avec « ce », pour spécifier une cause ou une raison. Sa distinction avec l'usage de « pourquoi » comme « la raison pour laquelle » est assez difficile, retenez donc que le « ce » peut vous servir de repère. Exemple : C'est ce pour quoi je ne suis pas venu.
Quel / Quelle / Qu'elle (et leurs pluriels)	*quel / quels / quelle / quelles :* adjectifs exclamatifs (« Quel spectacle ! ») ou interrogatifs (« Quelle heure est-il ? »). *qu'elle / qu'elles :* réunion du pronom « elle(s) » et d'un « que » qui peut tout aussi bien être un adverbe exclamatif (« Qu'elle accélère ! »), une conjonction de subordination (« Il faut qu'elle nous rejoigne au plus vite »), ou un pronom relatif (« C'est celui qu'elle a acheté »).

Quand / Quant (à / aux) / Qu'en	*quand :* conjonction de temps, qui peut s'apparenter à « lorsque ». Exemple : « Il sortira quand il sera prêt ». *quant (à / aux) :* locution prépositive, qui signifie « en ce qui concerne… » ou « s'agissant de… ». Exemple : « Quant à toi, ne t'avise pas de te débiner ! ». *qu'en… :* Contraction de « que » et de « en » (pronom personnel signifiant dans ce cadre « en cela »). Il peut s'agir d'une forme interrogative se référant à un acte ou une idée ; ou d'une façon d'introduire une proposition restrictive (dans ce cas, il est suivi d'un participe présent). Exemples : « Il propose de t'inviter au cinéma. Qu'en penses-tu ? » (*forme interrogative*) « Ce n'est qu'en travaillant dur que l'on peut obtenir de bons résultats » (*proposition restrictive :* il n'y a qu'une seule façon d'obtenir de bons résultats, et c'est en travaillant).
Quel(s) que / Quelle(s) que / Quelque / Quelques	*quel(s) que / quelle(s) que :* adjectifs indéfinis, s'accordant donc avec le nom qui les suit. Exemple : « Quels que soient les obstacles, je suis convaincu que nous parviendrons à nos fins ». *Quelques :* adjectif indéfini, épithète d'un nom – dont il vient qualifier le nombre. Exemple : « Il n'y en a plus que pour quelques minutes ». *quelque :* adverbe invariable pouvant revêtir deux sens : celui d'un synonyme de l'adverbe « si », et celui d'un synonyme de l'expression « un(e) certain(e)… ». Exemples : « Quelque rapides qu'ils soient, ils n'arriveront jamais avant nous » (Ce qui peut être remplacé par : « Si rapides qu'ils soient, ils n'arriveront jamais avant nous »). « Depuis quelque temps, je me lève une heure plus tôt pour pouvoir faire du sport ». (ce qui peut être remplacé par : « Depuis un certain temps, je me lève une heure plus tôt… »)

Quoique / Quoi que	*quoique :* conjonction de subordination, synonyme de « bien que ». Exemple : « Quoiqu'elle soit très belle, cette montre est trop chère pour que je l'achète ». *quoi que :* locution signifiant « quelle que soit la chose que ». Exemple : « Quoi que tu dises, tu auras du mal à le faire changer d'avis ».
S'y / Ci / Si	*s'y :* assemblage du pronom réfléchi « *se* » et du pronom adverbial « *y* » (qui se réfèrent tous deux à des éléments déjà évoqués précédemment dans le discours). Exemples : « Bertrand est un amoureux de la forêt. Il s'y promène fréquemment ». (« *se* » se réfère à Bertrand, et « *y* » à la forêt) « Ce livre est souvent utilisé par les professeurs pour initier les élèves aux mathématiques. Il est vrai qu'il s'y prête merveilleusement bien ». (« *se* » se réfère au livre, et « *y* » à l'initiation des élèves aux mathématiques). *ci :* adverbe visant à établir une notion de proximité avec le contexte. Exemples : « Ces jours-ci, j'ai beaucoup de temps pour faire du sport ». (proximité temporelle) « Veuillez trouver ci-jointe l'attestation que vous me demandiez dans votre précédent courrier » (proximité « matérielle »). *si :* deux fonctions possibles : *Conjonction* de subordination, introduisant un complément circonstanciel de *condition*. Exemple : « J'irai avec toi si tu promets de te tenir correctement ». *Adverbe*, pouvant marquer la réponse à une négation ou marquer une insistance (dans ce second cas, il est alors synonyme de « tellement »). Exemples : « – Je suis sûr que tu n'as pas fait les courses. Si, je les ai faites ! » (réponse à une négation) « La Tour Eiffel est si grande que son sommet est souvent noyé dans les nuages ». (marque une insistance)

Sitôt / Si tôt	*si tôt :* signifie « tellement tôt ». (un autre moyen de vérification consiste à se demander si la phrase reste cohérente lorsque l'on remplace « si tôt » par « si tard »). Exemple : « Il est arrivé si tôt à la réunion qu'il a dû attendre pendant une demi-heure le temps que les autres arrivent. » *sitôt :* adverbe, synonyme d'« aussitôt » (utilisé surtout dans les proverbes et dans le langage soutenu). Exemples : « Sitôt dit, sitôt fait » « On ne le reverra pas de sitôt » « Sitôt que tu auras débarrassé la table, je pourrai la nettoyer ».
Tant / Temps	*tant :* adverbe, synonyme de « tellement » (et souvent retrouvé dans les proverbes). Exemples : « Tant va la cruche à l'eau qu'à la fin elle se casse » (proverbe, signifiant qu'à force de s'exposer à un danger, on risque de voir survenir un malheur). « Tu m'as tant donné que je serai toujours ton débiteur ». *temps :* nom commun, masculin. Exemple : « Je n'ai pas le temps de te voir aujourd'hui ».
Voir / Voire	*voir :* verbe « voir », qui peut être remplacé par « apercevoir ». Exemple : « Sans mes lunettes, je suis incapable d'y voir quoi que ce soit ». *voire :* conjonction, qui sert à unir deux groupes de mots en introduisant une idée d'accroissement, de gradation. Exemples : « Il y en avait des centaines, voire des milliers ! ». « Le temps sera à la pluie, voire à l'orage ».

> Les QCM que vous allez passer contiendront sûrement des questions relatives à l'homonymie, et en particulier aux homophones grammaticaux. C'est normal : la plupart d'entre eux ne vous poseront aucun problème ; mais certains sont bien plus « piégeux » que la moyenne – et c'est de ceux-là que les tests raffolent.

Prenez le temps de bien assimiler la liste que nous vous avons fournie. En particulier (et même si ça ne doit pas vous dispenser d'assimiler les autres), veillez à bien vous familiariser avec les couples Quand à / Quant à ; Quelle / Qu'elle ; Leur / Leurs ; Quelque / Quel que ; Censé / Sensé et Quoique / Quoi que.

Pour ce qui est des autres formes d'homonymie, il nous est malheureusement impossible de vous fournir une liste exhaustive des homonymes de la langue française – qui en compte bien trop pour que nous puissions les inventorier ici. Il ne faut pas pour autant estimer qu'il vous est impossible de vous préparer sur ce terrain : pour eux comme pour les synonymes et les paronymes, la recette est la même. Lisez, lisez, lisez (nous vous avions prévenu que c'est un conseil dont nous ne nous lassons pas…). Que ce soit la presse quotidienne ou des ouvrages classiques, c'est en lisant que vous élargirez votre champ lexical et que vous vous donnerez les moyen d'assimiler les complexités du vocabulaire français.

Applications clés

Consigne

Chacune des questions de cette série comportera une phrase à trou(s), suivie de plusieurs propositions de mots destinés à « boucher » le ou les trous. Il vous appartiendra de déterminer laquelle de ces propositions est celle qui est correcte.

Il est à noter que les questions ne sont pas classées par leur difficulté. Si l'une d'entre elles vous semble complexe, il ne faut donc pas pour autant vous décourager quant aux suivantes.

Exemple :

« Ces idées sont-elles réellement les… ? »

(1) Leurs

(2) Leur

Ici, la réponse est la n° 1 : « leurs » tient une fonction d'adjectif, et non de pronom (il ne remplace pas un nom, mais il est l'attribut d' « idées »). Il s'accorde donc avec le mot « idées » et se décline ici au pluriel.

C'est à vous !

1. « … elle dise, personne ne l'écoutera ! … cela reste à voir ! »

(1) Quoiqu' / Quoique

(2) Quoi qu' / Quoi que

(3) Quoi qu' / Quoique

(4) Quoiqu' / Quoi que

2. « Il … couru jusqu' … l'arrêt de bus ».

(1) a / a
(2) à / a
(3) a / à /
(4) à / à

3. « La beauté du chant du … l'a touché au … ».

(1) chœur / cœur /
(2) chœur / chœur
(3) cœur / cœur
(4) cœur / chœur

4. « … théière est posée juste … ».

(1) Là / là
(2) La / là /
(3) La / la
(4) Là / la

5. « Ne t'embête pas à faire la cuisine : Gontrand … mettra, … tu lui laisses d'abord le temps de finir son coup de fil ».

(1) s'y / s'y
(2) si / si
(3) si / s'y
(4) s'y / si /

6. « La … du … est … de Ville-de- … ».

(1) mère / maire / mère / mer
(2) maire / mère / mère / maire
(3) maire / mer / mère / maire
(4) mère / maire / maire / mer /

Réponses

1. **Réponse 3**

Cette question est l'exemple typique de ce que vous pourrez rencontrer lors de vos épreuves. Elle requiert une maîtrise parfaite des connaissances grammaticales qui y sont relatives, car lorsque le temps presse, il est difficile de prendre le temps de se concentrer afin d'éviter les confusions. L'objectif des examinateurs est donc de vous *désorienter* : l'homonymie des différentes propositions vous troublera nécessairement à la première lecture.

Cela dit, si vous vous souvenez de la règle évoquée plus haut, ce trouble ne sera que passager et la solution deviendra évidente : le sens de la phrase peut en effet être rapproché de « Quelle que soit la chose qu'elle pourra dire, personne ne l'écoutera ! Néanmoins cela reste à voir ! ». C'est donc la locution « quoi que » qui doit être utilisée en premier lieu, puis c'est la conjonction « quoique » qui doit prendre sa suite, venant remettre en question la première partie de la phrase.

2. **Réponse 3**

De même que pour la question précédente, il vous suffit de ne pas vous emmêler les pinceaux et de réfléchir tout simplement au sens de la phrase : dans le premier trou, on attend une forme conjuguée à la troisième personne du singulier du verbe « avoir » (puisqu'il vient compléter le participe passé « couru ») et dans le second, on souhaite une information indiquant un lieu. Sur cette base, il s'agit ensuite tout simplement d'appliquer la règle.

3. **Réponse 1**

Chœur et *cœur* sont deux homophones, dont les sens varient grandement : « chœur » fait référence à un groupe constitué de choristes (des chanteurs) ou à la partie centrale d'une église ; tandis que « cœur » signifie tout à la fois l'organe central de l'appareil circulatoire, le siège des sentiments (ce qui était visé ici), et le centre d'un objet ou d'un concept. Cette question souligne l'importance qu'il y a pour vous à lire autant que possible, afin de vous familiariser avec un maximum des mots de la langue française.

4. **Réponse 2**

Le premier « La » est un déterminant de « théière », tandis que le second est un adverbe de lieu.

5. **Réponse 4**

Le premier « s'y » se réfère à la tâche, déjà évoquée dans le début de la phrase, qui consiste à « faire la cuisine ». Le second « si », en revanche, indique une conditionnalité.

6. **Réponse 4**

Le maire : l'officier municipal.

On écrit avec *ai* le nom masculin qui désigne le premier officier municipal.

Exemples : Le *maire* est élu par le conseil municipal. Nous espérons la participation du *maire* à l'inauguration.

NB. On retrouve le *a* de *maire* dans *majeur* qui appartient à la même famille étymologique.

La mer : l'océan
On écrit sans *e* final le nom féminin qui désigne l'étendue d'eau.
Exemple : La mer Méditerranée.

La mère : la femme
On écrit avec un *e* final le nom qui désigne au sens général la femme qui a mis au monde un ou plusieurs enfants.
Exemple : Le collège exige une autorisation de la mère ou du père.

6. PARONYMES

Paronyme : se dit de mots presque homonymes (ex. : *éminent* et *imminent ; proéminent et prééminent*).

Affleurer Qui sort légèrement de la surface (de l'eau ou du sol).	Effleurer Le fait de toucher légèrement quelque chose.
Affliger Causer une grande douleur morale (mauvaise nouvelle). *La triste nouvelle nous a tous **affligés**.*	Infliger Faire subir quelque chose de pénible à quelqu'un. *Le tribunal a **infligé** une amende de 10 000 € à M. Martin.*
Une collision Un choc provoqué par deux choses qui se rencontrent. *Ce matin, un camion est entré en **collision** avec un train.*	Une collusion Entente entre un groupe de personnes pour faire du mal à quelqu'un.
Consommer Accorder, donner	Consumer Brûler
Dénudé Mis à nu, dépouillé *Elle est **dénudée**. Fermez les yeux !*	Dénué Qui manque de… *Les explications de Méline étaient totalement **dénuées** de sens.*

Une effraction Le fait de forcer une clôture, une serrure, une porte (casser). *Les voleurs sont entrés dans le magasin par* ***effraction****.*	**Une infraction** Le fait de ne pas respecter le règlement. *En roulant trop vite, Pierre a fait une* ***infraction*** *au code de la route.*
Un émigré Une personne qui quitte son pays.	**Un immigré** Une personne qui arrive dans un pays (un étranger).
Enduire Recouvrir une surface avec une autre matière.	**Induire** Avoir pour conséquence, entraîner.
Esquiver Eviter adroitement.	**Esquisser** Dessiner sans donner de détails.
Infecter Prolonger dans le temps.	**Infester** Envahir en grand nombre.
Subvenir Donner à quelqu'un ce qui est vital.	**Survenir** Arriver brusquement.
Coasser Crier pour la grenouille.	**Croasser** Crier pour le corbeau.
Une affectation Un poste, une fonction, une destination.	**Une affection** Attachement, tendresse.
L'excès Ce qu'il y a en trop.	**L'accès** L'entrée.
Désaffecté Qui ne remplit plus le rôle qui lui était attribué.	**Désinfecté** Au sens de retirer une infection.
Des bribes Des petits morceaux.	**Une bride** Pièce du harnais qui permet de diriger un cheval. *Expressions :* *Lâcher la* ***bride*** *à quelqu'un : laisser plus de liberté.* *Avoir la* ***bride*** *au cou : manquer de liberté.*

Compréhensible Qui peut être compris facilement (se dit d'une chose).	**Compréhensif** Qui peut facilement comprendre (se dit d'une personne). *Mon père a été **compréhensif** sur le fait que je ne souhaitais pas venir avec lui.*
Décerner Accorder, donner.	**Discerner** Apercevoir, se rendre compte.
Différencier Faire la différence entre plusieurs choses. Etre différent de…	**Différer** Reporter à plus tard.
Elucider Comprendre, clarifier.	**Eluder** Eviter adroitement. Eluder une question : ne pas répondre à une question adroitement.
Eminent Grand, supérieur, remarquable, exceptionnel.	**Imminent** Se dit de quelque chose qui va se produire bientôt.
Une éruption Une apparition soudaine de quelque chose.	**Une irruption** Une entrée brusque dans une pièce.
Evoquer Parler de…	**Invoquer** Appeler à l'aide (une divinité, un saint…).
Prolongation Prolonger dans le temps.	**Prolongement** Prolonger dans l'espace.
Conserver Garder quelque chose en bon état.	**Converser** Parler, discuter.
Une altitude Une hauteur par rapport au niveau de la mer.	**Une attitude** Une manière de se tenir, un comportement.
Affluence Rassemblement d'un grand nombre de gens.	**Influence** Action qu'une personne exerce sur une autre.

Une proposition Action de proposer.	**Une préposition** Mot invariable placé devant un complément.
Un accident Gros évènement ayant des conséquences.	**Un incident** Petit événement ayant peu de conséquences.
Une allocation Une somme attribuée à quelqu'un.	**Une allocution** Un discours.
Inculpé Accusé, suspect.	**Inculqué** Apprendre, enseigner.
Une illusion Une apparence trompeuse, une erreur d'appréciation visuelle.	**Une allusion** Un sous-entendu, un propos qui évoque quelque chose.

7. RACINES GRECQUES ET LATINES

Je vous conseille vivement de bien connaître les racines grecques et latines qui suivent. Cela vous sera très utile pour les tests de vocabulaire auxquels vous devrez faire face et plus généralement pour votre bonne maîtrise de la langue française et de ses subtilités.

Préfixes et suffixes d'origine grecque	Exemples
A- (sans)	Athée, apolitique, amorphe
Ana- (en arrière)	Analepse, anachronisme
Anti- (contre)	Anticonformisme, antibactérien
Allo- (autre)	Allophone, allogène
Andro- (homme/mâle)	Androgyne, andropause
Anthropo- (homme)	Anthropologue, anthropocentrisme
Auto- (soi-même)	Automate, autocensure
Bio- (vie)	Biologie, biographie
Caco- (mauvais)	Cacophonie, cacographie
Cata- (de haut en bas, complètement)	Cataclysme, catastrophe, catacombe
Chromo- (couleur)	Chromographie, chromosome
Chrono- (temps)	Chronologie, chronomètre
Cyclo- (cercle)	Cyclathlon, cyclothymie
Déca- (dix)	Décamètre, décathlon
Dodéca- (douze)	Dodécasyllabe, dodécagone
Démo- (peuple)	Démocratie, démographie
Dia- (à travers)	Dialogue, diachronie
Dys- (avec difficulté)	Dyslexie, dysgraphie
En- (dans)	Endorphine, endémie
Eu- (bien, bon)	Euphorie, euphémisme
Géo- (terre)	Géologie, géographie
Gloss(o)- (langue)	Glossaire, glose
Gyno-, gynéco- (femme)	Gynécologue, gynécée
Hecto- (cent)	Hectolitre, hectopascal
Hémi- (demi)	Hémisphère, hémicycle
Hétéro- (différent)	Hétéroclyte, hétérogène

Homo- (semblable)	Homogène, homologue
Hypo- (sous)	Hypoglycémie, hypothèque
Hyper- (au-dessus)	Hypermarché, hypertension
Icon(o)- (image)	Iconographie, icone
Iso- (égal)	Isocèle, isotherme
Méso- (milieu)	Mésophile, mésosome
Méta- (après, changement)	Métamorphose, métastase
Métr(o)- (mesure)	Métronome, métropole
Mis(o)- (haine)	Misogyne, misanthrope
Mném(o)- (mémoire)	Mnémotechnique, mnémophobie
Morpho- (forme)	Morphologie, morphotype
Nécro- (mort)	Nécromancien, nécrologie
Néo- (nouveau)	Néologisme, néophyte
Par(a)- (près, contre)	Paradoxe, paranormal
Path(o)- (souffrance)	Pathétique, pathologie
Péri- (autour)	Périphrase, périphérie
Poly- (nombreux)	Polysémie, polyvalent
Pro- (avant, devant)	Prolepse, prologue, prototype
Psycho- (âme)	Psychologie, psychiatre
Pyro- (feu)	Pyrotechnie, pyrolyse
Séma- (signe)	Sémantique, sémaphore
Sun-, syl-, syn-, sym- (avec, ensemble)	Sympathie, symétrie
Théo- (dieu)	Théologie, théocratie
Top(o)- (lieu)	Topographie, toponymie
Xéno- (étranger)	Xénophobe, xénotype
-agogie, -agogue (qui conduit)	Pédagogie, démagogie
-algie (douleur)	Névralgie, lombalgie
-archie, -arche (qui commande)	Monarchie, anarchie
-crate, -cratie (pouvoir, force)	Démocratie, technocrate
-cycle (qui a une ou des roues)	Bicyclette, tricycle
-dactyle (qui a des doigts)	Ptérodactyle, hétérodactyle
-doxe (opinion)	Paradoxe, orthodoxe
-èdre (face, base)	Tétraèdre, dodécaèdre

-érèse (enlever)	Diérèse, synérèse
-ergie, -urgie (travail, force)	Energie, chirurgie
-game (qui engendre)	Cryptogame, phanérogame
-gamie (mariage)	Monogamie, polygamie
-gone (angle)	Polygone, octogone
-gramme (un écrit)	Télégramme, monogramme
-graphe (écrire)	Autographe, biographe
-iatre (qui soigne)	Pédiatre, gériatre
-ite (maladie inflammatoire)	Bronchite, dermatite
-lâtre (adorateur)	Idolâtre, bellâtre
-lithe (pierre)	Monolithe, mégalithe
-logie, -logue (discours, science)	Dialogue, ornithologie
-mane (qui a la passion de, l'obsession de)	Mélomane, pyromane
-nome (qui règle)	Econome, métronome
-odie (chant)	Mélodie, parodie
-phage (qui mange)	Chronophage, anthropophage
-phile (qui aime)	Bibliophile, cinéphile
-phobe, -phobie (peur)	Hémophobie, agoraphobie
-phone (son)	Téléphone, polyphonie
-phore (qui porte)	Métaphore, sémaphore
-pole (ville)	Mégapole, métropole
-scope (examiner)	Microscope, télescope
-thérapie (soin)	Psychothérapie, hypnothérapie
-therme (chaleur)	Isotherme, hypothermie

Préfixes et suffixes d'origine latine	Exemples
Ab- (loin de)	Abdiquer, abstinence
Ad- (vers)	Adjoindre, addiction
Agri-, agr(o)- (champ)	Agriculture, agronome
Ambi-, ambo- (les deux)	Ambidextre, ambivalent
Ante- (devant)	Antéposition, antérieur
Aqua- (eau)	Aquatique, aquarelle
Bi- (deux)	Bipède, biathlon
Circon- (autour)	Circonstanciel, circoncision
Co-, col-, con-, com- (avec)	Collaborateur, concitoyen
Dis- (séparation)	Dissoudre, disculper
Equi- (égal)	Equitable, équidistant
Ex- (hors de)	Expatrier, exporter
Extra- (hors de, extrêmement)	Extraordinaire, extraterrestre
Igni- (feu)	Ignifuge, ignition
In- (dans)	Inclure, insinuer
Infra- (inférieur)	Infrarouge, infrason
Inter- (intérieur)	International, intercaler
Intro- (à l'intérieur, vers l'intérieur)	Introspection, introverti
Juxta- (auprès de)	Juxtaposer, juxtalinéaire
Multi- (nombreux)	Multicolore, multiple
Omni- (tout)	Omnipotent, omniprésent
Post- (après)	Postface, post
Pré- (avant)	Préface, prédire, préhistoire
Quinqu- (cinq)	Quinquagénaire, quinquennat
Radio- (rayon)	Radiographie, radiologie
Rétro- (en retour)	Rétroactif, rétrograder
Sub- (sous)	Subalterne, subdiviser
Super-	Supermarché, supersonique
Trans- (au-delà)	Transcrire, transformer
Ultra- (au-dessus)	Ultraviolet, ultrason

-cide (qui tue)	Homicide, génocide, parricide
-cole (qui cultive)	Agricole, vinicole
-fère (porter)	Conifère, mortifère
-forme (qui a la forme de)	Multiforme, protéiforme
-fique (qui fait)	Bénéfique, maléfique
-fuge (qui fuit/fait fuir)	Centrifuge, vermifuge
-grade (qui marche)	Rétrograde, plantigrade
-pare (qui enfante)	Ovipare, vivipare
-pède (qui a des pieds)	Bipède, quadrupède
-valent (valoir, être fort)	Polyvalent, plurivalent
-vore (dévorer)	Omnivore, carnivore

III. ENTRAINEMENT

Vous trouverez ici **3 épreuves** d'entraînement.

Rappel : chaque épreuve est composée de 3 sous épreuves : une première de logique générale, une seconde d'aptitudes numériques et une troisième d'aptitudes verbales. Vous avez à chaque fois une heure pour répondre aux 45 questions de l'épreuve (15 questions pour chacune des 3 sous-épreuves).

Pour chaque question, vous avez quatre choix de réponses possibles. Une seule réponse est juste. Seules les réponses justes sont prises en compte.

Vous n'avez pas le droit à la calculatrice.

Épreuve 1 : 45 questions • 1 heure

Question 1. Complétez la série suivante.

POILU (5) CERF (4) RETARDER (8) TU (?)

(A) 2
(B) 3
(C) 4
(D) 5

Question 2. Complétez la série suivante.

3 8 15 20 27 32 39 ? ?

(A) 43 et 50
(B) 44 et 51
(C) 46 et 51
(D) 41 et 49

Question 3. Complétez la série suivante.

MARIE / AIMER MIRE / RIME MONDIALE / ?

(A) LONADIME
(B) DOMAINE
(C) LONADIME
(D) LIMONADE

Question 4. Complétez la série suivante.

RADIS (19) AMI (9) VIE (5) PISSENLIT (?)

(A) 14
(B) 20
(C) 18
(D) 17

Question 5. Complétez la série suivante.

F L Q U ?

(A) Y
(B) X
(C) Z
(D) A

Question 6. Nous cherchons des nombres à trois chiffres, dont le chiffre des dizaines est le double de celui des unités, et le chiffre des centaines est le triple de celui des dizaines. Combien de nombres pouvons-nous trouver ?

(A) 1
(B) 2
(C) 6
(D) 9

Question 7. Voici 4 phrases concernant un nombre entier A :

« A est divisible par 5. »
« A est divisible par 11. »
« A est divisible par 55. »
« A est inférieur à 8. »

On sait que deux de ces phrases sont vraies et que les deux autres sont fausses. Alors A est égal à :

(A) 0
(B) 5
(C) 11
(D) 55

Question 8. La moyenne de 2A et 0,5A est égale à :

(A) 5/4 de A
(B) 1/5 de A
(C) 2,5A
(D) 12,5A

Question 9. Le cube de 7 additionné à la moitié de 14 donne :

(A) 49
(B) 54
(C) 335
(D) 350

Question 10. Trois frères achètent un cadeau pour leur mère. Le premier paie un sixième du cadeau, le deuxième paie un septième du cadeau et le dernier paie le double de la somme de ses deux frères. Il leur manque encore 30 € pour payer le cadeau. Quel est le prix du cadeau ?

(A) 360 €
(B) 390 €
(C) 420 €
(D) 460 €

Question 11. Quelle est la conjugaison du verbe « frémir » à la première personne du subjonctif présent ?

(A) Que je frémie
(B) Que je frémis
(C) Que je frémisse
(D) Que j'aie frémis

Question 12. Complétez la phrase suivante : « … soit la question, il y trouvait toujours … réponse du meilleur cru ».

(A) Quelle que / quelle que
(B) Quelque / quelque
(C) Quelque / quelle que
(D) Quelle que / quelque

Question 13. Eliminez l'intrus :

(A) Chou
(B) Caillou
(C) Pou
(D) Ecrou

Question 14. Lequel de ces mots est le synonyme le plus proche du mot « donation » ?

(A) Don
(B) Distribution
(C) Edification
(D) Concession

Question 15. Complétez la phrase suivante : « … exemplaires de ce livre ont été vendus ».

(A) Cinq million cinq cent milles
(B) Six millions deux cent cinquante mille
(C) Un million huit-cents mille
(D) Neuf cent deux milles

Question 16. Complétez la série suivante.

RIDEAU (6) AVENTURES (9) DOMAINE (7) LUTTE (?)

(A) 3
(B) 4
(C) 5
(D) 6

Question 17. Complétez la série suivante.

GRAS (124) GRILLE (1245) MORMON (1346) ARRETER (?)

(A) 2357
(B) 1246
(C) 2356
(D) 1347

Question 18. Complétez la série suivante.

2 3 5 7 11 ?

(A) 19
(B) 17
(C) 15
(D) 13

Question 19. Complétez la série suivante.

X2 N3 T2 I1 W4 ?

(A) H3
(B) L1
(C) F4
(D) K5

Question 20. Complétez la série suivante.

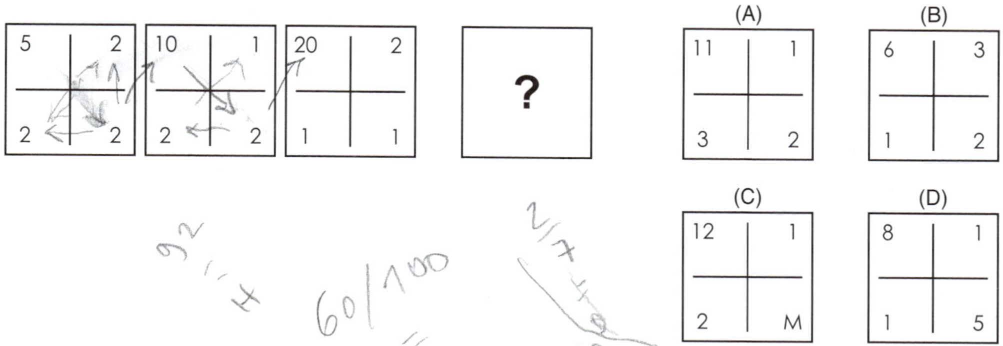

Question 21. Un concessionnaire a liquidé ce mois-ci tous les modèles de voiture de sa concession. 60 % des voitures vendues étaient de modèle essence, deux septièmes de modèle diesel et 92 de modèle hybride. Combien de voitures ce concessionnaire a-t-il vendues ?

(A) 790
(B) 805
(C) 812
(D) 827

Question 22. Dans une école, 65 % des élèves sont des filles. Parmi les garçons, 75 % ont l'âge normal pour leur classe ; 15 % sont en avance et 20 garçons sont en retard. Quel est le pourcentage de garçons en retard par rapport au nombre total d'élèves ?

(A) 1,5 %
(B) 2,75 %
(C) 3,5 %
(D) 7,5 %

Question 23. Lors d'une réunion de famille, il y a 3 fois plus d'enfants que d'adultes et il y a 2 fois plus de personnes de genre masculin que féminin. Parmi les nombres suivants, lequel ne peut pas correspondre au nombre de personnes présentes dans cette réunion ?

(A) 12
(B) 24
(C) 36
(D) 44

Question 24. Un nénuphar, dont la surface double tous les jours, met 400 jours pour couvrir la surface d'un lac. Combien de temps mettront 4 nénuphars pour couvrir à eux quatre la moitié de la surface de ce lac ?

(A) 100 jours
(B) 200 jours
(C) 396 jours
(D) 397 jours

Question 25. La distance Paris-Marseille par voie ferrée est de 1 000 km. Un TGV part de Marseille à 10 heures et roule à la vitesse de 300 km/h. Un train part de Paris à 8 heures 30 et roule à la vitesse de 200 km/h. A quelle distance de Marseille les deux trains vont-ils se croiser ?

(A) 380 km
(B) 420 km
(C) 460 km
(D) 540 km

Question 26. Quel est le plus proche synonyme du mot « carafe » ?

(A) Pichet
(B) Pot
(C) Seau
(D) Vase

Question 27. Laquelle de ces expressions est correcte ?

(A) Des chaussures oranges
(B) Des yeux marrons
(C) Des vestes bleu clair
(D) Des gants rose

Question 28. Complétez la phrase suivante : « … soient ses propositions, tu peux lui dire que je l'écouterai avec attention ».

(A) Quelque
(B) Quels que
(C) Quelques
(D) Quelles que

Question 29. Indiquez l'orthographe correcte.

(A) Des hibous
(B) Des hiboux
(C) Des hiboues
(D) Des hibouex

Question 30. « J'eus donné » est la conjugaison du verbe « donner » au :

(A) plus-que-parfait de l'indicatif
(B) passé antérieur
(C) imparfait du subjonctif
(D) passé simple

Question 31. Quel est l'intrus ?

H64 J100 F36 D25 K121 G49

(A) H64
(B) F36
(C) D25
(D) G49

Question 32. Complétez la série suivante.

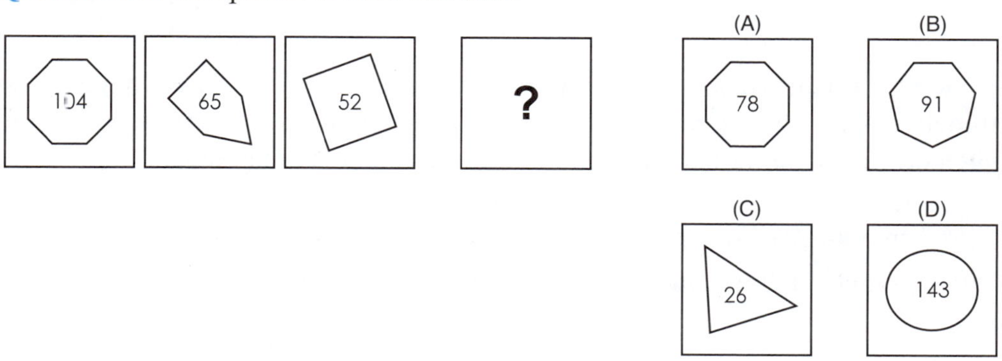

Question 33. Complétez la série suivante.

2 5 9 14 ? 27 ? 44

(A) 16 et 22
(B) 20 et 35
(C) 18 et 32
(D) 21 et 36

Question 34. Complétez la série suivante.

Si 132 = 6 ; 432 = 9 et 536 = 14 alors que vaut 737 = ?

(A) 15
(B) 16
(C) 17
(D) 18

Question 35. Complétez la série suivante.

1 4 ? 16 ? 36 49 64 ? 100 ?

(A) 12 ; 26 ; 98 et 120
(B) 12 ; 29 ; 76 et 121
(C) 9 ; 27 ; 89 et 120
(D) 9 ; 25 ; 81 et 121

Question 36. Un cube a pour volume huit mètres cubes. On le découpe en petits cubes de deux décimètres de côté. On empile alors tous les petits cubes. Quelle est en mètres la hauteur de la pile obtenue ?

(A) 20 mètres
(B) 100 mètres
(C) 400 mètres
(D) 200 mètres

Question 37. Un tapis roulant dans un aéroport se déplace à 3 km/h. Sa longueur est de 20 mètres. Un enfant s'amuse à le prendre en sens inverse et marche à 5 km/h. Combien de temps mettra-t-il pour remonter entièrement le tapis roulant ?

(A) 1 minute et 15 secondes
(B) 1 minute et 30 secondes
(C) 45 secondes
(D) 36 secondes

Question 38. Lors d'un championnat de football, chaque équipe a rencontré toutes les autres équipes une seule fois. Combien y a-t-il eu de matchs disputés ?

(A) 80
(B) 102
(C) 117
(D) 120

Question 39. Nina a additionné six nombres de deux chiffres, tous différents. Le plus petit d'entre eux est supérieur à 80 mais inférieur à 90. Le total exact trouvé par Nina figure ci-dessous. C'est :

(A) 491
(B) 500
(C) 573
(D) 576

Question 40. Un certain nombre d'abeilles, en nombre égal à la racine carrée de la moitié de l'essaim, se sont posées sur un arbre de jasmin, laissant derrière elles les huit neuvièmes de l'essaim en plus du roi abeille et de la reine abeille. Combien d'abeilles y a-t-il en tout ?

(A) 72
(B) 76
(C) 92
(D) 96

Question 41. Lequel de ces verbes est mal orthographié ?

(A) Immiscer
(B) Gommer
(C) Condanner
(D) Encenser

Question 42. Le participe présent du verbe « pourvoir » est :

(A) pourvoirant
(B) pourvu
(C) pourvoyent
(D) pourvoyant

Question 43. Complétez la phrase : « Il … beaucoup plu … Paris ».

(A) a / à
(C) à / a
(B) a / a
(D) à / à

Question 44. Complétez la phrase : « Ce film est complètement … d'intérêt ».

(A) Dénudé
(B) Dénué

Question 45. Complétez la phrase : « … à vous, je me demande bien … vous vous ferez enfin à l'idée que vous avez tort ! »

(A) Quant / Quand
(C) Quant / Quant
(B) Qu'en / Quand
(D) Quand / Qu'en

Corrigés de l'épreuve 1

Question 1. Réponse A : 2

C'est le nombre de lettres dans le mot TU, soit 2 lettres.

Question 2. Réponse B : 44 et 51

Suite alternée +5/+7/+5/+7, etc.

Question 3. Réponse D : LIMONADE

MARIE est une anagramme d'AIMER. MIRE est une anagramme de RIME.

LIMONADE est une anagramme de MONDIALE. Les réponses A et C étaient à exclure car, tout comme AIMER et RIME, nous cherchions une anagramme qui signifiait quelque chose.

Question 4. Réponse B : 20

Le nombre entre parenthèses désignait le rang de la dernière lettre du mot.

Le rang de T est 20.

Question 5. Réponse B : X

Astuce !

Dès que vous êtes face à des lettres vous devez systématiquement faire appel à l'un des trois réflexes suivants :

1. Transformer la lettre en rang, c'est-à-dire transcrire la lettre selon le rang qu'elle occupe dans l'alphabet (A = 1, B = 2…, M = 13, N = 14…, Z = 26) ;
2. Voir les lettres comme des barres (A = 3 barres, T = 2 barres, W = 4 barres, etc.) ;
3. Voir les lettres comme des initiales de mots, ou comme les lettres médianes ou finales de mots (T initiale de Triangle, N finale de Un et X finale de Deux, etc.).

Dans cette question, lorsque l'on transforme les lettres en rangs, cela donne :

6 – 12 – 17 – 21. Autrement dit, on fait +6/+5/+4 et on doit donc faire +3 pour continuer la série. On obtient dès lors 21 + 3 = 24 et 24 n'est autre que le rang de X.

CORRIGÉS DE L'ÉPREUVE DE LOGIQUE •1

Question 6. Réponse A

Notons N = (c,d,u) le nombre en question, en notant c le chiffre des centaines, d celui des dizaines et u celui des unités. Les équations données par l'énoncé sont ainsi :

(1) $d = 2u$ (2) $c = 3d$

En testant pour $u = 1$, on aurait N = 621. En revanche, pour $u = 2$, on aurait $d = 4$ et $c = 12$, ce qui est impossible. La seule solution envisageable est donc 621 et on ne peut trouver qu'un seul nombre vérifiant ces conditions.

Question 7. Réponse B

La première des choses à remarquer est que si la troisième phrase est vraie, alors forcément la première et la deuxième le sont aussi : si A est divisible par $55 = 5 \times 11$ c'est forcément qu'il est divisible par 5 et 11. De plus, la première et la deuxième ne peuvent pas non plus être vraies ensemble sinon la troisième le serait aussi. Vous en déduisez donc que la quatrième est forcément vraie. Or il n'existe pas de nombre inférieur à 8 qui soit divisible par 11 : A est donc un nombre inférieur à 8 et divisible par 5, soit A = 5.

Question 8. Réponse A

$(2A + 0{,}5A)/2 = 2{,}5A/2 = 1{,}25A = 5/4$ de A.

Question 9. Réponse D

Le cube de 7 vaut 343 et la moitié de 14 vaut 7. Ainsi $343 + 7 = 350$.

Question 10. Réponse C

Nous vous invitons à commencer par une traduction de l'énoncé en équations. En notant P le prix du cadeau, X le prix payé par le premier des trois frères, Y le prix payé par le deuxième et Z celui payé par le troisième, on a :

(1) $X + Y + Z = P - 30$, car il manque 30 € aux trois frères pour acheter le cadeau ;

(2) $X = 1/6 \times P$;

(3) $Y = 1/7 \times P$;

(4) $Z = 2 \times (X + Y) = 2 \times (1/6 \times P + 1/7 \times P)$.

Ici, au vu des réponses toutes entières, il est peu probable que les prix payés par chacun des trois frères soient des nombres décimaux. Dans ce type de questions, où les réponses proposées sont toutes entières, il est presque certain que les inconnues introduites dans l'énoncé le soient aussi. Donc X, Y et Z sont des nombres entiers. Or les équations (2) et (3) nous donnent comme information que :

(2) $X = P/6$;

(3) Y = P/7.

Si vous voulez que P/6 soit un nombre entier, il faut nécessairement que P soit divisible par 6. De même, en utilisant l'équation (3), on trouve que P est divisible par 7. En se penchant sur les réponses, sachant que P est divisible par 6 et 7, c'est qu'il est divisible par 6 × 7 = 42. Seule la réponse C, 420, remplit cette condition.

Question 11. Réponse C

Question 12. Réponse B

Le « quelque » ne signifie pas ici « bien que », mais « une certaine ». C'est un sens très ancien du mot, lié à une langue soutenue. Il n'est que très rarement utilisé dans le langage contemporain, si ce n'est dans le discours politique – mais nous estimons que dans le doute, il vaut mieux vous familiariser avec cet emploi de la locution.

Question 13. Réponse D

Ecrou est le seul des mots proposés à ne pas appartenir à la liste des noms en « -ou » formant leurs pluriels en « -oux ». Pour rappel, cette liste comprend les mots : hibou, chou, caillou, genou, pou, joujou, et bijou.

Question 14. Réponse A

Ici, le radical du don était un indice. La distribution s'apparente plus à la répartition qu'à la donation ; l'édification se rapporte à la fondation (à laquelle on fait des donations, mais qui n'est pas une donation elle-même) ; et la concession n'est pas une cession mais plutôt le fait d'accepter les exigences d'un interlocuteur.

Question 15. Réponse B

« Mille » est invariable ; les traits d'union ne s'utilisent que pour les nombres inférieurs à cent, sauf lorsqu'ils comprennent un « et » (vingt et un) ; et « cent » ne prend un « s » que lorsqu'il est précédé par un nombre qui le multiplie (ce qui n'est pas le cas, par exemple, pour « mille cent » (mille plus cent), et lorsqu'il n'est pas suivi par un autre nombre. On écrira donc : « huit cents » ; « huit cent deux ».

Question 16. Réponse C : 5

Une question plutôt facile !

Le nombre entre parenthèses indique le nombre de lettres que contient le mot auquel il est lié. Ainsi LUTTE contient 5 lettres. D'où LUTTE (5).

Réflexe !

Dès que vous avez un mot lié à un nombre, vous devez avoir le réflexe de :

- Compter le nombre de lettres ;
- Compter le nombre de consonnes ;
- Compter le nombre de voyelles ;
- Compter le nombre de syllabes ;
- Regarder attentivement la position des consonnes et des voyelles ;
- Regarder attentivement les premières et dernières lettres ainsi que les lettres du milieu (au centre du mot).

Question 17. Réponse A : 2357

Une question plutôt difficile. Il fallait ici comprendre que les chiffres du nombre entre parenthèses décrivaient les positions des consonnes dans le mot. Ainsi pour GRAS (124), les chiffres 1, 2 et 4 indiquent que dans le mot GRAS les consonnes sont en position 1, 2 et 4. Aussi dans ARRETER, les consonnes sont en position 2, 3, 5 et 7 d'où ARRETER (2357).

Question 18. Réponse D : 13

Vous reconnaissez ici une suite de nombres premiers. Le prochain nombre premier après 11 est 13.

Rappel : un nombre premier est un nombre qui n'est divisible que par 1 et par lui-même.

Conseil : apprenez par cœur la liste de tous les nombres premiers de 2 à 97 !

Question 19. Réponse A : H3

X2 signifie que X s'écrit avec 2 barres. N3 signifie que N s'écrit avec 3 barres, etc. D'où H3 car H s'écrit bien avec 3 barres.

Question 20. Réponse D

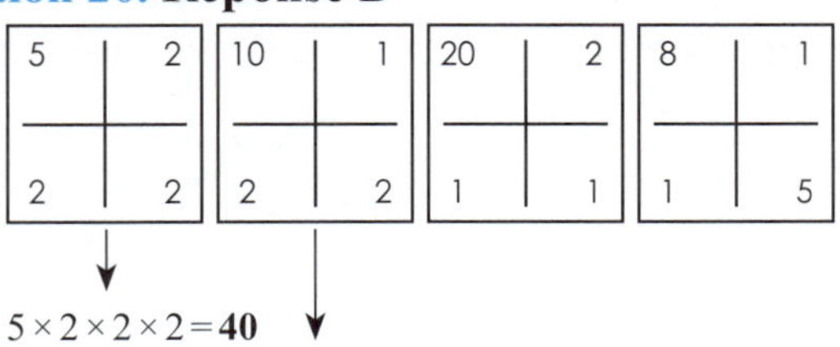

$5 \times 2 \times 2 \times 2 = \mathbf{40}$

$10 \times 2 \times 2 \times 1 = \mathbf{40}$

Question 21. Réponse B

Nous vous invitons à commencer par une traduction de l'énoncé en équations. En notant T le nombre total de voitures vendues, E le nombre de modèles essence vendus, D le nombre de modèles diesel vendus et H le nombre de modèles hybrides vendus, on a :

(1) $T = E + D + H$ (3) $D = 2/7 \times T$
(2) $E = 60\ \% \times T = 3/5 \times T$ (4) $H = 92$

Ici on peut légitimement affirmer qu'il est difficile de vendre, par exemple, 2,7 voitures, c'est-à-dire que nos inconnues E, D et T seront des nombres entiers. Or les équations (2) et (3) nous donnent comme information que :
$E = 3/5 \times T$ et $D = 2/7 \times T$.

Si vous voulez que $3/5 \times T$ soit un nombre entier, il faut nécessairement que T soit divisible par 5. Nous vous laissons le soin de vérifier que si ce n'est pas le cas, on se retrouve rapidement avec des cinquièmes de voiture… De même, en utilisant l'équation (2), on trouve que T doit être divisible par 7.
En se penchant sur les réponses, sachant que T est divisible par 5, on supprime les réponses C et D qui ne se finissent ni par un 5 ni par un 0.

Restent 790 et 805 dont on doit vérifier s'ils sont divisibles par 7. Prenons par exemple 790, qui vaut 700 + 70 + 20, soit $7 \times 100 + 7 \times 10 + 20$ (qui n'est pas divisible par 7) donc 790 n'est pas divisible par 7.
Inversement, 805 vaut 700 + 70 + 35, soit $7 \times 100 + 7 \times 10 + 7 \times 5$ donc 805 est divisible par 7.

Question 22. Réponse C

Il suffit une fois de plus de lentement traduire les données de l'énoncé. Nous vous proposons de tracer un arbre pour représenter les différentes populations de cette école :

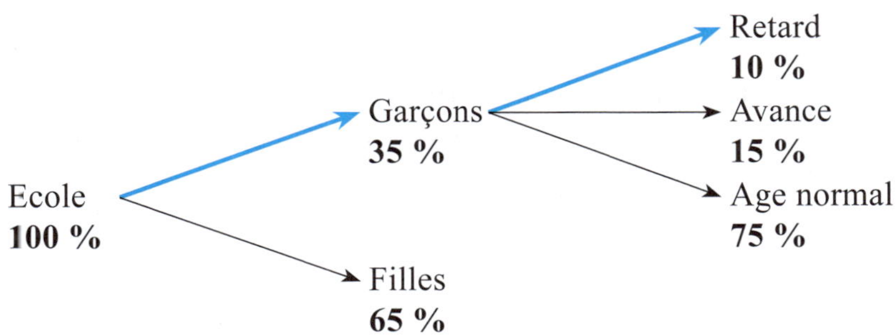

Dans cette école, on sait qu'il y a 65 % de filles : on en déduit qu'il y a 35 % de garçons. Parmi ces 35 %, 75 % ont l'âge normal pour leur classe et 15 % sont en avance, donc 10 % sont en retard (peu importe que ça représente

CORRIGES DE L'EPREUVE DE LOGIQUE •1

20 élèves, on ne nous demande que la proportion). Tout ce qui nous intéresse est la proportion R de garçons en retard, soit 10 % de 35 % des élèves, ce qui se traduit par R = 0,1 × 0,35 = 0,035 soit P = 3,5 %.

Question 23. Réponse D

Notons E, A, F et M les nombre respectifs d'enfants, d'adultes, de personnes de genre féminin et de personnes de genre masculin à cette réunion, ainsi que T le nombre total de personnes présentes. Vous avez donc les équations suivantes :

(1) $T = E + A$ (2) $T = F + M$ (3) $E = 3A$ (4) $M = 2F$

En remplaçant E et M par leur valeur en fonction de A et F dans les équations (1) et (2), vous trouvez :

(1) $T = 4A$ (2) $T = 3F$

Au lieu de calculer, pensez au fait que vous êtes face à des inconnues entières : vous ne pouvez pas avoir de demi-personne. Ainsi, pour être entier, T devra être :

(1) Divisible par 4 (2) Divisible par 3

Une autre façon d'aboutir à ce résultat était de vous dire que s'il y a trois fois plus d'enfants que d'adultes, c'est qu'il y a 3 enfants pour un adulte, soit forcément un multiple de 3 + 1 = 4. En faisant de même pour les personnes de genre masculin, vous retombez sur le fait que T doit être un multiple de 3 et 4, donc de 3 × 4 = 12. 44 est le seul nombre parmi les solutions qui ne le soit pas.

Question 24. Réponse D

Prenons le cas d'**1** nénuphar.
Au terme du 400e jour, il a couvert tout le lac.
Au terme du 399e, il a couvert la moitié du lac.
Au terme du 398e jour, il a couvert la moitié de la moitié du lac, soit le quart du lac.
Au terme du 397e jour, il a couvert la moitié du quart du lac, soit le huitième du lac.

Si l'on prend 4 nénuphars à présent : arrivés au **397e jour,** chacun d'entre eux aura couvert un huitième du lac, soit à eux quatre, quatre huitièmes du lac, autrement dit, la moitié du lac.

Question 25. Réponse B.

Réglons d'abord un léger problème : les deux TGV ne partent pas à la même heure. C'est ici le seul point qui rend cette question moins classique qu'à l'accoutumée. Qu'à cela ne tienne, faisons en sorte de retomber sur nos pieds !

Si le train partant de Paris à 8 h 30 roule à 200 km/h, combien de km aura-t-il parcourus à 10 h, soit au bout d'une heure et demie (1,5 h) ?
Réponse : $200 \times 1{,}5 = 300$.

Finalement, nous sommes donc ramenés au problème suivant : deux trains partent respectivement des points A (Marseille) et B (à 300 km de Paris), distants de 700 km (1 000 – 300) au même moment (en l'occurrence 10 h), le premier roulant à 300 km/h et le second à 200 km/h. On cherche toujours à trouver la distance entre le point A et l'endroit où ils se croisent. Sur un axe cela donne :

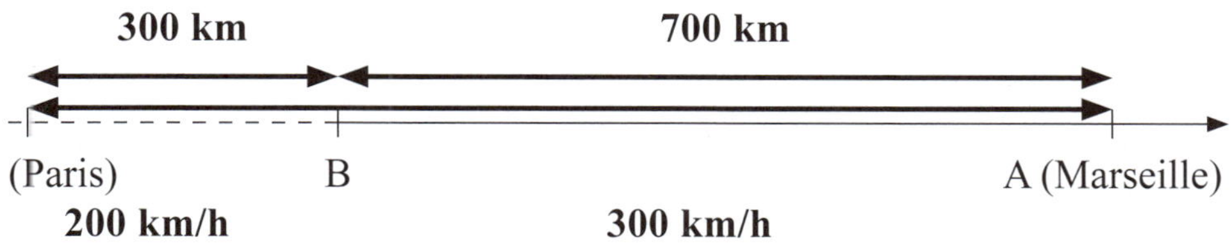

A partir de là, nous proposons nos deux méthodes :

Méthode 1
Notons D_A la distance du point A à laquelle les deux trains vont se croiser, D_B la distance du point B à laquelle les deux trains vont se croiser, T le temps après lequel ils vont se croiser (en considérant un départ à 10 h), V_1 et V_2 les vitesses respectives des trains partant de Paris et Marseille. Les équations classiques de Vitesse/Temps/Distance combinées aux informations de l'énoncé donnent :

(1) $D_A + D_B = 700$
(2) $V_1 = 200$
(3) $V_2 = 300$
(4) $D_A = V_1 \times T = 300 \times T$
(5) $D_B = V_2 \times T = 200 \times T$

En remplaçant D_A et D_B par leur valeur en fonction de T dans l'équation (1), on obtient :
(1) $300 \times T + 200 \times T = 700$
(2) $D_A = 300 \times T$

Soit après calcul :
(1) $T = 7/5$ h
(2) $D_A = 300 \times 7/5 = 420$ km

Méthode 2
Intuitivement, étant donné que les trains partent au même moment et que celui qui part de Marseille roule plus vite, on se dit que le point de rencontre sera plus proche de Paris que de Marseille. La question centrale est, encore une fois, combien de fois plus proche ?
Il nous suffit pour cela de calculer les poids relatifs de chaque train en fonction de sa vitesse : le train partant de Marseille va $300/200 = 3/2$ fois plus vite, il

« pèse » donc 3/2 fois plus lourd que l'autre train et va parcourir 3/2 fois plus de distance que celui-ci. C'est-à-dire que sur un « poids » total de 5, le train partant de Marseille « pèse » 3 et celui partant de Paris « pèse » 2.

Représentons cela sur notre axe en le segmentant en cinq parties égales à 700/5 = 140 km :

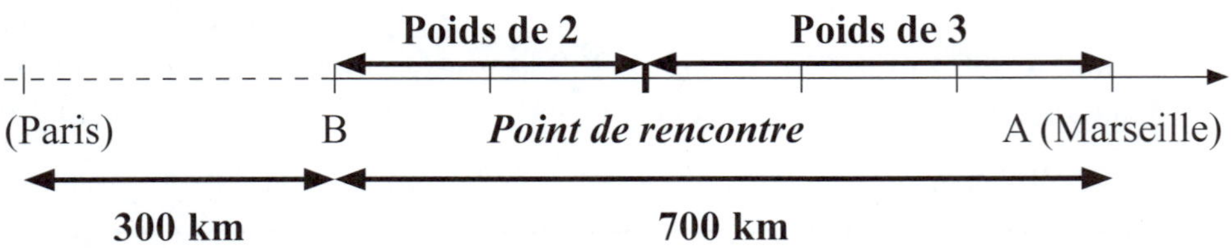

On retrouve bien le rapport des vitesses sur les distances parcourues : quand le train partant de Marseille parcourt 3 segments, celui partant de Paris en parcourt 2. Finalement, on trouve qu'ils se croisent à 3 × 140 = 420 km de Marseille.

Question 26. Réponse A

Un pichet se réfère à un objet proche d'une carafe (on peut demander un pichet de vin dans un restaurant). En revanche, un pot, un vase ou un seau sont très distants de la carafe en ce sens que les liquides qu'ils contiennent ou peuvent contenir ne sont, en temps normal, pas destinés à être bus.

Question 27. Réponse C

Les noms de couleurs qui font référence à des fruits (ou des pierres, etc.) sont invariables, à quelques exceptions près (au nombre desquelles « rose » figure en bonne place : sur ce plan, voir le cours). En revanche, les noms de couleurs composés (bleu clair, jaune canari, etc.) sont eux aussi invariables.

Question 28. Réponse D

Ici, « Quelles que » est un adjectif qui s'accorde avec « propositions ». « Quelque » est une forme adverbiale qui, rappelons-le, signifie « bien que » ; « Quels que » correspond à la bonne forme (l'adjectif se rapportant à la nature des propositions) mais s'accorde en nombre et pas en genre ; « Quelques » fait référence à une idée de quantité, et pas à celle de la nature des propositions ; et enfin, « Quelles que » est la bonne forme, puisqu'elle s'accorde avec « propositions » en genre et en nombre.

Question 29. Réponse B

Cette question visait uniquement à vous permettre de vous auto-évaluer quant à votre mémorisation de la liste des sept mots en « -ou » qui se déclinent au pluriel en « -oux » (ce qui est le cas de hibou). Cela dit, même si vous ne l'aviez pas mémorisée, vous devriez d'ores et déjà pouvoir éliminer automatiquement « hibouex » et « hiboues », deux formes qui n'ont aucune logique et qui ne pourraient, selon aucune règle, constituer le pluriel de « hiboux ».

Question 30. Réponse B

Cette question est l'exemple typique des problèmes de conjugaisons que vous pourrez rencontrer. Afin de vous donner les meilleures armes possibles pour y répondre, révisez bien les tableaux de conjugaisons que vous trouverez dans un *Bescherelle* ou sur internet, et particulièrement ceux des auxiliaires « être » et « avoir » (qui vous permettront d'être plus au point sur les temps composés). Ainsi, en l'occurrence, le fait de savoir que « j'eus » est le passé simple de « j'ai » et que le passé antérieur est le temps composé qui conjugue l'auxiliaire au passé simple suffisait à trouver la bonne réponse : il n'y avait pas besoin de connaître la conjugaison du verbe « donner ».

Question 31. Réponse C : D25

Le rang de H est 8 et le carré de 8 est égal à 64 d'où H64. Cela fonctionne bien sûr de la même façon pour J100 ou F36. Mais cela ne fonctionne pas pour D25 (car on aurait du avoir D16 du fait que le rang de D est 4 et que le carré de 4 est égal à 16). D25 est donc l'intrus.

Conseil : apprenez vos carrés de 1 à 20. Vous devez ainsi savoir en un instant que le carré de 9 est égal à 81 ou que le carré de 17 est égal à 289 !!

Question 32. Réponse B

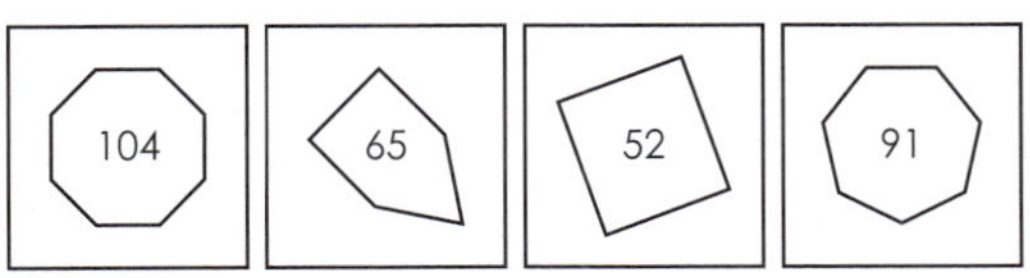

Nombre de côtés × 13 :
8 × 13 = 104, 5 × 13 = 65, etc.

Question 33. Réponse B : 20 et 35

On remarque ici une progression croissante entre les nombres de type −3/+4/+5/+6/+7/+8/+9. On garde donc la réponse B : 20 et 35.

Question 34. Réponse C : 17

132 = 6 car la somme des chiffres de 132, à savoir 1 + 3 + 2 est précisément égale à 6. Ainsi 737 = 17 car 7 + 3 + 7 = 17.

Question 35. Réponse D : 9 et 25 et 81 et 121

Celles et ceux qui connaissaient leurs carrés de 1^2 à 20^2 répondaient à cette question en moins de 5 secondes. En effet, vous reconnaissez ici la liste des carrés de 1^2 à 11^2 et il fallait donc répondre : 9, 25, 81 et 121.

Question 36. Réponse D

Tout est dans la lecture et la traduction de l'énoncé. On vous demande la hauteur, notée *h,* de la pile obtenue en empilant des petits cubes de 2 dm de côté. On peut immédiatement affirmer que $h = 20 \times N$, où N est le nombre de petits cubes et *h* est notre véritable inconnue. Dès lors, la question va être : « combien de petits cubes peut-on mettre dans le grand cube ? » Nous vous proposons deux méthodes pour trouver N :

Méthode 1 : par les côtés

Le grand cube ayant un volume de 8 m³, il fait 2 m de côté, soit 20 dm. Sur chaque côté du grand cube, vous pouvez donc mettre 20/2 = 10 petits cubes. La réflexion se faisant en 3 dimensions, vous pouvez donc mettre 10 petits cubes en longueur, 10 petits cubes en hauteur et 10 petits cubes en largeur soit $N = 10 \times 10 \times 10 = 1\ 000$ petits cubes.

Tout cela sera plus clair sur un dessin :

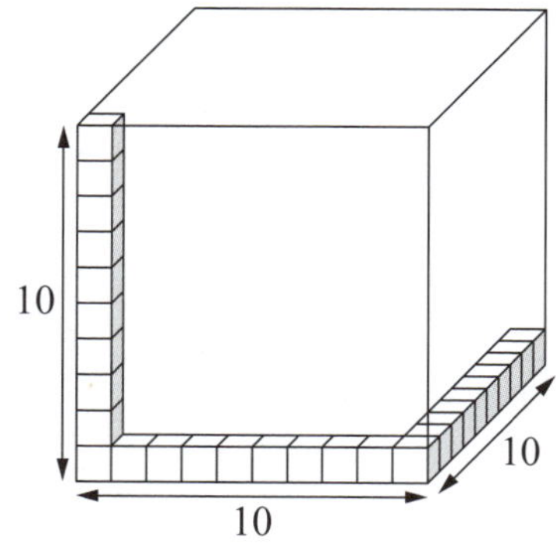

Méthode 2 : par les volumes

1. De façon plus intuitive, on peut remarquer que le volume du grand cube est de 8 m³, soit **8 000 dm³.**

Nous vous rappelons les tableaux de conversion, chaque case étant destinée à recevoir un chiffre :

km	hm	dam	m	dm	cm	mm
			1	**0**		

km^2		hm^2		dam^2		m^2		dm^2		cm^2		mm^2
						1	**0**	**0**				

km^3		hm^3		dam^3		m^3		dm^3		cm^3		mm^3
						1	**0 0**	**0**				

On a par exemple :

1 m = 10 dm $\qquad$ 1 m^2 = 100 dm^2 $\qquad$ 1 m^3 = 1 000 dm^3

2. On sait en outre que le volume d'un petit cube est égal à 2^3 = **8 dm^3**. On trouve alors immédiatement que l'on peut mettre 8 000/8 = 1 000 petits cubes dans le grand cube.
On conclut là encore que la hauteur est égale à 1 000 × 2 dm = 2 000 dm = 200 m.

Question 37. Réponse D

On est face à une question de Vitesse/Temps/Distance où l'inconnue est le temps. Nous vous conseillons dans ce genre de situations de vous concentrer sur les deux autres données (ici Vitesse et Distance) l'une après l'autre. La distance (notée D) vaut 20 m. En ce qui concerne la vitesse, l'enfant marche certes à 5 km/h, mais en sens inverse d'un tapis roulant qui avance à 3 km/h. Il marche donc en réalité à 2 km/h. Pour vous en persuader, dites-vous qu'en une heure il aura avancé de 5 km et reculé de 3 km. On a donc : V = 2 km/h et D = 20 m.

On est tenté d'appliquer ici notre équation classique T = D/V, mais attention, n'oubliez pas que celle-ci ne fonctionne que si les unités de distance et de temps sont les mêmes. Or ici V et D mélangent les km et les m. On convertit donc la vitesse de l'enfant en V = 2 000 m/h et on peut remplacer les inconnues dans l'équation pour obtenir :
T = 20/2 000 = 1/100 h.

Or 1 h correspondant à 3 600 secondes, on trouve que 1/100 h = 36 secondes.

Une autre méthode aurait été de convertir immédiatement les heures en secondes dans l'expression de V et d'écrire :
V = 2 000 m / 3 600 secondes, soit « l'enfant fait 2 000 m toutes les 3 600 secondes ».
Puis en simplifiant par 100 :

V = 2 0~~00~~ m / 3 6~~00~~ secondes = 20 m / 36 secondes, soit « l'enfant fait 20 m toutes les 36 secondes ».

Remarquons qu'on aurait très bien pu vous proposer une question dans laquelle l'enfant marchait dans le même sens que le tapis roulant, auquel cas il aurait fallu additionner leurs vitesses respectives et non les soustraire comme c'était le cas ici.

Question 38. Réponse D

Une question bizarre, n'est-ce pas ?!

Il s'agit en fait ici d'une question de cohérence. Comme vous le savez, le nombre total de matchs disputés au cours de ce championnat (en faisant bien sûr l'hypothèse que chaque équipe a rencontré chacune des autres équipes une seule fois) est égal à : $\frac{E(E-1)}{2}$ avec E le nombre d'équipes.

Il n'y a en fait qu'une seule solution qui colle ici. Vous ne trouverez en effet aucun E entier naturel tel que $\frac{E(E-1)}{2}$ est égal à 80 ; 102 ou encore 117.

Il existe en revanche une valeur entière pour E tel que $\frac{E(E-1)}{2} = 120$: il s'agit en effet de $E = 16$. La réponse D est donc la seule réponse **possible,** autrement dit la seule réponse **cohérente**.

Pour arriver à cette conclusion, il suffisait de tester des valeurs pour E. Si E était égal à 13, alors on aurait eu un nombre total de matchs disputés égal à : $\frac{13 \times 12}{2} = 78$.

Si E était ensuite égal à 14, le nombre total de matchs disputés aurait été égal à : $\frac{14 \times 13}{2} = 91$.

On voyait bien alors que la réponse A (80) « passait à la trappe ». On testait alors $E = 15$ et l'on trouvait $\frac{15 \times 14}{2} = 105$ (la réponse B passait à son tour à la trappe).

Et pour finir $E = 16$ avec un nombre total de matchs disputés égal à 120 (ouf !).

Question 39. Réponse C

Soient les 6 nombres rangés dans l'ordre croissant : $a, b, c, d, e, f,$ avec $80 < a < 90$.

La somme $a + b + c + d + e + f$ est minorée par $81 + 82 + 83 + 84 + 85 + 86 = 501$ et majorée par $90 + 95 + 96 + 97 + 98 + 99 = 575$. La seule réponse possible est donc 573.

Question 40. Réponse A

Si l'on vous parle à un moment des huit neuvièmes de l'essaim, c'est donc que 8/9 × N (avec N le nombre total d'abeilles, autrement dit l'essaim) doit forcément être un nombre entier, car on ne peut pas envisager de tiers ou de quart d'abeille ! Autrement dit, N doit forcément être divisible par 9, et une seule solution l'est… La A ! Et oui c'était aussi simple que cela.

Question 41. Réponse C

Bien qu'il se prononce *« condanner »*, le verbe « condamner » s'écrit avec « mn » et pas avec « nn ». Il en va de même pour son radical, « damner ».

Question 42. Réponse D

Comme pour la question précédente, on a ici à faire au dérivé d'un radical connu – celui du verbe « voir ». Dans ce genre de cas, le préfixe (c'est-à-dire, la partie ajoutée au radical et qui vient se placer juste avant lui – « pour », dans le cas présent) reste invariable. Il vous suffit donc de vous remémorer les conjugaisons du radical pour trouver celle qui correspond à la question posée. Le participe présent de « voir » étant « voyant », celui de « pourvoir » est « pourvoyant ».

Question 43. Réponse A

Le premier « a » est de nature verbale (il sert à former le passé composé « il a plu ») ; tandis que le second est une préposition de lieu (« à » Paris : dans Paris).

Question 44. Réponse B

« Dénudé » se réfère à l'idée de l'absence de protection ou de couverture. On dira par exemple « des fils dénudés » pour parler de fils dont la partie conductrice est à l'air libre (et non protégée par une gaine en caoutchouc).

Question 45. Réponse A

En cas de doute, vous devez impérativement revoir la liste des homophones grammaticaux : elle vous permettra en effet de vous préparer à la plupart des questions de ce type.

Épreuve 2 : 45 questions • 1 heure

Question 1. Complétez la série suivante.

1 3 15 105 945 ?

(A) 5 875
(B) 9 450
(C) 10 395
(D) 12 455

Question 2. Complétez :

FUITE est à INONDATION ce qu'ETINCELLE est à ?

(A) BOUGIE
(B) INCENDIE
(C) BRULURE
(D) FLAMME

Question 3. Complétez la série suivante.

736 751 776 811 856 ?

(A) 921
(B) 906
(C) 941
(D) 911

Question 4. Complétez la série suivante.

D I N S ?

(A) X
(B) Y
(C) W
(D) Z

Question 5. Qui peut être la tante de l'oncle de ma sœur ?

(A) Mon grand-père
(B) Ma grand-mère
(C) La cousine de mon grand-père
(D) La sœur de ma grand-mère

Question 6. Les trois classes de terminale d'un lycée comprennent respectivement 35, 28 et 36 élèves. Sachant que respectivement 1/5, 1/4 et 1/9 des lycéens de ces trois classes vont échouer au baccalauréat, quel est le nombre total de lycéens qui vont redoubler leur terminale ?

(A) 21
(B) 17
(C) 19
(D) 18

Question 7. Un train part à 22 h et doit parcourir un trajet de 780 kilomètres. Il parcourt le premier tiers du trajet à la vitesse de 130 km/h. Puis il parcourt le reste du trajet à la vitesse de 100 km/h. A quelle heure le train arrivera-t-il ?

(A) 3 h 56
(B) 4 h 32
(C) 4 h 52
(D) 5 h 12

Question 8. Quatorze personnes se partagent un gros gâteau. La première en prend un cinquième, la deuxième en prend un sixième du reste. Ces deux personnes s'effacent alors et les autres décident de se partager le reste équitablement. Quelle fraction du gâteau chacune des personnes qui restent obtient-elle ?

(A) Un quinzième
(B) Un demi
(C) Un douzième
(D) Un dix-huitième

Question 9. Que vaut le tiers de 27^4 ?

(A) 3
(B) 3^{11}
(C) 3^{20}
(D) 2^{23}

Question 10. Mélanie, Stéphanie et Julie vont faire les soldes. Tandis que Mélanie achète des chaussures soldées à –10 %, Stéphanie opte pour un chemisier à –50 % et Julie achète une robe en solde à –28 %, qu'elle a payée 236,50 euros. Quel était le prix initial de la robe ?

(A) 308,19 euros
(B) 319,51 euros
(C) 328,47 euros
(D) 335,84 euros

Question 11. Lequel de ces mots n'est *pas* synonyme des trois autres ?

(A) Division
(B) Graduation
(C) Echelle
(D) Ratio

Question 12. Dans laquelle de ces phrases remplaceriez-vous les points de suspension par « quant » ?

(A) … serez-vous rentré chez vous ?
(B) Je désire que vous m'appeliez … vous aurez eu de ses nouvelles.
(C) … est-il du projet dont vous m'aviez parlé la dernière fois ?
(D) Et … à vous, vous savez à quoi vous en tenir.

Question 13. Dans laquelle des propositions suivantes les phrases ci-dessous (extraites du célèbre *Du Contrat Social* de J.-J. Rousseau) sont-elles ordonnées dans un ordre logique ?

1 – J'ai déjà dit qu'il n'y avait point de volonté générale sur un objet particulier.
2 – Alors il se forme entre le tout et sa partie une relation qui en fait deux êtres séparés, dont la partie est l'un, et le tout moins cette même partie est l'autre.
3 – S'il est hors de l'Etat, une volonté qui lui est étrangère n'est point générale par rapport à lui ; et si cet objet est dans l'Etat, il en fait partie.
4 – En effet cet objet particulier est dans l'Etat ou hors de l'Etat.

(A) 2 – 3 – 1 – 4
(B) 2 – 4 – 1 – 3
(C) 1 – 4 – 3 – 2
(D) 1 – 3 – 4 – 2

Question 14. Quelle est la phrase correcte ?

(A) Je vous serais gré de me renvoyer ces bordereaux signés.
(B) Je vous saurais gré de me renvoyer ces bordereaux signés.
(C) Je vous saurais gré de me renvoyé ces bordereaux signés.
(D) Je vous saurai gré de me renvoyer ces bordereaux signés.

Question 15. Parmi les expressions ci-dessous, laquelle est synonyme de « parler avec aménité » ?

(A) Parler sans aisance
(B) Parler sans rudesse
(C) Parler sans hésitation
(D) Parler sans affectation

Question 16. Complétez la série suivante.

2 4 6 10 14 22 26 ?

(A) 32
(B) 18
(C) 24
(D) 34

Question 17. Complétez :

HCP est à DEL ce que ATT est à ?

(A) WVP
(B) XUP
(C) YZS
(D) WUQ

Question 18. Complétez la série suivante.

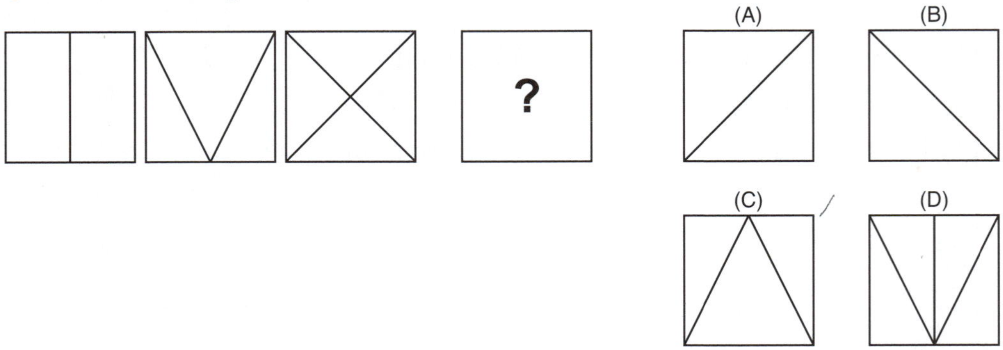

Question 19. Cette phrase contient … « t » et … « n ».

(A) huit *et* trois
(B) sept *et* trois
(C) huit *et* quatre
(D) sept *et* cinq

Question 20. Complétez la série suivante.

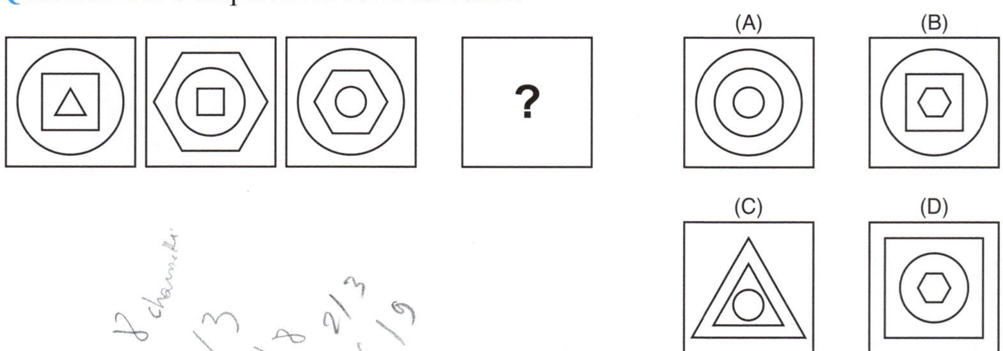

Question 21. Une boîte contient des chaussettes de trois couleurs différentes : 2 rouges, 3 bleues et 4 noires. Certaines chaussettes sont trouées et deux tiers sont en bon état, mais je n'arrive pas à me souvenir de leur couleur ! Combien de chaussettes au minimum dois-je tirer pour être certain d'obtenir au moins une paire de chaussettes de la même couleur et sans trou ?

(A) 4
(B) 5
(C) 6
(D) 7

Question 22. a est un nombre pair entier à un chiffre tel que $a3 \times a7 = 6a1$. Que vaut a ?

(A) 0
(B) 2
(C) 4
(D) 6

Question 23. La moyenne des âges des sœurs d'Alexandre est de 18 ans. La sœur aînée a six ans de plus que sa cadette. Si la moyenne de l'âge d'Alexandre et de l'aînée de ses sœurs est de 21 ans, quel est alors l'âge d'Alexandre ?

(A) 20
(B) 21
(C) 22
(D) 23

Question 24. Une usine fabrique des pneus. Cette année, sa production a progressé de 13 %. Sachant qu'elle a produit, cette année, 26 000 pneus, quelle était (à l'unité inférieure) sa production de l'année dernière ?

(A) 19 000
(B) 21 000
(C) 22 000
(D) 23 000

Question 25. La surface totale d'un cube est de 294 cm^2. Que vaut la moitié du carré de la somme des chiffres de la valeur de son volume ?

(A) 49
(B) 50
(C) 72
(D) 76

Question 26. « Il ne m'a pas fallu longtemps pour la reconnaître : elle n'a pas vraiment changée depuis la dernière fois que je l'ai vue. J'ai été surpris de constater qu'elle, en revanche, avait l'air d'ignorer qui j'étais. Pourtant, cela n'aurait pas du m'étonner : d'aussi loin que je me souvienne, elle a toujours été tête-en-l'air. »

Dans le texte ci-dessus, quel est le participe passé mal orthographié ?

(A) été
(B) changée
(C) fallu
(D) du

Question 27. Quel est le pluriel du mot « rouge-gorge » ?

(A) Rouge-gorges
(B) Rouges-gorges
(C) Rouge-gorge
(D) Rouges-gorge

Question 28. Complétez correctement la phrase suivante : « Les … invités que nous avons … sont partis … ailleurs ».

(A) Treizes – attendus – dînés
(B) Treizes – attendu – dîné
(C) Treize – attendus – dîner
(D) Treize – attendu – dîné

Question 29. Dans laquelle des expressions suivantes le mot « fond » est-il mal orthographié ?

(A) Sa valise a été fouillée de fond en comble.
(B) L'argent était prêté à fond perdu.
(C) Il a étudié la question à fond.
(D) Cette musique fait un très bon fond sonore.

Question 30. Quel est le pluriel de canne-à-pêche ?

(A) Cannes-à-pêches
(B) Canne-à-pêches
(C) Cannes-à-pêche
(D) Canne-à-pêche

Question 31. Complétez :

OAS est à KCR ce que FKO est à ?

(A) AMN
(B) BPO
(C) BMO
(D) AMO

Question 32. Complétez la série suivante.

T S Q N ?

(A) I
(B) J
(C) K
(D) L

Question 33. Complétez la série suivante.

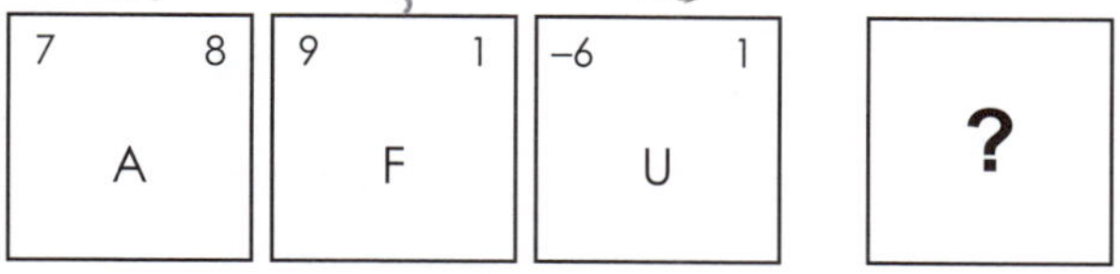

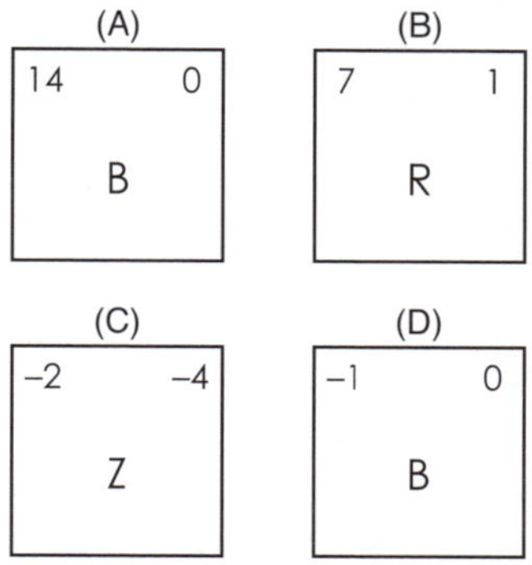

Question 34. Complétez la série suivante.

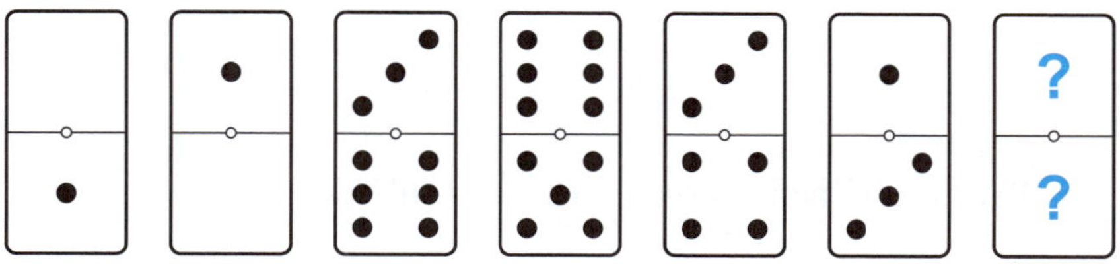

(A) 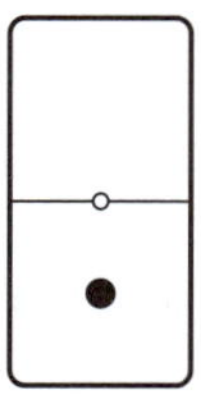

(C) 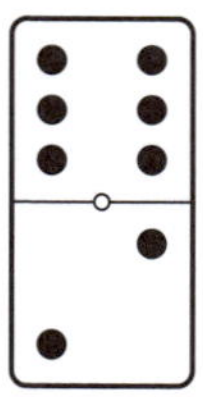

(B) 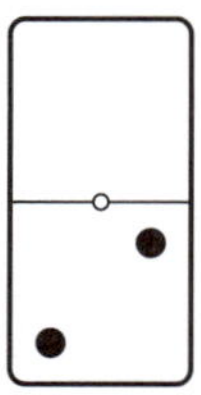

(D) 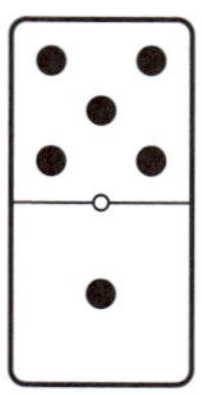

Question 35. Complétez la série suivante.

HT CD AP O?

(A) R

(B) S

(C) T

(D) P

Question 36. Une chaise, une valise et 3 poires valent 2 théières et 3 lampes. 2 théières, 2 lampes et 1 poire valent 2 valises et 1 chaise. Que valent une valise et une lampe ?

(A) 2 chaises et 3 lampes

(B) 2 théières et une chaise

(C) 4 poires

(D) 2 lampes et une poire

Question 37. Paul et Jean ne se sont pas vus depuis plus de 10 ans. Ils décident donc de se retrouver quelque part entre leurs deux villes. Paul vit à Arles tandis que Jean vit à Avignon. Ils choisissent de faire le trajet en vélo et quittent chacun leur ville, distantes de 120 km. Ils se croisent à 70 km d'Arles. Quelle est l'expression de la vitesse du plus rapide des deux en fonction de la vitesse de l'autre, notée V1 ?

(A) $1{,}1 \times V1$

(B) $1{,}2 \times V1$

(C) $1{,}3 \times V1$

(D) $1{,}4 \times V1$

Question 38. Parmi les fonctions suivantes, une seule est impaire. Laquelle ?

(A) $f(x) = x^2 + 1$

(B) $f(x) = x^3 + 1$

(C) $f(x) = x^4 + x^2$

(D) $f(x) = x^3 + x$

Question 39. Que vaut la somme des carrés des solutions de l'équation suivante : $3x^2 - 7x + 2 = 0$?

(A) $\frac{7}{6}$

(B) $\frac{37}{9}$

(C) $\frac{49}{36}$

(D) $\frac{6}{7}$

Question 40. Quel est le résultat de la factorisation de $(x-1)^2-(2x+3)^2$?

(A) $-(x+4)(3x+2)$
(B) $-(x-4)(3x+2)$
(C) $(x+4)(3x-2)$
(D) $-(x-4)(3x-2)$

Question 41. Lesquels de ces mots sont des homonymes parfaits ?

(A) Fier (je suis fier de…) / Fier (infinitif du verbe « se fier à… »)
(B) Cent / Sang
(C) Mousse (mousse au chocolat) / Mousse (mousse dans l'équipage d'un bateau)
(D) Seau / Sceau

Question 42. Lequel de ces mots est masculin ?

(A) Limitation
(B) Marmaille
(C) Marmelade
(D) Chèvrefeuille

Question 43. Quel est le pluriel de savoir-faire ?

(A) Savoirs-faires
(B) Savoir-faires
(C) Savoir-faire
(D) Savoirs-faire

Question 44. Lorsqu'on cherche à convaincre, le discours est argumentatif. Lorsqu'on cherche à donner à voir au lecteur une chose, un être vivant ou un lieu, le discours est descriptif. Lorsqu'on donne des informations pour faire comprendre quelque chose, le discours est explicatif. Le discours narratif permet de raconter une histoire : il rapporte des événements qui mettent en scène des personnages dans un cadre précis (époque, moment, lieux).

Quel est le style de discours qui correspond à l'extrait qui suit ?

« Les sirènes aperçoivent la nef qui bondissait sur les flots ; elles entonnent un chant harmonieux : Allons, viens ici Ulysse, si glorieux, si illustre parmi les Grecs ; viens entendre notre voix. Tous ceux qui sont passés par là sur un noir vaisseau ont écouté l'harmonie des chants ; puis ils sont repartis charmés et plus riches en savoir ; car nous connaissons toutes les épreuves subies par les Grecs et les Troyens dans la vaste Troade et nous savons tout ce qui arrive sur la terre nourricière. »

Homère, *L'Odyssée*, chant XI

I. Argumentatif
II. Descriptif
III. Explicatif
IV. Narratif

(A) II seulement
(B) I + II + III
(C) I + II + III + IV
(D) I + III

Question 45. Parmi les quatre expressions suivantes, une seule n'existe pas. Laquelle ?

(A) « Ça ne casse pas trois pattes à un canard. »
(B) « Ça glisse sur moi comme sur les plumes d'un canard. »
(C) « Il ne faut pas prendre les enfants du bon Dieu pour des canards sauvages. »
(D) « Les canards boiteux ne vont pas par deux. »

Corrigés de l'épreuve 2

Question 1. Réponse C

On multiplie ici les termes par × 3, puis × 5, puis × 7, puis × 9, etc. Réponse : 10 395.

Question 2. Réponse B

Une FUITE cause à plus grande échelle une INONDATION, une ETINCELLE cause à plus grande échelle un INCENDIE. Réponse : INCENDIE.

Question 3. Réponse D

Voici une série avec une addition croissante de type : + 15 / + 25 / + 35 / + 45. Il faut alors ajouter 55 à 856. Réponse : 911.

Question 4. Réponse C

Les rangs des lettres de cette série suivent une progression arithmétique de raison 5. Observez la suite des rangs : 4 – 9 – 14 – 19 – 24. Le W a pour rang 24. Réponse : W.

Question 5. Réponse D

Déjà la réponse A est insolite ! Mon grand-père ne peut être une tante… Ensuite la réponse B pose problème. En effet, la tante de l'oncle de ma sœur n'est autre que la tante de mon oncle. Or la tante de mon oncle NE PEUT PAS ETRE EN MEME TEMPS la mère de mon oncle (*i.e.* ma grand-mère). La réponse C ne va pas non plus puisque la cousine de mon grand-père ne peut être la tante de mon oncle. C'est donc, par élimination, la réponse D : la sœur de ma grand-mère.

Question 6. Réponse D

Il vous suffit de traduire lentement les données de l'énoncé pour obtenir l'équation suivante, X étant l'inconnue recherchée :

$X = 1/5 \times 35 + 1/4 \times 28 + 1/9 \times 36.$

En effet, $1/5 \times 35$ représente le nombre d'élèves qui vont redoubler dans la première classe, $1/4 \times 28$ celui de la deuxième et $1/9 \times 36$ celui de la troisième. Comme vous connaissez parfaitement vos tables de multiplication, vous savez que :

$35 = 5 \times 7$ $28 = 4 \times 7$ $36 = 4 \times 9$

Donc vous en déduisez facilement que $X = 7 + 7 + 4 = 18$.

Question 7. Réponse D

Rappel : T = D/V

T1 = 260/130 = 2 heures.

T2 = 520/100 = 5,2 heures = 5 heures et 12 minutes.

En conclusion, le train arrive à 5 h 12.

A savoir : pour convertir 5,2 heures en heures/minutes, on dit que 5,2 heures c'est 5 heures et 0,2 heures et pour convertir 0,2 heures en minutes il suffit de multiplier 0,2 par 60, ce qui nous donne 12 minutes. 5,2 heures représentent donc bien 5 heures et 12 minutes.

Question 8. Réponse D

Le plus simple dans cette question est de réfléchir étape par étape, après que chaque personne a pris sa part :

1. La première en prend 1/5, il en reste alors 1 – 1/5 = 4/5.
2. La deuxième en prend 1/6, il en reste alors 4/5 – 1/6 × 4/5 = 4/5 × 5/6 = 4/6 = 2/3.
3. Chacune des 12 restantes obtient alors 2/3 × 1/12 = 2/36 = 1/18 du gâteau.

Question 9. Réponse B

Il s'agit ici d'une simple question de cours ! Et il y a de fortes chances que vous résolviez cette question en 20 secondes, montre en main. En effet, vous avez appris par cœur trois choses – que vous n'avez pas forcément eu besoin de comprendre.

1) $27^4 = (3^3)^4$ car vous avez appris que 27 était le cube de 3.

2) $(3^3)^4 = 3^{12}$ car vous avez appris que $(A^B)^C = A^{B \times C}$.

3) Enfin : le tiers de 3^{12} vaut $3^{12}/3 = 3^{12-1} = 3^{11}$ car vous avez appris que $\dfrac{A^B}{A^C} = A^{B-C}$.

Et le tour est joué !

Question 10. Réponse C

En effet, vous connaissez la formule :

PRIX INITIAL = PRIX FINAL / (1 – POURCENTAGE DE BAISSE)

De plus, vous devez avoir le réflexe de traduire l'énoncé en transformant 28 % (soit 0,28) en 72 % (soit 1 – 0,28). Il ne reste alors plus qu'à remplacer nos inconnues dans l'équation qui devient, en notant P le prix initial recherché :
P = 236,5/0,72 = 23 650/72.
Les plus doués (voire surdoués à ce stade) en calcul mental auront déjà arrêté la lecture de la correction… quoique l'on puisse douter de la faisabilité immédiate de ce calcul ! En effet, il n'y a pas de honte à prendre son courage à deux mains et à poser une belle division comme on avait l'habitude de le faire plus

jeune. Ainsi, plutôt que de toujours chercher l'astuce de décomposition des deux membres d'une fraction (ce qui peut s'avérer bien pratique mais qui en l'occurrence a peu de chance d'aboutir au vu des réponses, toutes à virgule), mieux vaut écrire :

23 650	72
205	32

(1) Dans 236 vous pouvez mettre 3 fois 72 et il reste 20.

(2) Vous abaissez le 5. Dans 205 vous pouvez mettre 2 fois 72 et… stop !

En effet, en tant qu'étudiants consciencieux, vous aurez pris la précaution de garder un œil sur les réponses et, ô miracle, une seule commence par un 3 et un 2, c'est la réponse (C), qui se trouve donc être la bonne réponse !

Question 11. **Réponse D**

Les trois premiers mots proposés (division, graduation et échelle) sont synonymes : ils se réfèrent tous à l'idée d'une *mesure*, et plus précisément, de l'établissement d'un instrument de mesure. On parlera de l'échelle d'une carte, par exemple : des graduations ou des divisions d'un axe, etc.

Bien entendu, ces mots peuvent avoir plusieurs sens (il s'agit de mots *polysémiques*), mais c'est là leur sens commun. « Ratio », en revanche, est un mot issu du registre économique qui se réfère à l'idée de rapport entre deux grandeurs : il est donc très différent des trois précédents.

Question 12. **Réponse D**

Dans la formule « quant à », on écrit *toujours* quant avec un t. Le « quand » avec un *d*, de valeur interrogative ou circonstancielle, ne s'utilise que dans le cadre d'un rapport à l'idée de temps (phrases 1 et 2). Enfin, la phrase 3 commence par « Qu'en ».

Question 13. **Réponse C**

Les phrases en elles-mêmes sont complexes, mais même si elles vous semblent trop alambiquées, il peut en revanche vous être très facile d'en retrouver l'agencement. Pour cela, concentrez-vous bien sur les liens et les coordinations qui les réunissent. Ainsi, les phrases 1 et 4 sont clairement consécutives : le « *cet objet particulier* » de la phrase 4 fait clairement référence à *l'objet particulier* de la phrase 1 ; et le « *En effet* » en début de phrase indique que la phrase 4 fait immédiatement suite à la phrase où l'objet particulier que l'on évoque a été cité.

De là, il ne vous reste plus qu'à constater que la phrase 3 fait suite à la 4 puisqu'elle développe simplement l'idée qui y était avancée. La phrase 2 ne

peut donc être que la dernière – car elle fait suite aux autres, sur le plan logique, et qu'elle ne peut s'intercaler entre elles sur le plan de la structure.
L'exercice peut vous sembler compliqué, mais après l'avoir pratiqué plusieurs fois, vous vous y ferez rapidement. Si les exemples que nous vous avons fournis dans le cadre de ces tests ne vous ont pas suffi à vous sentir à l'aise sur ce terrain, n'hésitez pas à faire la même chose avec des extraits d'articles de journaux, par exemple, dont vous demanderez à une bonne âme d'extraire quatre phrases consécutives et de les mélanger.

Question 14. Réponse B

« Je vous saurais gré » est une expression assez formelle, utilisée dans les courriers et les documents officiels plus que dans la conversation courante. Elle signifie : « Je vous serais reconnaissant ». Quant à la question de l'écriture de « renvoyer » ; comme à chaque fois que vous vous poserez la question d'écrire un verbe sous la forme de l'infinitif ou sous celle du participe, nous vous recommandons de tenter de remplacer le verbe par un autre infinitif et de voir si la phrase obtenue vous semble correcte.
Ici, par exemple, si l'on tente de remplacer « renvoyer » par l'infinitif « voir » et par le participe « vu », on constate rien qu'en le prononçant que seul le remplacement par un infinitif peut convenir. Faites l'expérience !

Question 15. Réponse B

« Sans aménité » : caractérise la rudesse ou la brutalité d'une action / d'un discours.

Question 16. Réponse D

Voici la suite des nombres premiers que l'on a multipliée par deux. Le nombre premier qui suit 13 est 17. Réponse : 34 (2 × 17).

Question 17. Réponse A

Progression de type – 4 / + 2 / – 4. Réponse : WVP.

Question 18. Réponse A

La première figure donne à voir un T, la deuxième un V et la troisième un X. On est donc en présence d'un intra de + 2, car T = 20, V = 22 et X = 24. La figure suivante devra donc donner à voir un Z.

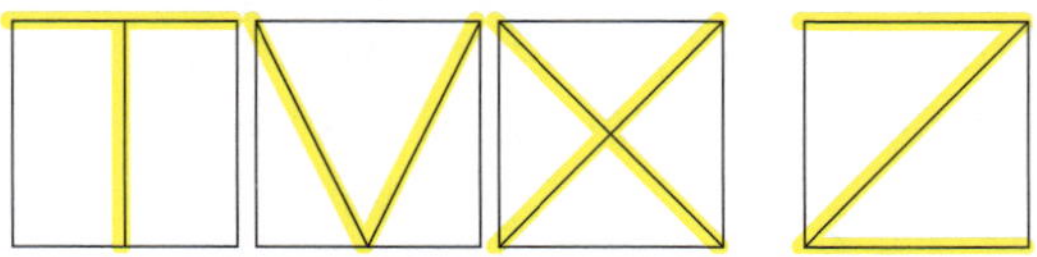

Question 19. Réponse A

Une question originale !

Vous l'avez compris. Quand on rajoute dans la phrase de l'énoncé les mots proposés dans les réponses cela augmente mécaniquement le nombre de lettres qu'il y a dans la phrase. Au départ, dans la phrase *Cette phrase contient ... « **t** » et ... « n »* on compte 6 « t » et 3 « n ». En ajoutant les mots de la réponse A, cela donne : *Cette phrase contient huit « **t** » et trois « n »* et on compte alors bien 8 « t » et 3 « n ». La cohérence et la vérité de la phrase sont parfaitement préservées.

Question 20. Réponse D

La plus grande figure devient moyenne, la moyenne devient petite alors que la plus petite disparaît. Sachant que dans la troisième figure la grande était un rond et la moyenne un hexagone, on devra avoir un petit hexagone dans un rond de taille moyenne, le tout dans une troisième grande figure quelconque, qui s'avère être un carré dans la réponse proposée.

Question 21. Réponse D

Avant tout, il vous faut connaître les quantités exactes de chaque « famille » de chaussettes. En ce qui concerne les couleurs, l'énoncé vous dit tout. En revanche, un petit calcul est nécessaire pour trouver qu'il y a (2 + 3 + 4)/3 = 9/3 = 3 chaussettes trouées. Ainsi, pour être certains d'obtenir au moins deux chaussettes en bon état, il vous faudra tirer au minimum 5 chaussettes.

En revanche, si parmi ces 5 chaussettes se trouvent les 3 chaussettes trouées ainsi que 2 chaussettes de couleur différente, la paire de même couleur et sans trou ne sera pas obtenue. Vous remarquez donc immédiatement que le même problème se pose si vous ne tirez que 6 chaussettes : vous pouvez tomber sur les 3 trouées et 3 de couleur différente. Mais comme il n'y a que 3 couleurs, en tirant une 7e chaussette vous serez assuré qu'elle sera en bon état et de la même couleur qu'une chaussette sans trou que vous avez déjà.

Question 22. Réponse B

Testez simplement vos solutions ici !

Question 23. Réponse B

Il s'agit d'une question idéale pour tester les réponses, même si un bon vieux système d'équations est tout aussi efficace.

Traduisons les données de l'énoncé sous la forme de système d'équations avec x, y et A les âges respectifs des deux sœurs (de la plus jeune à la plus âgée) et d'Alexandre :

(1) $(x + y)/2 = 18$ (2) $y = x + 6$ (3) $(A + y)/2 = 21$

En remplaçant y par sa valeur en fonction de x dans l'équation (1) on obtient :

(1) $x + x + 6 = 36$ (2) $y = x + 6$ (3) $A = 42 - y$

Soit après calcul :

(1) $x = 15$ (2) $y = 21$ (3) $A = 21$

Alexandre a donc 21 ans.

Question 24. Réponse D

Dans ce type de questions, n'oubliez jamais de vous poser la question de savoir qui est l'inconnue entre la quantité avant augmentation Q1, le pourcentage de hausse P ou la quantité après augmentation Q2. Sachant que vous connaissez les deux dernières inconnues, c'est donc Q1 que vous devez trouver.

L'équation est donc :

Q1 = Q2/(1 + P)

Soit, en remplaçant par les valeurs de l'énoncé :

Q1 = 26 000/(1 + 0,13)

⇔

Q1 = 26 000/1,13 = 2 600 000/113

Il n'y a ici pas d'autre solution que de poser l'équation (nous vous invitons d'ailleurs fortement à vous entraîner) pour trouver que la production de l'année dernière était environ de 23 008, soit, si l'on arrondit à l'unité inférieure, de 23 000.

Question 25. Réponse B

Nous nous permettons de souligner l'importance d'une lecture lente de l'énoncé tout en traduisant les données qui y sont présentes : toute la résolution de cette question repose là-dessus. Ici on demande de trouver la moitié du carré de la somme des chiffres du volume du cube. Il va donc nous falloir trouver la longueur d'un de ses côtés.

1. Si la surface totale d'un cube (qui a 6 faces) est de 294 cm^2, c'est que chaque face a une surface de 294/6 = **49 cm^2**.
2. Chaque face d'un cube étant un carré, si sa surface est de 49 cm^2 c'est que chaque côté du cube mesure **7 cm**.
3. Si chaque côté du cube mesure 7 cm, c'est que son volume est de 7^3 = **343 cm^3**.

On a donc trouvé un volume de 343 cm^3, et il ne nous reste plus qu'à :

– sommer les chiffres de 343, soit : 3 + 4 + 3 = 10 ;

– élever cette somme au carré : $10^2 = 100$;

– calculer la moitié de ce carré : 100/2 = **50**.

CORRIGES DE L'EPREUVE DE LOGIQUE •2

Question 26. Réponse B

En l'absence de COD précédant le participe passé, les participes passés des verbes se conjuguant avec l'auxiliaire « avoir » demeurent invariables.

Question 27. Réponse B

Lorsqu'un nom composé est formé d'un nom et d'un adjectif, les deux mots s'accordent au pluriel.

Question 28. Réponse C

« Treize » est invariable ; le participe « attendu » s'accorde avec le COD « les invités » (qui est placé avant le participe) ; et on peut remplacer « dîner » par un infinitif (« boire ») mais pas par un participe passé (« bu »).

Question 29. Réponse B

Lorsqu'on parle d'argent, le mot « fonds » est toujours pluriel. Il s'écrit donc toujours avec un « s » – et ici, « perdus » devrait en prendre un aussi.

Question 30. Réponse C

Règle d'accord pour les noms composés de forme « nom + préposition + nom » : seul le premier des deux noms s'accorde au pluriel. *Cf.* tableau (dans le cours).

Question 31. Réponse A

Progression de type – 4 / + 2 / – 1. Réponse : AMN.

Question 32. Réponse B

La série suit une progression de type – 1 / – 2 / – 3 / – 4. Réponse : J.

Question 33. Réponse A

La somme des nombres et de la valeur numérique de la lettre est toujours égale à 16. En effet :

7 + 8 + A = 7 + 8 + 1 = 16

9 + 1 + F = 9 + 1 + 6 = 16

– 6 + 1 + U = – 6 + 1 + 21 = 16

Ainsi, 14 + 0 + B = 14 + 2 = 16.

Question 34. Réponse B

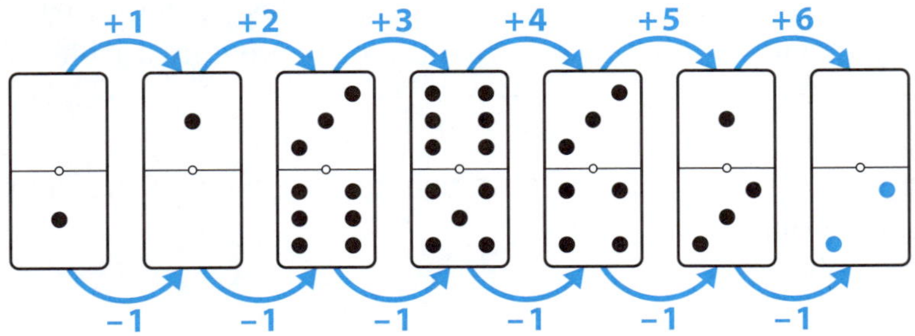

– Niveau supérieur : on fait + 1, + 2, + 3, + 4, + 5, + 6. Rappel : après « 6 », il y a « 0 ».
– Niveau inférieur : on fait – 1 à chaque fois.

Question 35. Réponse C

Cette série est phonétique et lorsque vous lisez les lettres à voix haute, vous entendez des verbes : HT = acheter, CD = céder, AP = happer. Vous deviez donc trouver le T pour former le mot ôter. Réponse : T.

Question 36. Réponse C

Traduisons une fois de plus les données de l'énoncé en équations :

(1) $C + V + 3P = 2T + 3L$
(2) $2T + 2L + P = 2V + C$

Pas de panique ! Ce n'est pas parce que l'on n'a que 2 équations pour 5 inconnues que la solution va être impossible à trouver. En effet, tout d'abord nous disposons d'une contrainte supplémentaire, à savoir que ces nombres sont tous entiers, mais surtout on vous demande simplement d'exprimer V + T en fonction des autres variables et non pas de trouver leur valeur. Ainsi, essayons de réunir V et L à gauche dans chaque équation :

(1) $V - 3L = 2T - C - 3P$
(2) $2L - 2V = C - 2T - P$

On remarque qu'en sommant (1) et (2) on obtient $V - 3L + 2L - 2V = -V - L = -(V + L)$ à gauche. Ainsi, en faisant – (1) – (2) on a :

$$V + L = -\cancel{2T} + \cancel{C} + 3P - \cancel{C} + \cancel{2T} + P$$

$\Leftrightarrow$ $V + L = 3P + P$
$\Leftrightarrow$ $V + L = 4P$

Donc une valise et une lampe valent 4 poires.

Question 37. Réponse D

Pour bien interpréter l'énoncé, nous vous conseillons de représenter un maximum d'informations sur un axe :

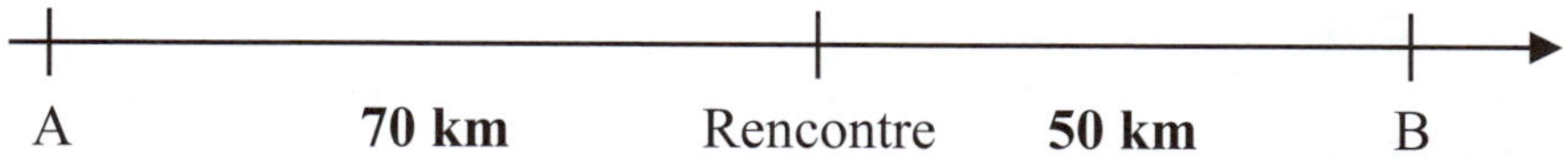

Ce qu'il faut bien comprendre ici, c'est que les deux cyclistes mettent le même temps pour arriver jusqu'au point de rencontre (ils sont en effet partis au même moment !).

Il suffit donc d'écrire que $T_1 = T_2$, soit : $D_1/V_1 = D_2/V_2$, soit encore $50/V_1 = 70/V_2$ et de conclure que $V_2 = 70/50 \times V_1 = 7 / 5 \times V_1 = \mathbf{1{,}4 \times V_1}$.

On aurait pu tout aussi bien appliquer une règle de trois :

	Distance parcourue	Vitesse
Cycliste 1	50 km	V_1
Cycliste 2	70 km	V_2

Soit : $V_2 = \frac{70}{50} \times V_1 = \frac{7}{5} \times V_1 = \mathbf{1{,}4 \times V_1}$.

Question 38. Réponse D

Pour tout x appartenant au domaine de définition de f :

- f est paire si $f(-x) = f(x)$
- f est impaire si $f(-x) = -f(x)$

A : $f(x) = x^2 + 1$ est paire. En effet : $f(-x) = (-x)^2 + 1 = x^2 + 1 = f(x)$.
B : fonction ni paire ni impaire.
C : $f(x) = x^4 + x^2$ est paire. En effet : $f(-x) = (-x)^4 + (-x)^2 = x^4 + x^2 = f(x)$.
D : $f(x) = x^3 + x$ est **impaire**. En effet : $f(-x) = (-x)^3 + (-x) = -x^3 - x = -f(x)$.

Question 39. Réponse B

Soit à résoudre $3x^2 - 7x + 2 = 0$.
$\Delta = (-7)^2 - 4 \times 3 \times 2 = 25$.

$$x_1 = \frac{-(-7) - \sqrt{25}}{2 \times 3} = \frac{7-5}{6} = \frac{1}{3} \text{ et } x_2 = \frac{-(-7) + \sqrt{25}}{2 \times 3} = \frac{7+5}{6} = 2.$$

Il ne nous reste plus qu'à calculer la somme des carrés respectifs de nos deux solutions, à savoir : $\left(\frac{1}{3}\right)^2 + 2^2 = \frac{1}{9} + 4 = \frac{1}{9} + \frac{36}{9} = \frac{37}{9}$.

Question 40. Réponse A

On reconnaît ici l'expression d'une identité remarquable du type :

$A^2 - B^2 = (A - B) \times (A + B)$

On a donc :

$(x - 1)^2 - (2x + 3)^2 = (x - 1 - 2x - 3)(x - 1 + 2x + 3) = (-x - 4)(3x + 2)$

$= -(x + 4)(3x + 2)$

Question 41. Réponse C

Des homonymes parfaits, pour rappel, sont des mots qui se *prononcent* et *s'écrivent* de la même façon.

Question 42. Réponse D

Ici, rien n'indiquait que « chèvrefeuille » est un masculin ; mais en revanche, les trois autres propositions avaient toutes les chances d'être des mots féminins (terminaisons en « -aille », en « -ade » et en « -tion »).

Question 43. Réponse C

Les noms composés de deux verbes sont invariables au pluriel.

Question 44. Réponse C

Question 45. Réponse D

La première expression signifie que « c'est tout juste moyen, à peine passable, pas terrible ». La seconde signifie « cela ne me fait ni chaud ni froid ». La troisième expression signifie qu'il ne faut pas prendre les autres pour des imbéciles. Enfin, « faire un canard » signifie « tremper un sucre dans un verre de cognac ou émettre un couac ». « Un canard boiteux » est une expression qui est usitée et qui symbolise quelqu'un qui se démarque de façon négative. Cependant, « Les canards boiteux ne vont pas par deux » est une expression qui n'existe pas et qui n'a donc aucune signification (même si nous savons que vous êtes tenté d'en trouver une !).

Épreuve 3 : 45 questions • 1 heure

Question 1. Complétez :

CHAT (3 ; 1)   SEAU (1 ; 3)   FRAISE (3 ; 3)   CHIEN ?

(A) (4 ; 1)
(B) (2 ; 3)
(C) (2 ; 2)
(D) (3 ; 2)

Question 2. Complétez la série suivante.

1   9   25   49   81   ?

(A) 121
(B) 100
(C) 141
(D) 169

Question 3. Complétez la série suivante.

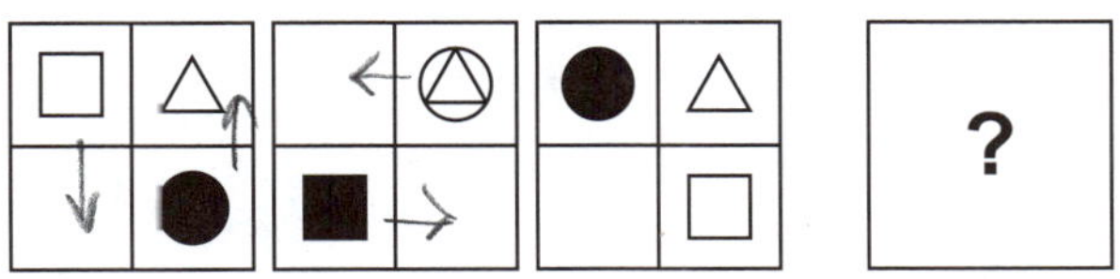

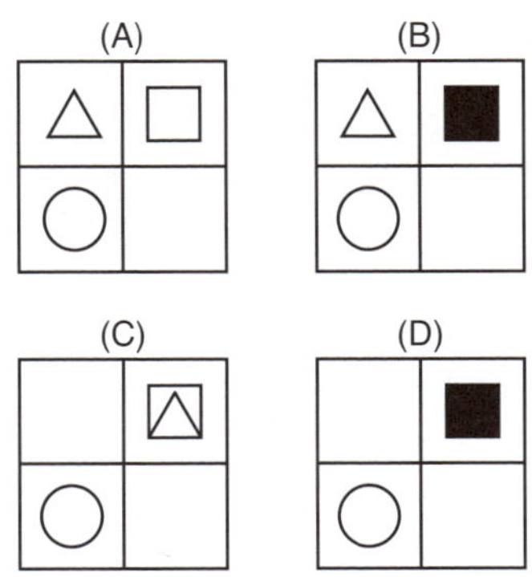

Question 4. Complétez la série suivante.

J100   L144   ?   P256   R324

(A) N169
(B) M196
(C) M169
(D) N196

Question 5. Quel est l'intrus ?

18 69 94 63 52

(A) 18
(B) 69
(C) 63
(D) 52

Question 6. Si j'ai triplé le montant de mes économies, cela veut dire que le montant de mes économies a augmenté de :

(A) 30 %
(B) 200 %
(C) 300 %
(D) 400 %

Question 7. Soit un triangle ABC rectangle en A. On a : AB = 12 ; AC = 5.
Que vaut BC × AC ?

(A) 65
(B) 66
(C) 67
(D) 68

Question 8. Diviser par deux, c'est faire…

(A) × 100 %
(B) – 150 %
(C) – 55 %
(D) × 0,5

Question 9. Z est à la fois le triple d'un nombre A et le quintuple d'un nombre B. Parmi ces cinq valeurs, quelle est la seule qui ne peut pas correspondre à Z ?

(A) 75
(B) 60
(C) 55
(D) 30

Question 10. Un éleveur, pour nourrir 30 chiens pendant 30 jours, a besoin de 112,3 kg de croquettes. Quel est le poids de croquettes dont aurait besoin cet éleveur s'il devait nourrir 18 chiens pendant 7 jours ?

(A) 12,75 kg
(B) 13,50 kg
(C) 14,875 kg
(D) 15,75 kg

Question 11. Les couples effraction/infraction ; notable/notoire ; et serment/sermon qui réunissent des mots qui se ressemblent par leur apparence sont des couples de :

(A) Synonymes
(B) Homonymes
(C) Paronymes
(D) Homophones

Question 12. Complétez les phrases suivantes en conjuguant le verbe indiqué entre parenthèses.

(A) Je lui ai dit qu'il … mieux de rentrer. *(faire)*
(B) Il serait malheureux que vous … au cours de cet exercice. *(se tromper)*
(C) Pourrais-tu me dire où tu … mon téléphone ? *(avoir rangé)*

Question 13. Quel est le verbe mal orthographié ?

(A) Intercaler
(B) Interjetter
(C) Epeler
(D) Appeler

Question 14. Complétez la série suivante.

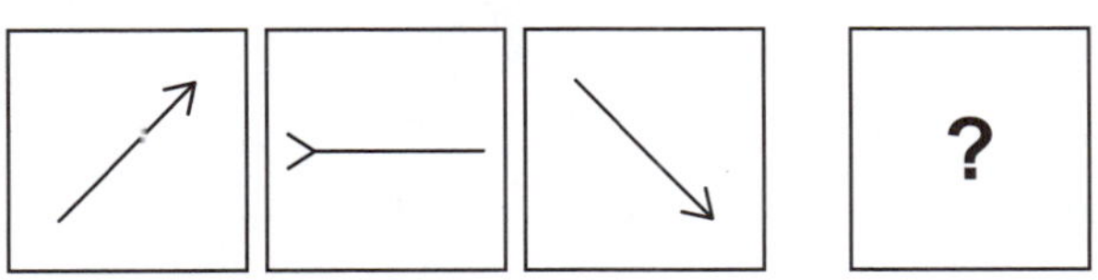

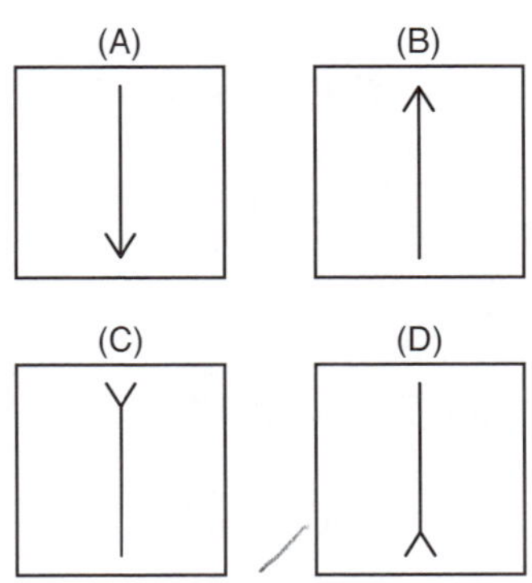

Question 15. Quel est l'intrus ?

JEAN CLAUDE CLEMENTINE VINCENT ALAIN EDOUARD

(A) CLEMENTINE
(B) CLAUDE
(C) VINCENT
(D) EDOUARD

Question 16. Complétez le carré suivant :

3	T	20	V
5	C	3	T
8	H	8	H
10	?	4	?

(A) D et Q
(B) J et R
(C) D et U
(D) J et N

Question 17. Complétez :

PERE est à MERE ce que CONSANGUIN est à ?

(A) UTERIN
(B) GENETIQUE
(C) MALADE
(D) SEDATIF

Question 18. Complétez la série suivante.

N3 V2 M4 I1 F3 K?

(A) 1
(B) 2
(C) 3
(D) 4

Question 19. Tatiana est née en 1953. En quelle année son âge a-t-il été pour la première fois de sa vie égal à la somme des chiffres de l'année ?

(A) 1970
(B) 2008
(C) 1965
(D) 1997

Question 20. Jonas tire sur une cible. Il gagne le nombre de points indiqués dans la zone atteinte. Il a marqué 99 points et toutes ses flèches ont atteint le 5, le 8 ou le 10. Il a atteint autant de fois le 8 que le 10. Combien de flèches Jonas a-t-il tirées ?

(A) 10
(B) 12
(C) 13
(D) 15

Question 21. Lors d'une réunion, chaque personne a serré la main de chaque autre personne. S'il y a eu 36 poignées de main en tout, combien de personnes étaient présentes à cette réunion ?

(A) 6
(B) 8
(C) 9
(D) 12

Question 22. Une croix est constituée de cubes dont l'aire d'une des faces est égale à 9 cm² (voir représentation de la croix vue de dessus). Quel est le volume de cette croix ?

(A) 162 cm³
(B) 153 cm³
(C) 144 cm³
(D) 138 cm³

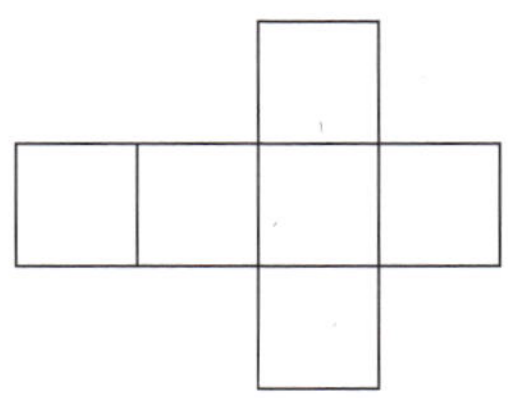

Question 23. Un rectangle est inscrit dans un cercle de rayon égal à 2,5 cm. La largeur du rectangle vaut 3 cm. Parmi ces valeurs, quelle peut être la surface du rectangle ?

(A) 12
(B) 14
(C) 18
(D) 24

Question 24. Indiquez la conjugaison de « tenir » à la troisième personne du pluriel du passé simple.

teint

Question 25. Parmi les propositions ci-dessous, laquelle ne respecte <u>pas</u> la règle de concordance des temps ?

(A) Je ne veux pas que tu le lui dises quand tu iras le voir.
(B) Il regrette que je fusse parti sans attendre.
(C) L'enfant hurle pour qu'on le laisse tranquille.
(D) Je ne pense pas qu'il ait déjà fini le déjeuner.

Question 26. Indiquez la proposition correcte.

(A) La pièce qu'il a vu jouer l'a ému.
(B) La pièce qu'il a vue jouer l'a ému.
(C) La pièce qu'il a vu joué l'a ému.
(D) La pièce qu'il a vue jouée l'a ému.

Question 27. Le mot « inepte »…

(A) … se dit de quelque chose d'absurde.
(B) … se dit de quelque chose de sensé.
(C) … se dit d'une personne qui n'est pas apte.
(D) … se dit de quelque chose de lourd.

Question 28. Choisissez celui de ces mots qui forme son pluriel en « -aux ».

(A) Journal
(B) Festival
(C) Bal
(D) Chacal

Question 29. Complétez la série suivante.

523 918 725 844 ?

(A) 423
(B) 332
(C) 222
(D) 101

Question 30. Complétez :

ZOUDE + NUEF – PSET + DEXU = ?

(A) 15
(B) 16
(C) 19
(D) 22

Question 31. Complétez la série suivante.

# @ 6	@ @ 9	# # @ 12	?

(A)	(B)	(C)	(D)
@ 15	# # 4	@ @ 4	# @ 15

Question 32. Complétez :

Camille est laborantine ; Pierre est rémouleur ; Anna est nutritionniste ; Emma est ?

(A) navigatrice
(B) prothésiste
(C) modéliste
(D) neurologue

Question 33. Complétez la série suivante.

U 20 S 18 A 0 P ?

(A) 17
(B) 14
(C) 16
(D) 15

Question 34. obélisque. Il se propose d'évaluer sa hauteur. Il dispose d'un instrument de visée qu'il place sur un pied à 1 m au-dessus du sol et à 600 m de l'obélisque. Il évalue alors l'angle de visée à 45°. Quelle est la hauteur de l'obélisque ?

(A) 500 m
(B) 570 m
(C) 601 m
(D) 640 m

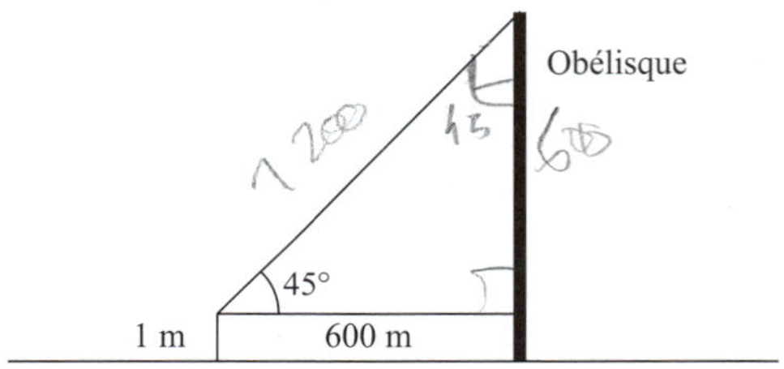

Question 35. La simplification de l'expression $(3x-1)^2 + 3(1-3x)(x+2)$ a pour résultat :

(A) $21x + 5$
(B) $-7x + 2$
(C) $-16x + 14$
(D) $-21x + 7$

Question 36. Que vaut le produit des solutions du système d'équations suivant ?

$$\begin{cases} \frac{1}{4}x - \frac{1}{2}y = 2 \\ \frac{1}{10}x + 2y = 1 \end{cases}$$

(A) $\frac{90}{121}$
(B) $\frac{11}{12}$
(C) 1
(D) $\frac{2}{13}$

Question 37. On considère la fonction affine g telle que $g(0) = 2$ et $g(4) = 0$. Que vaut $g(-8)$?

(A) 12
(B) 10
(C) 8
(D) 6

Question 38. Dans le quadrilatère ABCD, on a : AD = BC, l'angle DAC qui vaut 50°, l'angle DCA qui vaut 65°, et l'angle ACB qui vaut 70°. Combien mesure l'angle ABC ?

(A) 50°
(B) 55°
(C) 60°
(D) 65°

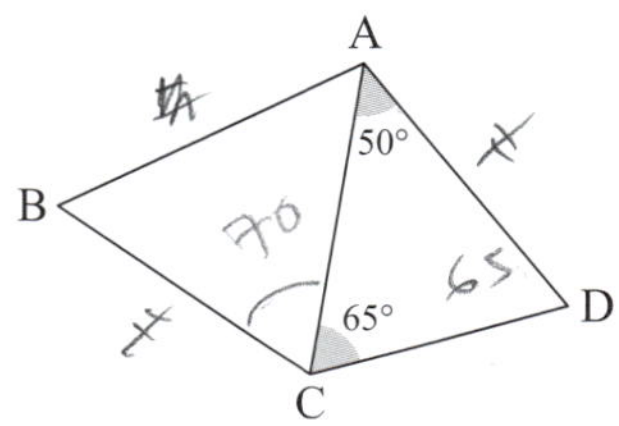

Question 39. Quelle est la bonne orthographe ?

(A) Accueillir
(B) Acueillir
(C) Acceuillir
(D) Aceuillir

Question 40. Parmi les quatre phrases suivantes, quelle est celle dont l'orthographe n'est pas correcte ?

(A) Cette année, les pantalons mi-long seront à la mode.
(B) Combien de films franco-américains ont été produits depuis 1989 ?
(C) Il y a tellement de valises jaunes sur ce tapis roulant que je ne sais plus quelle est la mienne.
(D) La proportion de garçons sourds-muets en France n'a de cesse que de croître.

Question 41. Parmi les propositions suivantes, laquelle est fausse d'un point de vue grammatical ?

(A) Je ne veux pas que tu le lui dises quand tu iras le voir.
(B) Il regrette que je fusse parti sans attendre.
(C) L'enfant hurle pour qu'on le laisse tranquille.
(D) Je ne pense pas qu'il ait déjà fini le déjeuner.

Question 42. Parmi les propositions suivantes, quelle est l'expression qui résume le mieux le texte ci-dessous extrait de la poésie *Le Spleen de Paris* de Charles Baudelaire ?

> « Celui qui regarde du dehors à travers une fenêtre ouverte ne voit jamais autant de choses que celui qui regarde une fenêtre fermée. Il n'est pas d'objet plus profond, plus mystérieux, plus fécond, plus ténébreux, plus éblouissant qu'une fenêtre éclairée d'une chandelle. Ce qu'on peut voir au soleil est toujours moins intéressant que ce qui se passe derrière une vitre. Dans ce trou noir ou lumineux vit la vie, souffre la vie. »

(A) L'ombre et la lumière
(B) La puissance de l'imagination
(C) La vérité cachée
(D) Le mystère des ténèbres

Question 43. Parmi les quatre propositions suivantes, laquelle suit l'extrait tiré de l'œuvre d'André Gide ?

> « Nathanaël, je te parlerai des attentes. J'ai vu la plaine, pendant l'été, attendre ; attendre un peu de pluie. La poussière des routes était devenue trop légère et chaque souffle la soulevait. Ce n'était même plus un désir ; c'était une appréhension. La terre se gerçait de sécheresse comme pour plus d'accueil de l'eau. Les parfums des fleurs de la lande devenaient presque intolérables. Sous le soleil tout se pâmait »

(A) Il y avait dans ce temps-là de grands hivers, de brûlants étés. J'ai connu, depuis, des étés dont la couleur, si je ferme les yeux, est celle de la terre ocreuse, fendillée entre les tiges du blé et sous la géante ombelle du panais sauvage, celle de la mer grise ou bleue.

(B) « Trop beau », pensait Fabien. Il errait parmi les étoiles accumulées avec la densité d'un trésor, dans un monde où rien d'autre, absolument rien d'autre que lui, Fabien, et son camarade, n'était vivant.

(C) Dans ce pays, il n'y a pas de soleil, et pas de nuit. Le ciel brûle toujours, agitant ses flammes comme des draps, et le sol luit de toutes ses parcelles de mica, de tous ses cristaux de soufre. De loin en loin, tu aperçois des troncs d'arbre calcinés ; leurs branches sont noires, tordues.

(D) Nous allions chaque après-midi nous reposer sous la terrasse, abrités un peu de l'extraordinaire éclat du jour. C'était le temps où les arbres à cônes, chargés de pollen, agitent aisément leurs branches pour répandre au loin leur fécondation. Le ciel s'était chargé d'orage et toute la nature attendait.

Question 44. Complétez en choisissant la solution optimale.

Les rapports entre les Turcs et les Européens furent de très longue date, (…) alternant des périodes de paix et de guerre, de coopération et de rivalité, depuis les croisades jusqu'à la Turquie républicaine, (…).

(A) avec beaucoup d'amour et un peu de haine en voguant sur le Bosphore
(B) complexes et contradictoires en passant par l'Empire ottoman
(C) passions et haines confondues en courant les océans du globe
(D) tumultueux et sanglants en construisant l'Europe

Question 45. Associez les expressions suivantes à leur définition :

1 : propos opportuns	A : propos mensongers qui attaquent la réputation
2 : propos fabulateurs	B : propos par lesquels on flatte et on exploite les passions des masses
3 : propos calomnieux	C : propos qui conviennent dans un cas déterminé
4 : propos démagogiques	D : propos imaginaires mais présentés comme réels par leur auteur

(A) 1D – 2A – 3B – 4C
(B) 1C – 2D – 3A – 4B
(C) 1C – 2B – 3A – 4D
(D) 1D – 2B – 3A – 4C

Corrigés de l'épreuve 3

Question 1. Réponse D

Lorsque vous voyez un mot comme CHAT vous devez compter le nombre de lettres, le nombre de consonnes, de voyelles, vous concentrer sur l'initiale (C), la finale (T), mais encore sur les positions des consonnes et de la voyelle. Ici, vous aurez compris que le premier chiffre, 3, représente le nombre de consonnes et 1, le nombre de voyelles. Cela se vérifie avec SEAU (1 ; 3) et FRAISE (3 ; 3). Il fallait donc trouver CHIEN (3 ; 2) puisqu'il y a bien 3 consonnes et 2 voyelles dans ce mot.

Question 2. Réponse A

Vous reconnaissez ici une suite de carrés entiers impairs. 1 est le carré de 1, 9 est le carré de 3, 25 est le carré de 5 et ainsi de suite. Il fallait donc trouver 121 qui est le carré de 11.

Question 3. Réponse D

On est ici en présence de 3 figures et d'un « noircissement » associés à 4 mouvements différents :

- Le carré démarre en haut à gauche avant de descendre en bas à gauche puis de se déplacer en bas à droite. On le retrouvera donc en haut à droite ;
- Le triangle ne bouge pas, il sera donc toujours en haut à droite ;
- Le cercle fait le même mouvement que le carré (dans le sens inverse des aiguilles d'une montre) : étant en haut à gauche sur la troisième figure, il sera en bas à gauche ;
- Enfin, la tache fait un mouvement opposé à celui du carré et du cercle, à savoir dans le sens des aiguilles d'une montre. Elle noircira donc la figure en haut à droite.

La solution doit donc être composée d'un triangle inscrit dans le carré en haut à droite, la figure étant noircie (ce qui explique que l'on ne voit pas le triangle à l'intérieur), et d'un cercle en bas à gauche.

Question 4. Réponse D

On remarque tout d'abord que les lettres se suivent avec saut d'une lettre (J, L, ?, P, R). On comprend ensuite que chacune des lettres de cette série est associée à son rang élevé au carré. Ainsi, le rang de J est égal à 10 et le carré de 10 vaut 100. Le rang de L est égal à 12 et 12 au carré vaut 144 et il fallait donc trouver N196 car N suit L après avoir sauté le M et que le carré du rang de N, 14, vaut bien 196. On vous aura prévenu : apprenez bien vos carrés !

Question 5. Réponse B

Voilà une question difficile. Il fallait voir ici qu'en inversant les chiffres des nombres de cette série, on reconnaissait immédiatement des carrés d'entiers (18 → 81, 94 → 49, 63 → 36...), sauf pour 69 qui vaut 96 en inversant les chiffres et qui n'est égal à aucun carré d'entier.

Question 6. Réponse B

Doubler équivaut à faire + 100 %, tripler : + 200 %, quadrupler : + 300 %, etc.

Question 7. Réponse A

On trouve à l'aide du théorème de Pythagore que BC = 13 et on en déduit que BC × AC = **65**.

Question 8. Réponse D

0,5 est en effet équivalent à 1/2.

Question 9. Réponse C

L'énoncé nous donne deux équations :

(1) $Z = 3A$
(2) $Z = 5B$

Nous n'avons aucune information sur A et B hormis le fait que ce sont des nombres, par conséquent ils sont entiers. Ainsi, il est possible de traduire les deux équations par :

(1) Z est un multiple de 3
(2) Z est un multiple de 5

En partant des réponses, on se rend compte que tous sont multiples de 5 (Rappel : un nombre est multiple de 5 s'il se termine par un 5 ou un 0), tandis que seul 55 n'est pas un multiple de 6 car 5 + 5 = 10 qui n'est pas un multiple de 3.

Question 10. Réponse D

La notion fondamentale qui est abordée ici est celle des « jours-chiens ». Les « jours-chiens » représentent en fait le nombre total de rations que vous devez prévoir pour nourrir 30 chiens durant 30 jours puis 18 chiens durant 7 jours.
La notion de « jours-chiens » fait référence à celle de « jours-hommes », très couramment utilisée en gestion de ressources humaines. Si vous savez que la réalisation d'un travail nécessite 40 « jours-hommes » alors vous pouvez embaucher 1 ouvrier pendant 40 jours, 2 ouvriers pendant 20 jours, 8 ouvriers pendant 5 jours, ou encore 40 ouvriers pendant un seul jour. Tout dépend de vos besoins.

Dans notre cas, pour nourrir 30 chiens durant 30 jours, il va falloir prévoir **30 × 30** rations. Et pour nourrir 18 chiens durant 7 jours, il va falloir prévoir **18 × 7** rations.

Ce qui nous amène alors à formaliser la règle de trois suivante :

30 × 30	112,3 kg
18 × 7	X

Soit X = (18 × 7) × 112,3/(30 × 30) = 7/50 × 112,3 (après simplification des fractions) soit un peu moins de 112,3/7 et comme 112,3/7 est environ égal à 16, on garde la réponse la plus proche : la réponse D.

Question 11. Réponse C

Le fait que deux mots se ressemblent dans leur apparence sans pour autant se prononcer et s'écrire de la même façon est l'exacte définition de la paronymie.

Question 12. Plusieurs réponses

(A) Je lui ai dit qu'il ferait mieux de rentrer. // (B) Il serait malheureux que vous vous trompiez au cours de cet exercice. // (C) Pourrais-tu me dire où tu as rangé mon téléphone ?

Question 13. Réponse B

« Interjeter » est un verbe très spécifique au cadre de la justice : on « *interjette appel* » – c'est le terme technique utilisé pour dire que l'on fait appel d'une décision de justice.

Comme « jeter », le radical sur lequel il se construit, « interjeter » ne prend qu'un seul « t » à l'infinitif et en prend deux lorsqu'il se conjugue aux trois personnes du singulier ainsi qu'à la troisième personne du pluriel du présent de l'indicatif et du subjonctif ; ainsi qu'à toutes les personnes du conditionnel présent et de l'indicatif futur.

Question 14. Réponse C

La flèche réalise une rotation de 22,5° : elle sera donc verticale dans la solution. De plus, ses extrémités changent de sommet tout en alternant une orientation intérieur/extérieur. Dans la figure solution, on devra les retrouver en haut et tournées vers l'extérieur.

Question 15. Réponse B

CLAUDE est ici le seul prénom épicène, autrement dit un prénom qui est aussi bien masculin que féminin. DOMINIQUE et CAMILLE sont deux autres exemples de prénoms épicènes.

Rappel : un nom épicène est un nom non marqué du point de vue du genre grammatical. Est épicène un nom pouvant être employé indifféremment au masculin ou au féminin. Ainsi par exemple : « Tour » est épicène puisque l'on peut tout aussi bien dire « un tour » (de magie) qu'« une tour » (infernale). Un prénom épicène est un prénom mixte (qui désigne aussi bien un garçon qu'une fille) : Camille, Claude, Dominique, Alex ou Maxime, par exemple, contrairement à certains prénoms qui ont des prononciations voisines à l'oral mais qui s'écrivent différemment, comme Michel et Michelle/Michèle ou encore Frédéric et Frédérique.

Question 16. Réponse A

Voici comment ce tableau fonctionne :

3	T	20	V
	T représente l'initiale de 3 écrit en toutes lettres (**T**rois).	20 : c'est le rang de T, la lettre qui se trouve dans la colonne précédente.	V est l'initiale du nombre de la colonne précédente (20 écrit en toutes lettres : **V**ingt).

Question 17. Réponse A

Il s'agit ici d'une analogie. Il faut comprendre que PERE est lié à CONSANGUIN tout comme MERE est lié à UTERIN. En effet, le lien qui lie le père à ses enfants est un lien de sang, consanguin. Quant au lien qui lie la mère à ses enfants, il s'agit d'un lien utérin. On dit ainsi de deux frères consanguins qu'ils sont nés du même père mais pas de la même mère.

Question 18. Réponse C

Une question classique. Il fallait compter ici le nombre de barres qui composent la lettre. Ainsi N est composé de 3 barres, V de 2 barres… Et K de 3 barres.

Question 19. Réponse A

Il est ici primordial de partir des réponses. Bien évidemment, on pourrait poser *a*, *b*, *c* et *d* les quatre chiffres de l'année recherchée et se demander quel est le

plus petit nombre (a,b,c,d), tel que $a + b + c + d = (a,b,c,d) - 1953$. Mais cela reviendrait à oublier que l'on a 4 choix de réponses face à nous :
(A) $1 + 9 + 7 + 0 = 17$ et $1970 - 1953 = 17$

La réponse (A) fonctionne donc. Mais attention ! On vous demande la première fois que cela arrive : n'est-il pas possible que Tatiana ait vécu cela plus tôt dans sa vie ? En regardant les réponses, on voit que la seule année précédant 1970 dans la liste est 1965. Or $1 + 9 + 6 + 5 = 21$ et $1965 - 1953 = 12 \neq 21$. 1970 est donc la seule réponse possible.

Question 20. Réponse D

Notons x le nombre de flèches tirées sur les zones notées 5, y pour 8 et z pour 10. D'après l'énoncé, on a donc les équations suivantes :
(1) $5x + 8y + 10z = 99$
(2) $y = z$

En remplaçant z par y dans (1) on obtient donc :
$5x + 18y = 99$

Avec une équation pour 2 inconnues il semble compliqué de trouver la valeur d'y. En revanche on sait que les inconnues sont entières et positives, ce qui peut nous permettre de tester plusieurs solutions. En effet, on se rend vite compte que la valeur de y est majorée sachant que $18 \times 6 = 108 > 99$ donc il faudrait une valeur négative pour x ce qui est impossible. Ainsi, y est compris dans l'intervalle [1 ; 5].

Testons différentes valeurs pour y jusqu'à en trouver une qui fonctionne :
Si $y = 5$, alors $18y = 90$ et on doit avoir $5x = 99 - 90 = 9$ donc $x = 9/5$, impossible.
Si $y = 4$, alors $18y = 72$ et on doit avoir $5x = 99 - 72 = 28$ donc $x = 28/5$, impossible.
Si $y = 3$, alors $18y = 54$ et on doit avoir $5x = 99 - 54 = 45$ donc $x = 45/5 = 9$: possible !

Bien évidemment on aurait pu commencer par 1 et 2 et obtenir le même résultat :
Si $y = 1$, alors $18y = 18$ et on doit avoir $5x = 99 - 18 = 81$ donc $x = 81/5$, impossible.
Si $y = 2$, alors $18y = 36$ et on doit avoir $5x = 99 - 36 = 63$ donc $x = 63/5$, impossible.

On a donc $y = 3$ et $x = 9$. Sachant que $z = y = 3$, Jonas a tiré en tout :
$9 + 3 + 3 = 15$ flèches.

Question 21. Réponse C

Il s'agit purement et simplement d'une question de cours qui doit se traiter en exactement 5 secondes : s'il y a N personnes à cette réunion, alors on a compté $N(N-1)/2$ salutations. Donc on a :
$N(N-1)/2 = 36$ donc $N(N-1) = 72$.

On cherche donc deux nombres consécutifs dont le produit serait 72 : 8 et 9 sont des candidats parfaits. On trouve ainsi que N = 9, soit que 9 personnes étaient présentes à la réunion.

Question 22. Réponse A

L'aire d'une face d'un cube étant de 9 cm^2, cela signifie que son côté mesure $\sqrt{9} = 3$ cm et par conséquent que le volume de chaque cube est de $3^3 = 27$ cm^3.

La figure étant composée de 6 cubes, son volume total est de $27 \times 6 = 162$ cm^3.

Question 23. Réponse A

Traçons la figure en question :

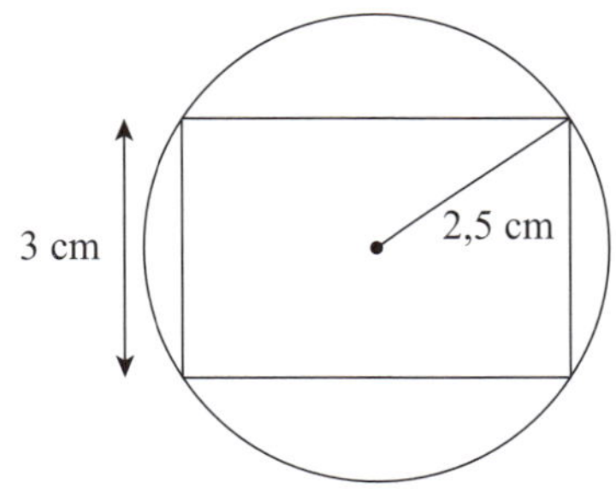

Comme on le voit, le fait que le rectangle soit inscrit dans le cercle implique deux contraintes :
(1) Ses quatre angles sont en contact avec le cercle ;
(2) Leurs centres respectifs sont confondus.

Ainsi, on en déduit que la diagonale du rectangle est en réalité le diamètre du cercle et on a :

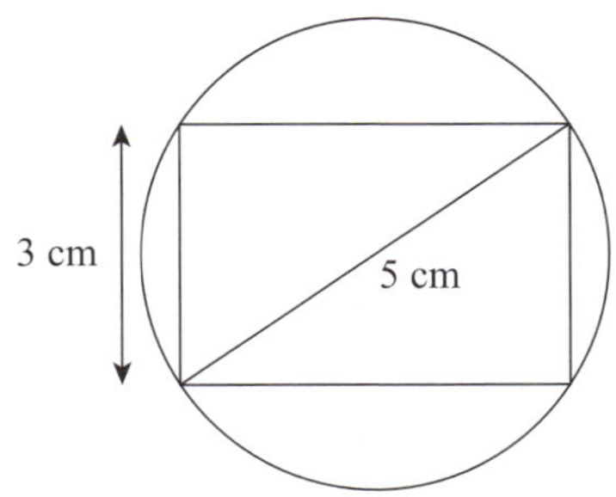

Pour trouver la surface, nous avons besoin de la longueur du rectangle. A l'aide du théorème de Pythagore, en notant l la largeur, L la longueur et d la diagonale du rectangle, on a :
$L^2 + l^2 = d^2$ soit $3^2 + L^2 = 5^2$ ou encore $L^2 = 25 - 9 = 16$ donc $L = \sqrt{16} = 4$.

Ainsi, on trouve que la surface du rectangle vaut $l \times L = 3 \times 4 = 12$ cm^2.

Question 24. Ils tinrent

Pour rappel, conjugaison de « tenir » au passé simple :
Je tins / Tu tins / Il tint / Nous tînmes / Vous tîntes / Ils tinrent.

Question 25. Réponse B

Il aurait fallu écrire « Il regrette que je *sois* parti sans attendre » ; ou bien : « Il *regrettait* que je fusse parti sans attendre ». En cas de doutes, revoir les règles de concordance des temps.

Question 26. Réponse A

Le COD « la pièce » est bien placé avant le participe ; mais il n'effectue pas l'action indiquée par l'infinitif (ce n'est pas la pièce qui joue : elle *est jouée*, ce n'est pas pareil). Le participe passé demeure donc invariable.

Question 27. Réponse A

Attention : la réponse 3 jouait sur le couple de paronymes que sont *inapte* (non-apte) et *inepte* (absurde).

Question 28. Réponse A

« Festival », « Bal » et « Chacal » forment leurs pluriels en « -als », de même que Carnaval, Cérémonials, Régal et Récital.

Question 29. Réponse D

Vous remarquez ici que le premier chiffre de chacun des nombres de la série est égal à la somme des deux suivants. Ainsi dans 523, $5 = 2 + 3$. On garde donc la réponse D puisque l'on retrouve bien dans 101 : $1 = 0 + 1$.

Question 30. Réponse B

Une question déroutante ! Il fallait comprendre ici que ZOUDE était l'anagramme de DOUZE, NUEF l'anagramme de NEUF, PSET l'anagramme de SEPT et DEXU l'anagramme de DEUX bien sûr. L'équation devenait alors :
DOUZE + NEUF – SEPT + DEUX = $12 + 9 - 7 + 2 = 16$.

Question 31. Réponse B

Sachant qu'il y a deux types de symboles dans la même figure, on est amené à penser que ceux-ci ont des significations, et par conséquent des valeurs, différentes. La deuxième figure nous permet de penser que @ = 3 et que le chiffre représente le produit des valeurs des symboles.

Ainsi # = 2 et cela fonctionne bien car # × @ = 2 × 3 = 6 ; @ × @ = 3 × 3 = 9 et # × # × @ = 2 × 2 × 3 = 12. Or on a bien # × # = 2 × 2 = 4.

Question 32. Réponse C

Vous remarquez que chacun des prénoms contient deux fois la même consonne. En effet dans le prénom Camille vous trouvez deux fois la lettre L. Dans le prénom Pierre vous trouvez deux fois la lettre R. Et dans le prénom Anna vous trouvez deux fois la lettre N. Aussi remarquez-vous que laborantine commence par un L tout comme la lettre en double dans le prénom Camille justement. De même pour Pierre : si Pierre est rémouleur, c'est parce que son métier commence par la lettre R et que son prénom contient deux R. Emma est donc modéliste.

Question 33. Réponse D

Vous remarquez ici que le nombre qui est associé à la lettre est égal à son rang diminué de un. Ainsi, le rang de U est 21 et 21 – 1 = 20 d'où U 20. On trouve donc P 15 car le rang de P est 16 et 16 – 1 = 15.

Question 34. Réponse C

L'obélisque formant un angle droit avec le sol, on peut utiliser la propriété disant que la somme des angles d'un triangle doit être égale à 180°. On sait qu'un angle mesure 90° et un deuxième 45° : le troisième mesure donc forcément 180 – 90 – 45 = 45° également. Cela signifie donc que le triangle est isocèle et que les deux côtés de l'angle droit sont égaux.

Attention cependant, l'instrument de visée ayant été élevé d'un mètre, on voit que ce n'est pas l'obélisque qui mesure 600 m mais bien le côté du triangle à savoir l'obélisque moins 1 m. On a donc une hauteur de 600 + 1 = 601 m pour l'obélisque seule.

Question 35. Réponse D

$(3x-1)^2 + 3(1-3x)(x+2) = (3x-1)^2 - 3(3x-1)(x+2) = (3x-1)(3x-1-3x-6)$
$= (3x-1)(-7) = -7(3x-1) = -21x + 7$

Question 36. Réponse A.

$$\begin{cases} \frac{1}{4}x - \frac{1}{2}y = 2 \\ \frac{1}{10}x + 2y = 1 \end{cases} \Leftrightarrow \begin{cases} x - 2y = 8 \\ \frac{1}{10}x + 2y = 1 \end{cases} \Leftrightarrow \begin{cases} \frac{11}{10}x = 9 \\ \frac{1}{10}x + 2y = 1 \end{cases} \Leftrightarrow \begin{cases} x = \frac{90}{11} \\ \frac{1}{10} \times \frac{90}{11} + 2y = 1 \end{cases}$$

$$\Leftrightarrow \begin{cases} x = \frac{90}{11} \\ y = \dfrac{1 - \frac{9}{11}}{x^2} = \frac{1}{11} \end{cases}$$

Le produit des solutions de ce système est donc égal à : $\frac{90}{11} \times \frac{1}{11} = \frac{90}{121}$.

Question 37. Réponse D

Soit $g(x) = ax + b$ l'expression de la fonction affine g.

Trouvons les valeurs de a et b.

Les deux informations $g(0) = 2$ et $g(4) = 0$ nous permettent de calculer le coefficient directeur a de notre droite affine. En effet : $a = \frac{g(4) - g(0)}{4 - 0} = \frac{0 - 2}{4} = -\frac{1}{2}$.

b vaut 2 (l'ordonnée à l'origine) puisque l'on sait, d'après l'énoncé que $g(0) = 2$.

Au final, $g(x) = -\frac{1}{2}x + 2$ et $g(-8) = -\frac{1}{2} \times -8 + 2 = 4 + 2 = 6$.

Question 38. Réponse B

Dans le triangle ACD, l'angle ADC vaut : 180° – 65° – 50° = 65° (souvenez-vous que la somme des angles d'un triangle est égale à 180°).

Le triangle ACD est donc isocèle en A et on a l'égalité : AC = AD.

Comme d'après l'énoncé : AD = BC, on a : AC = BC. Et le triangle ABC est isocèle en C. Par conséquent : 180° = 70° + 2 × (l'angle ABC) (souvenez-vous ici que dans un triangle isocèle, les deux angles à la base sont égaux).

D'où : **Angle ABC = 55°.**

Question 39. Réponse A

Attention aux verbes « cueillir » et à tous ses dérivés (accueillir, recueillir…).

Question 40. Réponse A

Des pantalons mi-long**s**.

Question 41. Réponse B

Il faut choisir ! Ou bien on dit « Il **regrette** que je **sois** parti… » ; ou bien : « Il **regrettait** que je **fusse** parti… ». Concordance des temps oblige !

Question 42. Réponse B

Quelqu'un qui regarde du dehors une fenêtre fermée ne peut discerner véritablement ce qui se trouve derrière la vitre. Ce qui se voit avec les yeux (« ce qu'on peut voir au soleil ») devient alors moins intéressant que ce qui se voit par la force de la pensée (« plus profond, plus mystérieux »). L'auteur utilise justement l'adjectif « fécond », d'ordinaire utilisé pour désigner l'esprit de quelqu'un qui a beaucoup d'imagination. Ce n'est pas tant la vérité ni le contraste entre ombre et lumière qui est mis en valeur dans l'extrait, mais plutôt la capacité humaine de se représenter par la pensée les choses qu'on ne peut voir par nous-mêmes.

Question 43. Réponse D

Ce texte est un extrait des *Nourritures terrestres* d'André GIDE. Il décrit un été très sec, presque aride (« se gerçait de sécheresse », « sous le soleil tout se pâmait »). La suite du poème doit s'inscrire dans le même contexte ; la meilleure solution sera celle qui respecte le plus le cadre donné par l'auteur.

La réponse A peut être écartée puisqu'elle mentionne de nouveau le mot « été », déjà utilisé dans l'extrait. La B utilise un style de discours narratif qui ne convient pas avec le texte. La C souligne l'absence de soleil, pourtant présent dans l'énoncé. La D peut être directement reliée à l'extrait.

Question 44. Réponse B

Vous devez faire attention ici à ce que votre phrase ait du sens.

Complexe : qui contient plusieurs parties ou plusieurs éléments combinés d'une manière qui n'est pas immédiatement claire pour l'esprit ; compliqué, difficile à comprendre. Antonyme : brut, clair, rudimentaire, simple, sommaire, élémentaire.

Question 45. Réponse B

Propos opportuns : propos qui conviennent dans un cas déterminé.

Propos fabulateurs : propos imaginaires mais présentés comme réels par leur auteur.

Propos calomnieux : propos mensongers qui attaquent la réputation.

Propos démagogiques : propos par lesquels on flatte et exploite les passions des masses.

Épreuve 4 : 45 questions • 1 heure

Question 1. Quelle image, parmi celles proposées, peut compléter la table suivante ?

(E)
(F)
(G)
(H)
(I)

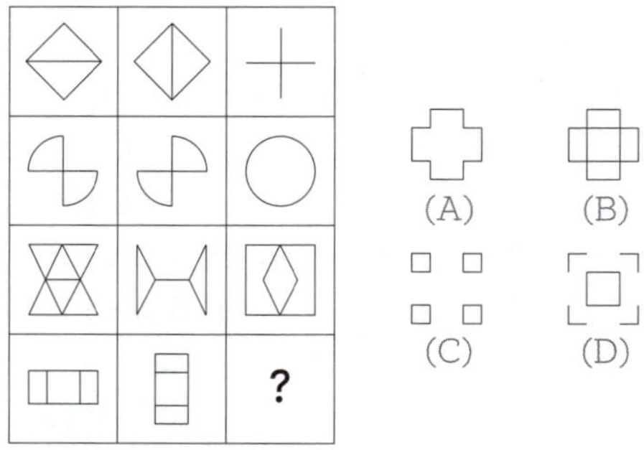

Question 2. Quel motif complète cette suite :

SMSSMSM, MSSMSMS, SSMSMSM, SMSMSMS, … ?

(A) SMMSMSS
(B) SMSSSMM
(C) MSMSMSS
(D) MMSSMSS

Question 3. Si AVE devient BUF, COUCOU devient BPVBPV et SALUT devient RBKVS, que devient BONJOUR ?

(A) APMIPVQ
(B) CPMIPVQ
(C) CPMKPVS
(D) APOKPVS

Question 4. Si JANVIER vaut 195, FEVRIER vaut 595, MARS vaut 1 et AVRIL 19, combien vaut MAI ?

(A) 15
(B) 19
(C) 51
(D) 159

Question 5. L'impesanteur est à la gravité, ce que le vide est à …

(A) L'énergie
(B) L'accélération
(C) La vitesse
(D) La matière

Question 6. Une entreprise compte 100 salariés. 99 employés ont un salaire mensuel moyen de 1 500 euros brut, tandis que le centième employé a 2 500 euros. Quel est le salaire moyen de cette entreprise ?

(A) 1 510 euros
(B) 1 550 euros
(C) 1 580 euros
(D) 2 000 euros

Question 7. Votre verre a une forme cylindrique de rayon $r = 3$ cm et de hauteur 10 cm. Parmi les formats standards proposés, quelle est la capacité de la plus grande canette dont le contenu pourra être totalement versé dans le verre ?

(A) 12,5 cl
(B) 20 cl
(C) 25 cl
(D) 33 cl

Question 8. On considère les droites d'équation (D1) : $-3x + 6y - 18 = 0$ et (D2) : $y = -2x + 5$.

Quelle affirmation est correcte ?

(A) (D1) et (D2) passent par le même point à l'origine
(B) (D1) et (D2) sont parallèles
(C) (D1) et (D2) sont sécantes et forment un angle de 45°
(D) (D1) et (D2) sont perpendiculaires

Question 9. On cherche le nombre de 5 chiffres qui, si l'on rajoute un 1 devant, forme un nombre trois fois plus petit que celui formé si l'on rajoute un 1 à la fin. Parmi les propositions suivantes, quel est le nombre qui correspond ?

(A) 11 111
(B) 22 367
(C) 42 857
(D) 45 827

Question 10. Une paire de skis équipés de fixations coûte 189 euros. Quel est le prix des skis seuls sachant qu'ils sont six fois plus chers que les fixations ?

(A) 27
(B) 29
(C) 125
(D) 162

Question 11. Parmi les propositions suivantes conjuguées à l'impératif, laquelle est incorrecte ?

(A) As-tu vu le panneau ? Prends à gauche après l'intersection
(B) Ne bois pas tant de soda, c'est mauvais pour la santé
(C) Ne rentres pas trop tard, il fait noir de plus en plus tôt
(D) Prévois plus de temps pour finir ce devoir ou tu n'y arriveras pas

Question 12. Un cycliste pédale à raison de 80 tours de pédalier par minute. Sachant qu'il a mis 52 dents sur son pédalier et 13 dents sur son pignon et que le périmètre de ses roues fait 2 mètres, quelle est sa vitesse ?

(A) 38,4 km/h
(B) 40,0 km/h
(C) 48,0 km/h
(D) 52,6 km/h

Question 13. Parmi les propositions suivantes, laquelle est incorrecte ?

(A) Un discours pompeux est un discours prononcé par le meneur des pompes funèbres
(B) Un ponton est une barge, généralement ancrée dans un port
(C) Un pontier est un conducteur de pont roulant
(D) Quelqu'un qui expose son savoir avec prétention pontifie

Question 14. Eulalie a acheté sa tablette numérique 625 €. Elle verse 20 % du prix au comptant et règle le solde cinq mois après. En sachant que le taux annuel du crédit est de 15 %, quel sera le prix total qu'elle paiera finalement pour cet appareil ?

(A) 656,25 €
(B) 657,25 €
(C) 658,25 €
(D) 569,25 €

Question 15. À la mi-temps d'un match de handball, nous perdions 9 à 14. Mais nous avons finalement gagné d'un but en marquant, après la mi-temps, deux fois plus de buts que l'équipe adverse. Quel est le résultat final du match ?

(A) 24 à 23
(B) 23 à 22
(C) 22 à 21
(D) 21 à 20

Question 16. Compléter logiquement la suite de nombres suivante :

23, 26, 32, …, 38 ?

(A) 33
(B) 34
(C) 35
(D) 36

Question 17. Quel nombre remplace logiquement le point d'interrogation ?

(A) 123
(B) 133
(C) 143
(D) 153

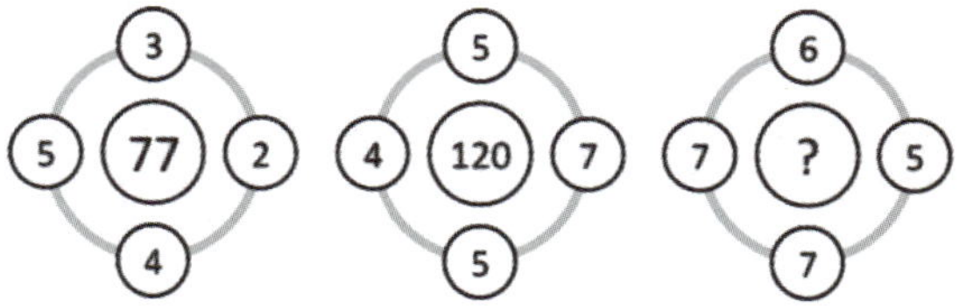

Question 18. En sachant que Arya est la sœur de Bran, Catelyn est la mère d'Arya, Cersei est la sœur de Jaime, Sansa est la sœur de Catelyn, Bran est le neveu de Sansa et Jaime est le fils de Bran. Qui est la tante de Cersei ?

(A) Arya
(B) Bran
(C) Catelyn
(D) Sansa

Question 19. À la fin d'un banquet, les 20 convives restants (15 hommes et 5 femmes) se disent au revoir de la manière suivante :
– deux hommes se serrent la main ;
– deux femmes se font trois bises ;
– un homme et une femme s'embrassent en se faisant deux bises.
Combien de bises va-t-il y avoir au total ?

(A) 180
(B) 140
(C) 146
(D) 150

Question 20. Compléter cette suite :

11, 18, 25, 39, 60, …

(A) 91
(B) 93
(C) 95
(D) 97

Question 21. Quel nombre complète cette série double ?

		14		
		84		
18	108	?	27	45
		70		
		49		

(A) 47
(B) 58
(C) 63
(D) 88

Question 22. Retrouver l'équation de la droite perpendiculaire à la droite $4x - 5y = -10$ et qui passe par le point de coordonnées (2 ; –2).

(A) $4y = -5x + 2$
(B) $y = -x + 2$
(C) $5y = -4x - 2$
(D) $4y = -6x + 2$

Question 23. Quelle est la valeur minimale pouvant être prise par l'expression $3x^2 - 5x + 4$?

(A) –5/4
(B) –5/12
(C) 5/12
(D) 23/12

Question 24. Une heure sera appelée « sympathique » quand la somme des chiffres des heures est égale à la somme des chiffres des minutes, comme par exemple 17 h 44 (1 + 7 = 4 + 4). Combien d'heures sont « sympathiques » entre 16 h 00 et 18 h 00 ?

(A) 12
(B) 9
(C) 10
(D) 11

Question 25. Soit une écluse de 12 mètres de large sur 100 mètres de long, pleine d'eau. Quand on la vide, le débit maximum est fixé à 20 mètres cubes d'eau par seconde pour éviter d'abîmer les berges en aval. De quelle hauteur le niveau d'eau baissera-t-il chaque seconde ?

(A) 60 mm
(B) 1,666 cm
(C) 2 cm
(D) 33,333 mm

Question 26. Qu'est-ce qu'un « succédané » ?

(A) Un produit d'entretien de la maison
(B) Un produit de remplacement
(C) Un produit emblématique d'un pays
(D) Un produit de luxe

Question 27. Parmi les propositions suivantes, laquelle est correcte ?

(A) Il retrouvait avec plaisir cette ville ou il était né et avait grandi
(B) Le loup pouvait manger l'agneau où, grand seigneur, lui laissait la vie sauve
(C) On peut choisir de croire en une destinée implacable où prendre en main son destin
(D) Le loup préféra rejoindre l'abri où nul agneau ne se trouverait

Question 28. Qu'est-ce que la « coercition » ?

(A) Une action réalisée avec grande fierté
(B) Une action de contraindre
(C) Se rapporte à quelqu'un qui agit avec une grande intelligence
(D) La possibilité de laisser aux gens la liberté d'action

Question 29. Parmi les propositions suivantes, laquelle est incorrecte ?

(A) Le procureur veut séparer le motif de l'acte. C'est comme essayer de retirer le trognon d'une pomme sans toucher la pot
(B) L'économie est une arme. La politique consiste à savoir quand appuyer sur la gâchette
(C) Crois-moi, parvenir à intéresser même les cons, c'est ce qui demande le plus d'intelligence
(D) Aucun Paradis ne sera assez bien pour toi tant que tu n'auras pas connu l'enfer

Question 30. Parmi les propositions suivantes, laquelle est correcte ?

(A) Une mouette arrive sur ses petites jambes pour fouiller les poubelles
(B) On apercevait la maison avec ces fenêtres gothiques et ça tour
(C) La neige fondue mettait cruellement à nue ses volets écaillés
(D) Il s'essuyait la figure avec se mouchoir sale

Question 31. Compléter la suite logique suivante :

UN = 7, DE = 1, TR = 2, QU = 4, CI = 6, …

(A) SI = 10
(B) SE = 14
(C) SI = 3
(D) SI = 5

Question 32. Il y a 5 enfants dans la famille Jadorlécéritélé. Brandy, la sœur d'Anton, est plus jeune que Kevin, qui est plus vieux que Deborah. Deborah a un seul frère plus vieux, une sœur plus jeune mais son frère le plus jeune, Eddy, n'est pas le plus jeune de la famille. Classer du plus jeune au plus vieux les enfants de cette famille.

(A) Brandy-Eddy-Anton-Deborah-Kevin
(B) Anton-Brandy-Deborah-Eddy-Kevin
(C) Brandy-Deborah-Anton-Kevin-Eddy
(D) Eddy-Brandy-Deborah-Anton-Kevin

Question 33. Quel élément complète cette série double ?

	UXH			
	SJN			
QCB	?	ZUT	AML	GWV
	OPX			
	MIZ			

(A) PWZ
(B) QYZ
(C) QHG
(D) RED

Question 34.

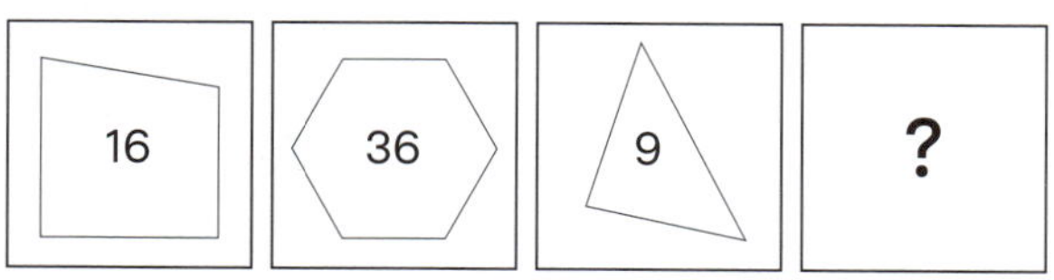

☐ (A)
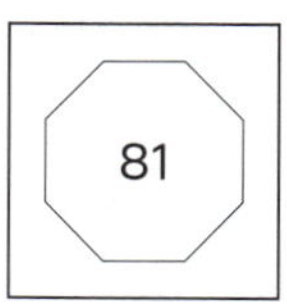

☐ (B)

☐ (C)

☐ (D)
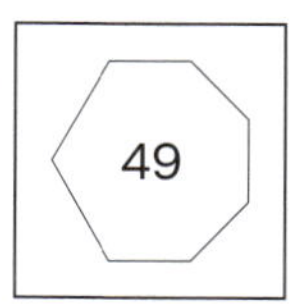

Question 35. Quel élément complète cette série double ?

			OM	
PD	GM	BR	?	KI
			RQ	
			SG	
			VU	

(A) OE
(B) HL
(C) JS
(D) HS

Question 36. Sur une pelouse sportive rectangulaire sont tracés, en partant de l'extérieur, quatre couloirs d'un mètre de large (voir la figure ci-dessous). Si l'aire du troisième couloir et du rectangle central sont respectivement de 50 m² et 84 m², quelle est l'aire totale de la pelouse (délimitée par le plus grand rectangle) ?

(A) 296 m²
(B) 300 m²
(C) 304 m²
(D) 308 m²

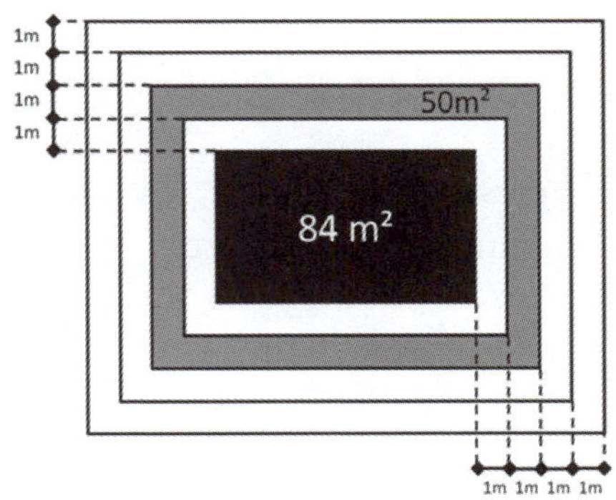

Question 37. Une paire de skis équipés de fixations vaut 150 euros. Quel est le prix des skis seuls sachant qu'ils valent 100 euros plus chers que les fixations ?

(A) 125
(B) 50
(C) 75
(D) 100

Question 38. Les sociétés Wash-it et Clean-up sont en concurrence pour prendre le marché de nettoyage d'une université. Les équipes de Clean-up mettent 90 minutes à 4 personnes pour nettoyer un amphithéâtre complet, alors que les équipes de Wash-it mettent 1 heure à 6 personnes. Si une équipe de Wash-it et une équipe de Clean-up se réunissent et travaillent à leur rythme, en combien de temps sera nettoyé cet amphithéâtre ?

(A) 30 minutes
(B) 36 minutes
(C) 40 minutes
(D) 45 minutes

Question 39. Le périmètre d'un carré de 24 centimètres est découpé en 2 rectangles. L'un des rectangles a alors pour périmètre 20 centimètres. Quel est le périmètre du second rectangle ?

(A) 4
(B) 9
(C) 14
(D) 16

Question 40. Chez le fleuriste de la rue Monge, une rose coûte 4 euros, un géranium en pot coûte 20 euros et un bouquet de tulipes jaunes coûte 25 euros. Quel est le prix du pot en céramique sachant que le géranium contenu à l'intérieur coûte 19 euros de plus que le pot en céramique ?

(A) 0,5 euro
(B) 0,75 euro
(C) 1 euro
(D) 1,5 euro

Question 41. Parmi les propositions suivantes, laquelle est incorrecte ?

(A) Ces costumes bleus sont très appréciés des artistes
(B) Ces chaussettes bleu ciel sont assez voyantes
(C) Ces chaussettes rouge sont celles des cardinaux
(D) La cartouche d'encre bleue du photocopieur est vide

Question 42. Parmi les citations suivantes, quelle est celle que l'on peut classer comme un « oxymore » ?

(A) « Comme la vie est lente et comme l'espérance est violente » (G. Apollinaire)
(B) « Petit-Poucet rêveur, j'égrenais dans ma course des rimes » (A. Rimbaud)
(C) « Rodrigue, as-tu du cœur » (P. Corneille)
(D) « Elle se hâte avec lenteur » (J. de la Fontaine)

Question 43. Quel pourrait-être le synonyme de « trivial » ?

(A) Compétitif, concurrentiel
(B) Instinctif, machinal
(C) Absurde, insensé
(D) Commun, ordinaire

Question 44. Parmi les propositions suivantes, laquelle ne contient pas de pléonasme ?

(A) Ils ont prévu, avant-hier, de changer le titre du film
(B) Ils allaient faire construire une maison neuve d'ici deux ans
(C) Elle a tellement reculé en arrière qu'elle est rentrée dans le mur
(D) Pierre et Jacques se réunissent souvent ensemble pour discuter de leurs élèves

Question 45. Parmi les propositions suivantes, laquelle est correcte ?

(A) Il avait gagnées les faveurs de la Marquise en lui écrivant des vers
(B) Ce prétendu régiment était une association fondé par divers brigands
(C) Les brevets qu'elle décernait à ce qu'elle jugeait dignes portait le nom de calottes
(D) Il avait entendu raconter que Racine aimait improviser des traductions

Corrigés de l'épreuve 4

Question 1. Réponse A

En analysant ce qui se passe ligne par ligne, on remarque qu'à chaque fois la troisième image est construite à partir des deux autres.

Pour cela, on superpose les deux images, sachant que deux lignes confondues s'annulent. En suivant ce raisonnement, la bonne réponse est donc la croix de la figure E.

Question 2. Réponse C

Vous remarquez qu'à chaque étape la première lettre du mot est déplacée en dernière position.

Ainsi :

SMSSMSM devient MSSMSMS
MSSMSMS devient SSMSMSM
SSMSMSM devient SMSMSMS
SMSMSMS devient donc MSMSMSS
Réponse C !

Question 3. Réponse A

Voici une question très originale pour laquelle vous deviez remarquer qu'en passant d'un mot à l'autre, il fallait respecter les deux règles suivantes :

1) Si dans le premier mot, la lettre est une voyelle, alors on avance d'une lettre dans l'alphabet dans le mot qui suit.
2) Si dans le premier mot, la lettre est une consonne, alors on recule d'une lettre dans l'alphabet.

Ainsi passe-t-on de AVE à BUF en appliquant ces deux règles.

– A étant une voyelle dans **A**VE, cette lettre devient B dans **B**UF.
– V étant une consonne dans A**V**E, cette lettre devient U dans B**U**F.
– E étant une voyelle dans AV**E**, cette lettre devient F dans BU**F**.

En appliquant ces règles à BONJOUR on obtient donc APMIPVQ. Réponse A.

Question 4. Réponse B

On remarque que la valeur du mois correspond à la juxtaposition des rangs dans l'alphabet des voyelles qui composent le mot.

Exemple :

Le mot J**A**NV**IE**R comprend 3 voyelles :

– « A » dont le rang dans l'alphabet est 1 ;
– « I » dont le rang dans l'alphabet est 9 ;
– « E » dont le rang dans l'alphabet est 5.

La valeur du mot JANVIER est donc obtenue en juxtaposant ces trois chiffres. On retrouve ainsi la valeur 195.

Le mois de M**AI** comporte deux voyelles :

- « A » de rang 1 ;
- « I » de rang 9.

La valeur de ce mois est donc 19.

Question 5. Réponse D

Il s'agit dans cette question de trouver le lien logique entre les mots « *impesanteur* » et « *gravité* » pour ensuite déterminer le mot formant la paire suivante.

L'impesanteur est caractérisée par l'absence de gravité tout comme le vide est caractérisé par l'absence de matière, d'où la réponse D.

Question 6. Réponse A

Nous avons affaire ici à une question classique de moyenne pondérée.

Avant de nous lancer dans la correction de cette question faisons préalablement un rappel sur les moyennes pondérées.

RAPPEL :

Moyennes pondérées :

Soient N termes $T_1, T_2, T_3, \ldots, T_N$ auxquels on associe des poids (ou coefficients) respectifs $P_1, P_2, P_3, \ldots, P_N$. Alors la moyenne (M) pondérée des N termes est égale à :

$$M = \frac{T_1 \times P_1 + T_2 \times P_2 + T_3 \times P_3 + \ldots + T_N \times P_N}{P_1 + P_2 + P_3 + \ldots + P_N}$$

En appliquant la formule des moyennes pondérées on trouve que le salaire moyen de l'entreprise vaut :

$$\frac{1\,500 \times 99 + 25\,000}{100} = \frac{148\,500 + 2\,500}{100} = \frac{151\,000}{100} = 1\,510\ €$$

Question 7. Réponse C

Le verre étant cylindrique, son volume est $\pi \times r^2 \times h = 3{,}14 \times 9 \times 10 = 282{,}6\ cm^3$, soit 28,26 cl puisque que $1\ L = 1\ dm^3 = 1\,000\ cm^3$ et **1 cl est donc égal à 10 cm³**.

Par conséquent, ce verre ne peut pas contenir toute la boisson d'une canette de 33 cl, mais celle d'une canette de 25 cl.

Question 8. Réponse D

RAPPEL :
Deux droites sont perpendiculaires si, et seulement si, le produit de leurs coefficients directeurs est égal à –1.

Dans l'énoncé, la droite D2 est exprimée sous sa forme réduite mais pas la droite D1. Transformez donc d'abord D1 sous sa forme réduite.

$-3X + 6Y - 18 = 0$

Soit : $6Y = 3X + 18$

Soit encore : $\frac{6Y}{6} = \frac{3X}{6} + \frac{18}{6}$

Soit encore : $Y = \frac{1}{2}X + 3$

Les coefficients directeurs de D1 et D2 sont donc respectivement $\frac{1}{2}$ et –2.

Calculons à présent le produit de ces deux coefficients directeurs :

$-2 \times \frac{1}{2} = -1$

On remarque que ce produit est égal à –1 et de conclure que les droits D1 et D2 sont perpendiculaires.

Question 9. Réponse C

La manière la plus évidente consiste assurément à partir des réponses. Vous trouverez alors que c'est la réponse C : 42 857.

Pour ceux qui veulent aller plus loin, c'est parti !

Ajouter un 1 devant un nombre à 5 chiffres revient à lui ajouter 100 000. Cela doit vous sembler évident. Moins évident de prime abord est le fait qu'ajouter un 1 à la fin du nombre revient à le multiplier par 10 puis ajouter 1.

Si X le nombre à 5 chiffres, alors : $10X + 1 = 3 \times (100\,000 + X)$

Soit : $10X + 1 = 300\,000 + 3X$

Soit encore : $10X - 3X = 300\,000 - 1$

Soit encore : $7X = 299\,999$

Donc : $X = 42\,857$

Réponse C !

Question 10. Réponse D

Notons x le prix des skis seuls et y le prix de ses fixations.

Sachant que les skis avec fixations coûtent 189 euros, nous pouvons écrire que :

$x + y = 189 \quad (1)$

Par ailleurs, nous savons que les skis seuls coûtent six fois plus chers que les fixations, d'où l'équation :

$x = 6y \quad (2)$

En remplaçant x par son expression en fonction de y dans l'équation (1), on trouve :

$6y + y = 189 \Leftrightarrow 7y = 189 \Leftrightarrow y = 27 \Leftrightarrow x = 6 \times 27 \Leftrightarrow x = 162$

Nous venons donc de démontrer que les skis seuls coûtent 162 euros.

Question 11. Réponse C

Comment orthographier correctement les verbes conjugués à l'impératif ? Contre toute attente, la deuxième personne du singulier ne prend pas de « s » en terminaison à l'impératif pour les verbes du premier groupe.

Question 12. Réponse A

Voici une entrée en matière difficile. Vous savez que le cycliste effectue 80 tours de pédalier par minute. Il en fait donc 80 × 60 = 4 800 par heure. Un tour de pignon entraîne un tour de roue, aussi il vous faut savoir combien de fois il tourne pour savoir combien de fois les roues tournent en une heure. Il a tourné $4\,800 \times \frac{52}{13} = 19\,200$ fois en une heure. Les roues ont un périmètre de deux mètres, il parcourt donc 19 200 × 2 = 38 400 mètres par heure. Soit 38,4 km/h.

Question 13. Réponse A

Les questions piégeuses sont légion ! Attention à bien les esquiver. Pour information, un discours pompeux se dit d'un discours solennel plus ou moins ridicule, alors que le terme « pompes », du latin « *pompa* », signifie cortège. Les pompes funèbres sont donc un cortège funèbre.

Question 14. Réponse A

Vu qu'Eulalie a déjà versé 20 % du prix soit $\frac{20}{100} \times 625 = 125$ euros. Il lui reste donc 625 – 125 = 500 euros à régler. Or vous savez que le taux annuel du crédit est de 15 % mais qu'elle paie au bout de 5 mois.

$$500 \times \frac{15}{100} \times \frac{5}{12} = \frac{5 \times 3 \times 5 \times 5}{3 \times 4} = \frac{125}{4} = 31{,}25$$

Elle devra donc verser 31,25 € de plus que le montant du prix initial, soit 625 + 31,25 = 656,25 euros.

Question 15. Réponse D

Soit B le nombre de buts marqués après la mi-temps **par l'équipe adverse**.

L'énoncé nous permet d'écrire l'équation : 14 + B + 1 = 9 + 2B. D'où B = 6.

L'équipe adverse a marqué 14 + 6 = 20 buts et le résultat final est donc 21 à 20.

Réponse D !

Question 16. Réponse B

La suite est composée ainsi : 23 + **3** = 26, 26 + **6** = 32. Autrement dit, on ajoute à chaque fois le dernier chiffre du nombre précédent. Le prochain élément sera donc : 32 + **2** = 34, ce qui confirme parfaitement le dernier nombre (38) puisque : 34 + **4** est bien égal à 38.

Question 17. Réponse B

Le nombre du milieu s'obtient en additionnant :

- le nombre formé par la juxtaposition du cercle de gauche et celui du haut ;
- et le nombre formé par la juxtaposition du cercle de droite et celui du bas.

Exemple :

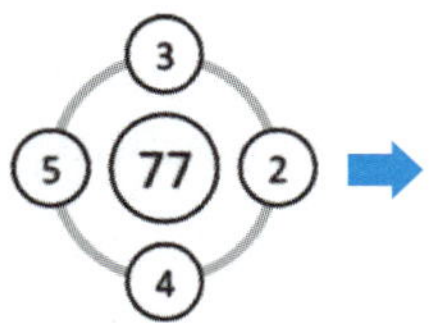

53 + 24 = 77

Par conséquent le nombre qui doit remplacer le point d'interrogation vaut : 76 + 57 = 133

Question 18. Réponse A

Lorsque vous faites face à ce type de questions, vous devez absolument dresser un arbre généalogique pour identifier plus facilement les liens familiaux entre les différents personnages.

On observe alors que c'est Arya qui est la tante de Cersei.

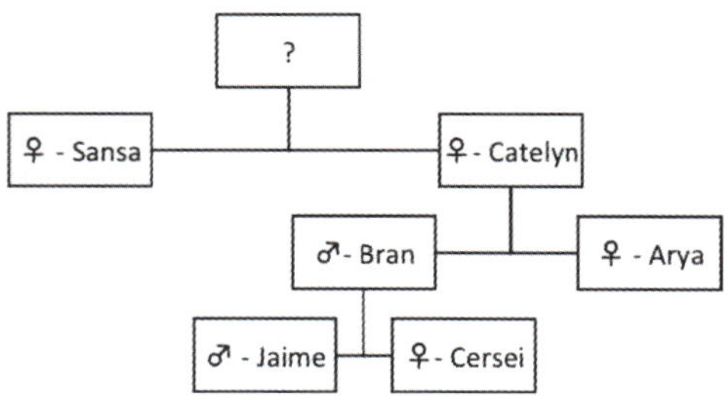

Question 19. Réponse A

RAPPEL :

Lorsque vous recherchez le nombre de salutations échangées dans une soirée comptant N personnes, vous devez avoir recours à la formule qui suit :

$$\frac{N \times (N-1)}{2}$$

En revanche, si vous souhaitez compter le nombre de bises qui sont, elles, faites par deux (contrairement aux poignées de mains, deux personnes ne se serrent pas deux fois la main pour se saluer), il ne vous faut pas les diviser par 2, soit :

$$N \times (N-1)$$

Les formules ici ne trouvent pas à s'appliquer puisque le nombre de poignées de mains entre hommes n'est pas utile et que les femmes ne se font pas deux mais trois bises. Toutefois, vous pouvez partir de ces formules pour bâtir votre raisonnement. Vous savez que les femmes entre elles se font trois bises. La première femme fait trois bises à quatre femmes soit $3 \times 4 = 12$ bises. La seconde en fait trois à seulement trois femmes puisque la première lui a déjà fait la bise, soit $3 \times 3 = 9$ bises. De la même manière la troisième en fera six et la quatrième trois. Les femmes entre elles se sont donc faites $12 + 9 + 6 + 3 = 30$ bises. De plus, chaque femme fait deux bises à chaque homme soit $5 \times 2 \times 15 = 150$ bises. Ainsi, $30 + 150 = 180$ bises échangées.

Question 20. Réponse C

Vous observez rapidement qu'il n'existe ni de somme, ni de produit ou encore de soustraction qui permette de passer d'un terme à l'autre. Aussi, vous devez chercher un lien non pas uniquement entre un terme et le précédent, mais entre un terme et les deux précédents. Chaque terme est obtenu en faisant la somme des deux précédents et en retirant quatre.

Ainsi $25 = 11 + 18 - 4$, $39 = 25 + 18 - 4$, $60 = 39 + 25 - 4$.

Et si X est le terme recherché, alors : $X = 60 + 39 - 4 \Leftrightarrow X = 95$

Question 21. Réponse C

Nous sommes en présence ici d'une question de raisonnement logique type série double de chiffres. Il s'agit de deux séries de quatre éléments qui se croisent en un point d'interrogation. Vous devez alors trouver l'élément manquant commun aux deux séries.

Dans cet exercice, il suffit d'observer que les nombres de la série verticale sont tous des multiples de 7 tandis que les nombres de la série horizontale sont tous des multiples de 9.

La réponse C est la seule proposition vérifiant ces deux conditions.

Question 22. Réponse A

RAPPEL :

Soient deux droites (d) et (d') d'équations cartésiennes respectives :

$(d) : y = ax + b$

$(d') : y = a'x + b'$

où a et a' désignent le coefficient directeur (*synonyme de pente*) des droites (d) et (d') et b et b' désignent l'ordonnée à l'origine des droites (d) et (d').

Propriétés :

- **Deux droites sont parallèles** si et seulement si elles ont le **même coefficient directeur** ;
- **Deux droites sont perpendiculaires** si et seulement **si le produit de leur coefficient directeur vaut –1** (c'est-à-dire $a \times a' = -1$).

Nous cherchons l'équation de la droite (d_2) :
- perpendiculaire à la droite (d_1) d'équation $4x - 5y = -10$;
- et qui passe par le point A(2 ; –2).

Par définition, la droite (d_2) a pour équation cartésienne réduite :
$y = ax + b$
où a désigne le coefficient directeur (*pente*) de la droite et b son ordonnée à l'origine. Nous chercherons donc par la suite à déterminer les valeurs de a et b en utilisant les deux informations dont nous disposons sur la droite (d_2).

<u>Interprétons la première information</u> :
Nous savons que la droite (d_2) est perpendiculaire à la droite (d_1) d'équation $4x - 5y = -10$.
D'après le rappel, on peut en déduire que le produit des coefficients directeurs de ces deux droites vaut –1. Pour identifier plus rapidement celui de la droite (d_1) nous allons transformer l'équation de cette droite sous la forme d'une équation cartésienne réduite :
$$4x - 5y = -10 \Leftrightarrow 5y = 4x + 10 \Leftrightarrow y = \frac{4}{5}x + 2$$
Avec cette équation, on remarque de suite que (d_1) a pour coefficient directeur $\frac{4}{5}$.

Par conséquent, le coefficient directeur a de (d_2) vérifie :
$$a \times \frac{4}{5} = -1 \Leftrightarrow a = -\frac{5}{4}$$

<u>Interprétons la seconde information</u> :
Le point A(2 ; –2) appartient à la droite (d_2) d'équation $y = -\frac{5}{4}x + b$

On peut donc écrire que :
$$y_A = -\frac{5}{4}x_A + b \Leftrightarrow -2 = -\frac{5}{4} \times 2 + b \Leftrightarrow -2 = -\frac{5}{2} + b \Leftrightarrow b = -2 + \frac{5}{2} \Leftrightarrow b = -\frac{4}{2} + \frac{5}{2} \Leftrightarrow$$
$$b = \frac{1}{2}$$

La droite (d_2) a donc pour équation :
$$y = -\frac{5}{4}x + \frac{1}{2}$$
On remarque que cette équation n'est pas présentée telle quelle dans les propositions de réponse.
En revanche, si on multiplie cette équation par 4 alors on trouve l'expression de la réponse A. En effet :
$$y = -\frac{5}{4}x + \frac{1}{2} \Leftrightarrow 4y = -4 \times \frac{5}{4}x + 4 \times \frac{1}{2} \Leftrightarrow 4y = -5x + 2$$

Question 23. Réponse D

MÉTHODE :

Déterminer l'extremum (*maximum ou minimum*) d'une fonction :

1re étape – Calculer la dérivée de la fonction

2e étape – Étudier le signe de la dérivée

3e étape – En déduire le tableau de signe de la dérivée et le tableau de variations

4e étape – Identifier l'extremum de la fonction

Pour gagner du temps on retiendra que :

Pour un polynôme du second degré de la forme $ax^2 + bx + c$:

- Si $a > 0$, alors le polynôme atteint son minimum quand $x = -\frac{b}{2a}$;
- Si $a < 0$, alors le polynôme atteint son maximum quand $x = -\frac{b}{2a}$.

Nous cherchons le minimum du polynôme $3x^2 - 5x + 4$.

D'après le rappel, on sait que le polynôme atteint cette valeur pour $x = \frac{-(-5)}{2 \times 3} = \frac{5}{6}$.

La valeur minimale prise par ce polynôme vaut donc :

$$3 \times \left(\frac{5}{6}\right)^2 - 5 \times \frac{5}{6} + 4 = 3 \times \frac{25}{36} - \frac{25}{6} + 4 = 3 \times \frac{25}{12 \times 3} - \frac{25 \times 2}{2 \times 6} + 4 \times \frac{12}{12} =$$

$$\frac{25}{12} - \frac{50}{12} + \frac{48}{12} = \frac{23}{12}$$

Question 24. Réponse A

La méthode la plus rapide est de lister l'ensemble des heures sympathiques comprises entre 16 h 00 et 18 h 00. On en dénombre 12 :

16 h 07, 16 h 16, 16 h 25, 16 h 34, 16 h 43, 16 h 52, 17 h 08, 17 h 17, 17 h 26, 17 h 35, 17 h 44 et 17 h 53.

Question 25. Réponse B

L'énoncé nous indique que la piscine se vide à un débit de 20 m^3 par seconde.

La formule permettant de calculer le volume qui s'écoule de l'écluse chaque seconde est :

V = longueur × largeur × hauteur

Nous connaissons déjà la valeur de la longueur et de la largeur de l'écluse. Nous allons donc chercher la valeur de la hauteur qui permet d'arriver à un volume de 20 m^3 par seconde comme indiqué par l'énoncé.

Pour cela, nous allons résoudre l'équation :

$V = 20\ m^3$

$\Leftrightarrow$ longueur $\times$ largeur $\times$ hauteur $= 20$

$\Leftrightarrow 100 \times 12 \times$ hauteur $= 20$

$$\Leftrightarrow \text{hauteur} = \frac{20}{100 \times 12}$$

$$\Leftrightarrow \text{hauteur} = \frac{20}{20 \times 5 \times 12}$$

$$\Leftrightarrow \text{hauteur} = \frac{1}{60}\ \text{m}$$

$$\Leftrightarrow \text{hauteur} = \frac{10}{6}\ \text{cm}$$

$\Leftrightarrow$ hauteur $= 1{,}666$ cm

Question 26. Réponse B

Qu'est-ce qu'un « succédané » ?

Du latin « *succedaneus* » voulant dire « remplacer », ce terme désigne un produit qu'on peut substituer à d'autres, comme par exemple les médicaments.

Question 27. Réponse D

Quand mettre l'accent sur « ou/où », et comment ne pas l'oublier ?

« Ou » est une conjonction de coordination permettant d'offrir un choix, alors que « où » est un adverbe interrogatif. Petite astuce pour débusquer les éventuels doutes, « ou » peut être associé à « bien » :

- Où vas-tu partir en vacances cet été ?
- Je partirai à la campagne, ou (bien) au bord de la mer.

Question 28. Réponse B

Le sociologue Max Weber l'avait théorisé : « l'État a le monopole de la violence légitime », il est le seul à pouvoir légalement user de la force, à emprisonner et à … contraindre. Du latin « *coercere* » voulant dire « contenir », « réprimer », la coercition est le pouvoir officiel de contraindre, pour forcer quelqu'un à agir d'une certaine façon. Les forces de l'ordre sont par exemple chargées de contraindre les manifestants à respecter l'ordre public, parfois par des moyens controversés…

Question 29. Réponse A

La seule proposition incorrecte est la première. C'est cool, vous gagnez un temps précieux. En effet, « le procureur veut séparer le motif de l'acte. C'est comme essayer de retirer le trognon d'une pomme sans toucher la pot ». Il faut évidemment écrire « sans toucher la peau ».

Question 30. Réponse A

La seule proposition correcte est la 1re. Nous avons corrigé les autres.

A. Une mouette arrive sur ses petites jambes pour fouiller les poubelles.

B. On apercevait la maison avec ~~ces~~ fenêtres gothiques et ça tour – **ses** fenêtres gothique et **sa** tour.

C. La neige fondue mettait cruellement ~~à nue~~ ses volets écaillés – mettait cruellement **à nu**.

D. Il s'essuyait la figure avec ~~se~~ mouchoir sale – avec **ce** mouchoir sale.

Question 31. Réponse A

Les dix lettres que sont UN, DE, TR, QU et CI sont les initiales de 1, 2, 3, 4, 5. Aussi, les deux prochaines lettres seront SI, les initiales de six. Le nombre, lui, est obtenu en soustrayant le rang de la seconde lettre au rang de la première. Ainsi, U étant la 21e lettre et N la 14e, la soustraction du rang de N au rang de U donne 7 (21 – 14 = 7). De même, pour SI : la différence entre le rang de I, 9e lettre de l'alphabet, et S, 19e lettre de l'alphabet, est 10 (19 – 9 = 10).

Question 32. Réponse A

La résolution de cette question exige que vous classiez d'abord les enfants en fonction de leur sexe.

Garçons	Filles
Anton	Brandy
Kevin	Deborah
Eddy	

Une fois ce recensement effectué, vous repérez dans l'énoncé que Brandy, la sœur d'Anton, est plus jeune que Kevin, qui est plus vieux que Deborah.

Soit : K > B et K > D

Vous savez également que Deborah ayant un seul frère plus vieux c'est forcément Kevin (puisque K > B). Donc les autres frères de Deborah sont plus jeunes qu'elle.

Soit : D > A et D > E

Vous savez également que Deborah a une sœur plus jeune qui est donc nécessairement Brandy.

Soit : D > B

Mais Eddy, tout en étant le plus jeune frère de la famille, n'est pas le plus jeune des enfants.

Soit : A > E et D > E, en revanche E > B

Soit enfin : K > D > A > E > B

Soit, du plus jeune au plus âgé, Brandy, Eddy, Anton, Deborah et Kevin.

Question 33. Réponse C

H : Intra de –1 entre la deuxième et la troisième lettre.

V : Inter Vertical de –2 sur la première lettre.

Question 34. Réponse D

Le nombre de côtés au carré doit donner le nombre inscrit au milieu de la figure : $4^2 = 16$, $6^2 = 36$, $3^2 = 9$

Question 35. Réponse A

H : La somme des rangs est toujours égale à 20 (PD : P + D = 16 + 4 = 20 ; GM : G + M = 7 + 13 = 20, etc.).

V : Inter droite gauche avec saut d'une lettre : M, O, Q, S, U.

Question 36. Réponse B

L'énoncé vous donne l'aire du rectangle central, 84 mètres carrés. Considérez l et L respectivement la longueur et la largeur de ce rectangle.

$l \times L = 84$

Vous savez que l'aire du troisième couloir est de 50 m^2.

Soit : $(l + 4)(L + 4) - (l + 2)(L + 2) = 50$

Soit encore :

$l \times L + 4l + 4L + 16 - (l \times L + 2l + 2L + 4) = 50 \Leftrightarrow l \times L + 4l + 4L + 16 - l \times L - 2l - 2L - 4 = 50$

Soit encore : $2l + 2L = 50 - 16 + 4 \Leftrightarrow 2(l + L) = 38$

Donc : $l + L = \frac{38}{2} \Leftrightarrow l + L = 19$

Placez-vous désormais dans le grand rectangle.

Si X l'aire de la surface totale alors :

$X = (l + 8)(L + 8) \Leftrightarrow X = l \times L + 8l + 8L + 64$

Soit encore : $X = l \times L + 8(l + L) + 64$

Or vous avez démontré plus haut que : $l \times L = 84$ et $l + L = 19$

Donc : $X = 84 + 8 \times 19 + 64 \Leftrightarrow X = 300$

Ainsi, la surface totale de la pelouse fait 300 m^2.

Question 37. Réponse A

D'après l'énoncé, si F est le prix d'une fixation et S celui d'une paire de skis :

$S + F = 150$ et $S = 100 + F$

En remplaçant S par 100 + F dans la première équation :

$100 + F + F = 150 \Leftrightarrow 2F = 150 - 100$

Soit : $2F = 50 \Leftrightarrow F = \frac{50}{2}$

Soit enfin : F = 25
Donc : S = 100 + F ⇔ S = 100 + 25
Soit enfin : S = 125

Question 38. Réponse B

RAPPEL :

Le partage du temps de travail
Pour connaître le temps T que vont mettre N personnes ensemble pour réaliser une tâche, un travail, il vous faut appliquer la formule suivante :

$$\frac{1}{T} = \sum_{k=1}^{N} \frac{1}{T} = \frac{1}{T_1} + \frac{1}{T_2} + \ldots + \frac{1}{T_N}$$

Avec T_1, T_2, …, T_N les temps respectifs mis par les N personnes pour réaliser ce même travail seules.

En l'occurrence, les employés des sociétés Wash-it et Clean-up mettent respectivement 1 heure et 90 minutes (soit 1,5 heure) pour nettoyer un amphithéâtre complet.

$$\frac{1}{T} = \frac{1}{\text{Temps mis par Wash-it}} + \frac{1}{\text{Temps mis par Clean-up}}$$

$$\Leftrightarrow \frac{1}{T} = \frac{1}{1} + \frac{1}{1{,}5}$$

Soit : $\frac{1}{T} = \frac{1 \times 1{,}5}{1 \times 1{,}5} + \frac{1}{1{,}5} \Leftrightarrow \frac{1}{T} = \frac{2{,}5}{1{,}5}$

Soit : $2{,}5T = 1{,}5 \Leftrightarrow \frac{15}{25} = \frac{5 \times 3}{5 \times 5} = \frac{3}{5}$

Vous savez évidemment que $\frac{1}{5}$ d'heure représente 12 minutes et que par conséquent $\frac{3}{5}$ d'heure représentent 36 minutes.

Question 39. Réponse D

Pour cette question de géométrie, nous vous conseillons de dessiner la figure, tout sera beaucoup plus clair :

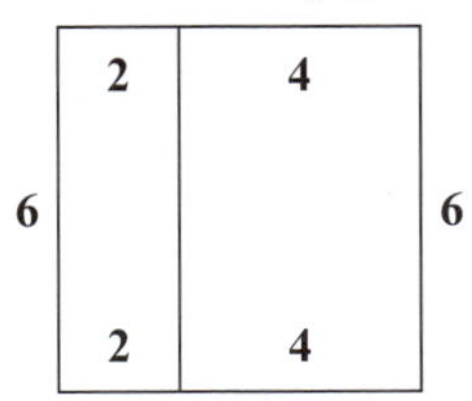

On sait tout d'abord que le périmètre du carré est de 24 cm, soit que chaque côté fait 6 cm. On découpe ce carré en 2 rectangles, dont la longueur est forcément de 6 cm également. On sait que l'un des deux rectangles a pour périmètre 20 cm. Ayant une longueur égale à 6 cm, on en déduit que sa largeur vaut 4 cm. Le côté du carré faisant toujours 6 cm, la largeur de l'autre rectangle est donc de $6 - 4 = 2$ cm, et son périmètre de $2 \times 6 + 2 \times 2 = 16$ cm.

Question 40. Réponse A

Attention à ne pas répondre 1 € sans réfléchir ! En effet, en testant les réponses, ce qui est la première méthode de résolution, vous trouvez que si le pot coûte 1 € et la plante 19 € de plus, alors elle coûtera $19 + 1 = 20$ et le total sera de $20 + 1 = 21$ €.

L'équation donnée par l'énoncé, en notant x le prix du pot en céramique, est :

$x + (19 + x) = 20$

En effet, la plante coûte $19 + x$. Après calcul vous trouvez :

$19 + 2x = 20$, soit $2x = 1$ et $x = 0{,}5$ €.

Question 41. Réponse C

En français, l'accord des couleurs est loin d'être simple. Lorsque la couleur est un adjectif, il s'accorde en genre et en nombre avec le nom. Ex. : « Des souris vertes ». Là où ça commence sérieusement à se compliquer, c'est lorsque l'adjectif en question est un nom commun qui est pris adjectivement. En gros, l'adjectif est aussi un nom. À ce moment-là, la couleur est invariable. Ex. : Des yeux marron (de la couleur du marron). Dans cette question, la seule proposition incorrecte est la 3e. « Ces chaussettes rouges sont celles des cardinaux ».

Question 42. Réponse D

En rhétorique, un oxymore (ou oxymoron), est une figure de style qui vise à rapprocher deux termes que leurs sens devraient éloigner, dans une formule en apparence contradictoire. Exemple : « une obscure clarté », « l'orgueilleuse faiblesse » ou encore « un silence éloquent ». Dans cette question, l'oxymore se trouve dans la 4e proposition « Elle se hâtait avec lenteur », une citation extraite du « Lièvre et de la Tortue » de Jean de la Fontaine.

Question 43. Réponse D

« Trivial » signifie qui par sa fréquence est devenu banal, ordinaire, n'a plus aucune originalité. Il fallait donc cocher la 4e proposition « Commun, ordinaire ».

Question 44. Réponse A

Petit rappel : qu'est-ce qu'un pléonasme ? Il s'agit d'une figure de style où l'expression d'une idée est soit renforcée soit précisée par l'ajout d'un ou plusieurs mots qui ne sont pas nécessaires au sens grammatical de la phrase, et qui sont synonymes, exemple : « monter en haut ». Les trois dernières réponses sont des pléonasmes, dans le sens où l'ajout d'une indication comme « recule en arrière », « (…) faire construire une maison neuve… » ou « se réunissent [...] ensemble » est inutile et ne change pas le sens de la phrase.

Question 45. Réponse D

Beaucoup de fautes d'accord, mais pas que, dans ces réponses. L'œil acéré de l'étudiant préparé saura les repérer sans difficulté. Corrigeons ensemble les différentes réponses possibles :

A. « Il avait gagné… » : le participe passé du passé composé de l'indicatif ne s'accorde pas avec l'auxiliaire avoir ;

B. « (…) une association fondée… » : penser à bien accorder en genre le participe passé « fondé » ;

C. « Les brevets (…) portaient… » : penser à bien accorder en nombre le verbe « porter ».

IV. LANGUES

I. PRESENTATION DE L'EPREUVE

L'épreuve de langues comprend 2 langues vivantes obligatoires dont l'anglais. La structure et la durée (1 heure par langue est conseillée) sont les mêmes pour toutes les langues. C'est le coefficient qui change dans le calcul des résultats selon les écoles.

Langues proposées au Concours SESAME (selon les écoles) : anglais, allemand, arabe, chinois, espagnol, italien, japonais, portugais, russe.

L'épreuve de langues ne comporte qu'une seule partie :

- **QCM (Questionnaire à Choix Multiples) de 70 questions** (35 questions en anglais + 35 questions portant sur la 2e langue vivante choisie) de **grammaire, conjugaison et vocabulaire** (50 % de la note). Seules les bonnes réponses sont prises en compte.

Nous aborderons dans cet ouvrage l'épreuve écrite d'anglais.

Pour les autres épreuves, nous vous conseillons de vous référer aux annales officielles du concours SESAME.

II. VOCABULAIRE

Pour tous les points de grammaire et de conjugaison, vous pouvez vous référer à l'ouvrage de référence suivant :

ANGLAIS 50 FICHES METHODES ET ASTUCES, *Editions Studyrama.*

Pour tout ce qui concerne le vocabulaire, voici quelques tableaux que nous vous conseillons de réviser régulièrement !

1. VOCABULAIRE GENERAL

NB : **les mots indiqués en deuxième colonne sont des synonymes ou des mots proches de ceux de la première colonne.**

	Synonyme	Traduction
abide by	comply with/respect	se conformer à/respecter
abroad	overseas	à/de l'étranger
abrupt	sharp/sudden	brutal/soudain
accountable	responsible	responsable
accurate	precise	précis
achieve	succeed/accomplish	réussir/parvenir
acknowledge	recognize/admit	reconnaître/admettre
actually	in fact/in reality	en fait
acute	sharp/strong	fort/aigu
adamant	inflexible/unyielding	inflexible/intraitable
adjourn	postpone/put off	ajourner/remettre à plus tard
adverse	unfavourable/hostile	défavorable/hostile
advertisement	ad/advert	annonce
advise	warn/suggest	conseiller/prévenir

	Synonyme	Traduction
advocate	support/defend	préconiser/défendre
afford (can afford)	be rich enough	avoir les moyens de
affordable	economical/cheap	abordable
aim	goal/purpose	but, objectif
albeit	although	bien que
allay	appease	apaiser
alleviate	relieve/ease	soulager
allocate	devote/provide	allouer
alluring	appealing	séduisant/attirant
alter	change/modify	altérer/changer
amazing	surprising/astonishing	surprenant/étonnant
annul	cancel	annuler
amusing	entertaining/funny	divertissant/amusant
anticipate	predict/foresee	anticiper/prévoir
anxious	impatient/keen to	impatient de
apologetic	very sorry	désolé
appalling	terrible/dreadful	épouvantable
appeal	attract/call for	attirer/plaire/faire appel à
apply for	solicit	postuler
appraisal	assessment/evaluation	évaluation
appraise	assess/evaluate	évaluer
argue	1/claim 2/ quarrel	prétendre que se disputer
array	range	gamme/éventail
ashamed	embarrassed	honteux/gêné
assert	affirm/state	affirmer
assign	give	confier/donner
assignment	mission/homework	mission/devoirs
assortment	range of products	assortiment/gamme
assume	suppose	supposer
assuredly	certainly	assurément/certainement

	Synonyme	Traduction
astounding	astonishing/surprising	étonnant/surprenant
attempt	try	tenter de/essayer
attend	be present	assister à
attend to	look after/take care of	prendre soin de
avert	avoid/dodge	éviter/esquiver
auction	sale	vente aux enchères
avoid	avert/dodge/elude	éviter/esquiver
awkward	clumsy	maladroit
baffling	puzzling/confusing	déroutant
balance	equibrium	équilibre
bankrupt (go)	bust	faillite
barely	hardly/scarcely	à peine/guère
bargain	negotiate/haggle	marchander/négocier
batch	accumulation /collection	ensemble/groupe/convoi
bedlam	chaos/confusion/turmoil	chahut/tumulte
beleaguered	besieged	assailli/cerné
benefit	advantage/aid/assistance	avantage/bienfait/allocation
besides	moreover/in addition	de plus/en outre
beware (of)	wary of	se méfier de
bewildered	confused/puzzled	médusé/perplexe
biased	prejudiced/partisan	partial/avoir un parti pris
bid (V.)	offer/tender/wish	faire une offre/souhaiter
bid (N.)	offer /attempt	offre/tentative
bill	invoice/account	addition/facture
bound	destined/doomed/tied	destiné à/condamné à
blackmail	intimidation/ransom	chantage
bleak	gloomy/dreary	sombre/peu encourageant
blemish	stain/dishonor	tache/souillure/imperfection
blight	scourge/eyesore	tache/plaie/calamité
blow up	burst/explode	exploser

	Synonyme	Traduction
blunder (make a)	mistake/slip-up	gaffe
blunt	1/unsharpened 2/downright/frank	émoussé direct/franc/brutal
bold	audacious/daring	téméraire/audacieux
bond	link/tie	lien
boost	improve/stimulate	dynamiser/stimuler
booze	alcohol	boissons alcoolisées
bounce	bump/leap/jump	bondir/sauter
breakdown	disruption/stoppage	panne/interruption
breakthrough	discovery/improvement	avancée/progrès
bribe	corrupt	corrompre/soudoyer
bribery	corruption	corruption
bring about	give rise to/cause	provoquer/causer
broad	wide	large
bruise	injure/hurt	bleu/blessure
bump (into)	come across/encounter	tomber sur/rencontrer
burden	weight	fardeau/poids
buzz	call	coup de fil
by and large	basically/on the whole	en moyenne/en général
bypass	get around/ignore	passer outre/ignorer
cancel	annul/call off	annuler
carry on	continue	poursuivre
carry out	achieve/accomplish	mener à bien
cast	deposit/emit	jeter/lancer (figuré)
casualty	loss/victim	victime/perte
cautious	careful/wary	prudent
challenging	daring/stimulating	stimulant/audacieux
charge (with)	accuse of/blame for	accuser/inculper
chase	follow/hunt	pourchasser
cheat	deceive/mislead/dupe	tricher/tromper
cheerful	enthusiastic/happy	joyeux

	Synonyme	Traduction
cheery	cheerful/enthusiastic	joyeux/enthousiaste
chore	duty/task	corvée/devoir
circumvent	avoid/dodge	éviter/contourner
cite	mention/quote/specify	citer
coarse	rough	grossier/brut
collide	clash/conflict	entrer en collision, en conflit
commit (oneself to + ING)	involve	s’engager
commodities	goods	denrées/marchandises
compel	oblige/constraint	obliger/contraindre
complaint	accusation/charge	plainte
comply (with)	respect/abide by	se plier à/se conformer à
comprehensive	thorough/complete	exhaustif/complet
compulsory	mandatory/obligatory	obligatoire
conceal	hide/disguise	dissimuler
device	apparatus/appliance/tool	appareil/engin
considerate	attentive/mindful	attentif
consistent (with)	logical/coherent	logique/cohérent
console	comfort/sooth	consoler
conspicuous	noticeable/blantant	flagrant
contempt	disdain/scorn/despise	mépriser/dédaigner
cope (with)	deal with/handle/solve	faire face/affronter
core	central/essential	essentiel
corporation	company/firm	société/compagnie
crisis	crunch	crise
crop	harvest	récolte
crumble	collapse	s’effondrer/s’écrouler
cuddle	hug	câlin/étreinte
culprit	criminal/offender	coupable
cunning	shrewd/subtle/imaginative	astucieux/malin
cure	heal	soigner

	Synonyme	Traduction
current	present	actuel
cut back	reduce/curtail	réduire/diminuer
cut down	cut back/reduce	réduire
cut out	stop/cease/give up	cesser/abandonner
daring	bold/audacious	osé/audacieux
daunting	frightening/challenging	dissuasif/décourageant
deadlock	stalemate	impasse
dearth	shortage/scarcity	manque/pénurie
deceive	dupe/mislead	tromper
deceptive	misleading	trompeur
deflate	1/shrink/contract 2/depreciate/devalue	rétrécir/se contracter diminuer/dévaluer
delay	postpone/prolong	retarder/remettre à plus tard
delete	remove/eliminate/erase	effacer/éliminer
demand	request/need	exiger
demise	death/end	fin/mort
dent	breach/hollow	entaille/bosse
dependable	reliable	fiable
depict	portray/describe	décrire
derelict	abandoned	désaffecté
despicable	contemptible/shameful	méprisable
design	1/create/invent 2/draft/sketch	créer/inventer ébaucher
destined	bound/doomed/inevitable	destiné à
deterrent	disincentive	dissuasif
devise	conceive/design /invent	inventer/concevoir
devote	allot/dedicate	allouer/consacrer
disabled	handicapped	handicapé/invalide
disclose	reveal/unveil	révéler/dévoiler
discontent	dissatisfaction/displeasure	insatisfaction
disguise	conceal/hide	dissimuler/cacher

	Synonyme	Traduction
disgruntled	discontented/dissatisfied	insatisfait/mécontent
dismal	gloomy/dreary	sombre
dismiss	lay off/make redundant	licencier
display	show/exhibit	étaler/exhiber
disseminate	spread/propagate	propager/répandre
disruptive	disturbing/troublesome	perturbateur
distort	deform/twist	déformer
doggedness	perseverance	détermination
dole (to be on the)	unemployed/jobless	être au chômage
drawbacks	disadvantage/downside	revers/désavantage
dreadful	appalling/horrible	horrible
dubious	doubtful	douteux
duty	mission/task/assignment	devoir
dwindle	decline/decrease/shrink	rétrécir/diminuer
eager to	anxious to/keen to	impatient de/avide de
earnest	constant/serious	sincère/fervent/sérieux
earnings	income/wages/salary	revenus/salaire
embezzlement	misuse/fraud	détournement de fonds
encroach (on)	impinge on/infringe	empiéter sur
endorse	shoulder/support	endosser
enforce	implement	mettre en vigueur
enhance	improve/make better	mettre en valeur
enroll	enlist/join up	inscrire
entail	give rise to/cause	causer/provoquer
entertainment	leisure	divertissements/loisirs
erratic	changeable/inconsistent	aléatoire/inégal/irrégulier
eschew	dodge/avoid	éviter
evade	escape/elude	échapper à/fuir
eventually	ultimately/finally	finalement
exemplify	symbolise/illustrate	illustrer

	Synonyme	Traduction
exhaust	consume/deplete	détruire/épuiser
expansive	1/spacious 2/communicative	étendu expansif
expenditure	expense/spending	dépense
extravagant	excessive	excessif
eyesore	atrocity/blemish/blight	tache/souillure
behavior	conduct/manner	comportement/conduite
fair	honest/just	juste/équitable
fallacy	falsehood	erreur/illusion
falter	hesitate	hésiter
fearful	scared/afraid	effrayé
fetch	conduct/escort	aller chercher
figure out	1/calculate/work out 2/imagine/understand	calculer comprendre
first hand	learned directly	de première main
fix	repair/mend	réparer
flair	ability/knack/talent	talent
flaw	defect	défaut/imperfection
flourishing	thriving/booming	florissant
fond of	keen on	amateur de
forecast	foresee/anticipate/predict	prévoir/anticiper
formation	constitution/establishment	formation
former	ex/previous	ancien/ex
fortnight	two weeks	quinze jours
frail	feeble/fragile/vulnerable	fragile
frugal	economical/penny-wise	économe
fund	money/subsidy	fonds/subvention
further	additional/supplementary	supplémentaire
fussy	difficult/hard to please	pointilleux/tatillon
gape at	stare at	être bouche bée
garbage	refuse/rubbish/waste	détritus/ordures

	Synonyme	Traduction
genuine	authentic/original/pure	authentique/véritable
glance (at first)	at first sight	vue
glimpse (catch a)	catch sight of	aperçu
goal	purpose/aim/objective	but/objectif
go-between	intermediary/middleman	intermédiaire
grab	take hold of/grasp	attraper/saisir
gregarious	sociable	sociable/grégaire
grounds	reasons/motives	raisons
gruelling	harsh/exhausting	épuisant/éreintant
grumble	complain	gémir/se plaindre
guilty	responsible for	coupable
halt	stop/cease	cesser
handle	cope with/address/solve	prendre en main/résoudre
hard-nosed	uncompromising	impitoyable/dur
hardly	barely/scarcely	à peine/guère
harmful	detrimental/damaging	néfaste/nuisible
harvest	crop	récolte/moisson
hasten	quicken	accélérer
havoc	carnage/devastation	carnage
hazard	danger/risk	danger/risque
hazardous	dangerous/risky	dangereux/risqué
hedge	dodge	éviter de répondre
heed	pay attention to	prêter attention à
herald	announce	annoncer
hire	1/rent 2/recruit	louer recruter
hue	colour/shade	teinte/couleur
hum	vibrate/murmur	vrombir/bourdonner
hurdle	obstacle	entrave/obstacle
idle	inactive/out of action	oisif
ignore	disregard/neglect/overlook	ignorer

	Synonyme	Traduction
impinge	infringe/breach	empiéter
implement	enforce	mettre en vigueur
incur	arouse/induce/provoke	susciter/provoquer
indict	accuse of/charge with	accuser
indisputable	unquestionable	indéniable
injury	damage/harm	blessure/lésion
insight	understanding	aperçu/connaissance
intricate	complicated	compliqué
invoice	bill/account	facture
jolly	cheerful/joyous	joyeux
keen on	enjoy/fond of	amateur de
lack	shortage/dearth	manque/pénurie
lavish	abundant/lush/plentiful	généreux/luxueux
lean to	support/favour	avoir un penchant pour
leash (on a)	controlled	sous contrôle
lecture	address/lesson/speech	cours/conférence
lend	loan/grant	prêter
lenient to	clement/indulgent/tolerant	indulgent
lethal	fatal/deadly	mortel
liability	responsibility	responsabilité
likely	expected/feasible/plausible	susceptible de
load	fill	charger/remplir
grant	give/allocate/allot	accorder
lodgings	accommodation/rooms	logement
looming	threatening/menacing	menaçant
mainstream	current/general/prevailing	dominant
mandatory	compulsory/obligatory	obligatoire
mayhem	confusion/havoc	confusion/grabuge
mean	1/average 2/nasty/unfriendly 3/stingy	moyen méchant radin

	Synonyme	Traduction
means	way	moyen (de)
menace	intimidation/threat/danger	menace
mere	simple/sheer	simple
merge	combine/converge/fuse	fusionner
miscellaneous	diverse/heterogeneous	divers
misconceive	misapprehend/misjudge	mal interpréter
misdemeanor	misbehaviour/misconduct	écart de conduite
mix up	1/confuse 2/embroil/entangle	confondre mêler
moan	deplore/lament	pleurer/se lamenter
mock	make fun of/insult	se moquer de
momentum	energy/impetus/thrust	dynamisme
mundane	ordinary/commonplace	banal
nasty	unpleasant/mean	mauvais/méchant
naughty	disobedient/teasing	méchant
nevertheless	nonetheless/however	néanmoins
nickname	familiar name/diminutive	surnom
noteworthy	outstanding/remarkable	remarquable
notwithstanding	despite/in spite of	malgré
obscure	ambiguous	ambigu
odd	strange/bizarre	étrange
offset	compensate/make up for	compenser
on the brink	on the verge of/about to	au bord de
outcast	misfit	marginal
outcome	result/conclusion	résultat/issue
outlet	point of sale	point de vente
outnumber	be more numerous	dépasser en nombre
outperform	do better	faire mieux
output	production	production
outsmart	deceive/dupe	être plus malin
outstanding	impressive/exceptional	exceptionnel

	Synonyme	Traduction
overlook	disregard/ignore	négliger/sous-estimer
overly	unduly/exceedingly	excessivement
overrate	overestimate/exaggerate	surestimer
overtime	additional working hours	heures supplémentaires
overtly	openly	ouvertement
overwrought	overworked	surmené
pace	speed	rythme/vitesse
partial	biased/prejudices	partial
patron	client	mécène/client
pattern	model	modèle/schéma
perks	fringe benefits	avantages en nature
pillar	support	pilier
pinpoint	define/identify/locate	identifier/localiser
pioneer	innovator/precursor	pionnier
pitfall	obstacle/trick/trap	écueil
plague	scourge	fléau/plaie/calamité
pledge	promise	promesse
plummet	collapse	baisser fortement
plush	lavish/costly	somptueux/luxueux
poll	survey	sondage/enquête
precursor	pioneer	précurseur
predicament	difficult situation	situation difficile
prejudiced	biased/partial	partial/biaisé
premises	offices	bureaux/locaux
presume	guess/assume	supposer
pretend	fake	faire semblant
prevail	predominate	dominer
primarily	1/mainly/essentially 2/originally	principalement originairement
prior (to)	before	avant
prompt	urge	inciter à

	Synonyme	Traduction
prone	inclined to	enclin à
prosecute	sue	poursuivre en justice
purpose	objective/goal/aim	but/objectif
pursue	aspire to	poursuivre
puzzled	baffled/bewildered	médusé/perplexe
quarter	semester	semestre
random	accidental/fortuitous	au hasard/fortuit
range	assortment	gamme
rank	classify/evaluate	classer
ravages	devastation	ravages/dégâts
readily	promptly	rapidement/promptement
record	register	enregistrer
redo	do again	refaire
redundancy	layoff/dismissal	licenciement
refund	reimburse	rembourser
relevant	pertinent	pertinent
relinquish	abandon/give up	renoncer à
remote	distant	éloigné
reply	answer	répondre
require	demand/claim	requérir/exiger
resign	quit	démissionner
resume	get back to	reprendre/recommencer
retire	leave	prendre sa retraite
retrieve	get back/recover	récupérer
reveal	disclose/show	révéler/montrer
rift	breach/division	division/désaccord
rough	approximate	grossier/approximatif
roughly	approximately	approximativement
rude	abrupt/crude	impoli
rule	govern	diriger/gouverner

	Synonyme	Traduction
rule out	exclude	exclure
ruse	deceit/scheme	tromper
sane	normal/sensible	sain/raisonnable
scale	degree/extent/scope	échelle/portée
scam	racket/fiddle/rip-off	arnaque/escroquerie
scarce	rare/uncommon	rare
schedule	programme	calendrier/programme
scheme	project/plan	projet/plan
scold	reprimand/tell off	réprimander/gronder
scorn	contempt/disdain	mépris/dédain
scrap	discard	jeter/supprimer
seaworthy	fit to travel	bon à prendre la mer
secluded	remote/isolated	reclu/isolé
securities	equities/stocks/assets	valeurs/actions
seize	grasp/catch	saisir
self-assured	self-confident	qui a de l'assurance
self-centered	selfish	égocentrique
selfless	unselfish/altruistic	altruiste
senior	elder/superior	aîné/du grade supérieur
sensible	reasonable/wise	raisonnable
sensitive	delicate/reactive	sensible
setback	blow/misfortune	revers/retour de bâton
settlement	1/agreement 2/colony	règlement/accord colonie
severe	1/drastic/strict/stringent 2/ violent/fierce	radical dur
shallow	not deep/superficial	superficiel
sheer	absolute/pure/total/utter	pur/total
skill	ability/competence	compétence
skillful	talented/gifted/competent	compétent
skyrocket	soar	s'envoler en flèche

	Synonyme	Traduction
slice	cut/portion/share	tranche/part
sloppy	1/wet 2/clumsy/careless	trempé mal ajusté/mal ajusté
sluggish	slow/dull/lifeless	apathique/stagnant
smash	1/break/shatter 2/defeat/destroy	faire voler en éclats détruire
smooth	soft/peaceful/soothing	apaisant
soar	skyrocket	s'envoler
solace	relief/comfort	soulagement
solicit	ask/apply for	solliciter/postuler
soothing	calming/smoothing	apaisant
span	1/duration/time 2/distance	durée distance/écart/envergure
spill	overflow/shed	verser/renverser
sprawl	spread	s'étaler/se répandre
spy (on)	keep under surveillance	espionner
squabble	disagreement/quarrel	querelle
stable	constant/reliable	stable
stagger	hesitate/falter	hésiter
stake	interest	enjeu
stamp out	eradicate	éradiquer/éliminer
startle	amaze/astound	étonner
state	assert/declare	affirmer
steady	constant/stable/regular	régulier/constant
stiff	rigid	rigide/sans souplesse
stingy	mean	radin
store	stock	stocker
straightforward	genuine/direct/clear-cut	direct/franc/tranché
strain	pressure/tension	tension/pression
strenuous	demanding/tough	exigeant/dur
stretch	cover/spread	étendre/étirer/répandre
stringent	severe/strict	strict

	Synonyme	Traduction
strive	attempt/endeavour	s'efforcer de
stumble	trip against	trébucher
stunned	astounded	étonné
subsequent	following	qui succède
succinct	concise/short/brief	succinct
suitable	appropriate	qui convient
supply	provide/give	fournir
support	advocate/defend	aider/soutenir
susceptible	inclined/prone	prédisposé à
swap	switch/exchange	changer/échanger
sweep	clean/clear	balayer/nettoyer
swindle	rip off	escroquer
taciturn	mute/uncommunicative	terne
tackle	solve/deal with/address	résoudre/traiter
tailor	adapt/adjust/customize	tailler sur mesure
tardy	late/slow	tardif
tasty	delicious/savoury	goûteux
tedious	boring	ennuyeux/lassant
tentative	1/experimental 2/hesitant/faltering	expérimental hésitant
terminate	come to an end/conclude	achever
thorough	comprehensive/in depth	complet/approfondi
thoughtful	considerate/cautious	plein d'attention
thrifty	economical/frugal	économe
thrive	boom/flourish	être dynamique/florissant
thumb	flick through	feuilleter
tidy	clean	propre
tiny	small	petit
tough	harsh/inflexible	dur/inflexible
trade	exchange	échanger/commercer
training	exercising/education	formation/entraînement

	Synonyme	Traduction
trend	tendency	tendance
trick	device/gimmick/artifice	truc/astuce
trigger (off)	cause/spark	déclencher/provoquer
trivial	meaningless	banal
troublesome	demanding/difficult	difficile/exigeant
trustworthy	reliable/dependable	digne de confiance
turmoil	bedlam/confusion/tumult	tumulte/confusion
turning point	milestone/landmark	tournant
undeniable	unquestionable	indéniable
undertake	attempt/endeavour	entreprendre
unforeseeable	unpredictable	imprévisible
unique	exceptional	unique/exceptionnel
unkind	cruel/insensitive	insensible à
unlikely	improbable/implausible	peu susceptible de
unprecedented	unusual/exceptional	sans précédent
untruthful	deceptive/dishonest	trompeur
upset	bothered/confused	énervé
urge	prompt	inciter fortement
vacant	available/unoccupied	vacant
valuable	expensive/precious	de valeur
vanish	disappear/evaporate	disparaître
veer	change directions	virer/changer de cap
venture	endeavour/undertaking	entreprise/projet
versatile	adaptable/flexible	flexible/qui s'adapte
viscous	adhesive/glutinous	gluant
wage (war)	engage in	faire la guerre
wages	salary/pay/earnings	paye/salaire
warehouse	depot/storehouse	entrepôt
wealth	affluence/prosperity	richesse
weary	exhausted/tired	épuisé/las

	Synonyme	Traduction
whimper	moan/weep	gémir/geindre
widespread	common/popular	répandu/commun
windfall	bonanza/stroke of luck	aubaine
wise	judicious/sensible	sage
withdrawal	removal/retreat	retrait
withhold	keep/retain	retenir
worthless	meaningless/pointless	vain
wounded	injured	blessé
wrangle	quarrel/row/squabble	querelle
yield	1/give in/surrender 2/produce	céder à rapporter

2. FAUX-AMIS

Voici une liste de faux-amis sur lesquels vous êtes souvent mis en difficulté au concours.

to achieve (to do sthg)	accomplir/réussir/mener à bien
to accomodate	loger
actual/actually	réel,véritable/réellement, véritablement
advise	conseiller
affluence	richesse
benefit	avantage/bienfait
caution	prudence
chance	hasard
to charge (sby)	faire payer
close	proche/serré
college	établissement scolaire post-bac/université
commodity	marchandise/denrée
comprehensive	complet
confection	friandise
confidence	confiance

to contemplate (+ing)	envisager de faire qqch
countenance	expression du visage
court	tribunal
consistent (with)	cohérent
delay	retard
distracted	fou/égaré/éperdu
dramatic/dramatically	spectaculaire, impressionnant/de façon spectaculaire
to dispose (of sthg)	se débarrasser de
dispute	conflit
to deliver (sby)	livrer/accoucher
to deceive (sby)	tromper
to devise	concevoir/créer
engaged	occupé/fiancé
estate	domaine/propriété/biens/fortune
to evade	esquiver/échapper à/se dérober à
eventually	finalement/en fin de compte
evidence	preuves/signes d'évidence
extravagant	dépensier/gaspilleur/excentrique
fabric	tissu (au sens propre et figuré)
facilities	infrastructures/équipements
figure	silhouette/nombre/personnage
fortunate	chanceux
gas	gaz/mais aussi essence (US)
grapes	raisin
habit	habitude
hazard/hazardous	danger/dangereux, risqué
to indulge (in+ing)	se laisser aller à/se prêter à
inhabited	habité
to injure	blesser
intoxicated	ivre/grisé
issue	question/problème/exemplaire d'un journal

journal	revue
journey	trajet
lecture	conférence
location	emplacement
library	bibliothèque
malice	malveillance/malice
mechanic	mécanicien
mercy	miséricorde
niche	une niche au sens d'un créneau commercial
to notice	remarquer
notorious	de mauvaise réputation/d'une triste notoriété
parole	liberté conditionnelle
patron	mécène/client (d'un café, d'un pub)
petrol	essence (GB)
photograph	une photographie
phrase	expression/locution
physician	médecin
physicist	physicien
plant	plante/usine
prejudice	préjugé/idée toute faite
to prevent (sby from + ing)	empêcher
proper	adéquat
to qualify	obtenir un diplôme/nuancer (son propos)
rampant	qui fait rage
to realise	prendre conscience/se rendre compte
to recover	recouvrer/se remettre/récupérer
refuse (indénombrable)	déchets/ordures
to regard	considérer
relief	aide/soulagement
to remark	faire remarquer
to rest	se reposer

to resume	reprendre (après s'être interrompu)
route	itinéraire
rude	impoli
sensible	sensé/raisonnable
sensitive	sensible
sentence	phrase (en grammaire)/peine (au sens juridique)
spectacles	lunettes
store	grand magasin
susceptible	sensible/impressionnable
suit (nom)	costume
suit (verbe)	convenir à/aller
to supply	fournir
to support	soutenir/défendre
sympathetic	compatissant
sympathy	compassion
tentative	timide/hésitant/expérimental
touchy	susceptible
to train	entraîner/former
utility	utilité/service public
vacation	vacances
valid	valable
versatile	polyvalent, doué dans plusieurs domaines

3. ORTHOGRAPHE A RISQUE

✗ : N'écrivez jamais / Ne dites jamais

✓ **: Ecrivez / Dites**

1. *Another*

an other ✗

another ✓

2. *Cannot*

can not ✗

cannot ✓

3. Utopique

His way of seeing things is very utopic. ✗

His way of seeing things is very utopian. ✓

4. Catastrophe

A catastrophy ✗

A catastrophe ✓

5. Monsieur, Madame…

Mr, Mrs, Ms, Dr ✗

Mr, Mrs, Ms, Dr ✓

6. Organisme

The UN is an international organism. ✗

The UN is an international organisation. ✓

7. Perte

This months's lost is the same as last month's. ✗

This months's losses are the same as last month's. ✓

8. Homme d'Etat

He is an outstanding stateman. ✗

He is an outstanding statesman. ✓

9. Développer

Developped countries have agreed to help the Third World. ✗
Developed countries have agreed to help the Third World. ✓

10. *A/An*

An university, an European… ✗
A university, a European... ✓

11. Dictature

Why are democratic countries supporting dictatures? ✗
Why are democratic countries supporting dictatorships? ✓

12. Dénonciation

His denounciation of the régime is excessive. ✗
His denunciation of the régime is excessive. ✓

13. Déséquilibre

There is an unbalance between supply and demand. ✗
There is an imbalance between supply and demand. ✓

14. Théorique

His views are very theoric. ✗
His views are very theoretical. ✓

15. Estimation

Our estimation is wrong. ✗
Our estimate is wrong. ✓

16. Exagérer

When describing the situation, he is liable to exagerate a bit. ✗
When describing the situation, he is liable to exaggerate a bit. ✓

17. Long/longueur/allonger

Everyone was surprised at the longness of his speech. ✗
Everyone was surprised at the length of his speech. ✓

18. *Analysis*

Two analysis ✗
Two analyses ✓

19. Nostalgie

His nostalgy for his childhood is most acute. ✗
His nostalgia for his childhood is most acute. ✓

20. Fierté

Proudness ✗
Pride ✓

21. Fondateur

Foundator ✗
Founder ✓

22. Monopole

The monopole on public transport will soon come to an end. ✗
The monopoly on public transport will soon come to an end. ✓

23. Moyen

A mean ✗
A means ✓

24. Négocier

He spent a long time negociating with unions. ✗
He spent a long time negotiating with unions. ✓

25. Illimité

Illimited ✗
Unlimited ✓

26. Le suffixe *-ful*

Disrespectfull, plentifull, awfull… ✗
Disrespectful, plentiful, awful… ✓

27. Le suffice *-ly*

Absolutly, expensivly, completly, fortunatly ✗

Absolutely, expensively, completely, fortunately ✓

28. Responsable/responsabilité

His responsability has not been proved beyond doubt. ✗

His responsibility has not been proved beyond doubts. ✓

29. Littérature

Litterature is part and parcel of the curriculum. ✗

Literature is part and parcel of the curriculum. ✓

30. *Lose/loose*

He is loosing weight. ✗

He is losing weight. ✓

31. *Until*

I won't leave untill I've met the manager. ✗

I won't leave until I've met the manager. ✓

32. Prétendu

He is the alledged murderer. ✗

He is the alleged murderer. ✓

33. Adjectifs de nationalité

French, english, israeli, chinese, japanese… ✗

French, English, Israeli, Chinese, Japanese… ✓

34. Quant à

As regard his work he is not as demanding. ✗

As regards his work he is not as demanding. ✓

35. Réaliste

This is a very realist approach. ✗

This is a very realistic approach. ✓

36. Critère

The authorities have set new criterions. ✗
The authorities have set new criteria. ✓

37. Romantisme

Romantism is by no means dead. ✗
Romanticism is by no means dead. ✓

38. Jours de la semaine/mois

On monday, on sunday, in december, in march… ✗
On Monday, on Sunday, in December, in March… ✓

39. Rythme

The rythm of job creation has slowed down. ✗
The rhythm of job creation has slowed down. ✓

40. Technique

This technic has been extensively used. ✗
This technique has been extensively used. ✓

4. ERREURS FREQUENTES

✗ : N'écrivez jamais / Ne dites jamais

✓ : Ecrivez / Dites

1. Nous ne sommes pas d'accord.

   We are not agree. ✗

   We don't agree. ✓

2. Jamais je n'avais vu un tel désordre !

   Never I had seen such a mess! ✗

   Never had I seen such a mess! ✓

3. Il voyage souvent.

   He travels often. ✗

   He often travels. ✓

4. Cette femme est assez expérimentée pour le poste.

   This woman is enough experienced for the job. ✗

   This woman is experienced enough for the job. ✓

5. Le pouvoir, c'est l'objectif de tous les hommes politiques.

   Power, it is the aim of all politicians. ✗

   Power is the aim of all politicians. ✓

6. Les deux premiers trimestres

   The two first terms ✗

   The first two terms ✓

7. Dites-nous où se trouve l'église.

   Tell us where is the temple. ✗

   Tell us where the temple is. ✓

8. Il s'agit d'une offre assez intéressante.

   This is a quite interesting offer. ✗

   This is quite an interesting offer. ✓

9. C'est un professionnel.

It's a professional. ✗

He's a professional. ✓

10. Une telle mémoire ! Une si bonne mémoire !

A such memory! A so good memory! ✗

Such a memory! So good a memory! ✓

11. Un ami de Ben

A friend of Ben (A Ben's friend) ✗

A friend of Ben's ✓

12. Personne n'a contesté sa promotion. C'est un miracle !

No one has contested his promotion. It is a miracle! ✗

No one has contested his promotion. That is a miracle! ✓

13. Presque personne

Hardly nobody ✗

Hardly anybody ✓

14. Il n'est presque jamais à la maison.

He is nearly never home. ✗

He is hardly ever home (= almost never). ✓

15. Prendre de l'intérêt pour quelque chose

To take interest in something ✗

To get interested in something ✓

16. Mon professeur, américain et spécialiste de Faulkner, aimait le sud.

My teacher, American and specialist of Faulkner, liked the south. ✗

My teacher, an American and spécialist of Faulkner, liked the South. ✓

17. Elle a fait preuve de beaucoup de courage.

She showed a great courage. ✗

She showed great courage. ✓

18. Comme (le) dit l'auteur…

As says the author… ✗

As the author says… ✓

19. En tant que médecin de l'équipe…

As doctor of this team… ✗

As the doctor of this team… ✓

20. – Ne vous en faites pas, dit-il.

– Don't worry, said he. ✗

"Don't worry", he said. ✓

21. Aussi risquée que soit cette nouvelle politique…

So risky this new policy may be… ✗

However risky this new policy may be… ✓

22. Dans un avenir proche

In a near future ✗

In the near future ✓

23. C'est la première fois que je bois du thé sans sucre.

It's the first time I drink tea without sugar. ✗

It's the first time I've drunk tea without sugar. ✓

24. Combien êtes-vous ?

How many are you? ✗

How many of you are there? ✓

25. Avant, il était électricien.

Before, he was an electrician. ✗

He used to be an electrician. ✓

26. Comment est son nouveau patron ?

How is his new boss? ✗

What's his new boss like? ✓

27. Dans une certaine mesure…

In a certain measure… ✗
To a certain extent… ✓

28. A la différence de…

At the difference of… ✗
Unlike… ✓

29. Cette tour est haute de trente mètres.

This tower is high of thirty metres. ✗
The tower is thirty metres high. ✓

30. Quelle est la hauteur de cette tour ?

What is the high of this tower? ✗
How high is this tower? ✓

31. Et toi ?

And you? ✗
What about you? ✓

32. La voiture la moins chère.

The car the less expensive. ✗
The cheapest car. ✓

33. Tout le monde ne vote pas aux Etats-Unis.

Everyone doesn't vote in the United States of America. ✗
Not everyone votes in the United States of America. ✓

34. Il y a

There as ✗
There is ✓

35. Il y a vingt minutes que je vous attends.

There are twenty minutes that I'm waiting for you. ✗
I've been waiting for you for twenty minutes. ✓

36. Le plus de livres possible

The most books possible ✗
As many books as possible ✓

37. Il ouvrit la porte d'un coup de pied.

He opened the door with a kick. ✗
He kicked the door open. ✓

38. Les deux bâtiments

The both buildings ✗
Both buildings ✓

39. Les jeunes

The youngs ✗
Young people ✓

40. Le plus important, c'est…

The most important is… ✗
The most important thing is… ✓

41. L'auteur nous décrit…

The author describes us… ✗
The author describes… ✓

42. Il existe plusieurs solutions à ce problème.

It exist many solutions to this problem. ✗
There are/exist many solutions to this problem. ✓

43. On m'a dit que…

One told me that… ✗
I was told that… ✓

44. Ils se sont tués dans un accident.

They killed themselves in an accident. ✗
They got killed in an accident. ✓

45. Un discours trop violent

A too violent speech ✗

Too violent a speech ✓

46. Le nouveau budget a permis de construire une bibliothèque.

The new budget has allowed to build a new library. ✗

The new budget has allowed a new library to be built. ✓

47. Il marchait la cigarette à la main.

He was walking the cigarette in his hand. ✗

He was walking with his cigarette in his hand. ✓

48. Ils arrivèrent, la veste sur l'épaule.

They arrived, their jacket on their shoulder. ✗

They arrived with their jackets on their shoulders. ✓

49. Encore un accident ? Vous n'avez pas de chance.

Another accident? You don't have any chance. ✗

Another accident? You're not very lucky. ✓

50. – Tes enfants sont à l'école ? – Je pense.

"Are your children at school ?" "I think." ✗

"Are your children at school ?" "I think so." ✓

51. Mon professeur m'a suggéré de passer quelques mois en Angleterre.

My teacher has suggested me to spend a few months in England. ✗

My teacher has suggested I spend a few months in England. ✓

52. Il y a (+) distance

There is… to… ✗

It is… to… ✓

53. Elle regrette de ne pouvoir rester.

She regrets that she can't stay. ✗

She wishes she could stay. ✓

54. Et si nous dînions ?

And if we had dinner? ✗

What about having dinner? ✓

55. Ils se sont battus.

They've been fighting each other/themselves. ✗

They've been fighting. ✓

56. C'est le jour où nous nous sommes rencontrés.

That's the day where we met. ✗

That's the day when we met. ✓

57. Pourquoi peuvent-ils sortir et pas nous ?

Why can they go out and not us? ✗

Why can they go out and can't we? ✓

58. Ceux qui…

The ones who… ✗

Those who… ✓

59. Mon frère est médecin.

My brother is doctor. ✗

My brother is a doctor. ✓

60. Il désirait de plus en plus la voiture qu'il avait vue.

He wanted more and more the car he had seen. ✗

He wanted the car he had seen more and more. ✓

61. Actuel

The actual crisis can be put down to unions. ✗

The current crisis can be put down to unions. ✓

Actual signifie « réel ». « Actuel » se traduit par *current*, *present*. *Currently* signifie « à l'heure actuelle ».

62. Inhabité

The area is inhabited. ✗
The area is uninhabited. ✓

To inhabit traduit « habiter », « un habitant » étant traduit par *an inhabitant*. Il faut rajouter le préfixe négatif *un-* pour traduire « inhabité ».

63. Chance

With some chance, he'll pass the exam. ✗
With some luck, he'll pass the exam. ✓

Chance signifie « hasard ».

64. Achever

Work was achieved on time. ✗
Work was completed on time. ✓

To achieve signifie « réussir ».

65. Concevoir

He has conceived a new software program. ✗
He has developed a new software program. ✓

To conceive est utilisé pour rendre « concevoir, envisager ». Le sens de « concevoir, élaborer, mettre au point » est rendu par *to develop, to devise*.

66. Emission

There's a new emission on tonight. ✗
There's a new programme on tonight. ✓

« Une émission » se traduit par *a programme/a broadcast*. De ce dernier mot on tire le verbe « diffuser, émettre » : *to broadcast*. *Emission* s'emploie en référence à des émissions de fumées toxiques et est donc synonyme de *fumes*.

67. Déçu

My parents are deceived that I wasn't accepted at Oxford. ✗
My parents are disappointed that I wasn't accepted at Oxford. ✓

To deceive signifie « tromper ». « Décevoir » se traduit par *to disappoint*.

68. Dramatique

The news is dramatic. ✗
The news is tragic. ✓

Drama signifie « le théâtre » et *dramatic,* « spectaculaire ». *Tragic* traduit « dramatique » ; *a tragedy,* « un drame ».

69. Durement

There was no reason for him to speak to me so hardly. ✗
There was no reason for him to speak to me so harshly. ✓

Hardly est le synonyme de *scarcely*, *barely* et signifie « à peine ». « Durement » se traduit par *harshly, roughly.*

70. Elaborer

My brother has elaborated a new software program. ✗
My brother has developed a new software program. ✓

To develop, to devise sont les façons les plus courantes de traduire « élaborer ». L'anglais étant plus descriptif que le français, on notera également que *to write* est possible comme traduction pour l'exemple ci-dessus.

71. Ancien

My ancient husband now lives in Mexico. ✗
My former/ex-husband now lives in Mexico. ✓

Ancient est la traduction d'« antique ».

72. Performant

It's a very performing method. ✗
It's a very efficient method. ✓

To perform signifie « faire, réaliser ». *Performing* est employé dans *performing arts* et couvre l'ensemble des disciplines liées au monde du spectacle (théâtre, danse, acrobatie, musique…).

73. Affaire

This is quite a strange affair. ✗
This is quite a strange case. ✓

Affair signifie « liaison sentimentale ». *Case* a souvent un sens juridique et peut être remplacé par *matter* ; *business* est employé pour les affaires dans le monde de l'entreprise mais aussi pour traduire « Ce ne sont pas mes affaires » *(This is none of my business).*

74. Eventuellement

He will eventually come, depending on whether his flight is on time or not. ✗
He will possibly come, depending on whether his flight is on time or not. ✓

Eventually est la traduction de « finalement », *possibly* signifiant « éventuellement ».

75. Agriculteur

Agriculturers have decided to stage another demonstration. ✗
Farmers have decided to stage another demonstration. ✓

Farming traduit « agriculture », *farmer* « agriculteur ». De même *farm trade* traduit « commerce agricole »

76. Exploitant

The exploiters of the Chunnel are in the red. ✗
The operators of the Chunnel are in the red. ✓

« Exploiter » au sens de « faire marcher » se traduit par *to operate* et « exploitation » par *operation.* Le sens de « traiter comme un esclave, exploiter » peut se rendre par *to exploit.*

77. Apparition

The apparition of new means of communication. ✗
The emergence of new means of communication. ✓

Apparition s'utilise pour le surnaturel.

78. Formation

Formation is one of the most important things ever. ✗

Training is one of the most important things ever. ✓

Formation vient du verbe *to form* au sens de « former / façonner » et signifie donc « la formation / la création / le développement ». « La formation / l'éducation » se traduira par *training,* formé sur le verbe *to train,* « éduquer, former ».

79. Hasard

I wonder if it is only a hazard. ✗

I wonder if it is only chance. ✓

A hazard est « un danger ». « Le hasard » se traduit par *chance.*

80. Implication

Bosses are demanding more implication on the part of employees. ✗

Bosses are demanding more involvement on the part of employees. ✓

To imply signifie « impliquer, entraîner » alors que *to involve* signifie « impliquer, faire participer ». « Etre impliqué dans » se traduit par *to be involved in.*

81. Comédien

Don't believe a word of what he's saying, he's a good comedian. ✗

Don't believe a word of what he's saying, he's a good actor. ✓

A comedian est un « comique » ; « un comédien, un acteur » se traduisent par *an actor/a player.*

82. Inciter

My teachers are inciting me to go abroad for one year. ✗

My teachers are encouraging me to go abroad for one year. ✓

To encourage est la façon la plus simple de traduire « inciter ». On notera aussi que *to press, to urge* sont possibles si le sujet est une personne.

83. Particularité

It is a French particularity. ✗

It is a French characteristic. ✓

> *Particularity* traduit l'idée de maniaquerie. *Characteristic* peut être remplacé par *feature, peculiarity.*

84. Prétendre

He pretends he is sick. ✗

He says he is sick. ✓

> *To pretend* signifie « faire semblant » ; « prétendre » est traduit par *to say, to argue, to claim, to contend.*

85. Réaliser

She wants to realize her dream of taking part in a fashion show. ✗

She wants to fulfill her dream of taking part in a fashion show. ✓

> « Réaliser, se rendre compte » se traduit par *to realize*, mais « réaliser, faire aboutir » est rendu par *to fulfill a dream, to make a dream come true.*

86. Cours

The next course is on Tuesday at 10 am. ✗

The next class is on Tuesday at 10 am. ✓

> *A course* est un ensemble de cours, un cursus, une formation en entier.

87. Rentabilité

Most companies are looking for rentability. ✗

Most companies are looking for profitability. ✓

> *Profit* signifie « bénéfice », *profitable* « bénéficiaire, rentable ». *To rent* signifie « louer ».

88. Résumer

He has resumed the text in less than 3 minutes. ✗
He has summed up the text in less than 3 minutes. ✓

To resume signifie « recommencer » ; « résumer » se traduit par *to sum up, to summarize.*

89. Polémique

His statement will cause a polemic. ✗
His statement will spark a controversy. ✓

Le mot *polemic* est rarement employé.

90. Société

This society has been in the red for two years. ✗
This company has been in the red for two years. ✓

« La société » se traduit par *society*, « une société, une entreprise » étant *a business, a firm, a company.*

91. Unique

She is a unique child. ✗
She is an only child. ✓

Unique traduit « exceptionnel » alors qu' « unique » se traduit par *only, single, sole.*

92. Ecologiste

Ecologists have yet again demonstrated against the new road. ✗
Environmentalists have yet again demonstrated against the new road. ✓

Ecology est la science dont l'objet d'étude est l'environnement et *an ecologist* est donc le scientifique spécialiste de l'environnement. « Un militant écologiste » se traduit par *an environmentalist.*

93. Utilité

The utility of such moves escapes many observers. ✗

The use/usefulness of such moves escapes many obervers. ✓

« Utilisation » se traduit généralement par *use* et « utilité » par *usefulness*. Quant à *utility* il signifie « service public ».

94. Sympathique

He is a very sympathetic person. ✗

He is a very nice person. ✓

Sympathetic signifie « compatissant », *to sympathize* signifie « comprendre » (la douleur, la peine…) ; « sympathique » se traduit par *nice, friendly, kind.*

95. Assister à

We are assisting to a return to traditional values. ✗

We are witnessing a return to traditional values. ✓

« Assister à » se traduit par *to attend sthg* si le sujet est un spectateur volontaire. D'où *to attend a match/a play*, « assister à un match/une pièce ». Si le sujet n'est qu'un témoin, et non plus un spectateur volontaire, la traduction est *to witness sthg.*

III. ENTRAINEMENT

Vous trouverez ici deux séries de QCM d'entraînement.

N'oubliez pas de répondre au hasard aux questions de QCM que vous n'aurez pas réussi à traiter.

Épreuve 1 : QCM de 35 questions • 30 minutes

Question 1. It's high time we … a break. I can't … the heat any longer.

(A) have / stand
(B) had / hold
(C) had / stand
(D) have / bore

Question 2. How long is it since you … to your cousin who lives in the south of Spain?

(A) speak
(B) spoke
(C) have spoken
(D) had spoken

Question 3. In many … the … has an impact on people's political opinions.

(A) consumer societies / cost of living
(B) consumption societies / cost of life
(C) consumer societies / cost of life
(D) consumption societies / cost of living

Question 4. It was really noisy in the car so my brother told his children to stop …

(A) to shout
(B) shouting
(C) injuring
(D) to injure

Question 5. The policeman attempted to … the embassy wall.

(A) prevent the protester from climbing
(B) prevent the protester to climb
(C) prevent the protester from clims
(D) prevent the protester to climbing

Question 6. He … the soccer club which was set up … .

(A) belongs to / since 10 years
(B) is belonging to / for 10 years
(C) belongs to / 10 years ago
(D) is belonging to / 10 years ago

Question 7. By this time next year, I … in this country for more than fifteen years.

(A) have lived
(B) will live
(C) will have lived
(D) would live

Question 8. Although the job centre gave me some … I found a lot more … on the Internet.

(A) advice / informations
(B) advises / informations
(C) advice / information
(D) advices / information

Question 9. Because I had left my mobile phone at home I … ask my brother to bring it to school.

(A) had to
(B) must
(C) should
(D) should have

Question 10. As the mobile phone industry is booming, many companies have decided to …

(A) take the bandwagon
(B) take the moving train
(C) jump on the train
(D) jump on the bandwagon

Question 11. Most people … upset when they received her email. However, when he read it he … reacted.

(A) fell / hardly
(B) felt / hard
(C) fell / hard
(D) felt / hardly

Question 12. My sister works in a zoo so she … dangerous animals.

(A) was used feeding
(B) is used to feeding
(C) is used to feed
(D) has the habit to feed

Question 13. My boss said, “Can you … why we have … paper for the printer”?

(A) explain me / run out of
(B) explain to me / run out
(C) explain to me / run out of
(D) explain me / not

Question 14. The cost of raw materials has increased dramatically. Therefore many manufacturers have decided to … their prices.

(A) higher
(B) rise
(C) grow up
(D) raise

Question 15. When he … enough money, he … to buy a new car.

(A) earns / will be able
(B) will earn / will be able
(C) earns / be able
(D) will earn / be able

Question 16. Whether you are accepted in this university depends … the … you obtain.

(A) on / graduation
(B) of / notes
(C) of / average
(D) on / marks

Question 17. Many … like to … the films they have recently seen at the cinema.

(A) young people / discuss about
(B) youngs / discuss
(C) young people / discuss
(D) youngs / talk about

Question 18. He really wanted to go to Ibiza so he … his uncle and aunt.

(A) borrowed some money to
(B) borrowed some money from
(C) borrowed some money of
(D) borrowed some money at

Question 19. … for being late, he … .

(A) Had he apologized / would not have been punished
(B) Was he apologize / would not have been punished
(C) He apologizes / didn't punish
(D) Had he apologized / had been punished

Question 20. Susan: "Do you think it's going to rain tomorrow?"
Jack: …

(A) "I have the slightest idea!"
(B) "I don't know nothing!"
(C) "I haven't got a clue!"
(D) "I don't have an idea!"

Question 21. Hardly had he seen the dog … away.

(A) when he ran
(B) when he runs
(C) than he ran
(D) he runs

Question 22. "Charles, what are you doing with that bucket of water?"
" … wash my car."

(A) I will
(B) I'm going to
(C) I'm going
(D) I

Question 23. John: "How many people were you able to count at that enormous beach party?" Peter: "There were … participants."

(A) severals hundreds
(B) two hundreds
(C) hundreds of
(D) some hundreds of

Question 24. It was really kind of Kate to have helped us out. …

(A) She didn't have.
(B) She needn't have to.
(C) She needn't have.
(D) She needn't to.

Question 25. When the envelope arrived with my school results and I opened it, … .

(A) I wished I had worked harder
(B) I wish I worked harder
(C) I wish I work harder
(D) I wish I only had work harder

Question 26. We all remember Mohamed Ali, … boxing skills were legendary.

(A) which
(B) whose
(C) who
(D) what

Question 27. There are 2 … that I must give you before you go.

(A) informations
(B) information
(C) pieces of information
(D) of information

Question 28. Manchester United have gone through to the third … of the UEFA Cup.

(A) turn
(B) position
(C) round
(D) ring

Question 29. John is a good player, but Jim is … .

(A) best
(B) better
(C) the better
(D) more good

Question 30. He … be very rich to have such a beautiful house.

(A) should
(B) is supposed to
(C) must
(D) would

Question 31. … seen such a great match.

(A) Never I have
(B) I never
(C) Never have I
(D) Never I

Question 32. I can't hear you. Speak … .

(A) over
(B) out
(C) down
(D) up

Question 33. I … the bus. Now I will have to walk.

(A) am missing
(B) have missed
(C) had missed
(D) was missed

Question 34. The … of the Seine is on the Normandy coast.

(A) foot
(B) opening
(C) mouth
(D) throat

Question 35. Always look before … the road.

(A) crossing
(B) to cross
(C) cross
(D) crossed

Corrigés de l'épreuve 1

Question 1. Réponse C

*It's high time we **had** a break. I can't **stand** the heat any longer.*

Il est grand temps que nous fassions une pause. Je ne peux plus supporter la chaleur.

– L'expression ***"it's high time…"*** appelle **le prétérit**. A et D ne conviennent donc pas.

– *"I can't bore"* est un barbarisme.

Question 2. Réponse B

*How long is it since you **spoke** to your cousin who lives in Spain?*

Depuis combien de temps n'as-tu pas parlé à ton cousin qui vit en Espagne ?

– L'adverbe ***"since"*** appelle le **prétérit** puisqu'il définit un point fixe dans le passé.

Question 3. Réponse A

*In many **consumer societies** the **cost of living** has an impact on people's political opinions.*

Dans de nombreuses sociétés de consommation, le coût de la vie a un impact sur les opinions politiques des personnes.

– L'expression « la société de consommation » se traduit en anglais de façon idiomatique par ***"the consumer society"***. B et D ne conviennent donc pas.

– De même, « le coût de la vie » se traduit par ***"the cost of living"***.

Toutes ces constructions idiomatiques ne peuvent pas s'inventer et c'est pour cela que vous devrez les apprendre pour ne pas être surpris le jour de l'épreuve.

Question 4. Réponse B

*It was really noisy in the car so my brother told his children to stop **shouting**.*

Il y avait beaucoup de bruit dans la voiture, mon frère a donc dit à ses enfants d'arrêter de hurler.

– *"Stop"* se construit avec une **forme progressive** en **ING** quand il signifie cesser de faire quelque chose. A et D ne conviennent donc pas.

– *"To injure"* est un **faux-ami** et signifie « blesser ».

Question 5. Réponse A

The policeman attempted to ***prevent the protester from climbing*** *the embassy wall.*

Le policier tenta d'empêcher le manifestant d'escalader le mur de l'ambassade.

– **to prevent someone FROM + ING**.

Question 6. Réponse C

He ***belongs to*** *the soccer club which was set up* ***10 years ago****.*

Il appartient au club de football qui a été créé il y a 10 ans.

– ***To belong TO*** est **incompatible** avec la forme en **ING**. B et D ne conviennent donc pas.

– ***Since*** intervient dans une construction mettant en jeu **un point fixe dans le passé**, or, *10 years* est un **intervalle de temps**, non pas un point.

Question 7. Réponse C

By this time next year, I ***will have lived*** *in this country for more than fifteen years.*

A cette date l'année prochaine, j'aurai vécu dans ce pays depuis plus de quinze ans.

– *By this time next year* appelle un **futur antérieur**.

Question 8. Réponse C

Although the job center gave me some ***advice*** *I found a lot more* ***information*** *on the Internet.*

Bien que le Pôle emploi m'ait donné quelques conseils, j'ai trouvé bien plus d'informations sur Internet.

– *Advice* et *information* sont tous les deux des **indénombrables**, au même titre que *money, water, luggage, furniture…*

Attention, indénombrable signifie également toujours singulier, ce qui n'est pas toujours évident.

Ex. : *My luggage* ***IS*** *in the car* ; qui signifie bien Mes bagages sont dans la voiture.

Pour dire *une information* ou *un conseil* on utilisera *a piece of* :

He gave me ***a piece of advice****.*

Il m'a donné un conseil.

De même, Il ne reste plus qu'un meuble dans la pièce se traduit :

*There is only **one piece of furniture** left in the room.*

NB : le nom *"advise"* n'existe pas, cependant, le verbe *"to advise"* existe, et signifie « conseiller ».

Question 9. Réponse A

*Because I had left my mobile phone at home I **had to** ask my brother to bring it to school.*

Puisque j'avais oublié mon téléphone portable à la maison, j'ai du demander à mon frère de l'amener à l'école.

– *"Must"* n'ayant **pas de forme passée**, on utilise ***"have to"*** à la place.

Question 10. Réponse D

*As the mobile phone industry is booming, many companies have decided to **jump on the bandwagon**.*

Comme l'industrie du téléphone portable explose, de nombreuses entreprises on décidé de prendre le train en marche.

On essaye ici de vous tester sur le vocabulaire, sachez que l'expression française **« prendre le train en marche »** se traduit en anglais par l'expression idiomatique ***"jump on the bandwagon"***.

Question 11. Réponse D

*Most people **felt** upset when they received her email. However, when he read it he **hardly** reacted.*

La plupart se sont sentis contrariés quand ils ont reçu son mail. Cependant, quand il le lut, il réagit à peine.

– Le prétérit de *"to feel"* est ***"felt"***, non pas *"fell"*. A et C ne conviennent pas.

– *"He **hardly** reacted"* est correct et signifie « il réagit à peine ». *"He hard reacted"* ne veut rien dire.

NB : ***Hardly*** ne signifie en aucun cas « durement » mais toujours « à peine ».

Question 12. Réponse B

*My sister works in a zoo so she **is used to feeding** dangerous animals.*

Ma sœur travaille dans un zoo, elle a donc l'habitude de nourrir de dangereux animaux.

L'expression française « avoir l'habitude de » se traduit en anglais par l'expression idiomatique ***"to be used to + ING"***.

Question 13. Réponse C

My boss said, "Can you ***explain to me*** *why we have* ***run out of*** *paper for the printer?"*

Mon patron dit « Peux-tu m'expliquer pourquoi nous sommes arrivés à court de papier pour l'imprimante ? »

– « Expliquer à qqn » se traduit ***"to explain TO someone"***. Les réponses A et D ne conviennent pas.

– « Etre à cours de qqch » se traduit ***"to run out OF smth"***.

Question 14. Réponse D

The cost of raw materials has increased dramatically. Therefore many manufacturers have decided to ***raise*** *their prices.*

Le coût des matières premières a augmenté de façon spectaculaire. De nombreux constructeurs ont ainsi décidé d'augmenter leurs prix.

– *"Higher"* n'est pas un verbe mais un adjectif comparatif.

– *"To rise"* signifie « s'élever » non pas « élever, augmenter ».

– *"To grow up"* signifie « grandir ».

– *"To raise"* signifie effectivement « élever, augmenter qqch ».

Question 15. Réponse A

When he ***earns*** *enough money, he* ***will be able*** *to buy a new car.*

Quand il aura gagné assez d'argent, il pourra s'acheter une voiture.

Dans une subordonnée introduite par *"when"*, le verbe doit être au présent.

Question 16. Réponse D

Whether you are accepted in this university depends ***on*** *the* ***marks*** *you obtain.*

Ton admission dans cette université dépend des notes que tu obtiens.

– L'expression française « dépendre de » se traduit en anglais par ***"to depend ON"***. B et C ne conviennent donc pas.

– Pour désigner les notes obtenues à un examen, on utilise le nom ***"marks"*** (singulier : *"mark"*).

NB : graduation désigne l'obtention d'un diplôme.

Note ne désigne pas une note dans son acception scolaire, mais un billet.

Average signifie bien « moyenne ».

Question 17. Réponse C

*Many **young people** like to **discuss** the films they have recently seen at the cinema.*

De nombreux jeunes gens aiment discuter des films qu'ils ont vu récemment au cinéma.

– Le mot *"youngs"* est un barbarisme et n'existe pas. Pour désigner de jeunes gens, on utilise ***"young people"*** ou ***"youngsters"*,** ce qui élimine les réponses B et D.

– Le verbe *"to discuss"* s'utilise en outre **sans préposition**.

Question 18. Réponse B

*He really wanted to go to Ibiza so he **borrowed some money from** his uncle and aunt.*

Il voulait vraiment aller à Ibiza, il emprunta donc de l'argent à ses oncle et tante.

– « Emprunter qqch à qqn » se traduit par ***"to borrow smth FROM someone"*** ≠ ***TO LEND***.

Question 19. Réponse A

***Had he apologized** for being late, he **would not have been punished**.*

S'il s'était excusé pour son retard, il n'aurait pas été puni.

"Had he apologized" est équivalent à *"If he had apologized"*, qui appelle *"would"*.

Question 20. Réponse C

Susan: "Do you think it's going to rain tomorrow?"

*Jack: **"I haven't got a clue!"***

Susan : « Penses-tu qu'il va pleuvoir demain ? »

Jack : « Je n'en ai aucune idée ! »

– *"I have the slightest idea!"* signifie « J'ai la moindre idée », et ne colle pas au contexte ici, en plus d'être une tournure maladroite.

– *"I don't know nothing!"* est un **double négatif**, donc grammaticalement incorrect.

– *"I don't have an idea!"* est une traduction **mot-à-mot** de l'expression française « je n'en ai aucune idée », l'expression idiomatique correcte est ***"I have no idea!"*,** on retrouve également très souvent ***"I haven't got a clue!"***.

Question 21. Réponse A

Hardly had he seen the dog ***when he ran*** *away.*

Il avait à peine vu le chien lorsqu'il (celui-ci) s'enfuit.

– Ici, on doit appliquer la concordance des temps. Le prétérit est utilisé dans la proposition principale (***had***), c'est donc le prétérit que l'on doit choisir dans la proposition subordonnée. B et D ne conviennent pas, puisqu'elles font intervenir le présent.

– La réponse C constitue un non-sens syntaxique, la réponse A est donc la bonne réponse.

Question 22. Réponse B

"Charles, what are you doing with that bucket of water?"

"I'm going to *wash my car."*

« Charles, que faites-vous avec ce seau d'eau ?

– Je vais laver ma voiture. »

Le concepteur essaie ici de tester votre connaissance de la construction du futur comprenant une idée d'intention. Celui-ci se construit comme suit : ***to be going TO + INF***.

Question 23. Réponse C

John: "How many people were you able to count at that enormous beach party?"

Peter: "There were ***hundreds of*** *participants."*

John : « Combien de gens as-tu pu compter à cette énorme fête sur la plage ? »

Peter : « Il y avait plusieurs centaines/deux cents/des centaines/quelques centaines de participants. »

Pour répondre à cette question, il suffit de bien connaître les règles portant sur la numération en anglais.

On peut éliminer d'office la réponse A, puisque ***several***, qui est un adverbe, est invariable, et ne prend donc **jamais de s.**

La réponse B est alléchante, mais on sait que lorsque que ***hundred*** est utilisé dans l'écriture d'un nombre, il est lui aussi invariable.

Ex. : trois cent mille huit cent trente-quatre s'écrit ***three hundred thousand eight hundred thirty-four***.

La formation avec ***some***, bien que rare et peu habile existe, mais au même titre que pour A et B, ***hundred***, est invariable dans ce cas également.

Il nous reste donc la réponse C, correcte, signifiant « des centaines de ».

Question 24. Réponse B

It was really kind of Kate to have helped us out ***she needn't have to****.*

C'était très aimable de la part de Kate de nous avoir aidé. Elle n'était pas obligée.

Il s'agit de signifier ici que, bien que Kate ait prêté main forte au locuteur, cela n'était pas nécessaire.

Il manque à la réponse A une petite préposition qui l'aurait rendue correcte. En effet, on aurait pu écrire ***She didn't have TO***, qui était correct est très naturel.

La réponse C est grammaticalement bonne, cependant, ***need not*** dénote plutôt un devoir moral. On le traduirait ici par « Elle ne le devait pas. »

La proposition D n'est pas grammaticalement correcte, on écrirait plutôt : ***She didn't need to***.

Il nous reste donc la réponse B, qui est la bonne, et signifie « Elle n'y était pas obligée. »

Question 25. Réponse A

When the envelope arrived with my school results and I opened it, ***I wished I had worked harder****.*

Quand l'enveloppe contenant mes résultats scolaires arriva, et que je l'ouvris, je regrettai de ne pas avoir travaillé plus dur.

Sous l'angle de la concordance des temps, on peut déjà affirmer que la réponse A est la seule correcte, en effet, la proposition subordonnée étant au prétérit, la principale doit l'être aussi.

Cette question est cependant propice à un petit point de grammaire sur l'emploi de ***wish***.

On utilise ***wish*** avec le subjonctif passé.

Ex. : ***I wish I were with you***, qui signifie « Je regrette de ne pas être avec toi/Si seulement j'étais avec toi. »

On note l'emploi du subjonctif passé ***were***, et non du prétérit ***was***.

Et on peut bien évidemment faire concorder les temps. En conjuguant ***wish*** au prétérit plutôt qu'au présent, on obtient ***I wished I had been with you*** : « Je regrettai de ne pas avoir été avec toi », ***had been with you*** étant un subjonctif plus-que-parfait.

Question 26. Réponse B

We all remember Mohamed Ali, ***whose*** *boxing skills were legendary.*

Nous nous souvenons tous de Mohamed Ali, dont les qualités de boxeur étaient légendaires.

Il faut ici utiliser le pronom relatif possessif pour exprimer l'appartenance. Quelle que soit la nature de l'antécédent, animé ou inanimé, il s'agit de *whose*.

Question 27. Réponse C

There are 2 ***pieces of information*** *that I must give you before you go.*

Il y a deux informations que je dois vous donner avant que vous ne partiez.

Information est un indénombrable. Pour dire deux informations, on utilisera *two pieces of information. Two informations* ne fonctionne pas, puisque que *information* est un indénombrable, *two information* ne rend pas compte du pluriel, et *two of information* était à éliminer d'office puisque cela ne veut rien dire.

Question 28. Réponse C

Manchester United have gone through to the third ***round*** *of the UEFA Cup.*

Manchester United est arrivé jusqu'au troisième tour de la Coupe de l'UEFA.

Les amateurs de football auront sûrement reconnu, grâce au contexte que le mot recherché était en français le mot tour. Pour désigner le tour d'un tournoi en anglais, on utilise le mot *round. Turn* désigne un tournant, *position* ne collait pas au contexte, malheureusement pour ceux qui ne sont pas férus de ballon rond, et *ring* signifie anneau, et désigne tout aussi bien une bague, qu'un ring de boxe, mais pas un tour de championnat.

Question 29. Réponse B

John is a good player, but Jim is ***better****.*

John est un bon joueur, mais Jim est meilleur.

Lorsque l'on compare les qualités – ou les défauts – de deux personnes en anglais, on utilise le comparatif. Le comparatif de *good* est *better* – et en aucun cas *more good* qui vous vaudra une très mauvaise impression en expression par exemple. Ainsi, pour dire que Jim est meilleur que John, on écrira *Jim is better.*

Question 30. Réponse C

He ***must*** *be very rich to have such a beautiful house.*

Il doit être très riche pour avoir une si belle maison.

Must peut s'employer, comme en français, pour émettre des hypothèses.

Ex. : *I am flying to Siberia. It must be cold.*

Question 31. Réponse C

__Never have I__ seen such a great match.

Je n'ai jamais vu un si grand match.

La formulation standard, pour laquelle vous auriez sûrement opté d'office, est la suivante : I have never seen such a great match. Mais vous l'avez remarqué, elle n'est pas proposée par le concepteur. Procédons donc par élimination…

Deux propositions peuvent d'être écartées au premier coup d'œil, en effet, celles ne comprenant pas d'auxiliaire sont grammaticalement fausses. Nous nous débarrassons donc des réponses B et D.

Ensuite, il faut savoir que lorsque la phrase commence par une emphase portant sur un terme négatif – ici, *never* – il y a inversion entre le sujet et le verbe.

Question 32. Réponse D

I can't hear you. Speak __up__.

Je ne t'entends pas. Parle plus fort.

Parler plus fort se dit soit *to speak louder* ou *to speak up*.

Question 33. Réponse B

I __have missed__ the bus. Now I will have to walk.

J'ai manqué le bus. Je vais devoir marcher, maintenant.

Il s'agit d'un constat fait au présent d'une action passée. On utilise donc le present perfect.

Question 34. Réponse C

The __mouth__ of the Seine is on the Normandy coast.

L'embouchure de la Seine est sur la côte normande.

Il s'agit ici d'une question portant sur le vocabulaire. Embouchure se dit *mouth* en anglais.

Question 35. Réponse A

Always look before __crossing__ the road.

Il faut toujours regarder avant de traverser la route.

Before se construit avec ING.

Épreuve 2 : QCM de 35 questions • 30 minutes

Question 1. I … so fast on this road, … .

(A) don't drive / if I am you
(B) didn't drive / if I was you
(C) shouldn't drive / if I be you
(D) wouldn't drive / if I were you

Question 2. Andy Murray is a great … .

(A) sportif
(B) sporty
(C) sportsman
(D) sporter

Question 3. The meeting is … Monday morning … 10 o'clock.

(A) on / at
(B) at / to
(C) in / at
(D) at / at

Question 4. I have two criticisms. … , I don't like this type of music.

(A) At first
(B) Firstable
(C) Firstly
(D) In first

Question 5. Johnny is a great singer, … ?

(A) is he
(B) isn't he
(C) isn't it
(D) is it

Question 6. I … the fax to your head office yesterday morning to confirm our order.

(A) send
(B) was sending
(C) sent
(D) have sent

Question 7. The candidate decided to set off 30 minutes early as he wanted to make sure he would be … for the interview.

(A) on time
(B) in time
(C) at time
(D) over time

Question 8. The new football coach … has taken over the local team, used to play professional football.

(A) what
(B) who
(C) whom
(D) whose

Question 9. The employees were only … yesterday about the relocation of their factory overseas.

(A) told
(B) said
(C) explained to
(D) spoken

Question 10. I tried to reach you several times on your mobile phone this morning but the line was … busy.

(A) always
(B) still
(C) yet
(D) never

Question 11. I usually take my car to go to work but at the moment … the bus as my car is being repaired.

(A) I take
(B) I'm taking
(C) I've been taking
(D) I've taken

Question 12. Senior level managers are required … abroad regularly for meetings, to meet customers and suppliers.

(A) to journey
(B) to voyage
(C) to travel
(D) to visit

Question 13. Rather than getting a taxi, I can drop you … at the station if you prefer.

(A) off
(B) down
(C) over
(D) in

Question 14. If you want to buy a new car, you can expect to pay around … .

(A) eleven thousands of pounds
(B) eleven thousand of pounds
(C) eleven thousands pound
(D) eleven thousand pounds

Question 15. When shopping on a budget, you should buy fruit and vegetables … rather than pre-packed as this will save you money.

(A) loosely
(B) lose
(C) loosen
(D) loose

Question 16. … passengers travelling through British airports is estimated to reach 490 million by the year 2030.

(A) Number of
(B) The numbers of
(C) A number of
(D) The number of

Question 17. Can you remember … when you heard that Princess Diana had died?

(A) what were you doing
(B) what are you doing
(C) what you were doing
(D) what do you do

Question 18. He took the metro to get to the airport, … miss his flight by getting stuck in traffic jam.

(A) not to
(B) so as not to
(C) in order to
(D) for to not

Question 19. I have spent all morning working on this report; it has … by the end of this afternoon.

(A) been finished
(B) to be finished
(C) must be finished
(D) should be finished

Question 20. In the UK, you … drive on the left hand side of the road.

(A) must forget to
(B) don't have to forget to
(C) would not forget
(D) mustn't forget to

Question 21. This time next month, … in this company for twenty years.

(A) I have worked
(B) I will work
(C) I have been working
(D) I will have been working

Question 22. At check-in you will be asked … on the plane and you will be given your boarding pass.

(A) where you want to sit
(B) where do you sit
(C) where you will sit
(D) where you are wanting to sit

Question 23. Everybody in the Finance department is working overtime at the moment, it seems they are … for the company audit next week.

(A) getting ready
(B) got ready
(C) ready to get
(D) will get ready

Question 24. The job perks listed in the advertisement sound …!

(A) too good to be true
(B) so good to be true
(C) too good in truth
(D) very good to be true

Question 25. Yorkshire pudding, which is part of a typical English Sunday roast lunch, … by mixing flour, eggs and water.

(A) is being made
(B) is made
(C) are made
(D) are being made

Question 26. Would you mind … part in a customer survey questionnaire?

(A) to take
(B) take
(C) taking
(D) to be taking

Question 27. Last time I saw her, she was wearing a sling because she … her arm.

(A) has broken
(B) broke
(C) had broken
(D) was breaking

Question 28. If we fax you the purchase order today, … promise us delivery of the goods by the end of the week?

(A) when would you
(B) would you able to
(C) would you be able to
(D) when can you

Question 29. … informed about the rules on his first day, the new employee refused to comply with company policy and would often take unauthorised breaks.

(A) In spite of
(B) Despite he was
(C) Despite
(D) Despite being

Question 30. It has been announced today that negotiations between trade unions and industry management are … to reach agreement before this Friday's deadline.

(A) underway with an aim of
(B) underway in an attempt
(C) attempting to be underway
(D) underway and suggest

Question 31. … the last fire drill was not very successful, I suggest we remind staff of the procedure and follow this up with another practice.

(A) Seeing that
(B) Seen as
(C) Saw that
(D) Being seen that

Question 32. She phoned her boss this morning to say she couldn't come into the office today as she was still ill with a cold. If she didn't feel any … she would be in tomorrow.

(A) the worst
(B) worsened
(C) worse
(D) worst

Question 33. Taking a year out of your studies to travel around the world can be a … for many young people.

(A) rewarding hugely experience
(B) experience hugely rewarding
(C) experience rewarding hugely
(D) hugely rewarding experience

Question 34. … it seemed a good idea in theory, it turned out to be much more difficult to put into practice.

(A) However
(B) Although
(C) Despite
(D) Regardless

Question 35. The Chief Finance Officer admitted that if he had checked the end of year report himself before it was distributed to the board, he … rectify the errors.

(A) will have been able to
(B) would have been able
(C) would have been able to
(D) would be able to

Corrigés de l'épreuve 2

Question 1. Réponse D

*I **wouldn't drive** so fast on this road, **if I were you**.*

Je ne roulerais pas si vite sur cette route si j'étais toi.

En anglais, le conditionnel se forme avec *would*. De plus, en anglais, le conditionnel appelle le subjonctif.

Ainsi « si j'étais toi, je mangerais plus de légumes » se traduirait par :

If I WERE you, I WOULD eat more vegetables.

Question 2. Réponse C

*Andy Murray is a great **sportsman**.*

Sportif est un mot qui n'existe pas en anglais.

Sporty est un adjectif signifiant sportif.

A sportsman veut effectivement dire un sportif.

Sporter veut également dire sportif, mais est beaucoup moins usité. La définition du Webster pour *sporter* est d'ailleurs tout simplement *sportsman*.

Question 3. Réponse A

*The meeting is **on** Monday morning **at** 10 o'clock.*

Cette question est l'occasion pour un petit rappel de cours sur l'expression de la date et de l'heure.

Pour exprimer l'année on utilise IN : *in 1964*.

Pour exprimer une date ON : *on July 4th*.

Idem pour le jour de la semaine : *on Thursday*.

… et en combinant les deux : *on Thursday July 4th*.

Pour exprimer l'heure on utilise AT : *at 9 am*.

Question 4. Réponse C

*I have two criticisms. **Firstly**, I don't like this type of music.*

At first signifie à première vue.

Firstable est un barbarisme qui n'existe pas.

In first est une formation qui n'existe pas.

Firstly existe et veut effectivement dire premièrement.

Question 5. Réponse B

Johnny is a great singer, ***isn't he****?*

Cette question requiert la connaissance de la formation des *question tags*, l'équivalent anglais de notre « n'est-ce pas ? »

Premièrement, le *question tag* reprend nécessairement l'auxiliaire et le pronom correspondant au sujet de la principale (accord en genre et nombre).

Deuxièmement, si la proposition principale est affirmative, son *question tag* sera négatif, et inversement.

Ex. : *He has not been kind to you, has he?*

She harrassed you, didn't she?

Question 6. Réponse C

« Yesterday » est le signe qu'il faut employer le preterit, à la forme simple (sans ING) car l'action est passée et ponctuelle, c'est-à-dire qu'elle n'est pas en cours de déroulement. La réponse B. serait possible si l'action était en train de se dérouler. La réponse D. serait possible s'il n'y avait pas « yesterday ».

Question 7. Réponse A

« On time » = « à l'heure ». B. « in time » = « à temps ». C. on peut dire « at the time » = « à l'époque ». D. « over time » = « avec le temps ».

Question 8. Réponse B

« who » est un pronom sujet qui remplace une personne. A. « what » est un pronom interrogatif sujet ou complément qui peut également servir à annoncer une proposition. C. « whom » est un pronom complément qui remplace une personne. D. « whose » est un pronom que l'on emploie dans le cas génitif (rapport de possession ou de parenté).

Question 9. Réponse A

« were told » = « on leur a dit ». B. Ne confondez pas « say » et « tell ». C. On dit « to be explained something » sans « to ». D. « speak » = « parler ».

Question 10. Réponse A

« always » = « toujours ». B. « still » = « pourtant » (Still, he was happy) ou « toujours pas/pas encore» (He still doesn't know). C. « yet » = « pourtant » (Yet he was happy) ou « toujours pas/pas encore » (He doesn't know yet). D. « never » = « jamais » au sens négatif.

Question 11. Réponse B

La forme progressive est justifiée par « at the moment » ; l'action est ponctuelle et se déroule dans le présent. A. « I take » serait justifié si le fait de prendre le bus était habituel, régulier. C. « I've been taking » serait correct si on avait l'expression d'une durée : « I've been taking the bus since I decided to give up driving ». D. « I've taken » serait correct si on faisait le bilan de quelque chose : « I've just taken the bus ».

Question 12. Réponse C

« to travel » = « voyager », qui est le sens attendu ici (voyager à l'étranger). A. « to journey » = « faire un trajet ». B. « to voyage » = « faire une traverser » (en mer ou en avion), sens trop restreint ici. D. « to visit » n'est pas compatible avec « abroad ».

Question 13. Réponse A

« drop off » = « déposer, laisser ». B. « drop down » = « tomber ». C. « drop over » n'a pas vraiment de sens ici. D. « drop in » = « passer voir », « débarquer ».

Question 14. Réponse D

Question 15. Réponse D

« loose » est ici un adjectif = « en vrac ». A. « loosely » = adverbe signifiant « sans être trop serré » ou « sans grande rigueur ». B. « lose » = verbe « perdre ». C. « loosen » est un verbe signifiant « desserrer », « relâcher ».

Question 16. Réponse D

Il faut ici mettre une détermination car il s'agit du nombre de passagers « qui transitent pas les aéroports britanniques ». Le sens est donc « le nombre de passagers qui… ». A. Ne fonctionne pas si on n'a pas « the » devant « number ». B. Au pluriel, « numbers » signifierait « nombres », « chiffres ». C. « a number of » = « un certain nombre de personnes », ce qui ne convient pas ici en raison de la détermination de la phrase.

Question 17. Réponse C

Dans une interrogative de ce type, la syntaxe des mots doit être « to remember what somebody is doing » et non « what is doing somebody ». De plus, l'action est révolue, donc au passé, et elle est en cours de déroulement, d'où la forme progressive. On s'intéresse à ce que la personne « était en train » de faire au moment de la mort de Diana.

Question 18. Réponse B

« so as not to » = « de manière à ne pas », ce qui est plus précis que la réponse A. qui signifie « pour ne pas ». C. « in order to » n'est pas correct car il manque la négation. D. « for not to » n'est pas correct ! « for », n'exprime en principe pas le but, mais la cause : « He was punished for breaking the glass ». En outre, "for" est suivi de ING.

Question 19. Réponse B

"have to" exprime une obligation qui vient de l'extérieur. L'action doit ici être accomplie « d'ici » (« by ») la fin de l'après-midi, donc dans le futur. A. L'action n'est pas été accomplie, elle doit l'être d'ici la fin de l'après-midi. C. « must » exprime une obligation qui provient de l'intérieur, de soi, d'un devoir moral, ce qui n'est pas le cas ici. D. ne peut pas convenir ici car on ne peut pas mettre « should » derrière « has ».

Question 20. Réponse D

Ici, l'obligation s'impose d'elle-même, elle est impérative, d'où l'emploie de « must ». A. est en contradiction avec le sens de la phrase. B. « don't have to forget » = « vous n'êtes pas obligé d'oublier », ce qui n'a pas de sens ici. C. serait plausible si on avait « to » derrière « forget » car on dit « to forget <u>to</u> do something ».

Question 21. Réponse D

L'action envisagée est au futur antérieur, qui est un temps qui exprime une action dans le futur, mais antérieure à une autre action ou à un moment eux-mêmes situés dans le futur. La phrase signifie « Le mois prochain, à ce moment précis, j'aurai travaillé pendant 20 ans dans cette entreprise ». Il y a également la notion d'une durée introduite par « for ». Les autres temps ne conviennent pas. **Attention** ! C'est un cas récurrent dans les QCM.

Question 22. Réponse A

Attention à la syntaxe dans une interrogative indirecte : « you will be asked where you want to sit », contrairement à une interrogative directe dans laquelle on doit dire « Where do you want to sit ? ». C'est la raison pour laquelle, la réponse B. ne convient pas. C. Cette réponse est grammaticalement correcte, mais elle signifierait qu'on vous demande où vous serez assis, ce qui n'est pas garanti. La question porte sur le souhait « want ». D. Le verbe « want » ne se met pas à la forme progressive sauf dans certains cas particuliers, comme lorsqu'on insiste sur le côté capricieux de quelqu'un : « He is always wanting something ».

Question 23. Réponse A

La présence de « are » dans la phrase exclut les réponses B. et D. Il s'agit d'une action présente en cours de déroulement. Si « They are ready to get something » est plausible, dans le contexte précis de la phrase « They are ready to get for the company audit » n'a en revanche aucun sens.

Question 24. Réponse A

L'expression correspond littéralement au français « trop beau pour être vrai ». B. Serait plausible si la phrase s'arrêtait après « so good ». D. Serait plausible si la phrase s'arrêtait après « very good ».

Question 25. Réponse B

La phrase est au passif, et on énonce ici une vérité générale et permanente, d'où la forme simple. A. Serait plausible si on décrivait une action en cours de déroulement, ce qui n'est pas le cas. Les réponses C. et D. ne sont pas correctes dans la mesure où le sujet est singulier et non pluriel.

Question 26. Réponse C

Le verbe « to mind » est suivi de la forme progressive. Les autres réponses ne sont donc pas correctes.

Question 27. Réponse C

L'action « had broken her arm » est antérieure à l'action « I saw » qui elle-même est déjà passée. On doit donc utiliser le past perfect.

Question 28. Réponse C

Phrase au conditionnel. B. ne fonctionne pas car on dit « be able to ». D. Serait correct si la phrase s'arrêtait après « delivery of the goods ».

Question 29. Réponse D

« Despite » (ou « in spite of ») est suivi de ING. A. et C. seraient corrects si on avait « being » derrière. B. est incorrect puisque « despite » doit être suivi de ING.

Question 30. Réponse B

« underway in an attempt » = « en cours, dans la perspective de/dans l'optique de… ». « In an attempt to do something » est une expression idiomatique. C. est plausible grammaticalement parlant mais n'aurait pas de sens : « sont en train d'essayer d'être en cours » ! D. La phrase n'a pas de sens avec « suggest », à moins de dire « … underway and suggest an agreement might be reached before this Friday's deadline ».

Question 31. Réponse A

« Seeing that » exprime la cause, tout comme « as », « since » ou encore « because ». On peut traduire par « vu que ».

Question 32. Réponse C

« any » ici doit être suivi d'un comparatif. Il en va de même dans d'autres expressions similaires : « any longer », « any better », etc.

Question 33. Réponse D

Attention à la syntaxe. Adverbe+adjectif+nom. L'adverbe portant ici sur l'adjectif, il doit le précéder. La place de l'adverbe dans la phrase n'est pas fixe : elle dépend du sens de la phrase et de sa longueur, de la portée de l'adverbe, etc.

Question 34. Réponse B

« although » (bien que) est suivi d'un sujet et d'un verbe à l'indicatif. A. « however » est un mot indépendant, que l'on trouverait en début de phrase, mais suivi d'une virgule. C. « despite » est suivi de ING. D. « regardless of » serait suivi d'un nom.

Question 35. Réponse C

On est dans le cas du conditionnel passé.

DEUXIEME PARTIE

LES EPREUVES ORALES DU CONCOURS SESAME

I. L'EPREUVE D'ENTRETIEN INDIVIDUEL DE MOTIVATION ET DE PERSONNALITE

Toutes les écoles de commerce, sans aucune exception, font passer à leurs candidats une épreuve orale d'entretien individuel, appelé selon les cas entretien de personnalité ou entretien de motivation. Si vous ratez ce grand rendez-vous, vous mettez en péril votre admission au sein de l'école. Les épreuves orales d'entretien individuel sont en effet toujours affectées d'un très fort coefficient.

LES 4P : UNE TECHNIQUE REDOUTABLE POUR BIEN COMMENCER SON ENTRETIEN

Votre mission : vous vous présentez parfaitement en début d'entretien en 3-4 minutes chrono.

P1 : Présentation et Premiers mots

Vos premiers mots sont essentiels. Ce sont eux qui vont fixer le décor de votre entretien. Dans ces 4P, votre présentation représente votre entrée en salle à proprement parler ainsi que les tout premiers mots que vous allez prononcer.

Votre présentation démarre donc par votre entrée en salle où justement, vous vous présentez au jury !

[Attendre d'être invité à entrer en salle ou frapper à la porte ?]

Attendez de préférence que le jury vienne vous chercher. N'entrez en salle que si le jury vous y a invité. Bon, évidemment, si 15 minutes après l'heure officielle à laquelle vous êtes censé être en salle, le jury ne se manifeste pas, vous pouvez frapper à la porte et demandez si vous êtes autorisé ou non à entrer en salle. Dans le doute, observez comment les jurys se comportent dans d'autres salles avec d'autres candidats et demandez toujours à l'un des organisateurs des concours qui arpente les couloirs ce qu'il vous conseille de faire : attendre sagement ou frapper à la porte.

[Faut-il serrer la main des membres du jury ?]

Lorsque l'un des membres du jury vient vous chercher, il n'est pas conseillé de lui serrer la main, sauf s'il vous y invite bien sûr. *Idem* pour le second ou le troisième membre de jury. Ne leur serrez la main que s'ils vous tendent la leur. Sinon, évitez absolument de leur tendre votre main. Ce serait dommage de se prendre un « râteau » dès les premiers instants de l'entretien, non ?

[Salutations d'usage]

Dites toujours « Bonjour Madame » / « Bonjour Monsieur » en fixant bien le regard de la personne que vous saluez. Si vous entrez en salle et qu'il y a par exemple une dame et deux messieurs, commencez toujours par dire « Bonjour Madame (ne dîtes pas Mademoiselle) » et attention, ne dîtes jamais « Bonjour Messieurs » pour saluer les deux messieurs, mais dîtes « Bonjour Monsieur » en fixant bien le regard du monsieur qui vous paraît le plus âgé et un autre « Bonjour Monsieur », en fixant toujours aussi bien le regard de votre interlocuteur. Il est en effet indispensable que vous personnalisiez au maximum le contact visuel avec chacun des membres du jury.

C'est donc pour cette raison que les « Bonjour », « Bonjour Mesdames Messieurs », « Bonjour Mesdames » et « Bonjour Messieurs » sont à proscrire.

[La qualité de votre regard est essentielle]

Dans toute interaction directe, la perception du visage de l'autre est immédiate et souvent essentielle dans le décodage de sa motivation à communiquer. Regarder l'autre, c'est montrer que l'on s'intéresse à lui. C'est aussi une façon de s'impliquer et de personnaliser la relation. N'oubliez jamais que communiquer, c'est d'abord regarder. Cook a ainsi démontré en 1984 que dans notre culture, plus une personne en regarde une autre, plus cette dernière éprouve le sentiment d'être appréciée. Il arrive parfois que des candidats éprouvent une certaine gêne à soutenir le regard des membres du jury.

Entraînez-vous donc à regarder dans les yeux les amis de vos amis ou encore vos professeurs.

[N'oubliez surtout pas de sourire !]

On ne le répétera jamais assez. Le sourire témoigne de votre volonté d'échange et représente une composante majeure de votre désir d'écoute active. Et puis n'oubliez pas que le sourire a une caractéristique intéressante : il est souvent contagieux. Si le rire est expression, le sourire, lui, est communication.

[Important ! Attendez que l'on vous invite à vous asseoir]

Il est très mal vu de s'asseoir avant que l'on ne vous ait invité à le faire. Deux cas se présentent : ou bien le jury vous invite dès l'entrée en salle à prendre place, auquel cas, c'est réglé. Ou bien, vous vous tenez à côté de votre chaise et attendez alors que le jury vous invite à vous asseoir. Si au bout de 5 secondes, le jury ne vous a toujours pas proposé de vous asseoir, prenez les devants et demandez lui si vous pouvez prendre place.

[Vos premiers mots sont essentiels !]

Ah… les premiers mots de l'entretien, on croit savoir exactement ce que l'on va dire et puis le stress gagnant du terrain, on bafouille et on improvise une entrée en matière approximative et souvent malheureuse. Vos premiers mots répondent généralement à une phrase ou une question prononcée par l'un des membres du jury.

- Silence…
- Qui êtes-vous ?
- Présentez-vous !
- A vous ! C'est à vous !
- Vous avez la parole !
- Qu'avez-vous d'intéressant à nous raconter ?
- Qu'est-ce qui vous amène ici ?

Il est parfois d'usage dans certains concours que les membres du jury commencent par se présenter tour à tour avant de vous laisser la parole. Le dernier ou la dernière à prendre la parole clôture alors généralement sa présentation par un « c'est à vous ! » ou par un silence qui, telle une injonction, invite le candidat à se présenter à son tour. Bien évidemment, dans ce dernier cas, ne perdez pas de temps et jetez-vous vite à l'eau.

Nous vous conseillons très clairement d'apprendre PAR CŒUR vos premiers mots. Nous parlons d'une ou deux phrases, rien de plus pour le moment. Mais sachez toutefois que ces deux phrases de présentation sont essentielles à la suite de votre entretien, car elles ont pour but de vous mettre en confiance.

L'usage est de démarrer votre présentation de la façon suivante :

« Je m'appelle Mélanie DELORS, j'ai 18 ans (1). Je suis née à Créteil en Seine-et-Marne (2) et je vis actuellement à Paris (3). Avant toute chose, je souhaite vous remercier de m'accorder cet entretien (4) ; et j'espère vous convaincre de l'intérêt de ma candidature (5) ».

(1) Bien entendu, le jury connaît vos nom et prénom. Il connaît même parfois votre âge s'il a un mini-CV rempli par vos soins sous la main. Mais partez toujours du principe qu'un jury enchaîne inlassablement les entretiens et que certains membres du jury ne prennent pas toujours le temps de prendre connaissance de ces informations. L'usage veut donc que l'on décline distinctement son prénom, suivi de son nom et de son âge. La mention de votre âge offre en effet un bon éclairage sur votre passé (un candidat de 20 ans, n'a *a priori* pas la même maturité qu'un candidat de 17 ou 18 ans).

(2) Donner son lieu de naissance c'est fixer le décor. Ce détail qui vous paraît à première vue anodin permet pourtant d'ancrer votre personnage dans une réalité palpable. Surtout, vous donnez au jury un signal fort que vous êtes prêt à illustrer vos propos et à partager des détails de votre vie. Enfin, pour peu qu'un des membres du jury (ou l'un des proches ou amis) soit né dans la même ville que vous, vous initiez, sans forcer, un lien avec lui et marquez encore plus fort son esprit.

(3) Imaginons que vous soyez né à la campagne, dans un petit village et que vous vivez maintenant dans une grande ville telle que Paris, Lyon, Marseille, Toulouse ou Strasbourg. Et bien il y a fort à parier que le jury sera curieux de savoir comment vous avez vécu ce changement et quels enseignements vous en tirez. Il n'est pas rare que l'on challenge le candidat sur son aptitude à s'adapter à une nouvelle Ecole, un nouvel environnement, à une nouvelle ville, à une nouvelle culture.

(4) Certes, vous êtes admissible, et le jury est un peu obligé de vous recevoir. Mais n'oubliez quand même jamais qu'un jury est généralement composé d'un professeur (qui pourrait plutôt être en train de terminer un article pour une importante revue scientifique) et d'un professionnel de l'entreprise (qui n'est jamais rémunéré pour être membre de jury et qui prend toujours sur son temps de travail pour vous rencontrer). Donc, oui, c'est bien vu de remercier le jury de vous recevoir !

(5) En disant au jury que vous souhaitez le convaincre de l'intérêt de votre candidature, vous lui dites que vous avez un objectif précis et que vous comptez bien l'atteindre ! Vous n'êtes pas ici pour discuter « gentiment » de vous mais pour avancer vos pions et marquer des points. Enfin, cela permet au jury de sentir une certaine forme de confiance qui n'est jamais pour déplaire dans les premières secondes de l'entretien.

Deux remarques importantes :

1. Surtout, prenez tout votre temps pour démarrer votre présentation. Prononcez chacun des mots distinctement et surtout CAL-ME-MENT. Il ne peut rien vous arriver ! Vous connaissez ces premières phrases par cœur ! Il n'est guère question ici d'improviser quoi que ce soit. Bien entendu, libre à vous d'utiliser les mots qui vous sont les plus familiers. Certains préféreront ainsi dire « … Je tiens tout d'abord à vous remercier pour cet entretien au terme duquel j'espère, ma candidature aura retenu toute votre attention ». Soyez libre d'utiliser des mots avec lesquels vous vous sentez à l'aise ! Attention cependant à ne pas en dire plus ! Vos premiers mots doivent êtres concis et parfaitement maîtrisés.
2. Il peut arriver que le jury démarre l'entretien en commentant votre lieu de naissance (« En regardant votre dossier, nous avons noté que vous étiez née aux Etats-Unis. Vous êtes fier de votre nationalité américaine ? »), en vous demandant l'origine de votre nom de famille (« Bonjour à vous Mr Trumpeldor. Mous nous demandions si votre nom avait une quelconque signification… ») ou encore en s'étonnant de votre âge, de votre coiffure, de votre tenue… En somme tout est possible et tant mieux ! La vie des affaires réserve son lot de surprises et rien n'est définitivement gravé dans le marbre. Soyez donc terriblement disposé à répondre avec intérêt à la question qui vous est posée… Et ne vous inquiétez pas, il sera toujours temps de reprendre votre présentation le moment venu.

P2 : votre Parcours

Une fois votre présentation terminée (autrement dit vos premiers mots prononcés), vous êtes condamné à faire une transition.

Attention ! Cette transition doit obligatoirement être précédée d'un silence de 2-3 secondes.

[Silence…]

Ce silence a pour objectif :

1. D'offrir au jury l'opportunité de vous interrompre / de réagir à vos propos (et tant mieux s'il vous interrompt car vous passez un entretien où vous devez dialoguer et non monologuer). Alors c'est sûr qu'à ce moment de l'entretien, les questions que le jury peut être amené à vous poser sont très limitées. Hormis : « Ah tiens donc, vous êtes née en Martinique. Et vous y restée jusqu'à quel âge ? », on ne voit pas trop ce qu'il pourrait vous demander !

2. De vous permettre, à vous, de vous poser un peu et de ne pas avoir un débit de parole trop rapide. Car si vous allez trop vite, vous risquez de perdre le jury en cours de route. Les membres de jury font passer chaque jour, en moyenne, entre 6 et 12 entretiens. Ils ne sont que des êtres humains, qui peinent parfois à maintenir tout au long de la journée un haut niveau de concentration. Alors, de grâce facilitez-leur la tâche. Quant à la transition à proprement parler, sachez que celle-ci sera toujours très bien perçue par le jury qui verra là le signe d'un esprit souple et structuré, qui ne cherche pas à assommer le jury d'éléments discordants, sans queue ni tête. Grâce à vos transitions, votre jury découvre agréablement où vous souhaitez l'emmener (et sans le savoir, vous faites déjà du *storytelling* !).
3. De donner au jury l'occasion de constater que vous êtes structuré et que vous avez un esprit de synthèse. Cela nous amuse toujours d'entendre des candidats vanter leur esprit d'analyse et de synthèse alors même que leur exposé est décousu et vide de toute forme de structure. Alors, pitié, soignez vos transitions !

[Transition]

« J'aimerais, dans un premier temps, vous parler de mon parcours scolaire. »

Et bien oui, c'est aussi simple que cela. Ici encore, le discours n'est pas figé. A vous d'utiliser les termes avec lesquels vous vous sentez le plus à l'aise. Une alternative peut ainsi donner : « Je voudrais tout d'abord vous parler de mon parcours académique ».

La valorisation du parcours académique est souvent négligée par les candidats aux concours des Ecoles de commerce. En parlant de vos années lycée, vous pourrez dire par exemple :

« Le lycée m'a permis de découvrir de nouvelles disciplines et d'en approfondir d'autres que j'avais déjà étudiées au collège. J'ai beaucoup appris et je suis très heureux d'avoir suivi les épreuves de spécialité ... »

Et vous pourrez alors enchaîner sur :

« Si je souhaite aujourd'hui intégrer votre Ecole, c'est parce que je sais que pour mener à bien mon projet professionnel, j'ai besoin d'une formation polyvalente, qui embrasse toutes les dimensions de l'entreprise. »

[Il est très important que vous valorisiez vos acquis du lycée]

Mettez-vous un instant à la place du jury, digne et fier représentant de l'Ecole à laquelle vous postulez. Pourriez-vous raisonnablement accepter d'un candidat qu'il « démonte » et critique un tant soit peu ce qu'il a appris jusqu'à maintenant, sans vous dire un instant (par un simple raisonnement analogique) qu'il serait finalement tout aussi capable de « démonter » dans 2 ou 3 ans la formation pour laquelle il se porte aujourd'hui candidat ?

Nous passons notre vie à raisonner par analogie. Si un candidat est capable, aujourd'hui, de développer des pensées négatives et pessimistes vis-à-vis de sa formation initiale, qu'est-ce qui peut m'empêcher, moi, jury, de penser qu'il ne sera pas capable d'en faire autant vis-à-vis de notre Ecole, de nos professeurs, de l'école où il sera amené à faire un échange, de l'entreprise dans laquelle il sera amené à faire un stage ? RIEN, absolument rien ne donne envie à un jury de croire qu'il en sera autrement dans une autre situation.

[Comment exposer votre parcours académique ?]

C'est très simple : précisez votre section (S, ES, L, STG…) ainsi que votre spécialité. Mentionnez aussi les options éventuelles que vous présentez. Attention : mentionnez précisément le nom et le lieu de votre lycée. Dites bien « Terminale Scientifique » et pas « Terminale S ».

[Comment valoriser votre parcours académique ?]

Il existe deux façons très efficaces de valoriser votre parcours académique.

Les cours

Commencez déjà par vous pencher sur la ou les deux matières qui ont le plus compté pour vous. Qu'aimez-vous en économie ? En philosophie ? Pourquoi les mathématiques comptent tant pour vous ? Y a-t-il un économiste qui vous a particulièrement marqué ?

Une notion qui n'a pas manqué de vous faire cogiter ? Parlez-nous de l'impératif catégorique de Kant, des ondes mécaniques progressives et de la décroissance radioactive. Parlez-nous de la puissance économique chinoise, de la théorie des avantages comparatifs de David Ricardo, ou de votre auteur anglais préféré. PARLEZ-NOUS !

Il n'y a pas de bon ou de mauvais sujet. Il y a VOS sujets. Ceux que VOUS aimez, ceux qui font briller vos yeux quand vous en parlez, ceux-là mêmes qui feront la richesse des débats en cours de management, de stratégie ou de finance. Aimez vos sujets et le jury les aimera.

Le jury souhaite fondamentalement que vous partagiez avec lui vos goûts et vos centres d'intérêt. Car n'oubliez jamais qu'un jury raisonne par analogie. Si vous êtes capable d'apprécier les matières étudiées en Terminale alors vous serez capable d'apprécier les matières que vous étudierez en Ecole de commerce, et de les valoriser auprès de vos futurs recruteurs. Il n'est pas question d'être un expert incollable sur le thème que vous aborderez. Il est question d'être sincèrement intéressé. Peaufinez donc vos recherches sur les sujets que vous souhaitez aborder. Commencez aujourd'hui même. Car quand on aime, on ne compte pas.

Les professeurs

Y a-t-il un professeur qui vous a marqué ? Son approche ludique, pragmatique voire cynique de sa matière ne vous a pas laissé indifférent ? Qu'avez-vous aimé dans sa façon d'enseigner ? Sa capacité à vous faire participer ? Son talent à faire « accoucher » les idées ? Ses recherches sur un sujet en particulier ? Là encore, le jury raisonnera par analogie et là encore il pensera à juste titre que si vous avez su mesurer l'apport d'un professeur au cours de vos études initiales alors vous saurez valoriser l'apport des professeurs que vous côtoierez en Ecole.

Pour terminer ce P de PARCOURS, sachez que si vous êtes en mode « roue libre » (vous démarrez votre présentation et le jury ne vous interrompt pas), alors la présentation de votre parcours ne doit pas durer plus de 1 minute / 1 minute 15. Apprenez à être précis et à « suggérer », plus qu'à « assommer ». Si le jury est séduit, il ne manquera pas de vous demander de détailler plus avant.

P3 : P comme Projet

[Transition]

« Si je souhaite intégrer votre Ecole, c'est parce que mon projet professionnel est ambitieux et que je crois sincèrement qu'il aura toutes les chances d'aboutir grâce à des études en école de commerce. Mon projet professionnel à moyen / long terme est de... »

Après avoir rapidement exposé et valorisé votre parcours, vous devez aborder sans plus attendre votre projet professionnel (on peut dire aussi projet de vie professionnelle).

Votre projet professionnel doit toujours être mentionné très tôt dans votre exposé. Il représente une caisse de résonance qui donne du sens et crédibilise tout votre discours. De même qu'une caisse de résonance donne toute sa puissance sonore à un instrument, votre projet professionnel doit donner toute sa puissance crédible à votre discours.

[Comment exposer votre projet professionnel ?]

Deux scenarii sont possibles :

1. Vous connaissez déjà les intitulés de postes que vous souhaitez occuper à court, moyen et long terme ainsi que le secteur d'activité dans lequel vous avez envie de démarrer votre carrière.

Exemple : ***« Mon objectif professionnel est ambitieux : je souhaite en effet occuper à moyen / long terme un poste de directeur marketing au sein d'une multinationale fabricant de produits de grande consommation telle que Procter & Gamble ou L'Oréal. Je sais que le chemin est long pour atteindre ce poste. Mais je suis déterminé à passer par les postes de stagiaire assistant chef de produit, de chef de produit puis de chef de groupe...».***

Les plus de ce scénario :

Vous savez ce que vous voulez faire et c'est tant mieux ! Cela montre au jury que vous avez longuement mûri votre projet et que vous faites montre d'ambition, ce qui est tout à votre honneur. Si votre projet est sincère alors il y a de fortes chances que votre « story » sera très appréciée par le jury : « Mon intérêt pour les produits de grande consommation remonte à... »

Vos recherches se limiteront au marketing, à la grande consommation et à la grande distribution mais sachez d'ores et déjà que le jury se montrera particulièrement exigeant et attendra de vous que vous ayez conscience des connexions qui existent entre le marketing et les autres départements de l'entreprise ; de même qu'il souhaitera vérifier que vous ne confondez pas les départements marketing avec les départements du commerce, des relations presse ou encore du category management.

Les risques à éviter :

Il faudra faire attention à ne pas donner l'impression que vous êtes « fermé » et que c'est le poste de directeur marketing pour les produits de beauté de Procter & Gamble qui vous intéresse... Et rien d'autre !

Vous êtes encore jeune et une Ecole de commerce s'enorgueillit souvent de susciter de nouvelles vocations et de stimuler de nouveaux talents. Vous devez donc ABSOLUMENT faire preuve de mesure, et ne pas oublier de dire au jury que si ce métier et ce secteur constituent aujourd'hui les moteurs qui vous poussent à intégrer une Ecole de commerce, vous demeurez néanmoins ouvert à d'autres métiers et d'autres secteurs d'activité.

Vous devrez plus que jamais connaître sur le bout des doigts les fonctions du chef de produit (80 % de marketing et 20 % de commerce / R&D / gestion / communication) et du directeur marketing (20 % de marketing et 80 % de management / RH / gestion / finance / communication / R&D / production / commerce, etc.) et ce, afin d'être en mesure de démontrer au jury que la polyvalence nécessaire à l'exercice de ces fonctions explique très naturellement votre envie d'étudier en Ecole de commerce. Vous devrez également être en mesure de nous parler de Procter & Gamble et de L'Oréal car n'oubliez jamais que tout ce que vous direz au cours de cet entretien pourra être retenu contre vous !

Une remarque importante :

Vous avez tout à fait le droit d'être un peu plus flou en ce qui concerne le poste que vous souhaiteriez occuper à court / moyen / long terme. Au lieu de « directeur marketing », vous pouvez très bien dire « un poste de direction dans le marketing, le commerce ou la communication. »

2. Vous n'avez encore aucune idée de la fonction que vous souhaitez occuper mais avez en revanche une idée très précise du secteur d'activité dans lequel vous souhaitez travailler.

Exemple : ***« Mon projet professionnel est ambitieux. Je souhaite en effet occuper à moyen terme des fonctions de management dans le secteur des énergies renouvelables en travaillant par exemple chez TOTAL ou EDF Energies Nouvelles. Je ne sais pas encore quels postes je serai amené à occuper dans ces sociétés, mais il y a une chose dont je suis sûr : je souhaite plus que jamais faire partie de ces hommes et de ces femmes qui feront passer de 20 % en 2020 à 50 % en 2030, la part des énergies renouvelables dans la consommation énergétique des pays européens. »***

Les plus de ce scénario :

Ce scénario peut s'avérer très payant si le secteur d'activité dont vous parlez n'a pratiquement plus aucun secret pour vous. Car il sera question de parler de biomasse, d'éolien, de photovoltaïque, d'hydraulique ou encore de géothermie. Car il faudra être en mesure d'aborder les avantages escomptés en termes géopolitiques, en termes de sécurité, de propreté et de respect de l'environnement. Car il faudra encore évoquer les questions de stockage, de distribution, de rentabilité économique et de risques pour la faune, tout en veillant bien sûr à connaître la définition du développement durable qui vise un équilibre entre croissance économique, respect de l'environnement et principe d'équité sociale.

L'on vous excusera toujours de ne pas connaître le métier que vous souhaiteriez occuper à la sortie de l'Ecole. L'on ne vous excusera en revanche jamais de ne pas avoir de secteur dans lequel vous souhaitez faire bouger les choses, d'entreprise dont vous voulez modifier le destin.

Vous n'êtes pas obligé de connaître sur le bout des doigts les différentes fonctions d'un chef de produit, d'un analyste en fusion-acquisition ou d'un responsable ressources humaines. Vous êtes en revanche tenu de connaître dans leurs grandes lignes les rôles et les responsabilités des différents directeurs de département dans l'entreprise (finance / ressources humaines / marketing / commerce / communication / gestion / production / stratégie).

Les risques à éviter :

Là encore, il ne faut jamais donner l'impression que vous manquez d'ouverture. Si les énergies nouvelles vous intéressent aujourd'hui, vous demeurez toutefois conscient que les contours de votre « vocation » pourront être redéfinis en cours de formation au sein de l'Ecole ou à l'issue d'un stage. Il faut surtout expliquer au jury que tous les autres secteurs d'activité sont dignes d'intérêt et que vous n'êtes fermé à rien. Le secteur du luxe peut ainsi donner de bonnes idées sur la façon d'apporter au consommateur la part de rêve qu'il est en droit d'attendre des énergies nouvelles. Les produits de grande consommation peuvent également représenter une source d'inspiration intarissable sur les questions d'innovation et de valorisation des bénéfices consommateurs. Le secteur de la culture, peut, enfin, nous renseigner sur les systèmes de valeurs et de normes, sur les questions de diversité et de mondialisation, car les politiques d'énergies renouvelables ne peuvent être raisonnablement réduites à un niveau local. Vous l'avez compris, vous devez être ouvert !

[Comment justifier votre goût pour un métier ou un secteur ?]

Si vous avez eu des expériences professionnelles (stages) ou semi-professionnelles (cours particuliers à domicile par exemples), alors vous pouvez en parler ici brièvement (citez le nom de l'entreprise, la date et la durée du stage et l'intitulé du poste… C'est tout pour le moment ! Si le jury veut en savoir plus, il vous interrompra pour vous poser des questions) pour illustrer efficacement votre goût pour un métier ou un secteur d'activités.

Bien entendu, si vous n'avez pas d'expérience professionnelle, le jury saura ne pas trop vous en tenir rigueur si seulement vous lui permettez d'identifier un « élément déclencheur » qui explique la nature de vos choix.

[Comment lier votre projet professionnel à votre projet d'intégrer une Ecole de commerce ?]

Comme vous avez pu le remarquer, les deux scenarii décrits précédemment présentent un point commun : de l'ambition. Et oui, c'est parce que vous êtes ambitieux que vous souhaitez étudier en école de commerce. Une école de commerce forme les futurs managers et dirigeants de demain. Elle forme bien sûr aux premiers métiers de chef de produit, d'analyste financier, de contrôleur de gestion, de chef de publicité ou de consultant junior, mais elle forme surtout des MANAGERS.

Car, à y regarder de plus près, un manager est une personne très polyvalente.

Quand bien même, dans quelques années, votre titre sera « Directeur marketing » dans une multinationale, fabricant de produits de grande consommation, vous ne serez plus du tout cantonné à des fonctions marketing ! Ces dernières seront même devenues mineures puisque vous passerez le plus clair de votre temps avec les départements R&D (Quelles nouvelles formules de lessive pour 2013 ?), le commerce (Dans quelle enseigne lancer en exclusivité notre dernière crème de soin anti-âge ?), la production (Les consommateurs veulent des déodorants avec des billes d'application plus larges… Savez-vous faire ? Et à quel prix ?) la gestion (Nous souhaitons passer d'un conditionnement de 150 à 200 grammes pour notre marque de biscuits vedette sans modifier le prix de vente au consommateur… Quel est l'impact sur nos marges et notre rentabilité ?) ou encore les ressources humaines (Nous allons lancer une nouvelle gamme de soupes 100 % bio… Pouvez-vous nous trouver un profil qui a déjà eu à travailler sur une gamme de produits bio ou issus du commerce équitable ?)

Et c'est parce que vous souhaitez acquérir toute la **polyvalence nécessaire** au bon exercice de vos fonctions de management que vous souhaitez intégrer une école de commerce.

Il nous apparaît donc ESSENTIEL que projet professionnel et école de commerce soient liés par la notion de polyvalence. Car il ne fait aucun doute aujourd'hui que l'école de commerce représente pour vous le point de passage privilégié pour développer les compétences et les attitudes que vous devrez convoquer au quotidien en tant que manager.

[En quoi une école de commerce représente-t-elle un point de passage privilégié pour les futurs managers ?]

Une école de commerce est un **propulseur de talents** :

- Excellence académique des professeurs ayant pour objectif de former les talents de demain ;
- Des professeurs résolument ancrés dans le monde de l'entreprise ;
- Des cours en partenariat avec des entreprises soucieuses de former aujourd'hui les talents qu'elles seront amenées à recruter demain ;
- Une forte proximité élèves / professeurs (prenant de plus en plus la forme de tutorats) qui suscite des vocations et encadre les choix de stages et d'échanges universitaires.

[Une école de commerce est une antichambre efficace de la vie des affaires]

Etudes de cas pratiques en groupes simulant déjà les futures réunions de travail en entreprise.

Vie associative foisonnante incitant les élèves à occuper à un très jeune âge des postes à responsabilité (président ou vice-président d'association, trésorier, secrétaire général…).

Nombreux forums entreprises et rendez-vous avec des représentants de grandes entreprises qui poussent les élèves à développer très tôt les bons réflexes communication ainsi que les bonnes attitudes.

[Une école de commerce constitue un tremplin privilégié pour ma carrière]

- Nombreux stages obligatoires en France et/ou à l'étranger.
- Années de césure.
- Formules attractives d'apprentissage.
- Echanges avec de nombreuses universités étrangères.
- Variété des cours enseignées et des formules d'apprentissage.

En conclusion, votre P de Projet doit vous permettre de valoriser un projet professionnel ambitieux, mesuré et dynamique dont le succès sera irrésistiblement porté par des études en école de commerce… PAS N'IMPORTE QUELLE ECOLE DE COMMERCE… VOTRE ECOLE DE COMMERCE !

Remarque : là encore, si vous êtes en roue libre (c'est-à-dire que le jury ne vous interrompt pas), veillez à faire en sorte que votre exposé ne dure pas trop longtemps. Ainsi, selon nous, P de Projet doit durer entre 1 minute 30 et 1 minute 45.

P4 : P comme Partage

Ce dernier P est très important. Il vous permet de montrer aux membres du jury que vous ne souhaitez pas intégrer une école de commerce MAIS LEUR ECOLE DE COMMERCE.

Et parce qu'un entretien réussi c'est un contrat signé entre deux parties, vous devez absolument envisager votre vie future en école de commerce sous le signe du partage. « Je suis prêt à donner autant que ce que je souhaite recevoir. »

[Transition]

« Pour terminer, il me semble essentiel de vous expliquer pourquoi mon choix se porte aujourd'hui sur votre école en particulier. Si votre école peut m'aider de façon significative à atteindre des objectifs professionnels, je pense aussi que je peux apporter en échange une contribution significative à la vie de l'école… »

[Faisons, sans plus attendre une liste (non exhaustive) des bénéfices que peut vous apporter l'école que vous souhaitez intégrer]

- Accès à un corps professoral d'excellence (citez des noms de professeurs).
- Accès à des cours de qualité (citez des intitulés précis de cours).
- Accès à des chaires d'enseignement financées par des entreprises.
- Accès privilégié au monde de l'entreprise (soulignez la variété et la durée des stages).
- Visibilité d'un diplômé visé et reconnu en France mais aussi à l'étranger (citez des accréditations).
- Large tissu d'universités étrangères au sein desquelles il est possible de faire un échange (citez une ou deux destinations avec précision).
- Accès un à fort réseau d'anciens élèves.
- Accès à une région dynamique connue pour…

[Faisons à présent la liste des contributions que vous pouvez apporter à l'école]

- Implication dans l'étude des cas pratiques en groupe et partage d'expériences.
- Implication dans la vie associative de l'Ecole.
- Création d'une nouvelle association.
- Implication dans la poursuite de recherches en… aux côtés du professeur…
- Souhait d'être au quotidien l'assistant d'un professeur de…
- Implication dans la représentation de l'Ecole pendant des forums, des présentations aux classes prépas / universités…
- Partager vos passions pour…
- Et bien sûr… Vos qualités !

Vous l'avez compris : cette partie, si elle est réussie, permettra au jury de valider votre niveau d'implication et de projection au sein de l'école et de mesurer l'adéquation entre votre personnalité et les programmes pédagogiques proposés.

[Focus sur le monde associatif en école de commerce]

Les associations exigent de la part de ceux qui sont chargés de diriger leur activité des qualités et des savoirs qui seront particulièrement prisés dans le monde de l'entreprise. Ainsi, que ce soit pour la réunion des fonds nécessaires à la bonne marche d'une association (démarchage de sponsors, décision du montant des cotisations), pour l'organisation d'événements de plus ou moins grande ampleur (qui requiert bien entendu des capacités de direction et de planification, mais aussi de communication, de marketing et d'improvisation), ou pour la gestion au quotidien de la comptabilité d'une entité qui peut avoir à son actif des sommes dépassant parfois plusieurs dizaines de milliers d'euros, le monde associatif familiarise les étudiants à des activités qui leur seront plus qu'utiles au cours de leurs carrières futures.

[Focus sur deux incontournables : la JE et le BDE]

Présentes dans toutes les écoles de commerce, ces deux associations assurent de deux façons bien distinctes l'interface entre les étudiants, l'école, et le monde de l'entreprise. Le BDE, ou « Bureau Des Etudiants », est le centre névralgique de la vie associative d'une école. Il est bien souvent associé aux événements organisés par les autres associations et est un partenaire incontournable pour toute manifestation de grande envergure. Elu par les étudiants au terme d'une campagne des plus agitées (soirées, jeux, événements spéciaux, etc.) qui dure plusieurs semaines, il a pour vocation d'assurer le confort, l'intégration et la cohésion des étudiants sur le campus. Concrètement, cela passe le plus souvent par l'organisation d'événements (voyages, week-ends d'intégration, soirées, petits déjeuners, déjeuners, dîners sur le campus, accueil des étudiants qui viennent passer les examens d'entrée dans l'école, présentation des autres associations, etc.).

Constamment en lien avec l'administration de l'école, dans la mesure où nombre d'événements sont organisés sur le campus, le BDE est aussi très ouvert sur l'extérieur et sur le monde de l'entreprise. En effet, c'est en récoltant des fonds privés qu'il finance une part considérable de ses manifestations, et il tresse donc des liens étroits avec bon nombre d'entreprises (qui, pour leur part, retirent du « sponsoring » un réel crédit d'image auprès des élèves de l'école, et un statut privilégié dans leurs démarches de recrutement).

La JE, ou « Junior Entreprise », prend en quelque sorte le contrepied du BDE : là où ce dernier utilise les fonds extérieurs pour les intégrer à la vie de l'école, la Junior Entreprise a pour vocation de permettre aux étudiants d'appliquer dans le monde du travail les savoir-faire qu'ils apprennent dans le cadre de leurs cours. Si elles sont aujourd'hui répandues aussi bien dans les écoles de commerce que dans les écoles d'ingénieurs, c'est néanmoins au sein des premières qu'elles sont nées en France (la première Junior Entreprise française ayant été créée à l'Essec en 1967), et elles y demeurent un pilier fondamental de la vie associative des étudiants. Leurs bureaux ont pour mission de démarcher des entreprises afin de se voir proposer des missions rémunérées, qui sont alors réparties parmi les étudiants adhérents. Ces missions tiennent généralement à des tâches d'étude et/ou de conseils (études de notoriété, études de marché, conseils de positionnement, etc.).

Tout le monde y gagne : il s'agit là d'un moyen pour les étudiants de remplacer efficacement les petits jobs tels que les heures de cours particuliers par des missions pratiques qui répondent aux besoins précis des entreprises et de se forger une meilleure connaissance du monde de l'entreprise. L'école en tire une valorisation et une professionnalisation accrue de ses étudiants, et de son côté, la JE permet aux entreprises qui font appel à elle d'accéder à un vaste vivier de main-d'œuvre aux horaires et aux compétences variables, ce qui lui apporte un service réellement flexible.

[Dis-moi quelle est ton « assoce » et je te dirai qui tu es]

Même si vous n'en avez pas nécessairement conscience, les associations au sein desquelles vous choisirez de vous impliquer, la place que vous y tiendrez et les contributions que vous apporterez seront autant d'éléments qui aideront vos futurs recruteurs à mieux vous connaître.

En effet, une association est une antichambre du monde de l'entreprise tant elle reproduit le schéma organisationnel classique d'une petite société, avec son président, son secrétaire général et son trésorier. Vous serez amené à exercer un nombre non négligeable de responsabilités en association : gestion d'un budget, recrutement et formation des nouveaux membres, relations avec les membres dirigeants de l'Ecole qu'il faudra convaincre pour organiser une soirée par exemple ou encore relations avec les entreprises pour décrocher un partenariat.

Et c'est en découvrant les responsabilités avec lesquelles vous vous sentez le plus à l'aise que vous pourrez vous faire une idée plus précise de votre profil de manager, de leader, de gestionnaire, d'entrepreneur, de commercial ou encore de créatif.

Plus qu'un moyen pour vous de vous adonner à des activités qui vous passionnent, les associations sont donc un moyen de vous réaliser en vous préparant à la vie en entreprise. **Les associations représentent donc une formidable opportunité de démontrer sincèrement au jury votre souhait d'apporter votre contribution à la vie de l'école.**

Un bon exemple de 4P entièrement rédigé

Anne-Sophie, admise à l'ESSEC BBA		PB
Age	17 ans	
Admission	Post-Bac	
Ecole cible	ESSEC BBA	

P1 Bonjour, je m'appelle Anne-Sophie Costa, j'ai 17 ans et je vis actuellement à Ajaccio en Corse. Je tiens d'abord à vous remercier de m'accorder cet entretien au cours duquel je vais vous faire part de mes motivations pour intégrer le programme BBA de l'ESSEC.

T **J'aimerais dans un premier temps vous parler de mon parcours académique, puis de mon projet professionnel.**

P2 Je suis actuellement en Terminale spécialités mathématiques et SES au Lycée Fesch d'Ajaccio. En troisième et en seconde, j'ai effectué deux séjours en familles d'accueil en Angleterre afin de perfectionner mon anglais. Grâce à mes progrès, j'ai pu décrocher un stage d'été au sein d'un centre de loisir international où j'étais vendeuse sur un stand de produits du terroir corse.
La somme de ces expériences a suscité en moi la volonté de travailler à un poste à responsabilité en commerce international éventuellement dans l'agroalimentaire.

T **Pour la concrétisation de mon projet, j'ai besoin de passer par une école de commerce, et plus particulièrement par la vôtre.**

P3 Un manager doit être capable de s'adapter à des situations complexes et variées. Il doit être à l'aise dans toutes les disciplines (gestion, management, marketing, droit, etc.). C'est pour cela que je souhaite acquérir de solides connaissances transversales dans différentes disciplines du management. Mais j'ai aussi besoin d'être ouverte sur l'international et donc de faire des stages à l'étranger afin de mieux comprendre les défis que j'aurai à relever dans mes futures fonctions.
Pour mener à bien ce projet, j'ai besoin d'étudier dans votre école, l'ESSEC BBA, et ce, pour plusieurs raisons. La première est l'apprentissage. Votre école a en effet été la première école de commerce post-bac à proposer cette formule très avantageuse. Ainsi, par ce moyen je pourrai alterner périodes de cours et périodes en entreprise, et consolider sur une longue période les acquis de ces deux modèles pédagogiques. La deuxième est que le Bachelor de l'ESSEC est un diplôme reconnu par les universités et les entreprises du monde entier, ce qui favorisera mon intégration professionnelle à l'international.

T **Pour terminer je pense que votre école pourrait m'apporter beaucoup sur le plan de mon épanouissement personnel.**

P4 Grâce à ma passion de la voile que je pratique depuis 4 ans, j'ai pu développer une grande capacité de concentration, mais également une bonne aptitude au travail en équipe. Je sais que l'ESSEC dispose d'une vie associative très riche, et j'ai à cœur d'y prendre part, particulièrement en mettant toute mon énergie au service de, notamment, l'association ESSEC Voile. J'espère avoir ainsi l'occasion de faire briller les couleurs de l'ESSEC lors des différentes compétions auxquelles l'école participera, notamment la Course Croisière EDHEC qui est un évènement majeur dans la vie sportive des Ecoles de Commerce. Je suis persuadée en outre que mon aptitude au travail en équipe et ma capacité de concentration me permettront de tirer pleinement avantage des enseignements dispensés à l'ESSEC, et particulièrement lors des travaux de groupe.

C Je vous remercie de m'avoir écoutée.

II. L'EPREUVE ORALE D'ANGLAIS

1. CONSEILS D'ORDRE GENERAL

Il est important d'être habillé de façon neutre pour le jour de l'oral.

- Pour les filles : quelque chose d'efficace style chemisier, veste et tailleur / pantalon, ou à la limite une jupe un peu longue, et des talons courts. Tout ce qui est de l'ordre du short court, jean, froufrou, mules à paillettes style Manoush, vêtements que l'on met en soirée pour sortir est à proscrire.
- Pour les garçons : costume, chemise, cravate, et des chaussures de ville. Bon si la cravate vous étouffe et vous embarrasse terriblement, optez simplement pour une chemise blanche bien repassé avec un col amidonné.
- Pas de grosses bagues, de (*friendship*) bracelets « spéciaux », de piercings, boucles d'oreille trop voyantes, de colliers énormes, de messages / dédicaces sur les vêtements, etc.
- Pas de transition de style niveau coiffure non plus, quelque chose de sobre. Très légèrement maquillée pour les filles, et parfumée, et pas d'autobronzant / UV.

Le but est de faire en sorte que le jury vous remarque pour vos qualités personnelles en tant qu'étudiant(e) potentiel(le) au sein de l'école et surtout en tant que futur manager… Pas pour vos goûts en matière d'esthétisme vestimentaire.

La façon de se tenir est également importante, et il n'est pas rare lors de jurys à plusieurs personnes qu'une d'entre elles ait pour mission de juger du comportement général du candidat lors de l'entretien :

- Donc, assis normalement (ne pas s'asseoir avant qu'on ne vous le propose), les deux pieds posés par terre, les mains à plat sur la table sauf pour éventuellement commenter légèrement ce que vous dites.
- Toujours regarder le jury, et s'il y a plusieurs personnes, les regarder un à un. Plusieurs avantages à cela : c'est un bon moyen de les engager dans la conversation et n'oubliez jamais qu'un bon « eye contact » est le meilleur gage d'une grande motivation, et d'une assurance sans faille !!!

- Pas de tapotement du pied, pas de regards fuyants même si le jury fait mine de se désintéresser de ce que vous dites. Pas de grattement des cheveux, du corps, de mouvements sur la chaise, de suçotement des colliers, d'avachissement sur la table, de soupirs, etc.
- Ne jamais rien dire de négatif, toujours être dans le positif dans tout ce que vous dites. Vous n'avez vécu que des expériences formidables au lycée ou pendant vos éventuelles expériences de voyages / petits boulots / hobbies…

2. CONSEILS RELATIFS A L'USAGE DE L'ANGLAIS

La règle d'or est de ne prononcer que des phrases qui vous sont connues, et ainsi éliminer les hésitations. Bien sûr, il s'agira pour l'oral d'anglais d'une discussion plutôt casual, voire franchement ouverte selon les jurys (« Tell me something about you », « Well, I am listening … »), et donc il vous faudra un plan assez ouvert pour pouvoir l'adapter aux questions ou à la tournure de la conversation :

- Si vous butez sur un mot, la langue anglaise, à l'instar de la langue française, comporte plein de synonymes signifiant la même chose. Utilisez-les ou reformulez votre phrase pour ne pas prendre le risque de dire un mot incorrect.
- Les jurys veulent voir des jeunes gens avec un bon niveau d'anglais et un esprit structuré. Nous sommes sûrs que l'avis de la sœur du père du frère de la cousine de Paul a été déterminant dans le choix de cette école, mais pourquoi ne pas juste dire « I know your school has a good reputation… » et l'expliquer si besoin est. Autant garder du temps pour ce qui importe vraiment. *Idem* pour les anecdotes croustillantes sur votre dernière compétition sportive / concert. On peut vous demander de développer dans certains cas, mais c'est extrêmement rare et mieux vaut l'éviter en général.
- De plus, sortir des sentiers battus de votre préparation est potentiellement dangereux en terme de fautes de syntaxe, et de vocabulaire.
- Au niveau de votre accent, si les formulations de phrase, et le vocabulaire sont bons, les jurys passent relativement bien sur un accent pas toujours au point. C'est nettement moins le cas si à cause de votre accent, on prend un mot pour un autre.
- Evidemment, les membres des jurys ne sont pas vos amis, donc pas de mots flous, et / ou familiers (ex. : « stuff », « buddy », « cool », « whatever », « something », etc.). Utiliser le bon mot dans la bonne situation est aussi une qualité linguistique.

- Essayez de reprendre la forme des phrases que l'on vous pose en question pour formuler une amorce de réponse. Ex. : « why do you want to enter our school ? » ⇒ « I would like to enter your school because… ».
  Le fait de reprendre le vocabulaire utilisé par le jury montre que vous souhaitez faire l'effort de répondre à la question qui a été posée et vous permet ainsi d'éviter quelques erreurs.

3. LE COMMENTAIRE DE TEXTE

N'oubliez jamais que le commentaire de texte n'est qu'un prétexte pour savoir si vous comprenez ce que vous lisez en anglais et si vous êtes capable ensuite d'en restituer les éléments les plus importants.

Un premier conseil : ne prenez aucun risque dans cette partie de l'épreuve orale. Utilisez exclusivement des mots simples, des mots que vous maîtrisez parfaitement. Ne cherchez pas à faire compliqué. Surtout, n'oubliez jamais que tous les mots dont vous avez potentiellement besoin se trouvent inexorablement dans le texte. Alors ne cherchez pas plus loin !

Un deuxième conseil : soyez CLAIR, COURT et PRECIS dans ce que vous dites. Faites en sorte que votre commentaire ne dure pas plus de 5 minutes. Le plus important est que vous fassiez aucune erreur et que vous enchaîniez aussi vite que possible sur la discussion autour de vos motivations pour intégrer l'école, vos centres d'intérêt, etc. Car cette partie-là vous allez l'apprendre quasiment par cœur !

Ceci étant dit, comme notre but est quand même de vous aider à obtenir les meilleures notes au concours, voici une liste de mots, verbes et expressions qui vous seront très utiles pour livrer un commentaire de grande qualité.

Introduire

To start with… / To begin with…	*First… / Firstly… / First of all…*
For a start… / In the first place…	*I would like to say that…*
First and foremost, it is worth noticing that…	*What strikes me most in this article…*
In this article the author sets out to explain… (Dans cet article, l'auteur se propose d'expliquer…)	*At first glance* (Au premier coup d'œil…)
On further examination… (De plus près…)	*As we have seen / noticed in the text…*

The journalist presents us with a view of... (Le journaliste présente une vision de…)	*The author would have us believe that...*
This text invites debate on...	*The major points touched upon are...*

Argumenter, donner une opinion…

What I would like to point out is...	*The first telling argument is that...* (Le premier argument que l'on puisse faire valoir est que…)
In my opinion... / In my view...	*My position is... I rather tend to think that...* (J'ai plutôt tendance à croire que…)
To my mind... It is self-evident that...	*It can safely be said that...* (On peut affirmer sans crainte que…)
It can fairly be said that... (On peut affirmer à juste titre que…)	*On the grounds of...* (En raison de…) *As I see it... To the best of my knowledge...*
To put it differently (Pour dire les choses autrement)	*Admittedly...* (On peut admettre que…)
It may be worthwhile to consider... (Cela vaut sans doute la peine de prendre en considération le fait que…)	*It is customary to say...* (Il est coutume de dire que…)
For the moment no more needs to be said concerning...	*Up to a (certain) point it could be said that...*
We are now in a better position to argue that... (Nous sommes désormais à même d'affirmer que…)	*This clash of opinions...* (Ces points de vue divergents…)
It is an argument of considerable weight (Cette argumentation pèse de tout son poids…)	*I take a different view of the question...*
Though I fully agree with the author on that point, in line 23, I must qualify the other point raised in line 11...because it oversimplifies a complex issue...	(Bien que je sois en parfait accord avec l'auteur sur ce point-là, à la ligne 23, je dois nuancer ce qui est dit à la ligne 11… parce que le problème complexe / sujet à controverse qui y est soulevé, se trouve simplifié à l'excès…)

Apporter des nuances...

I would like to qualify (nuancer) *what is said in this passage...*	*Oddly /surprisingly / Curiously enough... Striking as it may be...*
On the subject of crime rates... (Au sujet des taux de criminalité)	*From the author's point of view I understand that...*
This amounts to saying that... (Cela revient à dire que...)	*In other words... / To some extent... / By no means...* (En aucune façon)
The author maintains / argues / asserts that... but he is mistaken (L'auteur maintient que... mais il se trompe)	*According to the journalist...*
I do not fully agree with the author on that point...	*Unless I am much mistaken...* (A moins d'être totalement dans l'erreur...)
One must be permitted to doubt the truth of the arguments...	*All this leads me to wonder whether...* (Tout cela me conduit à m'interroger...)
This point deserves a word or two of comment.	*Is there any obvious reason to suppose that the author is right when he asserts that...*
This moderate opinion puts the problem in its true perspective...	*In this respect...* (A cet égard...) *I don't see the problem in quite the same light...*

Donner des exemples... comparer... ajouter...

As an example... / For example... / For instance...	*Let us consider the example of...*
It is a good case in point... (C'est un exemple pertinent)	*I would like to refer to what is said*
It is sometimes alleged that... (On prétend parfois que...)	*To illustrate my point*
It may be significant to give the example of... In comparison with...	*Compared to / with...*
I would like to draw / make a comparison...	*I would like to draw a parallel between... and...*
Similarly / Likewise	*In the same way, it might be said that...* (De même, on pourrait dire que...) *Some say... others contend that...*
There is no comparison possible... Furthermore...	*What's more... / Moreover... / Besides...*

In addition to what is said in the text...	*And in addition to this... / And more than this...*

Marquer les oppositions... exprimer la cause et la conséquence...

I can't see the issue in the same light as the author does...	*The journalist fails to see what is essential...*
I can't agree with the author on this point...	*Let's see the pros and cons...*
There is no evidence that... Conversely (Inversement)...	*On the one hand... on the other hand...*
Contrary to... / As opposed to... (Contrairement à...)	*Unlike the author...*
It is in sharp/ stark contrast to what is said... (C'est complètement à l'opposé de...)	*By contrast... / I feel reluctant to...* (J'ai des scrupules à...)
A case could be made out against what is said... (On pourrait s'opposer à ce qui est dit...)	*The author puts forward strong arguments / makes out a strong case against...* (L'auteur s'oppose violemment contre...)
I am afraid the author fails to see the crux of the problem... (Je crains que l'auteur ne passe à côté de l'essentiel...)	*On this aspect I am completely in disagreement with the journalist...*
These facts contradict...	*It is a grave mistake to claim that...*
One cannot let this pass without comment	*One might offer a slight clarification...* (On pourrait clarifier un peu...)
All this is correct in every detail... (C'est exact en tous points) *It follows from this that...*	*Leading on from this, I would contend that...*
It can be inferred from what I have just said that...	*Thus...* (Ainsi) / *Therefore... / As a consequence... / As a result... Consequently...*
It stems / flows / results from... (Il en résulte que...)	*Thus one may venture to say that...* (On peut donc s'aventurer à conclure que...)

Conclure…

In a nutshell… (En deux mots…)	*By way of conclusion…* (En guise de conclusion…)
In conclusion… / I don't see much else to say…	*That wraps up the article…* (Voilà pour le texte)
I think that what I've said covers the main points raised in the text…	*For that reason…*
On that account I would simply conclude that… (Pour cette raison, je dirais simplement pour conclure…)	*All things considered…* (Tout bien considéré)

Quelques phrases à apprendre par cœur !

- *The article published on May 3rd 2012 is taken from the Economist and deals with/is about/the issue of unemployment…*
- *It is an excerpt from a daily paper/a weekly magazine… The article falls into three parts and points out the role of the media/specifies that/makes it clear/ women today…*
- *On the subject of/Regarding/With regard to juvenile violence, it can be said/ noted/observed/argued that…*
- *The journalist is right to raise the issue of homelessness, and as he explains to us, the current social plague affects… /As he puts forward the growing number of homeless people and tries to analyse/makes an analysis…*
- *Unfortunately the author fails to emphasise/to put the emphasis on/to stress the responsibility of the authorities on the question of whether…*
- *It is necessary to take a closer look at the issue before answering this tricky question/replying to this controversial problem…*
- *As is often said/explained/suggested/put forward by most political leaders…*
- *The state of mind/The frame of mind of most British people today in the face of the government/The way people think about the latest tragedy…*
- *The passage in line 12 sums up/is a good summary of the difficulties the government is confronted with/faced with…*
- *In my opinion/In my view/My own view/feeling/position is that Tony Blair is wrong when he claims/asserts/argues/contends that…*

- *I think/I believe/I share the opinion/view/I am of the same mind as the journalist when he puts forward the following proposal…*
- *I rather tend to think/I would go so far as to say that the true reason for his mistakes as Prime Minister is his lack of vision…*
- *I would like to quote/cite the example of those who argue that…*
- *First of all/Firstly/First and foremost/To begin/start with/The first point raised in the article… /First… Second… Third… Last/Lastly/Finally/The final point is… /In conclusion*
- *In comparison with/Compared with/to the journalist's position… /Similarly/ Likewise/In the same way…*
- *Actually/In fact it is a good case in point (= exemple pertinent)*
- *It is self-evident/It goes without saying that youth today… /It is proof/evidence of the efforts made by companies…*
-

4. EXEMPLES DE REPONSES AUX QUESTIONS FREQUENTES DU JURY

Why do you want to enter a French business school?

I would like to enter your school / BBA Essec / Essca / Espeme… because I feel that you can offer me the training I need in order to fulfill my professional goals, and that, for many reasons. ***Indeed,*** *I would like to eventually be a project leader in the field of information systems, and I am convinced that your school could help me get the skills and knowledge I need.*

Why our school?

First, I know that your school built its good reputation on the excellence of its courses and because the teachers involved in those courses often are professionals working in various major companies. They have a great experience on the field and are willing to share their experience with their students. Secondly, I am aware that your school is the best place to acquire the skills to become a top manager: communication skills, listening skills, empathy, persuasion and leadership.

Voici quelques développements en anglais relatifs aux qualités que vous devrez développer pour devenir un bon manager :

Communication skills

There's a lot of communication when you're a manager. You have to communicate with each of your employees. You have to communicate "sideways" with your co-workers and customers. And you have to communicate upwards with your own manager or executive. You need some substance in the communication, of course – you need to have something worthy of being communicated. But substance isn't enough – if you know what you're doing and can't properly communicate it to anyone else, then you'll never be a good manager.

Listening Skills

This is a part of communication, but I want to single it out because it's so important. Some managers get so impressed with themselves that they spend much more of their time telling people things than they spend listening. But no matter how high you go in the management hierarchy, you need to be able to listen. It's the only way you're really going to find out what's going on in your organization, and it's the only way that you'll ever learn to be a better manager.

A Commitment to the truth

You'll find that the higher you are in the management hierarchy, the less likely you are to be in touch with reality. Managers get a lot of brown-nosing, and people tend to sugar-coat the news and tell managers what they want to hear. The only way you'll get the truth is if you insist on it. Listen to what people tell you, and ask questions to probe for the truth. Develop information sources outside of the chain of command and regularly listen to those sources as well. Make sure you know the truth – even if it's not good news.

Empathy

This is the softer side of listening and truth. You should be able to understand how people feel, why they feel that way, and what you can do to make them feel differently. Empathy is especially important when you're dealing with your customers. And whether you think so or not, you'll always have customers. Customers are the people who derive benefit from the work you do. If no one derives benefit from your work, then what's the point of keeping your organization around?

Persuasion

Put all four of the preceding skills together, because you'll need them when you try to persuade someone to do something you want done. You could describe this as "selling" but it's more general. Whether you're trying to convince your employees to give you a better effort, your boss to give you a bigger budget, or your customers to agree to something you want to do for them, your persuasion skills will be strained to their limits.

Leadership

Leadership is a specialized form of persuasion focused on getting other people to follow you in the direction you want to go. It's assumed that the leader will march into battle at the head of the army, so be prepared to make the same sacrifices you're asking your employees to make.

Focus
The key to successful leadership is focus. You can't lead in a hundred different directions at once, so setting an effective leadership direction depends on your decision not to lead in the other directions. Focusing light rays means concentrating the light energy on one spot. Focusing effort means picking the most important thing to do and then concentrating your team's effort on doing it.

Division of Work
This is the ability to break down large tasks into sub-tasks that can be assigned to individual employees. It's a tricky skill – maybe more an art than a science, almost like cutting a diamond. Ideally you want to figure out how to accomplish a large objective by dividing the work up into manageable chunks. The people working on each chunk should be as autonomous as possible so that the tasks don't get bogged down in endless discussion and debate. You have to pay careful attention to the interdependencies among the chunks. And you have to carefully assess each employee's strengths, weaknesses and interests so that you can assign the best set of sub-tasks to each employee.

Obstacle removal
Inevitably, problems will occur. Your ability to solve them is critical to the ongoing success of your organization. Part of your job is to remove the obstacles that are preventing your employees from doing their best.

Uncertainty Removal
When higher management can't give you consistent direction in a certain area, it's up to you to shield your employees from the confusion, remove the apparent uncertainty, and lead your employees in a consistent direction until there's a good reason to change that direction.

Project Management
This is a more advanced skill that formalizes some of attributes 7 – 11. Although both "Management" and "Project Management" contain the word "management", they aren't the same thing. Management implies a focus on people, while Project Management implies a focus on the project objective. You can be a Manager and a Project Manager, or you can be a Manager without being a Project Manager. You can also be a Project Manager without being a Manager (in which case you don't have people reporting to you – you just deal with overseeing the project-specific tasks).

Administrative and Financial Skills
Most managers have a budget, and you'll have to be able to set the budget and then manage to it. You'll also have to deal with hiring, firing, rewarding good employee performance, dealing with unacceptable performance from some employees, and generally making sure that your employees have the environment and tools they need to do their work. It's ironic that this is skill number 13 (an unlucky number in some cultures), because a lot of managers hate this part of the job the most. But if you're good at budgeting, you'll find it much easier to do the things you want to do. And hiring and dealing with employees on a day-to-day basis is one of the key skills to give you the best, happiest and most productive employees.

What is your professional project?

I would like to work as a project leader in the field of information systems in a major consulting company such as Deloitte // a product manager in the cosmetics industry in a major company such as L'Oréal.

In the long run, I want to become a talented manager. If a major company gives me the opportunity to work there, not only will I be a good worker, but also I will implement new ways that will allow us to work more effectively and efficiently.

Your strengths and weaknesses?

I am a very passionate person, which means I am capable of dealing with great amounts of work to reach the objectives I've fixed to myself.

I am also a very forthcoming person, and I have no difficulty to work in a group and be a part of it (give examples).

I would also say that I tend to refuse to ask for help if I am facing a difficulty. I need to overcome it by myself even if this task is time critical.

Why should I pick you rather than another candidate?

I am sure I could be a great asset to your school. I would put my strengths in the service of your school being an active member of the BDE or the BDS as I have been playing soccer and rugby for years.

What are your hobbies?

I have been playing tennis in competition for 10 years. It gave me the love of competition and the will to achieve victory over adversity. I have also been playing the piano for 12 years now. I love it because it helps me express my feelings through music, and also helps me relax when I need it.

The end of the interview

I really hope I was able to convince you of my strong motivation to be a member of your school for next year. Thank you for listening to me and thank you for your time.

5. QUELQUES REFERENCES UTILES

www.reverso.net – excellent site gratuit pour acquérir du vocabulaire de base.

http://www.olf.gouv.qc.ca/ressources/gdt.html – très bon dictionnaire en ligne pour tout ce qui est mots de vocabulaire technique pour chaque secteur d'activité.

http://www.timesonline.co.uk/tol/news/ – Le site du *Times* pour trouver des articles sur lesquels s'exercer pour le commentaire de texte.

A, B, C

N	O	P	Q	R	S
N	Q	R	S		
P	Q	R	S		
R	Q	N	O		
O	R	P	N		
R	N	O	S		

A 50
B 55
C.
D. 7?

1 - Bernard ? | Albert
2. Honoré ?
3. Jeremy ✓
4 - Honoré ? | Bastien
5. Bernard ?
6.
7.

Albert
–
–
Bastiens

1 Bernard
2 Honoré
3 Jeremy
4 Albert
Joel
–
–
6
7 Bastien

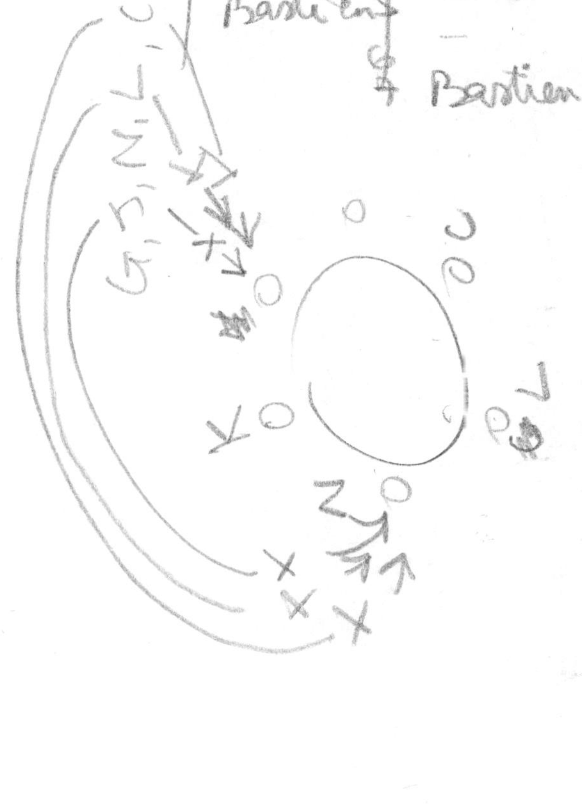

34/38, rue Camille-Pelletan – 92309 Levallois-Perret Cedex
Imprimerie Sepec – 01960 Péronnas - 10807220707
Imprimé en France – 4e trimestre 2022

Service éditorial : Benjamin Dias Pereira, Deborah Lopez, Myriam Pasek
Conception graphique : Dominique Papon

Dépôt légal à parution
ISBN 978-2-7590-5041-3

PEFC 10-31-1470 / Certifié PEFC / Ce produit est issu de forêts gérées durablement et de sources contrôlées. / pefc-france.org